VON DER STRATEGIE ZUM BUSINESS INTELLIGENCE COMPETENCY CENTER (BICC)

tom **GANSOR**
andreas **TOTOK**
steffen **STOCK**

VON DER STRATEGIE ZUM BUSINESS INTELLIGENCE COMPETENCY CENTER (BICC)

KONZEPTION - BETRIEB - PRAXIS

tom **GANSOR**
andreas **TOTOK**
steffen **STOCK**

Mit fachlicher Unterstützung von Dr. Henning Baars

tdwi
THE DATA WAREHOUSING INSTITUTE

HANSER

Alle in diesem Buch enthaltenen Informationen, Verfahren und Darstellungen wurden nach bestem Wissen zusammengestellt und mit Sorgfalt getestet. Dennoch sind Fehler nicht ganz auszuschließen. Aus diesem Grund sind die im vorliegenden Buch enthaltenen Informationen mit keiner Verpflichtung oder Garantie irgendeiner Art verbunden. Autoren und Verlag übernehmen infolgedessen keine juristische Verantwortung und werden keine daraus folgende oder sonstige Haftung übernehmen, die auf irgendeine Art aus der Benutzung dieser Informationen – oder Teilen davon – entsteht.

Ebenso übernehmen Autoren und Verlag keine Gewähr dafür, dass beschriebene Verfahren etc. frei von Schutzrechten Dritter sind. Die Wiedergabe von Gebrauchsnamen, Handelsnamen, Warenbezeichnungen etc. in diesem Buch berechtigt deshalb auch ohne besondere Kennzeichnung nicht zu der Annahme, dass solche Namen im Sinne der Warenzeichen- und Markenschutz-Gesetzgebung als frei zu betrachten wären und daher von jedermann benutzt werden dürften.

Die in diesem Buch genannten Software-Anbieter und Produkte wurden durch die Autoren exemplarisch ausgewählt. Die Auswahl stellt keine Empfehlung oder Präferenz der Autoren oder des TDWI für ein bestimmtes Produkt oder einen bestimmten Anbieter dar und erhebt keinen Vollständigkeitsanspruch. Die erwähnten Produkte werden teilweise nach dem in der Branche üblichen Sprachgebrauch benannt. Die Namen können daher geringfügig von den offiziellen Herstellerbezeichnungen abweichen. Auf die Nennung spezieller Versions- bzw. Release-Nummern wurde bewusst verzichtet.

Bibliografische Informationen der Deutschen Nationalbibliothek:
Die Deutsche Nationalbibliothek verzeichnet diese Publikation in der Deutschen Nationalbibliografie; detaillierte bibliografische Daten sind im Internet über http://dnb.d-nb.de abrufbar.

© 2010 SIGS DATACOM GmbH
Im Vertrieb des Carl Hanser Verlags München, Wien
Fachlektorat: Dr. Henning Baars
Lektorat und Korrektorat: Kirsten Skacel, Lektorat Rotstift
Projektmanagement: Sabine Baumgartner
Coverconcept und -realisierung: Stephan Rönigk, Carl Hanser Verlag, München
Layout und Satz: Roman Bold & Black, Köln
Datenbelichtung, Druck und Bindung:
Media-Print Informationstechnologie GmbH, Paderborn
Printed in Germany

ISBN: 978-3-446-42133-2

Inhalt

Vorwort

Der unter der Überschrift „Business Intelligence" (BI) betriebene Einsatz von IT-Systemen für die Informationsversorgung des Managements gehört längst zum Standardrepertoire moderner Unternehmensführung. IT-Werkzeuge für die BI-Datenhaltung, für das Reporting, für Analysen, für die Planung und für die Konsolidierung sind großflächig in den Unternehmen etabliert und haben Eingang in das Angebot vieler weltweit führender Software-Hersteller gefunden. Ohne Zweifel sind die grundlegenden Technologien mittlerweile ausgereift und werden technisch beherrscht.

Dennoch ist das Potenzial von BI noch bei weitem nicht ausgeschöpft. In vielen Unternehmen wird der Einsatz von BI weiterhin stark ausgebaut: Es werden mehr Daten vorgehalten, mehr Anwendungen abgedeckt und mehr Funktionen in die Lösungen einbezogen. In diesem Zuge verbreitet sich allerdings auch die Erkenntnis, dass die wesentlichen Herausforderungen in der BI weniger auf der technischen Seite liegen. Um mit BI nachhaltige Wettbewerbsvorteile zu erzielen, müssen erhebliche fachliche und organisatorische Anforderungen beherrscht werden. Dies erfordert ein strategiegeleitetes, koordiniertes und systematisches Vorgehen unter Berücksichtigung klarer Konzepte und etablierter Best Practices. Bei vielen Unternehmen bewährt hat sich vor allem die Einrichtung eines „BI Competency Center" (BICC), das an der Nahtstelle zwischen Anwender und IT Kompetenzen und Ressourcen bündelt.

Dieses Buch widmet sich diesem gleichermaßen aktuellen wie relevanten Themenkomplex. Die Autoren Tom Gansor, Dr. Andreas Totok und Dr. Steffen Stock zeigen darin Wege auf, die mit einem BI-Ansatz verbundenen Herausforderungen zu meistern, und liefern das dafür notwendige methodische Instrumentarium. Anhand von Beispielen aus der Praxis wird illustriert, welchen Risiken zu begegnen ist und welche Lösungsansätze herangezogen werden können. Hierbei führt das Buch von der übergreifenden Strategieperspektive über ablauforganisatorische Themen bis hin zu konkreten Fragen der Prozessgestaltung und der Werkzeugauswahl.

Das Buch zeichnet sich dadurch aus, dass die Autoren theoretische Grundlagen mit praktischem Erfahrungswissen zusammenbringen. Sie liefern so unmittelbar nutzbare Handlungsempfehlungen, ohne die übergreifenden Zusammenhänge aus den Augen zu verlieren. Das Buch kann von daher gleichermaßen BI-Praktikern empfohlen werden, die u. a. auch die spezifischen Checklisten, klaren Best Practices und konkreten Beispiele schätzen werden, wie auch Lesern aus Forschung und Lehre, die einen Überblick über die relevanten Ansätze im Kontext der BI-Strategie und -Organisation suchen.

Angesichts des anhaltenden Wachstums von BI-Installationen kann auch in Zukunft von einer steigenden Nachfrage nach Ansätzen für BI-Strategien und BICCs ausgegangen werden. Nur Unternehmen, die die in den acht Kapiteln diskutierten Aufgaben erfolgreich bewältigen, können aus BI strategische Vorteile ziehen. Dieses in jeder Hinsicht lesenswerte Buch liefert hierbei ohne Zweifel eine wertvolle Hilfestellung.

Stuttgart, im Dezember 2009
Henning Baars (Universität Stuttgart)

Danksagungen

> Tom Gansor

Ich möchte an dieser Stelle zunächst meiner Frau Jana und meinen Kindern für die Geduld und Toleranz danken, die sie gegenüber diesem Projekt in Form entgangener gemeinsamer Zeit aufgebracht haben.

Des Weiteren danke ich meinen Kollegen bei OPITZ CONSULTING, die durch viele kleine Hilfestellungen in Form von Quellen, Bildschirmkopien, Projektbeispielen, Diskussionsbeiträgen oder als Sparringspartner bei Fachdiskussionen zur Abrundung des Inhalts beigetragen haben. Erwähnen möchte ich hierbei insbesondere Rolf Scheuch, dessen Beitrag zu IT-Governance und Enterprise-Architecture-Management in Kapitel 5 eingeflossen ist.

Schließlich danke ich meinen Mitautoren Dr. Andreas Totok und Dr. Steffen Stock für die konstruktive und intensive Zusammenarbeit in den vergangenen 16 Monaten gemeinsamer Autorenschaft.

Quickborn, im Dezember 2009 *Tom Gansor*

> Dr. Andreas Totok

Seit über einem Jahr gab es nahezu kein Wochenende, an dem ich mich nicht morgens (sehr) früh aus dem Bett gestohlen habe, um an diesem Buch zu schreiben. Mit dem Brötchenholen am frühen Mittag und dem folgenden gemütlichen Frühstück konnte ich es bei meiner Frau Christiane leider nur teilweise wiedergutmachen. Ich freue mich daher auf die zukünftige Zeit zu dritt, für die ich versprochen habe, zunächst erst einmal gar nicht mehr zu schreiben. Ich bedanke mich bei meiner Frau nicht nur für ihre Geduld, sondern auch für das inhaltliche Feedback zu den Themen, obwohl wir ja eigentlich zu Hause nicht so viel über unsere Branche sprechen wollen. Weiterhin waren die Hinweise, Anregungen und die Unterstützung meiner cundus-Kollegen Dr. Frank Navrade und Ralf Heim sehr wichtig für meine Arbeit. Rückblickend werde ich die abwechslungsreichen Diskussionen mit meinen beiden Mitautoren und unserem Lektor sicherlich vermissen.

Düsseldorf, im Dezember 2009 *Andreas Totok*

> Dr. Steffen Stock

Meiner Frau Marion sowie unseren Kindern Lorena und Lara möchte ich für das Verständnis und die Freiräume danken. Sie haben am meisten unter den Schreibphasen an den Wochenenden und in den Abend- und Nachtstunden gelitten und gaben mir während der ganzen Zeit den notwendigen Rückhalt. Ein weiterer Dank gilt Wolfgang Rütter, der bei Zielkonflikten zwischen Projekttätigkeit und Buchprojekt stets für eine klare Priorisierung sorgte und dies auch nach allen Seiten vertrat. Ihm danke ich auch für die Freiräume, die er mir in dieser Zeit für das Buchprojekt gegeben hat.

Schließlich möchte ich mich bei meinen Mitautoren Tom Gansor und Dr. Andreas Totok sowie unserem Fachlektor Dr. Henning Baars für die anregenden und befruchtenden Diskussionen bedanken.

Gummersbach, im Dezember 2009 *Steffen Stock*

> Die Autoren

Unser gemeinsamer Dank gilt dem Buchteam bei TDWI Buchprogramm, Frau Baumgartner, die geduldig und unermüdlich dieses Projekt terminlich auf Kurs hielt, Frau Skacel, die auch noch zu später Stunde fachlich komplexe Schachtelsätze in verständliches und korrektes Deutsch übersetzt hat, und schließlich Dr. Henning Baars, dessen umfassendes und kompetentes fachliches Feedback so manches eingefahrene Denkmuster aufbrechen konnte, insofern auch unseren fachlichen Horizont erweitert hat. Sein Engagement haben wir als fachliche Beratung verstanden, die über die normale Tätigkeit eines Fachlektors hinausging und daher sehr zur Qualität beigetragen hat.

Quickborn, Düsseldorf, Gummersbach,
im Dezember 2009 *Tom Gansor, Andreas Totok und Steffen Stock*

Abkürzungen

ADAPT	Application Design for Analytical Processing Technologies
ARIS	Architektur integrierter Informationssysteme
BAM	Business Activity Monitoring
BI	Business Intelligence
BICC	Business Intelligence Competency Center
biMM	Business Intelligence Maturity Model
biSE	BI-Strategie-Entwicklungsprozess
BPEL	Business Process Execution Language
BPM	Business Process Management
BPMN	Business Process Modeling Notation
CFO	Chief Financial Officer
CIF	Corporate Information Factory
CIO	Chief Information Officer
CMO	Chief Marketing Office
CoBiT	Control Objectives for Information and Related Technology
COO	Chief Operating Officer
CPM	Corporate-Performance-Management
CPO	Chief Process Officer
CRM	Customer-Relationship-Management
cuBISt	cundus Business Intelligence Strategy
CWM	Common Warehouse Metamodel
DDL	Data Definition Language
DQM	Datenqualitätsmanagement
DSS	Decision-Support-System
DWH	Data Warehouse
EA	Enterprise Architecture
EAI	Enterprise Application Integration
EAM	Enterprise-Architecture-Management
EBIT	Earnings Before Interest and Taxes
EBT	Earnings Before Taxes
eEPK	erweiterte ereignisgesteuerte Prozesskette
EIS	Executive-Information-System
EPK	ereignisgesteucrte Prozesskette
EPM	Enterprise-Performance-Management
ERP	Enterprise Resource Planning
ERPCC	Enterprise Resource Planning Competency Center
ETL	Extraction, Transformation, Load
EUS	Entscheidungsunterstützungssystem
FIS	Führungsinformationssystem
GAP	Generalized Assignment Problem
GF	Geschäftsführung

GUI	Graphical User Interface
GuV	Gewinn- und Verlustrechnung
HOLAP	Hybrid Online Analytical Processing
HR	Human Resources
IFRS	International Financial Reporting Standards
IL	Informationslogistik
IS	Informationssystem
ITG	IT-Governance
ITIL	IT Infrastructure Library
KPI	Key Performance Indicator
KVP	Kontinuierlicher Verbesserungsprozess
MDM	Master-Data-Management
MIS	Management-Information-System
MOLAP	Multidimensional Online Analytical Processing
MSS	Management-Support-System
ODS	Operational Data Store
OLA	Operational Level Agreement
OLAP	Online Analytical Processing
OPI	Operative Performance Indicator
PPI	Process Performance Indicator
PPS	Produktionsplanung und -steuerung
PT	Personentag
ROI	Return on Investment
ROLAP	Relational OLAP
SAP BW	SAP Business Information Warehouse
SCM	Supply Chain Management
SGF	Strategisches Geschäftsfeld
SLA	Service Level Agreement
SMART	spezifisch, messbar, akzeptiert, realistisch und terminiert
SOA	Serviceorientierte Architekturen
SOACC	SOA Competency Center
SOX	Sarbanes Oxley Act
SWOT	Strengths, Weaknesses, Opportunities, Threads
Tab.	Tabelle
TCO	Total Cost of Ownership
TOGAF	The Open Group Architecture Framework
TSM	Teradata Solution Methodology
UML	Unified Modelling Language
WiRe	Wirtschaftlichkeitsrechnung

1 Einführung

Mit der Einführung von Business-Intelligence-Systemen (BI-Systemen) ist in vielen Unternehmen die Erwartung verbunden, auf einfache Weise konsistente und einheitliche Informationen für die Entscheidungsfindung zu erhalten. Unter Business Intelligence (BI) wird analog dieser Erwartungshaltung der analytische Prozess verstanden, Unternehmens- und Wettbewerbsdaten in handlungsgerechtes Wissen für die Entscheidungsunterstützung zu überführen. Oftmals erfolgt die Projektumsetzung allerdings abteilungsfokussiert sowie technisch und fachlich sehr individuell. Ungesteuert entstehen über die Jahre unterschiedliche BI-Systeme an verschiedenen Stellen. Unternehmensweite Sichten lassen sich so kaum etablieren und Standards – sofern überhaupt vorhanden – werden nicht eingehalten. Aufgrund dieser historisch gewachsenen Vielfalt in Technik, Fachlichkeit und Vorgehen werden die Erwartungen an den Nutzungsgrad häufig verfehlt. Die IT beklagt beispielsweise zu hohe Aufwände, die Fachanwender sind mit den erzeugten Inhalten oder der Performance der BI-Systeme unzufrieden, das Management bedauert die ungenügende Erreichung der mit einem BI-Ansatz verbundenen Geschäftsziele. Die Informationsnachfrager erhalten somit weiterhin die benötigten Informationen nicht in der Qualität, die sie für ihre Entscheidungsfindung brauchen.

Doch wie kann sich ein Unternehmen davon lösen, seine BI-Ressourcen lediglich für die Aufrechterhaltung seiner historisch gewachsenen BI-Landschaft zu binden, und diese stattdessen für eine aktive und zukunftsorientierte Gestaltung der BI-Systeme einsetzen? Als Basis für alle BI-Initiativen sollte eine umfassende BI-Strategie als Vertiefung der Unternehmens- und IT-Strategie entwickelt werden. Diese muss durch organisatorische Maßnahmen, insbesondere durch die Gründung eines Business Intelligence Competency Center (BICC) – eines interdisziplinären Teams zur Förderung des effektiven Einsatzes von BI – verfolgt und durchgesetzt werden. So können Unternehmen die historisch gewachsene Situation nachhaltig verändern und zukünftige BI-Projekte an den Erwartungen des Unternehmens ausrichten.

In diesem Kapitel werden zunächst die unterschiedlichen Probleme im Einsatz von BI aufgezeigt und daraus die Motivation abgeleitet, eine BI-Strategie zu konzipieren und organisatorische Maßnahmen einzuleiten. Weiterhin werden die grundlegenden Konzepte, die in diesem Buch betrachtet werden, definiert, um darauf aufbauend entsprechend dem Leitgedanken „Von der Strategie zum BICC" in den folgenden Kapiteln die einzelnen Aspekte detailliert zu behandeln.

1.1 Gründe für eine BI-Strategie und ein BICC

Im Folgenden wird exemplarisch aufgezeigt, welche Motivationen die Entwicklung einer BI-Strategie und deren organisatorische Umsetzung forcieren können. Anhand typischer – in der Praxis anzutreffender – Symptome werden Problemstellungen und deren Ursachen herausgestellt, die durch eine entsprechend akzentuierte BI-Strategie und -Organisation gelöst werden können. Diese Symptome sind folgende:

> Systemvielfalt und Konsolidierungsbedarf
> Taktisches Vorgehen
> Organisatorische Herausforderungen

1.1.1   Systemvielfalt und Konsolidierungsbedarf

Die BI-Landschaft in Unternehmen hat sich über viele Jahre mit dem Unternehmen und auch mit deren IT entwickelt. Dabei besteht die historisch gewachsene Landschaft unter Umständen aus einer Vielzahl unterschiedlichster Anwendungen im Berichtswesen und für die Durchführung von Datenanalysen.

Analytisches Chaos

Die Bandbreite der BI-Systeme kann je nach Lesart von klassischen Management-Support-Systemen[1] wie etwa papierbasierten Berichten, die aus geschlossenen Altsystemen in Großrechnertechnik stammen, bis zu spezifischen hochkomplexen Datenanalyse- und Simulationssystemen neuester Technologie reichen. Sehr verbreitet sind auch Systeme auf Basis von PC-Datenbanken und Tabellenkalkulationen, oft in der Hoheit einzelner Mitarbeiter. Die Ursachen für diese Vielfalt sind vielschichtig, primär sind jedoch zwei Aspekte dafür verantwortlich.

Zum einen hat die Evolution der Informationstechnologie bewirkt, dass über die Jahre zahlreiche Trends und Neuerungen (z. B. Großrechnertechnik, mittlere Datentechnik, Client-Server-Computing, Desktop-Computing, Workgroup-Computing, Internet) als technologische Grundlagen in die IT-Landschaft der Unternehmen eingeflossen sind. Dies erfolgte allerdings sehr individuell, und nicht immer wurde die Vorgängergeneration migriert oder renoviert, beispielsweise aufgrund zu kurzfristiger Wirtschaftlichkeitsbetrachtungen. Insofern findet sich in manchem Unternehmen ein Spiegelbild der IT-Entwicklung der letzten 30 Jahre, und das gilt ebenfalls für BI-Systeme.

Zum anderen haben sich auch Unternehmen in den letzten Jahrzehnten entwickelt, d. h. sie sind organisch gewachsen, haben ihre Geschäftsziele, -felder und ihre Organisation angepasst oder sind mit anderen Unternehmen zusammengeführt worden. Die Ursachen dieses langfristigen Wandels liegen u. a. in der Globalisierung und dem damit verbundenen Wettbewerb, in den veränderten und zumeist gestiegenen Anforderungen externer Anspruchsteller, wie Staat, Gesellschaft, Kunden und Geschäftspartner, sowie in der Dynamisierung von Märkten und im Wandel von Markt- und Geschäftsmodellen. Im Ergebnis ist es Unternehmen nicht immer gelungen, die eigene Organisation, die Geschäftsprozesse und auch die Steuerungssystematik konsequent nachzuziehen, sodass aus fachlicher Sicht eine entsprechende Heterogenität zwischen Alt und Neu anzutreffen ist. Diese spiegelt dann eben die Unternehmensentwicklung der letzten 30 Jahre wider.

Das folgende, an reale Situationen angelehnte Beispiel (siehe Abbildung 1) schildert das Ausmaß einer solch historisch gewachsenen Situation.

---

[1] Siehe Abschnitt 1.3 für eine Abgrenzung und Definition und im Besonderen auch Abschnitt 1.2.1.

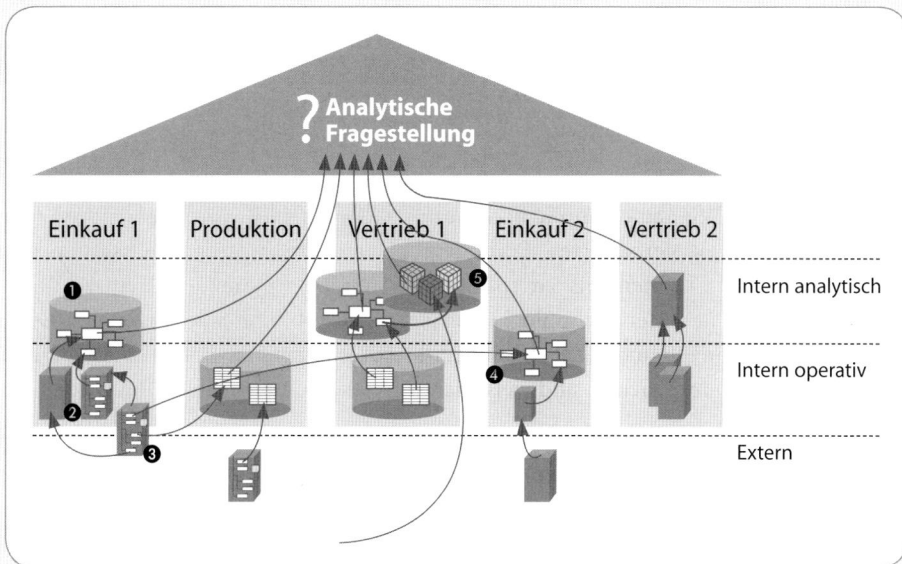

▲ Abb. 1: Analytisches Chaos

Betrachtet wird die fiktive Rabattus AG, ein Handelsunternehmen im Konzernverbund mit unterschiedlichen Sortimenten und einer marginalen Produktion für Eigenmarken. Der überwiegende Teil der Produktion ist ausgelagert. Der Einkauf beantwortet typische analytische Fragestellungen wie „Welches Einkaufsvolumen wurde im Zeitraum X im Einkaufsmarkt Y für die Warengruppe Z erzielt" mit einer analytischen Lösung auf Basis eines relationalen BI-Systems ❶. Dieses wird aus zwei internen operativen Quellsystemen, Einkaufssystem und Katalogsystem ❷, mit passenden Daten versorgt. Als problematisch erweist sich allerdings, dass kürzlich ein weiteres Handelsunternehmen in den Konzern aufgenommen wurde, also ein weiterer Einkauf existiert. Die Neuordnung des Sortiments erfolgte operativ über ein Category-Management-System ❸, das durch einen externen Dienstleister gehostet wird. Dieses System versorgt beide Einkaufssparten übergreifend mit Sortimentsdaten. Ein bestehendes relationales BI-System in Einkauf 2 ❹ bezieht allerdings auch noch Daten aus einem Großrechnersystem, das wiederum externe Daten bezieht. Insofern erstreckt sich die eigentlich relativ einfache analytische Fragestellung nach dem Einkaufsvolumen nun schon über zwei BI-Systeme, die Daten aus unterschiedlichsten Quellen verarbeiten.

Komplex wird die Situation jedoch bei Fragestellungen, die unterschiedlichste betriebliche Funktionen betreffen: Es sollen beispielsweise die Gesamtlogistikkosten (Beschaffung, innerbetriebliche Logistik, Vertriebslogistik) einer Warengruppe ermittelt werden. Betroffen sind damit Daten aus Einkauf, Produktion und Vertrieb. Dabei stellt sich heraus, dass nicht nur die Anzahl der Quellen und Datenbewirtschaftungsprozesse ansteigt (somit auch Risiken und potenzielle Fehler), sondern auch bestimmte Prozesse und Quellen unklar sind, z. B. ein Vertriebsanalysesystem, das auf einem multidimensionalen Datenbanksystem basiert ❺, wird teilweise sogar manuell mit Informationen versorgt.

So ist es der Einkaufsleitung unmöglich, die Gesamtlogistikkosten über die Wertschöpfungskette mittels eines Systems zu ermitteln. Tatsächlich muss dazu eine entsprechende Liste mit Hilfe einer Tabellenkalkulation zyklisch durch die Assistentin des Einkaufs erstellt werden. Die manuelle Tätigkeit ist fehleranfällig, insbesondere auch deswegen, weil Daten unklarer Herkunft – quasi auf Zuruf – in die konsolidierte Liste einfließen.

Eine auf diese Weise gewachsene komplexe und heterogene Struktur für BI lässt sich treffend als analytisches Chaos bezeichnen. Das Beispiel zeigt dessen Hauptmerkmale:

> **Unklare oder schlechte Datenqualität:**[2] Die Qualität der Daten ist entscheidend für den Erfolg von Maßnahmen, die aufgrund einer geschäftlichen Entscheidungsfindung mit Hilfe analytischer Fragestellungen eingeleitet werden. Dennoch ist die tatsächliche Güte der Daten entweder nicht ausreichend oder ggf. sogar unbekannt. Die Datenbasis der Entscheidung ist daher zweifelhaft, die geschäftliche Entscheidung also möglicherweise falsch oder mit einer hohen Unsicherheit verbunden. Der Themenkomplex Datenqualität und die damit verbundenen negativen Effekte genießen daher nicht grundlos seit Jahren die höchste Aufmerksamkeit sowohl bei IT- als auch bei Business-Entscheidern in Unternehmen.[3] Dennoch haben die wenigsten Unternehmen das Thema bisher befriedigend gelöst.

> **Unklare Datenherkunft:** Je nach Verdichtung, Arbeitsteilung, Organisation und Größe eines Unternehmens ist es bisweilen nicht klar, aus welchen externen oder internen operativen oder internen analytischen Datenquellen und Systemen die Daten stammen, die zur Beantwortung einer analytischen Fragestellung herangezogen werden. Die unklare (oder auch undefinierte) Herkunft ist eine weitere Ursache von Datenqualitätsproblemen.

> **Undefinierte analytische Prozesse:** Die Art und Weise, wie analytische Fragestellungen abteilungs- oder organisationsübergreifend beantwortet werden, ist nicht sauber definiert. Häufig werden Daten verbunden mit manuellem Aufwand oder spontanem Erfindungsreichtum und unter Nutzung unterschiedlichster Datenaustauschverfahren, Schnittstellen und Werkzeuge eher ungesteuert zusammengetragen und ausgewertet. Dies ist zum einen unwirtschaftlich, zum anderen auch eine Ursache von Dateninkonsistenzen.[4] Ein typisches Symptom für undefinierte analytische Prozesse sind die sog. Spread-Marts, häufig in Form von Excel-Spread-Sheets, in denen teilautomatisiert oder manuell Daten per Fragestellung oder Anwendungsfall individuell zusammengestellt und aufbereitet werden.

Systemzoo

Wird das Ergebnis des organisatorischen Wandels und der IT-Evolution in Unternehmen betrachtet, so stellt sich die gewachsene Vielfalt der Informationstechnologie in Form einer sehr heterogenen Systemlandschaft dar. Diese „Artenvielfalt" lässt sich treffend als „Systemzoo" bezeichnen, denn ähnlich den Tieren und Gattungen in einem Zoo sind die Systeme und Systemklassen (z. B. Datenintegration, Data Warehouse, Standard- und Ad-hoc-Reporting, Ad-hoc-Analyse, Planung, Konsolidierung) nicht immer miteinander verträglich und daher bisweilen technisch und organisatorisch relativ strikt getrennt (wie auch die Arten im Zoo in unterschiedlichen Gehegen weilen). Dies führt zu einer suboptimalen Gesamtkostensituation (Total Cost of Ownership, TCO) durch Wartungs-, Betreuungs-, Betriebs- und Lizenzkosten und fördert ineffektive Prozesse. In der Zoometapher bedeutet dies analog, dass viele Tierpfleger, unterschiedliche Futtersorten, diverse Tierärzte etc. notwendig sind und bezahlt werden müssen. Die Fortführung des Beispiels verdeutlicht dieses Bild.

---

[2] Vgl. Apel u. a. 2009, S. 18 ff.
[3] Vgl. Kemper/Pedell 2008.
[4] Vgl. Apel u. a. 2009, S. 38.

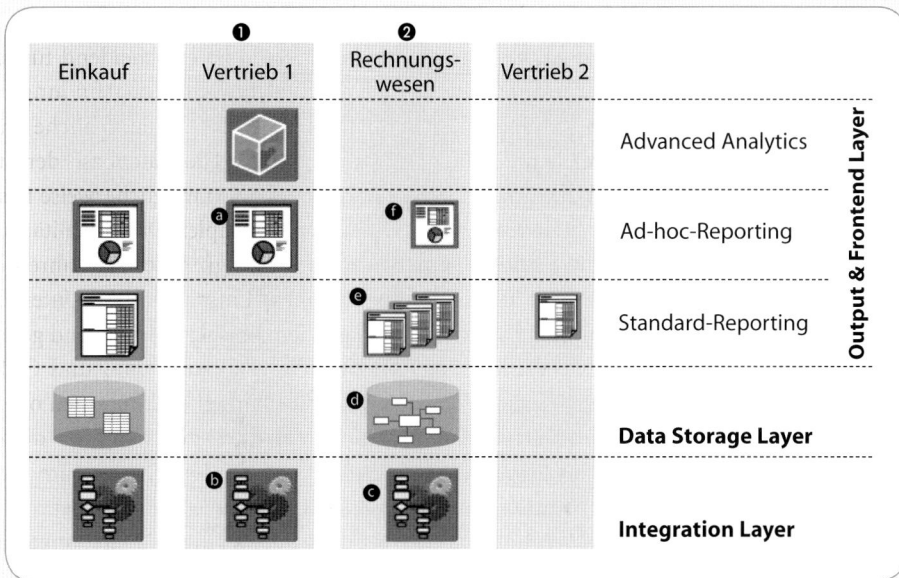

▲ Abb. 2: Beispiel für einen „Systemzoo"

Das Beispiel des Handelsunternehmens wird in Abbildung 2 hinsichtlich seiner BI-System-komponenten betrachtet. Dabei wird nun der Bereich Rechnungswesen in die Betrachtung einbezogen.[5]

Der Vertrieb ❶ setzt sowohl eine Lösung für erweiterte Analyse, Prognose und Simulationen als auch ein Ad-hoc-Werkzeug von Hersteller ⓐ ein. Diese Tools werden normalerweise durch integrierte Funktionen mit Daten versorgt und besitzen eine eigenständige, geschlossene Datenhaltung. Die Datenversorgung mittels integrierter Funktionen von ⓐ war jedoch nicht möglich, da bestimmte Schnittstellen zu relevanten Quellsystemen nicht existierten, insofern werden die nötigen Daten mittels eines ETL-Tools von ⓑ datenbankintern vorbereitet und in Dateiform für das Analysesystem ⓐ zur Verfügung gestellt. Ein Core Data Warehouse oder Data Marts werden nicht genutzt.

Das Rechnungswesen ❷ geht andere Wege: Für die Datenhaltung wurde ein Controlling Data Mart mit relationaler Datenbanktechnologie aufgebaut ⓓ. Da die Daten primär dem Finanz- und Rechnungswesen entstammen, wurde die Infrastruktur des Finanzsystems genutzt, d. h. dessen Datenbank auch als Datenintegrationsmodul ⓒ für die Datenbewirtschaftung und Aufbereitung eingesetzt.

Die zahlreichen Berichte wurden mit dem integrierten Berichtswerkzeug ⓔ umgesetzt. Das Finanzsystem besitzt für diesen Zweck ein generisches Reporting-Werkzeug eines anderen Herstellers, das per OEM-Vertrag mitgeliefert wird. Hinsichtlich des Rechnungswesens ist hier eine relativ homogene Reporting-Lösung entstanden, die sich technologisch am Finanzsystem orientiert. Die Standardberichte sind jedoch nicht ausreichend, daher existiert in prototypischer Form ein Ad-hoc-Analysesystem ⓕ, das mit der Technologie eines weiteren Herstellers im-plementiert wurde und spezielle Berichte ⓔ, quasi Vollabzüge bestimmter Datenbestände, als Datenquellen nutzt. Es bleibt noch zu erwähnen, dass die weiteren Bereiche Einkauf,

---

5   Die unterschiedlichen im Einsatz befindlichen Komponenten von BI-Systemen wurden hierbei vereinfacht und lediglich technologisch kategorisiert. In den Abschnitten 2.4.2 und 2.5 werden systematische Kategorisierungen von Architektur-komponenten und BI-Anwendungen vorgestellt.

Vertrieb 2 etc. zusätzliche Werkzeuge und Komponenten weiterer Anbieter, die auf unterschiedlichsten Technologien und Standards basieren, einsetzen.

Die Gesamtkostenlage bzw. der entstehende Gesamtaufwand ist unbefriedigend: Die zahlreichen Systeme müssen von unterschiedlichsten Administratoren (zum Teil externen) betreut werden, bei Schulungen ergeben sich wenig Synergien, da Mitarbeiter sehr unterschiedlich für die verschiedenen Lösungen ausgebildet werden müssen. Es werden häufig externe Berater für Erweiterungen und Anpassungen benötigt, denn die IT kann die Systemvielfalt nicht komplett selbst abdecken. Da jeweils nur relativ wenig Anwender mit den Software-Lösungen arbeiten, bieten die Herstellerfirmen keine rabattierten Software-Lizenzbündel an – dies zum Leidwesen des technischen Einkaufs, der mit vielen unterschiedlichen Anbietern in Verhandlung steht.

Der „Systemzoo" ist an folgenden Symptomen erkennbar:
> Zahlreiche unterschiedliche Lösungen und Komponenten unterschiedlichster Anbieter
> Hoher Personaleinsatz für die Wartung und Weiterentwicklung
> Zahlreiche Schnittstellen oder individuell implementierte Integrationsmechanismen zwischen Systemkomponenten
> Hohe Vielfalt von Software-Lizenzen und unattraktive Lizenzmodelle
> Hohe Spezialisierung für bestimmte Lösungen bei bestimmten Anwendergruppen und Rollen im Unternehmen
> Fehlende durchgängige Architektur

Motivation für BI-Strategie und BI-Organisation

Aus den hier geschilderten Symptomen ergeben sich vielfältige Motivationen für den Aufbau einer BI-Strategie und einer entsprechenden BI-Organisation.

Die fachliche und technische Vielfalt gewachsener Strukturen mit den damit verbundenen Problemen und Risiken erfordert eine klare fachliche und technische **Architektur**. Diese kann nur bedingt pro Projekt entwickelt und unternehmensweit etabliert werden. Insofern ist ein Architekturrahmen im Kontext der BI-Strategie nötig. Die Organisation muss entsprechende Funktionen und Rollen vorhalten, um diese Architektur zum einen durch Renovierung und Migration der bestehenden Landschaft anzustreben und nachhaltig auch in Folgeprojekten umzusetzen.

Aus einer gewachsenen heterogenen BI-Landschaft resultiert eine ungünstig hohe **Gesamtkostensituation**. Allerdings bestehen ggf. Zielkonflikte zwischen der Bewertung der Projektkosten hinsichtlich der Gesamtkosten über alle Projekte. Insofern ist eine BI-projektübergreifende Kostenanalyse und -steuerung nötig, und zwar im Abgleich zur Unternehmensstrategie. Die Gesamtkostenbetrachtung (TCO-Betrachtung) ist ein Werkzeug der BI-Strategie, die Kostensteuerung sollte durch eine passende Organisation erfolgen.

Eine hohe **Datenqualität** ist entscheidend für das Vertrauen in und den Nutzen von BI-Systemen. Heterogene, gewachsene Landschaften leisten einer schlechten Datenqualität Vorschub. Die Verbesserung der Datenqualität kann nur bedingt durch individuelle Projekte bewältigt werden, da die Ursachen häufig außerhalb des Projekt-Scope liegen. Vielmehr sind ein übergreifendes Konzept, übergreifende Prozesse und eine übergreifende Organisation dafür erforderlich. Die BI-Strategie bietet den nötigen Rahmen für eine Datenqualitätsstrategie und ein Datenqualitätsmanagement (nicht nur mit dem Fokus BI). Ein BICC ist ein möglicher organisatorischer Anker für entsprechende Rollen.

Chaotische Zustände und Intransparenz, manuelles und individuelles Vorgehen nach Bedarf bei **analytischen Prozessen** sind zum einen ineffizient (mittelbar kostenintensiv), zum anderen riskant, weil wichtige geschäftliche Entscheidungen auf unsicherer Basis erfolgen. Entsprechende Standards, Maßnahmen und die nötige Governance können jedoch kaum aus einem BI-Projekt etabliert werden. Vielmehr ist die BI-Governance auf Basis der BI-Strategie abzuleiten und durch eine entsprechende Organisation durchzusetzen.

1.1.2   Taktisches Vorgehen

Ein weiteres Indiz für eine fehlende BI-Strategie ist ein extrem ausgeprägtes taktisches Vorgehen, bei dem operative, oftmals kurzfristige Anforderungen oder Rahmenbedingungen Einfluss darauf haben, ob und wie ein BI-Projekt angegangen wird, welche Technologie, welche Methode, welche BI-Werkzeuge zum Einsatz kommen. Taktisches Vorgehen ist häufig eine Folge von Systemvielfalt und Konsolidierungsbedarf. Dabei ist das eher taktische (im Gegensatz zum strategischen) Vorgehen durchaus unterschiedlich ausgeprägt, wie die folgenden Varianten zeigen.

Orientierung am Tagesgeschäft

Die Orientierung am Tagesgeschäft ist das taktische Vorgehen, bei dem BI-Projekte und Maßnahmen in erster Linie an aktuellen operativen Bedürfnissen ausgerichtet werden. Dies ist durch zwei typische Muster geprägt: Zum einen erfolgt die Priorisierung von Projekten direkt auf Basis der operativen Nöte, d.h. in Bereichen, in denen der Handlungsdruck am größten ist, werden auch BI-Projekte entsprechend priorisiert. Zum anderen wird lediglich der kurzfristige Erfolg einer Lösung betrachtet.

> Der Umsatz der Rabattus AG ist in Region West eingebrochen, die Ursachen sind unklar. Aufgrund der dramatischen Auswirkungen für die Quartalsbilanz wird im Vertrieb kurzfristig ein Analysesystem eingeführt. Der Software-Anbieter verspricht durch Data Mining, Prognose und Simulationsverfahren schnell die Ursachen aufzudecken. Als Problem erweist sich die Datenbewirtschaftung: Um schnell eine Lösung herbeizuführen, wird das System teils manuell, teils per Direktzugriff auf operative Quellsysteme mit Daten befüllt.[6] Bei der Einführung des Systems wurden die wenigen vorhandenen Standards und Architekturvorgaben missachtet, und dieses geschäftskritische System wird nicht etwa im Sinne eines Evaluierungsprototypen verworfen und nachträglich sinnvoller neu umgesetzt – im Gegenteil, es bleibt erhalten und belastet die IT auf Dauer.

Orientierung an operativen Beschaffungszielen

Die Orientierung an den operativen Zielen der Beschaffung ordnet BI-Initiativen der Beschaffung unter. Hieraus können zwei Risiken entstehen: Zum einen besteht die Gefahr, dass durch generelle Rahmenvereinbarungen oder einkaufsorientierte IT-Strategien die BI-Architektur, das Software-Portfolio oder das Vorgehen ohne nähere Betrachtung der Anforderungen fixiert wird. Zum anderen ist es möglich, dass eine Beschaffungsabteilung die Qualität einer BI-Lösung anhand des Primärkriteriums Preis beeinflusst, z.B. durch die

---

[6] In den Ausführungen zum „Systemzoo" wurde das Ergebnis dieser taktischen Aktion bereits aus IT-Sicht beleuchtet.

Auswahl des kostengünstigsten Anbieters bei inhaltlich durchaus variierenden Angeboten für BI-Software oder Dienstleistungen. Im Extremfall bestimmt das operative Ziel „preiswerte Beschaffung" somit also die BI-Landschaft im Unternehmen.

Ein typisches Indiz für die Orientierung an den Beschaffungszielen ist auch die unreflektierte Loyalität zu Anbietern bestimmter IT-Komponenten oder -Dienstleistungen, die sich darin äußert, dass der Haus-und-Hof-Lieferant der Hardware, des Betriebssystems, der Datenbank oder des ERP-Systems gleichsam der präferierte Anbieter auch für BI-Systemkomponenten ist. Die Gründe dafür liegen auf der Hand: Diese Anbieter bieten erheblich rabattierte Lizenzmodelle durch entsprechende Bündelung von BI-Lösungen und Kernangebot. Des Weiteren ist die Arbeit der Beschaffung einfacher, da weniger Lieferanten zu betreuen sind und durch das summierte Einkaufsvolumen die Verhandlungsposition sich ggf. besser darstellt.

Offensichtlich ist jedoch, dass bei diesem taktischen Vorgehen der Umsetzung einer BI-Strategie, die sich aus der Unternehmensstrategie ableitet, unter Umständen sogar die konkreten fachlichen Anforderungen an eine Lösung vernachlässigt werden.

> Die Rabattus AG beschließt, die neue Reporting-Lösung im Rechnungswesen umzusetzen. Aufgrund guter partnerschaftlicher Beziehungen und attraktiver Konditionen wird durch den Einkauf ein entsprechendes Angebot eines Anbieters favorisiert, dessen Finanzsystem bereits im Hause im Einsatz ist. Erst im Nachhinein stellt sich heraus, dass bestimmte Ad-hoc-Reporting-Anforderungen so nicht umzusetzen sind. In der Folge muss eine architektonisch bedenkliche Ergänzung vorgenommen werden, in der Standardberichte der Reporting-Lösung als Datenquelle für ein Ad-hoc-System dienen.[7]

Orientierung am IT-Tagesgeschäft

Bei einer Orientierung am IT-Tagesgeschäft werden das BI-Vorgehen, Tool-Auswahl, Architektur etc. den operativen Notwendigkeiten von IT-Entwicklung und IT-Betrieb untergeordnet. Aufgrund der unterschiedlichen Ziele der einzelnen IT-Bereiche erfolgt die Umsetzung ohne die Basis einer IT-Strategie individuell unterschiedlich. Wenn die vorliegende IT-Strategie nur unzureichend detailliert ist, haben die Präferenzen einzelner IT-Teams oder Mitarbeiter Einfluss darauf, mit welchen Werkzeugen und Verfahren BI-Anforderungen umgesetzt werden. Als problematisch erweist sich hierbei zudem, dass die mit der Umsetzung betrauten IT-Teams oder Mitarbeiter unter Umständen die Fachprozesse nicht in der nötigen Tiefe verstehen, sodass die erstellten BI-Lösungen die Erwartungshaltung der Auftraggeber auf der Fachseite verfehlen.

Ergebnis eines solchen taktischen Vorgehens ist ein Wildwuchs der BI-Landschaft, die die Fachanforderungen nicht ausreichend abdecken kann. Zudem werden keinerlei strategische Ziele verfolgt.

---

[7] In den Ausführungen zum „Systemzoo" wurde das Ergebnis dieser taktischen Aktion bereits aus IT-Sicht beleuchtet.

In diesem Beispiel bemühen wir nicht die Rabattus AG direkt, sondern einen ihrer Produkt-lieferanten, die Innovatoris AG, einen Hightech-Konzern mit weltweit verteilten Werken, die ineinander verzahnt unterschiedliche Produktlinien entwickeln und herstellen. Die Zentral-IT hat eine IT-Strategie formuliert und entwickelt diese weiter, zudem sind IT-Governance-Struk-turen etabliert und alle IT-Verfahren und -Prozesse definiert. Hinsichtlich der BI fehlt jedoch jegliche Detaillierung, sodass weder Verantwortlichkeiten für die Umsetzung noch Architek-turen oder Technologien feststehen und insofern die umsetzenden IT-Abteilungen große Spielräume besitzen. Üblicherweise formulieren Fachanwender oder Abteilungen ihre Anfor-derungen in Form von Aufträgen mittels Pflichtenheften, die dann entweder durch die Zentral-IT (für Kernsysteme) oder durch lokale IT-Bereiche für Werkssysteme umgesetzt werden. Die lokalen IT-Bereiche haben den Ruf, unbürokratisch schnell Lösungen zu produzieren, stehen aber gegenüber der Zentral-IT unter Rechtfertigungsdruck ihrer Existenz. Insofern wetteifern die unterschiedlichen lokalen IT-Bereiche um Aufträge. Konkret hat dies zum Ergebnis, dass sowohl die Zentral-IT als auch unterschiedliche IT-Entwicklungsteams mehrere BI-Lösungen parallel entwickelt haben. Aufgrund unterschiedlicher interner Auftraggeber war die Fach-lichkeit zunächst gut abgegrenzt. Hinsichtlich der eingesetzten Technologien und Systeme besteht allerdings eine ausgesprochene Vielfalt, da insbesondere auch die Präferenzen der umsetzenden IT-Mitarbeiter die Tool-Auswahl beeinflusst haben: So finden sich Legacy-Repor-ting-Lösungen, die z.B. mit 4-GL-Werkzeugen eines Datenbankherstellers umgesetzt wurden, eine BI-Lösung auf Basis eines ERP-nahen Data Warehouse sowie diverse Reporting- und Ad-hoc-Systeme, die mit BI-Werkzeugen von etablierten Anbietern umgesetzt wurden. Weiter-hin wurden auch neue Systeme implementiert, die auf vermeintlich kostengünstigen Open Source Frameworks basieren, obwohl objektiv betrachtet der Lizenzbedarf sowieso durch ausreichende Verträge mit etablierten kommerziellen Anbietern gedeckt war. Im Backend findet sich eine ähnliche Vielfalt: Sowohl Datenintegrationswerkzeuge, Shell-Skripte und Indi-vidualentwicklungen in Datenbanksystemen als auch in Java implementierte Datenkonver-sionen sind anzutreffen. Die zunehmende Verzahnung der unterschiedlichen Fachbereiche und Produktionslinien erfordert nunmehr die Entwicklung einer BI-Strategie und entsprechender Konsolidierungsmaßnahmen.

Orientierung am Fachbereich

Die Orientierung am Fachbereich ist dadurch gekennzeichnet, dass dieser einseitig bestimmt, wann und wie ein BI-Projekt umgesetzt wird. Insbesondere dann, wenn ein Fachbereich allein über das Investitionsbudget entscheiden kann, entsteht leicht die Situation, dass er nicht nur seine fachlichen Anforderungen in das Projekt einbringt, sondern auch z. B. nicht-funktionale Aspekte beeinflussen möchte, so z. B. die Tool-Auswahl, und damit mittelbar die Architektur bestimmt. Dabei erweist es sich auch als problematisch, dass abteilungsübergrei-fende Belange nicht oder nur begrenzt berücksichtigt werden. Evtl. wird so für die Anforde-rungen einer anderen Abteilung ein anderes Werkzeug favorisiert, das ebenso geeignet ist. Es besteht weiterhin die Gefahr, dass bei Entscheidungen im Fachbereich relevante IT-Aspekte missachtet werden, da die damit betrauten Mitarbeiter nicht die notwendigen Erfahrungen und Kenntnisse besitzen.[8]

---

[8] Vgl. Baars u. a. 2009. Es wird im Rahmen einer Studie ein Konzept vorgeschlagen, das drei Serviceklassen je nach Beteiligung der unterschiedlichen Gruppen in einem Unternehmen – IT, BICC, Fachabteilung – unterscheidet, um je nach Aufgabenstel-lung die optimale Zusammensetzung zu erreichen. Bei bestimmten Fragestellungen muss beispielsweise eine Fachabtei-lung involviert sein, bei anderen spielt die Fachabteilung keine Rolle, hier dominieren IT und BICC.

Auch durch dieses taktische Vorgehen wird das Problem einer heterogenen BI-Landschaft forciert und die Verfolgung strategischer Ziele erschwert, da die fachlichen Anforderungen an eine Lösung nur mittelbar die Ziele einer Unternehmensstrategie widerspiegeln.

> Die Marketingabteilung der Rabattus AG hat die Budgethoheit für die eigene BI-Lösung und entscheidet sich für eine Ad-hoc-Analyseanwendung des Anbieters, von dem auch die CRM-Lösung stammt. Die Anwendung deckt die gestellten Anforderungen ab, die Präsentations-funktionalität für Berichte ist grafisch sehr weitreichend und daher besonders ansprechend. Der Einkauf ist aufgrund der hohen Lizenzkosten wenig erbaut, die IT befürchtet, mit dem nach Abzug der Lizenzkosten geringen Restbudget die Umsetzung nur mit Qualitätseinbußen bewältigen zu können, zudem wurden wieder einmal Standards, Integrationsfähigkeit in die bestehende Landschaft und die Fähigkeiten der IT-Mitarbeiter zum Betrieb und zur Wartung nicht berücksichtigt, sodass mit hohen Folgekosten, z. B. für Ausbildung, zu rechnen ist.

Motivation für BI-Strategie und BI-Organisation

Aus den Nachteilen eines rein taktischen Vorgehens ergeben sich unterschiedliche Motivationen für die Einführung einer BI-Strategie und BI-Organisation.

Das **Bereichsdenken**, das taktische Vorgehen unter Dominanz eines Bereichs, birgt tendenziell die Gefahr, dass bereichsübergreifende Aspekte vernachlässigt werden. Diese übergreifenden Aspekte sollten aus der Unternehmensstrategie abgeleitet sein, um BI-Lösungen zu schaffen, die nicht nur für einen Unternehmensteil passen, sondern für das Gesamtunternehmen tragfähig und nutzenstiftend sind. Eine BI-Strategie ist als Konkretisierung der Unternehmensstrategie erforderlich. Zudem ist die bereichsübergreifende Organisation durch eine entsprechende BI-Organisation notwendig.

Die intensive Berücksichtigung kurzfristiger wirtschaftlicher Zielvorgaben oder anderer Bedürfnisse (z. B. Personalverfügbarkeiten, Know-how, Machtanspruch) eines spezifischen Bereichs (IT, Fachbereich, Einkauf) führt in der Regel zu unausgewogenen BI-Lösungen und heterogenen BI-Landschaften. Auf lange Sicht erfüllen eine ausgewogene und auf die unterschiedlichsten Bedürfnisse abgestimmte **Architektur** und ein richtig priorisiertes Lösungsportfolio die gestellten Anforderungen besser. Um eine entsprechende Architektur programmatisch aufzusetzen oder eine bestehende Landschaft entsprechend zu modifizieren, ist eine BI-Strategie nötig. Die nachhaltige Einhaltung der Architekturvorgaben erfordert eine abteilungsübergreifende Organisation.

Die enge Kopplung an das Tagesgeschäft führt dazu, dass ad hoc entstehenden Anforderungen mit verhältnismäßig hohem Aufwand zeitnah begegnet wird. Die so erstellten Lösungen sind dann aber nicht universell und wenig flexibel und entsprechen unter Umständen nicht der gewünschten Qualität. Sofern auch langfristige Ziele (aus einer Unternehmensstrategie) verfolgt werden sollen, sind derartige Lösungen eine schlechte Basis. Wird beispielsweise die Fachlichkeit zu speziell oder konkret umgesetzt, können ähnliche Fälle damit nicht abgebildet werden oder die eingesetzten Werkzeuge und Komponenten integrieren sich nur bedingt in ein BI-Gesamtkonzept. Als Gegenpol zur kurzfristigen taktischen Aussteuerung von BI-Projekten wird eine BI-Strategie benötigt, die auch **langfristige Ziele** verfolgt. Durch Abgleich der kurzfristigen Ziele eines Projekts mit der BI-Strategie können ausgewogene Lösungen geschaffen werden, die langfristig orientierte Datenmodelle und kompatible Technologien verwenden. Der Abgleich kann nicht durch ein Projektteam allein erfolgen. Eine entsprechende BI-Organisation kann hierbei durch Qualitätssicherungsmaßnahmen und Beratung Unterstützung leisten.

1.1.3   Organisatorische Herausforderungen

Weitere Symptome einer fehlenden BI-Strategie und einer angemessenen BI-Organisation sind direkt anhand organisatorischer Missstände erkennbar.

Unklare oder fehlende Organisation für BI-Projekte und -Anwendungen

Häufig ist in Unternehmen nur ungenau abgegrenzt, wer für Entwurf, Entwicklung und Betrieb einer BI-Lösung zuständig und verantwortlich ist. Wenngleich die zentrale Datenhaltung in der Regel durch eine IT-Abteilung verantwortet wird, sind es dennoch die Fachabteilungen, die diese Daten fachlich interpretieren. Hinzu kommen individualisierte abteilungsbezogene Datenhaltungssysteme. Anders als bei operativen Anwendungen (z. B. den klassischen ERP-Systemen) besitzen bei abteilungsbezogenen BI-Anwendungen geübte Fachbereichsanwender weitreichende Rechte, um mit den zur Verfügung gestellten oder beschafften Werkzeugen in die bestehenden Anwendungen einzugreifen oder diese weiterzuentwickeln. Gerade moderne webbasierte Tools mit komfortablen Entwicklungsoberflächen fördern diesen Ansatz. Letztlich bleibt undefiniert, welche Rollen die Fachabteilungen mit ihren jeweiligen Leitern – sprich Interessen! – und welche die IT-Abteilungen Betrieb und Entwicklung in der Ausgestaltung der BI-Projekte einnehmen. Abbildung 3 stellt exemplarisch Verantwortlichkeiten und mögliche Verantwortliche gegenüber. Bei unklarer wechselseitiger Zuordnung bestehen Defizite in der Aufbau- und Ablauforganisation für BI, aus denen ein permanenter Organisationsbedarf resultiert.

Verantwortlichkeiten	Mögliche Verantwortliche
(BI-)Geschäftsprozesse, Daten, Projekte, Lösungsentwicklung, fachlicher Support, technischer Support, Standards, Infrastruktur, Standard-Software, BI-Architektur, BI-Training, etc.	Fachabteilungsmitarbeiter (Anwender), „Orga-Abteilung", IT-Betrieb, IT-Entwicklung, (IT-)Einkauf, externe Betreiber, Dienstleister, z. B. Berater, Hersteller

Abb. 3: Verantwortlichkeiten für BI und mögliche Verantwortliche

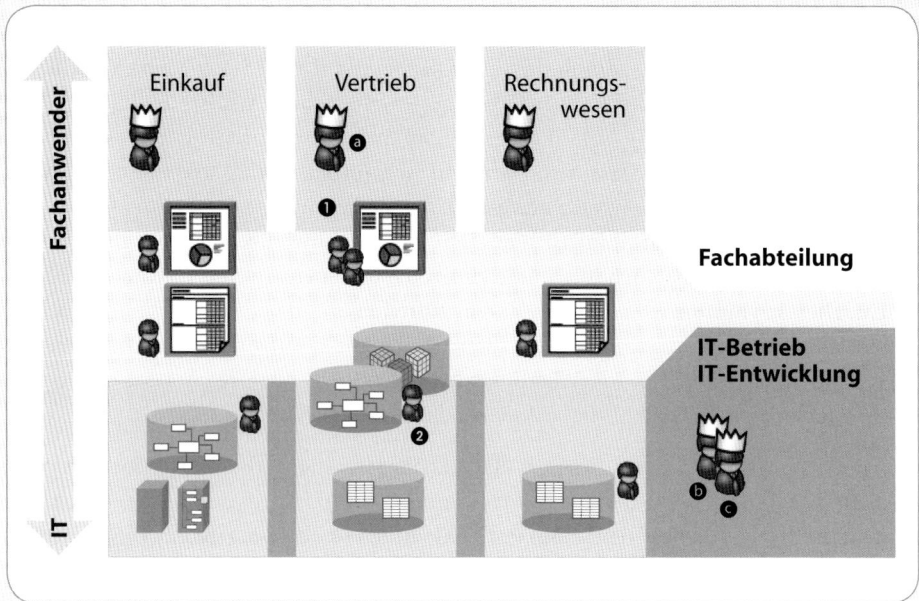

▲ Abb. 4: Zuordnung der Verantwortlichkeiten im Spannungsfeld zwischen
            IT und Fachbereichen

Die Ad-hoc-Analyseanwendung ❶ im Vertrieb der Rabattus AG wurde maßgeblich von zwei versierten Vertriebsmitarbeitern entwickelt. Dabei wird auf Daten in entsprechenden Data Marts auf Basis relationaler wie auch multidimensionaler Datenbanktechnologie zurückgegriffen. Diese Data Marts hat ein Mitarbeiter der IT-Entwicklung erstellt. Die technische Datenhaltung erfolgt zurzeit noch auf Entwicklungssystemen, wobei das multidimensionale System sogar auf einem Desktoprechner implementiert wurde, der unter einem Schreibtisch in der Vertriebsabteilung steht. Der IT-Betrieb konnte zeitnah keine geeignete Plattform bereitstellen. Die eigentlichen Quelldaten kommen aus einem relational aufgebauten Datenbanksystem. Diese Gesamtkonstellation ist organisatorisch in mehrfacher Hinsicht problematisch: Die Fachabteilungsmitarbeiter, die die Ad-hoc-Analyse-Anwendung erstellt haben, sind eigentlich hauptamtlich Vertriebsmitarbeiter und können daher aus Zeitgründen weder Schulungen durchführen noch Support für die Anwendung bereitstellen. Auch die Weiterentwicklung stockt, da die IT-Entwicklung aufgrund unklarer Risiken und Aufwände nicht tätig werden will. Der Betrieb der Data Marts ist nicht sichergestellt, da die eingesetzten Plattformen keinerlei Betriebskonzept unterworfen sind, da die Entwickler nur begrenzt für administrative Tätigkeiten zur Verfügung stehen und Backup- und Security-Vorgaben nicht eingehalten werden. Insofern will der IT-Betrieb die Systeme nicht übernehmen (dadurch wird erneut der Support nicht sichergestellt). Der Vertriebsleiter ❿, der auf die Lösung angewiesen ist, sowie der IT-Betriebsleiter ⓑ und der Entwicklungsleiter ⓒ streiten sich über die Verantwortlichkeiten und Zuständigkeiten und befinden sich so in einer Sackgasse.

Akzeptanzprobleme

Wenn BI-Projekte scheitern oder die gesteckten Ziele deutlich verfehlen, ist nicht immer die Entwicklung der Lösung oder der Projektverlauf die Ursache des Misserfolgs. Auch die Organisation oder organisatorische Veränderungen können den Misserfolg bedingen. Zwei Muster sind hier anzutreffen.

Einerseits kann der Misserfolg aus mangelnder Zustimmung auf unterschiedlichsten Hierarchieebenen resultieren. So kann eine BI-Anwendung z. B. nicht die Zustimmung des Top-Managements besitzen. Dadurch sinkt die Akzeptanz auf allen Seiten, denn warum sollte man eine Lösung einsetzen, die von der Führung gering geschätzt wird? Zum anderen leidet die Akzeptanz einer BI-Lösung, sofern aufgrund organisatorischer Barrieren innerhalb eines Unternehmens die Lösung an konkreten Bedürfnissen vorbeientwickelt wurde. Der Projektverlauf mag dabei an sich erfolgreich gewesen sein, das Ergebnis trifft aber die Erwartungshaltung nicht. Typisches Symptom ist hier auch das „Not-Invented-Here-Syndrom": Einer Fremdentwicklung – sei sie noch so gut und sinnvoll – wird per se wenig Vertrauen entgegengebracht. Dieses Symptom ist z. B. auch dann anzutreffen, wenn bei einem Unternehmenszusammenschluss zweier unterschiedlicher Unternehmen die Lösung des einen Unternehmens übergreifend etabliert werden soll. Allerdings bedingen nicht nur organisatorische Aspekte, sondern auch unternehmenskulturelle Aspekte derartige Problemstellungen.

Andererseits besteht die Gefahr, dass bei einer Umorganisation oder Umstrukturierung die Vorbehalte von Mitarbeitern auf eine BI-Anwendung projiziert werden und der praktische Einsatz daher scheitert. Die eigentlichen Probleme liegen in der Neuordnung oder Umstrukturierung, die ggf. nur mit mangelhaftem organisatorischem Change-Management durchgeführt wird. Da dies aber weder kritisiert noch verhindert oder verändert werden kann, findet der Unmut der betroffen Mitarbeiter in der mit der Umorganisation neu eingeführten BI-Lösung einen Sündenbock.

> Die Rabattus AG hat die Neuordnung der Vertriebsgebiete beschlossen, nachdem die Integration mit einem eingekauften Handelsunternehmen vollzogen wurde. Die betroffenen Regionalleiter sind darüber zum Teil wenig erfreut, können diese Entscheidung jedoch nicht revidieren. Um die Bearbeitung der neuen Vertriebsgebiete adäquat zu steuern, wird ein neues Vertriebscontrollingsystem eingeführt. Die Akzeptanz seitens der Regionalleiter und Vertriebsmitarbeiter ist jedoch gering, da die dort getätigten Analysen die neue Vertriebsgebietsstruktur abbilden, die von ihnen innerlich abgelehnt wird.

Motivation für BI-Strategie und BI-Organisation

Aus organisatorischen Herausforderungen ergibt sich unmittelbar die Motivation für die Entwicklung einer BI-Strategie und BI-Organisation.

Durch **unklare Verantwortung** für die Aufgaben im Kontext von BI werden suboptimale Lösungen erstellt, das analytische Chaos forciert und der Systemzoo vergrößert. Die BI-Strategie und BI-Organisation müssen daher die Verantwortungen vorgeben und eine geeignete Aufbau- und Ablauforganisation schaffen.

Mangelnde **Akzeptanz** von BI-Lösungen verhindert ihren Nutzen. Ergo müssen auch die organisatorischen Rahmenbedingen so gestaltet sein, dass eine BI-Strategie und BI-Organisation wirken kann. Dafür ist insbesondere auch die Zustimmung des Top-Managements nicht nur zu BI-Projekten, sondern vor allem zur BI-Strategie und BI-Organisation nötig.

1.2   Grundlagen und Definitionen

Zunächst werden die unterschiedlichen Systeme definiert und in ihrer historischen Entwicklung bis zum Business-Intelligence-System dargestellt. Darauf aufbauend wird der Begriff Business Intelligence eingehend erläutert, um auf dieser Basis das Verständnis von BI-Strategie und BICC zu klären.

1.2.1   Management-Support-Systeme

In den 1960er-Jahren entstand mit dem verstärkten Einsatz von Dialog- und Transaktionssystemen und dem wachsenden Speichervolumen die Anforderung, Informationen aus der Datenbasis abzuleiten und zu Planungs- und Kontrollzwecken zu nutzen.[9] Dabei sollte im Kern eine Ex-post-Überwachung auf Basis vergangenheitsbezogener Daten hergestellt werden.

Unter **Management-Information-Systemen (MIS)** werden EDV-gestützte Systeme verstanden, die Managern unterschiedlicher Hierarchieebenen erlauben, detaillierte und verdichtete Informationen aus der operativen Datenbasis zu extrahieren und auszuwerten.

Die ursprünglichen MIS besaßen weder Funktionen zur Abbildung umfangreicher Modelle noch Ansätze für algorithmische Problemlösungsverfahren. Somit musste der Anwender manuell entsprechende Aufbereitungsschritte durchführen. Dieser ursprüngliche Ansatz der MIS scheiterte insbesondere, weil statt der Beseitigung des Informationsdefizits eine Informationsflut ohne adäquate Aufbereitung, Säuberung und Verdichtung eintrat.

In den 1990er-Jahren erlebten die MIS eine Neuauflage, in der eine Aufteilung in handhabbare Module, z. B. bereichsbezogene Datenhaltung, erfolgte. MIS bieten heutzutage auf Basis der operativen Systeme eine verdichtete Darstellung zu Standardberichten mit einfachen algorithmischen Auswertungen. Sie stellen „… operative Kontrollinstrumente mit kurz- und mittelfristigem Entscheidungshorizont für das untere und mittlere Management dar."[10]

Im Unterschied zu den MIS besitzen **Decision-Support-Systeme (DSS)** bzw. **Entscheidungsunterstützungssysteme (EUS)** einen umfangreichen Methodenvorrat, der von deskriptiven Modellen bis hin zu Optimierungsverfahren reicht. DSS orientieren sich bei der Lösungsfindung am Entscheidungsverhalten der Fach- und Führungskräfte.[11]

Als Decision-Support-Systeme lassen sich EDV-Systeme bezeichnen, die Entscheidungsträgern eine Unterstützung beim Planungs- und Entscheidungsprozess mit Modellen, Methoden und problemadäquaten Daten liefern. Schwerpunktmäßig sind die DSS beim operativen Management zur Lösung von strukturierten und semi-strukturierten Problemen vorzufinden. Beim Einsatz von DSS stehen einerseits die Problemstrukturierung sowie andererseits die Alternativengenerierung und -bewertung im Vordergrund.

In den 1980er-Jahren hielten Tabellenkalkulationsprogramme getragen von der Erfolgswelle des Personalcomputers auf breiter Front Einzug in die Fachabteilungen. DSS wurden von da an auf Basis zahlreicher elektronischer Kalkulationsarbeitsblätter realisiert. Die Anwendung erfolgte allerdings oftmals ad hoc für den einmaligen Gebrauch. Hieraus lässt sich ein Kritikpunkt an den DSS ableiten: Es ist ihnen nicht gelungen, unternehmensübergreifende Modelle

---

[9]   Vgl. hierzu und zum Folgenden Gluchowski u. a. 2008, S. 55 ff.
[10]   Gluchowski u. a. 2008, S. 58.
[11]   Vgl. hierzu und zum Folgenden Gluchowski u. a. 2008, S. 62 ff.

zur Simultanplanung anzubieten. Sie haben sich stattdessen auf Teilprobleme spezialisiert, die sie mit hoher Kompetenz bearbeitet haben. Aktuell werden vermehrt typische DSS-Planungs- bzw. Entscheidungsunterstützungskomponenten in ERP-Systeme integriert.

Mitte der 1980er-Jahre entstanden die **Executive-Information-Systeme (EIS)** bzw. **Führungsinformationssysteme (FIS)** aufgrund der wachsenden Vernetzung der DV-Systeme und immer leistungsstärkerer Personalcomputer.[12] Durch diesen Technologieschub waren völlig neue Präsentationsformen und Zugriffe auf Informationen möglich, die den Entscheidungsträgern eine neue Qualität von Informationsaufbereitung und Aktualität versprachen.

Executive-Information-Systeme „… sind dialog- und datenorientierte Informationssysteme für das Management mit ausgeprägten Kommunikationselementen, die Fach- und Führungskräften aktuelle entscheidungsrelevante interne und externe Informationen über intuitiv benutzbare und individuell anpassbare Benutzungsoberflächen anbieten."[13]

Somit wird bei einem EIS ein individueller Zuschnitt auf die speziellen Informationsbedürfnisse eines Entscheidungsträgers vorgenommen, was meist als Grundmodell in Form eines multidimensionalen Datenraums (Hypercube) aufgebaut wird. Somit entfällt die Notwendigkeit, eine ausgeprägte eigenständige Modell- und Methodenverwaltung vorzusehen.

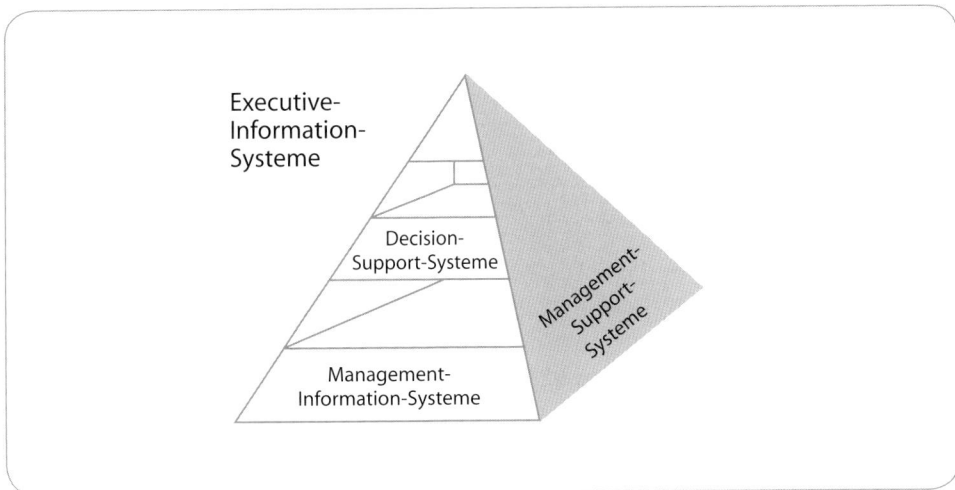

Abb. 5: Systematisierung der MSS[14]

In der Literatur werden MIS, DSS und EIS oft als **Management-Support-Systeme (MSS)** zusammengefasst, wie in Abbildung 5 in Pyramidenform dargestellt ist. EIS bilden die Spitze der Darstellung, da sie von ihrer Anwendung her das Top-Management adressieren. Danach folgen mit zunehmend operationalisierter Anwendung DSS und MIS. Im Sinne moderner IT-Architekturen stellen die Management-Support-Systeme heute meist keine eigenständigen Systeme mehr dar, sondern sind eher als (Fach-)Anwendungen im Gesamtkontext von BI-Systemen einzustufen.

---

12 Vgl. hierzu und zum Folgenden Gluchowski u. a. 2008, S. 74 ff.
13 Gluchowski u. a. 2008, S. 75.
14 Vgl. Gluchowski u. a. 2008, S. 87.

1.2.2   Data Warehouse

Auf die fortschreitende Entwicklung der Management-Support-Systeme als (Fach-)Anwendungen folgend ist in den 1990er-Jahren auf der Seite der Datenhaltung und -integration mit dem Data-Warehouse-Konzept ein weiterer Schritt in der Reife erzielt worden.

Ein **Data Warehouse (DWH)** ist ein unternehmensweites System zur Integration entscheidungsrelevanter Daten für die Steuerung des Unternehmens und dient als „einzige Quelle der Wahrheit" (Single Point of Truth).[15]

Der Begriff Data Warehouse wurde erstmals 1988 von Devlin und Mc Murphy[16] veröffentlicht, als eigentlicher Begründer des Data Warehouse gilt allerdings Inmon.[17] Die inhaltliche Strukturierung des DWH wird durch vier **Kernmerkmale** bestimmt:[18]

> **Themenorientierung:** Zweck des Systems ist nicht die Erfüllung einer isolierten Aufgabe, sondern die Modellierung übergreifender Anwendungsgebiete.
> **Vereinheitlichung:** Daten aus unterschiedlichen Quellen (intern und extern) werden harmonisiert und zusammengeführt.
> **Dauerhaftigkeit:** Die Daten bleiben langfristig in ihrer ursprünglichen Form erhalten.
> **Zeitorientierung:** Die Daten werden historisiert, sodass Veränderungen in Struktur und Inhalt über einen langen Zeitraum analysiert werden können.

Im Gegensatz zur ursprünglichen DWH-Definition wird heute der Benutzer- bzw. Empfängerkreis nicht mehr auf das Management eines Unternehmens beschränkt, sondern es werden alle handelnden Personen, die Daten der beschriebenen Form benötigen, als Informationsempfänger eingeschlossen.[19] Einher ging dieser Wandel mit der Operationalisierung des DWH-Konzepts. Wurden in den Anfangsjahren noch Anwendungen betrachtet, die Daten nur in größeren zeitlichen Intervallen benötigten, wie z. B. monatlich, so sind heute Realtime-fähige DWH-Architekturen keine Seltenheit mehr. Ursächlich hierfür sind die operativen Anwendungsbereiche von BI wie das Business Activity Monitoring, z. B. für den Call-Center-Bereich. Die zunehmende Operationalisierung des DWH-Konzepts spiegelt sich in der Literatur auch in den Begriffen der Informationslogistik,[20] der Corporate Information Factory (CIF)[21] oder des Transformation Hub[22] wider. Bei Winter u. a. 2008 wird in ihrem Ansatz der Informationslogistik auf die Datenflüsse zwischen Betrachtungseinheiten (z. B. Organisationseinheiten), die zur Informationsversorgung der Entscheidungsträger benötigt werden, fokussiert. Im Vergleich zum klassischen DWH-Konzept wird ein breiterer Ansatz postuliert, der die Gesamtheit von Strategie, Organisation und Informationssystem betrachtet. Die Corporate Information Factory wird als architektonischer Rahmen für die gesamte Landschaft der Informationsversorgung (operativ wie dispositiv) beschrieben.[23] Ein klassisches DWH stellt dabei nur ein Subsystem der CIF dar.

---

[15]   In Anlehnung an Chamoni/Gluchowski 2006, S. 12; Holthuis u. a. 1995, S. 1.
[16]   Devlin/Murphy 1988, S. 60.
[17]   Vgl. Inmon 1993.
[18]   Vgl. Inmon 1993, S. 25.
[19]   Zu einer kritischen Würdigung der ursprünglichen DWH-Definition von Inmon siehe Zeh 2003, S. 32 ff.
[20]   Winter u. a. 2008, S. 2.
[21]   Der Begriff der Corporate Information Factory wurde von Inmon sogar schon in den 1980er-Jahren eingeführt, vgl. Inmon u. a. 2001, S. 7 f.
[22]   Vgl. Kemper/Baars 2009, S. 6.
[23]   Vgl. Inmon u. a. 2001, S. 11 f.

1.2.3   Business Intelligence

Aufgrund der Vielfalt der Möglichkeiten zur Managementunterstützung und um der stetigen Weiterentwicklung der Anwendungen Rechnung zu tragen, entstand 1996 der Begriff „Business Intelligence".[24] Dieser lässt sich auf die Gartner Group zurückführen: „Data analysis, reporting, and query tools can help business users wade through a sea of data to synthesize valuable information from it – today these tools collectively fall into a category called ‚Business Intelligence'."[25]

Zunächst wurden unter dem BI-Begriff hauptsächlich verschiedene Frontend-Werkzeuge für die Managementunterstützung subsumiert. Der Begriff BI wurde jedoch von verschiedenen Beratungshäusern und Software-Herstellern im Zusammenhang mit einer Neuorientierung im Bereich der Managementunterstützung verwendet. Allerdings wurden mit diesem Begriff häufig bereits existierende Lösungen nach dem Motto „Alter Wein in neuen Schläuchen" verkauft.[26] So wurden teilweise die MSS mit BI gleichgesetzt.[27]

Ein Data Warehouse kann als wichtigste Komponente einer BI-Landschaft bezeichnet werden. Im Unterschied zum Data Warehouse wird bei Business Intelligence einerseits eine Ausweitung der Integration von Daten auf Strategien, Prozesse, Anwendungen und Technologien vorgenommen und andererseits die Analyse über die Daten hinaus auf die Erzeugung von Wissen über Potenziale und Perspektiven erweitert.[28]

Grundsätzlich wird **Business Intelligence** im Folgenden als **analytischer Prozess** verstanden, der Unternehmens- und Wettbewerbsdaten in handlungsgerechtes Wissen für die Entscheidungsunterstützung überführt.

Den notwendigen Rahmen für den effizienten und erfolgreichen Ablauf des Prozesses bilden BI-Werkzeuge, BI-Systeme, die eigentlichen BI-Anwendungen (siehe Tabelle 1) sowie eine verantwortliche BI-Organisation. Dieses zugegebenermaßen recht generische Verständnis von BI als analytischem Prozess wird in Abbildung 6 (siehe S. 32) im Kontext der wichtigsten verwandten Begrifflichkeiten erläutert.[29] Der Aufbau der Abbildung folgt dem üblichen Prozess von der Datenspeicherung über die Auswertung bis hin zur Manipulation bzw. Generierung neuer Daten (von unten nach oben). Die Themenbereiche und Begriffe werden den unterschiedlich weiten Definitionen von BI zugeordnet. Es wird deutlich, dass in Wissenschaft und Praxis die Abgrenzung des Begriffs BI schwerfällt und jeweils unterschiedlich ausfällt.

---

[24] Der Begriff Business Intelligence wurde bereits in einer weitaus älteren Veröffentlichung aus dem Jahr 1958 von Luhn, einem Wissenschaftler von IBM, benutzt (vgl. Luhn 1958, S. 314 ff.). Luhn beschreibt in seinem Beitrag die Architektur eines Systems, das aus heutiger Sicht eine Kombination aus Dokumentenmanagement- und Text-Mining-Komponenten für ein betriebliches Aufgabenmanagement darstellt. Aus den verschiedenen Dokumenten eines Unternehmens sollen automatisiert die wichtigsten Aufgaben (Action Points) zusammengefasst werden, um die gewünschten Unternehmensziele zu erreichen. Selbst nach über 50 Jahren klingt diese Anforderung teilweise noch visionär, wobei die technologische Entwicklung einer Realisierung hinsichtlich automatisierter Indexierung und weiterer Suchmaschinenalgorithmen sicherlich deutlich näher gekommen ist als zum damaligen Zeitpunkt.

[25] Anandarajan u. a. 2004, S. 19.

[26] Vgl. Gluchowski/Kemper 2006, S. 12, sowie Kemper/Baars 2006, S. 8.

[27] Vgl. Gluchowski u. a. 2008, S. 88.

[28] Vgl. Bauer/Günzel 2009a, S. 13 f.

[29] Die Darstellung erfolgt in Anlehnung an Gluchowski 2001, S. 7.

Anwendung (Application)	Auf Basis von Fachanforderungen inhaltlich sinnvoll abgegrenzte Funktionalität für die Behandlung von Daten für die Entscheidungsunterstützung, die auf Basis von BI-Systemen abgebildet wird. In der Regel verfügt eine Anwendung über einen Haupteinsatzbereich, einen Datenbereich (Domäne), eine nutzende Anwendergruppe sowie definierte Prozesse und Verantwortlichkeiten. Anwendungen können auf hoher Ebene generisch definiert werden, wie z. B. Planung, Analyse, Berichtswesen. Konkret sind dies z. B. die jährliche Finanzplanung für alle Divisionen, das monatliche Standardberichtswesen für das Top-Management des Konzerns oder die Ad-hoc-Analyse des Auftragseingangs im Produktvertrieb.
Werkzeug (Tool)	Für Business Intelligence einsetzbares Software-Produkt, das eine bestimmte Funktionalität zur Verfügung stellt, z. B. für die Abbildung von Planungsprozessen, für das Berichtswesen oder die Datenintegration.
System	Der Begriff System wird hier technologisch definiert: Er bietet die Basis für die Abbildung von Anwendungen, Prozessen, Organisation und Daten. Ein BI-System soll daher als Kombination von Soft- und Hardware verstanden werden und kann wiederum Subsysteme enthalten. Beispiel: Ein DWH-System kann sich aus einem Datenbanksystem, einem Datenintegrationswerkeug, einem Berichts- und Analysewerkzeug und einem Prozesssteuerungswerkzeug zusammensetzen. Die Produktivumgebung des Systems wird auf einem Datenbankcluster und zwei Anwendungsservern installiert. Auf Basis des DWH-Systems werden mehrere BI-Anwendungen abgebildet.

⬔ Tab. 1: Abgrenzung zwischen Anwendung, Werkzeug und System

An dieser Stelle wird auf die Abgrenzung deshalb so viel Wert gelegt, weil es sich in der Praxis gezeigt hat, dass die Begriffe in den Unternehmen sehr unterschiedlich interpretiert werden. Für die zielgerichtete Entwicklung einer BI-Strategie und auch für die Beschreibung des Wirkungsbereichs eines BICC ist eine genaue Definition der zu benutzenden Begriffe inklusive der präzisen Abgrenzung gegeneinander unerlässlich. Nur so ist sicherzustellen, dass alle beteiligten Personen das gleiche Verständnis der zu betrachtenden Inhalte haben und nicht aneinander vorbeigeredet wird.

Enges BI-Verständnis

Das enge BI-Verständnis stellt im Kern auf OLAP-Funktionen (Online-Analytical-Processing-Funktionen), also weitreichende Möglichkeiten der Ad-hoc-Analyse sowie Cockpit- bzw. Dashboard-Lösungen ab.[30] Im Mittelpunkt steht die intuitive und einfache Form der Informationsgewinnung für den Entscheidungsträger. Das enge Verständnis kommt damit den klassischen Anforderungen an Management-Information-Systeme (MIS) sehr nahe.

Analyseorientiertes BI-Verständnis

Das analyseorientierte BI-Verständnis umfasst im Vergleich zum engen Verständnis zusätzlich Anwendungen für Planung und Hochrechnung, (Management-)Konsolidierung sowie Ad-hoc-Reporting. Das Ad-hoc-Reporting stellt eine Kombination aus statischem Standard-Reporting und freier Ad-hoc-Analyse dar. Ausgehend vom klassischen Berichtsformat kann der Anwender durch die flexible Veränderung von Filtern bzw. Selektionskriterien die Ansicht ändern oder durch einen Drill-down den Bericht detaillieren. Der Informationsempfänger wird quasi auf vordefinierten Navigationspfaden durch die Analyse geführt, ohne dass er

---

[30] Zum OLAP-Begriff vgl. Codd u. a. 1993.

über ein tiefer gehendes Verständnis des zugrunde liegenden Datenmodells verfügen muss. Bei Anwendungen für Planung und Hochrechnung handelt es sich vor allem um Möglichkeiten der Datengenerierung und -manipulation. Beispielsweise werden im Planungsprozess durch Manipulation der vorliegenden Ist-Daten neue Daten erstellt oder vom Anwender manuell neu erfasst. Da Planung und Hochrechnung wie auch Konsolidierung aber nur teilweise analytische Aufgabenstellungen beinhalten, sind diese beiden Themen nicht vollständig dem analyseorientierten Bereich zugeordnet worden.

Interessant ist, dass das klassische Standard-Reporting, das oftmals den Kern des betrieblichen Berichtswesens bildet,[31] vom analyseorientierten BI-Verständnis ausgegrenzt wird. Diese Struktur ist in der Praxis nicht selten vorzufinden, wenn unter Business Intelligence ein quasi „kreativer" Prozess der Wissensbildung verstanden und ein Standardberichtswesen eher als statisch und „unkreativ" angesehen wird.

Enges und analyseorientiertes BI-Verständnis stellen vor allem auf die Schnittstelle zum Endanwender ab, es steht also das Frontend im Vordergrund.

Umfassendes BI-Verständnis

In diesem Buch wird hingegen ein umfassendes BI-Verständnis zugrunde gelegt, das auch die im sogenannten „Backend" ablaufenden, also für den Anwender nicht direkt sichtbaren Prozesse der Datenbewirtschaftung, d.h. der Datengewinnung, -transformation und -bereitstellung, berücksichtigt. Hinzu kommen die Datenspeicherung in einem Data Warehouse sowie das Standard-Reporting, das, wie bereits erläutert, vom analyseorientierten BI-Verständnis ausgegrenzt wird.

CPM-Verständnis

Zur Vervollständigung der Begriffsabgrenzung wird an dieser Stelle noch auf den Begriff des Corporate Performance Management (CPM) eingegangen, der ebenso wie der BI-Begriff den Analysten von Gartner zugerechnet wird.[32] Hierunter werden Methoden, Kennzahlen, Prozesse und Systeme zur Messung und Steuerung des Unternehmens verstanden, entsprechend dem Regelkreisgedanken.[33] Der klassische BI-Ansatz ist tendenziell Bottom-up-orientiert, wohingegen CPM eine klare Top-down-Fokussierung verfolgt. Dabei steht die Zielsetzung des Unternehmens, die in Form von Unternehmensplanung und -budgetierung konkretisiert wird, im Vordergrund. Weiterhin werden Management- und legale Konsolidierung zum Themenbereich CPM gerechnet, da durch die Eliminierung interner Beziehungen die unternehmensübergreifende Messbarkeit der Leistung überhaupt erst ermöglicht wird. Aus der grafischen Darstellung in Abbildung 6 wird aber auch ersichtlich, dass es sowohl Planungs- als auch Konsolidierungsanwendungen geben kann, die unter Umständen nicht zum Begriffsverständnis von Business Intelligence gehören. Hierzu können beispielsweise Teilprozesse der legalen Konsolidierung gezählt werden, die rein gesetzlichen Vorschriften folgen und keinen Einfluss auf die Unternehmenssteuerung haben.

---

31 Vgl. Abschnitt 2.3.2.
32 Gartner begann 2001 mit der Publikation des Begriffs CPM. Eine zitierfähige Ur-Quellenangabe kann hierfür leider nicht angegeben werden. Damit wird auch ein Dilemma in diesem Umfeld deutlich: Dadurch, dass Analysten Begrifflichkeiten maßgeblich prägen, diese aber nur in sehr teuer zu erwerbender oder nicht zitierfähiger Form veröffentlichen, tragen diese zur Begriffsverwirrung indirekt bei, da Software-Anbieter, Berater, Anwender und selbst Vertreter der Wissenschaft die Begriffe unterschiedlich verstehen und benutzen.
33 Vgl. Abschnitt 2.3.1.

Nicht dargestellt in der Abbildung ist das weite CPM-Verständnis, das auch strategische Anwendungen umfasst. Zu diesen CPM-Anwendungen zählen die strategische Zielsetzung, z.B. in Form von Strategy Maps, die strategische Unternehmensplanung[34] oder die strategische Steuerung, die in Form einer Balanced Scorecard abgebildet sein kann. Da Planung und Hochrechnung sowie Konsolidierung auch Bestandteile des umfassenden BI-Verständnisses sind, wird der CPM-Begriff im Folgenden nicht weiter benutzt.

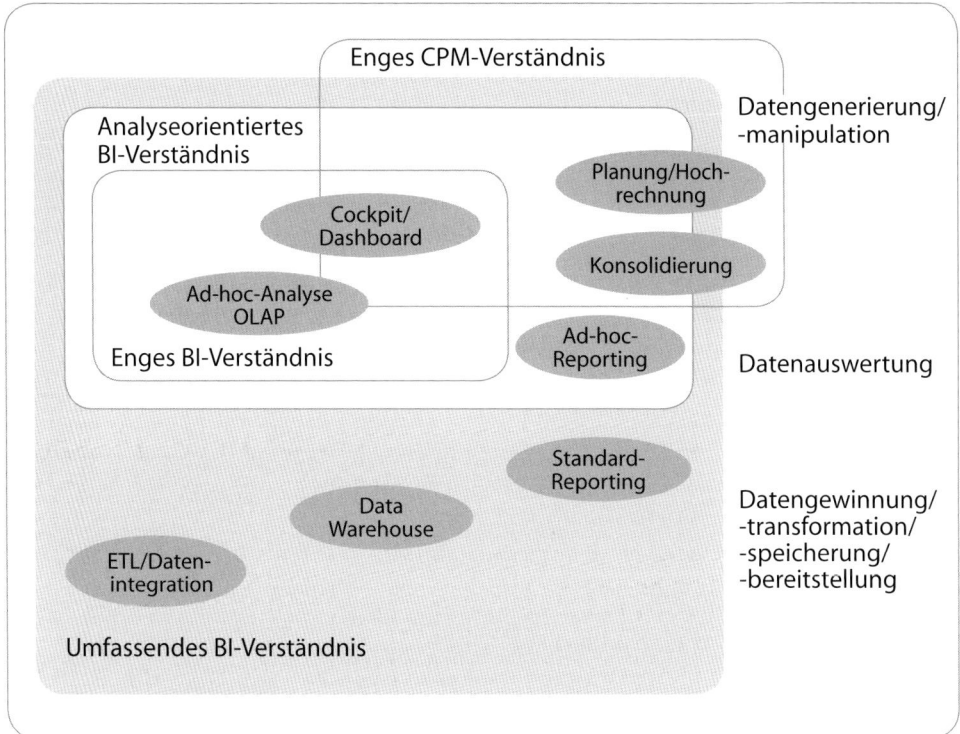

⏶ Abb. 6: Einordnung von Begriffen in den BI-Gesamtkontext[35]

Die konkrete Anwendung der Begriffe muss letztendlich jedes Unternehmen für sich selbst klären. Die Frage, ob z.B. Themen wie Business Activity Monitoring den operativen Anwendungen oder der BI zugerechnet werden, stellt sich jeweils auf Basis der vorhandenen Architektur und der konkreten funktionalen Anforderungen sowie der gewünschten Inhalte.[36]

1.2.4   BI-Strategie

Wie in Abschnitt 1.1 aufgezeigt wurde, kann in Unternehmen mit der Zeit ein ungesteuerter „Zoo" an BI-Anwendungen entstehen. Dem kann durch die Aufstellung einer BI-Strategie und die Entwicklung einer BI-Organisation begegnet werden.

---

[34] Zur Unterstützung der strategischen Planung durch DWH-Systeme siehe Navrade 2008.

[35] In Anlehnung an Gluchowski 2001, S. 7.

[36] Die begrifflichen Abgrenzungen in diesem Abschnitt wurden inhaltlich möglichst kurz gehalten. Eine Reihe von Begrifflichkeiten wie z.B. Data Mining wurde daher bewusst weggelassen. Einige Themen werden auch erst an späterer Stelle im Buch behandelt. Zur Klärung weiterer Begrifflichkeiten im BI-Umfeld sei auf die grundlegenden Werke von Bauer/Günzel 2009b, Gluchowski u. a. 2008 sowie Kemper u. a. 2006 verwiesen.

Die **BI-Strategie** ist die **zukunftsorientierte Gesamtplanung** der BI-Initiativen und -Projekte, abgeleitet aus der Geschäftsstrategie eines Unternehmens.

Mit einer BI-Strategie wird die grundsätzliche Ausrichtung der BI-Landschaft eines Unternehmens bestimmt. Ihre Ziele werden aus einer übergeordneten, langfristigen Perspektive definiert. Das strategische Management der BI-Strategie ist dafür verantwortlich, die notwendigen Entscheidungen und Maßnahmen durchzusetzen, um damit den langfristigen Erfolg von Business Intelligence im Unternehmen sicherzustellen. Dazu gehören die folgenden Themenbereiche:
> Vision und strategische Ziele
> (Aufbau- und Ablauf-)Organisation
> Architektur und Systeme

Der Prozess erstreckt sich über drei Phasen:
> Analyse und Bewertung
> Konzeption
> Implementierung (inkl. Controlling der Umsetzung)

Die Operationalisierung der Strategie erfolgt dabei in Form eines stufenweise umzusetzenden Maßnahmenplans (BI-Projekt-Roadmap), in dem die einzelnen Umsetzungsschritte nach Inhalt, Aufwand und zeitlicher Abfolge beschrieben werden.

1.2.5 BICC

Der Terminus „Business Intelligence Competency Center" geht ursprünglich auf Gartner zurück.[37] „The BI competency center's (BICC's) role is to champion the BI technologies and define standards, as well as the business-alignment, project prioritization, management and skills issues associated with significant BI projects."[38] Schon diese frühe Definition begreift BI-Technologiebeherrschung, Standardisierung, Projektpriorisierung u. a. als wichtige Aufgaben des BICC. Die Definition von Miller u. a. 2006 geht darüber hinaus auch auf den organisatorischen Aspekt in Form eines Teams ein: „… a BICC is a cross-functional team with a permanent formal organizational structure. It has defined tasks, roles, responsibilities, and processes for supporting and promoting the effective use of BI across an organization."[39]

Ein **Business Intelligence Competency Center (BICC)** ist eine Organisationsform, die Verantwortlichkeiten und Aufgaben wahrnimmt und entsprechende Rollen und Prozesse durch ein interdisziplinäres Team ausfüllt, um den effektiven Einsatz von Business Intelligence in Unternehmen zu fördern.

Dies erfolgt durch
> Standardisierung und Koordination,
> Unterstützung der BI-Strategie,
> Portfoliomanagement,
> Weiterbildung und Beratung,
> Projektunterstützung.

---

[37] Vgl. Dresner u.a. 2002.
[38] Strange/Hostmann 2003.
[39] Miller u. a. 2006, S. 2.

Die wesentliche Grundlage für ein BICC ist demnach eine BI-Strategie. Dabei gibt es keine allgemeingültige Reihenfolge, was zuerst vorhanden sein muss, eine Strategie oder ein BICC. Beide Varianten sind denkbar und werden auch so in der Praxis gelebt: Es wird zunächst eine BI-Strategie entwickelt, deren Umsetzung in der Verantwortung des BICC liegt, oder aber es existiert ein BICC als Keimzelle mit dem Mandat, zunächst eine BI-Strategie zu erarbeiten. Die konkrete Ausgestaltung eines BICC obliegt dem Unternehmen, seinen Bedürfnissen und seiner jeweiligen BI-Strategie. Kapitel 4 stellt entsprechende Varianten vor.

1.3   Grenzen einer BI-Strategie und eines BICC

Ein klassisches Beispiel, das die Notwendigkeit einer BI-Strategie unterstreicht, ist die mangelnde Vergleichbarkeit von Berichten und Kennzahlen, die in unterschiedlichen Bereichen eines Unternehmens erzeugt werden. Oft ist zu hören, dass in manchen Unternehmen Dutzende von Definitionen für Kennzahlen wie Umsatz existieren. Hier wäre zu prüfen, ob die Ursachen für derartige Probleme fachlicher, organisatorischer oder technischer Art sind. Eine wichtige Erkenntnis ist, dass in vielen Fällen hauptsächlich fachliche und organisatorische Gründe verantwortlich sind und diese in der Technologie nur gespiegelt werden. Die in den vorangegangenen Abschnitten genannten Beispiele wie das „Analytische Chaos" und der „Systemzoo" beschreiben jeweils die architektonischen bzw. technologischen Zustände, die durch fachliche und organisatorische Missstände verursacht werden.

Die Frage, die sich stellt, ist, ob mit einer BI-Strategie tatsächlich die Ursachen hierfür wirksam angegangen werden können. Mit einer BI-Strategie kann zwar einerseits sichergestellt werden, dass die vorhandenen Steuerungsprozesse eines Unternehmens hervorragend mit übergreifenden Informationen versorgt werden. Eine BI-Strategie kann aber andererseits keinesfalls ein Ersatz für eine fehlende einheitliche Steuerungssystematik sein. Ein Beispiel hierfür sind die zahlreichen Berichte über das Scheitern von Balanced-Scorecard-Projekten in den späten 1990er- und frühen 2000er-Jahren. So wurde in manchen Unternehmen versucht, die Balanced Scorecard mit Unterstützung von BI-Werkzeugen als „Enabler" für die neue Steuerungssystematik einzuführen. Die Konzepte wurden von Strategieberatungen erstellt und Zahlen in ersten Schritten oft manuell ermittelt und eingegeben. Teilweise stellte sich erst spät heraus, dass die Ermittlung von bestimmten Kennzahlen mit hohem manuellem Aufwand verbunden war. War das Projektteam zur Einführung erst einmal aufgelöst, so kam die Kennzahlenermittlung plötzlich als Zusatzaufgabe auf die bestehenden Reporting-Teams zu. Das bestehende Reporting wurde aber nicht zeitgleich ersetzt oder angepasst, sondern lief teilweise parallel weiter. Existierende Data-Warehouse-Systeme konnten nur einen Teil der Sichten automatisiert mit Daten versorgen. Die manuelle Erhebung der Kennzahlen war so aufwendig, dass diese nur entsprechend selten erfolgte. Ein weiteres Problem bestand darin, dass das Management der neuen Systematik nicht vertraute oder sie sogar nicht verstand. Die Vergütung orientierte sich manchmal noch am alten Reporting, sodass Sinn und Nutzen der Balanced Scorecard in Frage gestellt wurden und die Projekte damit scheiterten.

Mit der Entwicklung einer BI-Strategie müssen Problemfelder, die aus einer uneinheitlichen Steuerungssystematik des Unternehmens entstehen, identifiziert und Hinweise für Lösungsansätze gegeben werden. Die Entwicklung und die Durchsetzung einer geeigneten Steuerungssystematik sind jedoch eine typische Aufgabe des Top-Managements, die in der

Regel von den Bereichen Unternehmensentwicklung und Controlling unterstützt wird. Der Steuerungssystematik muss auch durch eine passende Managementorganisation Rechnung getragen werden. Die Frage, ob eine Division ein eigenes Reporting-System besitzen darf, ist letztlich auch eine Frage nach dem gewünschten Grad an Autonomie der divisionalen Steuerung. Die BI-Organisation kann bei Fragen der Steuerungssystematik flankierend tätig werden, kann diese aber keinesfalls selbst beantworten. Ob die unterschiedlichen Einheiten eines Unternehmens aus weitgehend einheitlichen Informationsquellen versorgt werden oder nicht, ist eine Entscheidung des Top-Managements.

1.4   Fazit

Als Besucher von Fachtagungen, wie z. B. der jährlichen TDWI-Konferenzen, kann man leicht den Eindruck gewinnen, dass eine BI-Strategie nur etwas für Großunternehmen ist, da es in der Mehrzahl Vertreter dieser Unternehmen sind, die von ihren Erfahrungen aus BI-Strategie-projekten berichten. Tatsächlich ist das Thema im Mittelstand genauso wichtig und relevant, wie die praktische Projektarbeit zeigt. Allerdings könnte man vermuten, dass im Mittelstand dafür andere Themenschwerpunkte genannt werden. Nicht jedes mittelständische Unternehmen besitzt beispielsweise Teilkonzerne. Die Themenstellungen sind jedoch tatsächlich ähnlich, da inzwischen viele mittelständische Unternehmen international aktiv sind und eigene Produktions- oder Vertriebsgesellschaften im In- und Ausland unterhalten. Anforderungen an Anwendungen für Planung und legale Konsolidierung werden daher genauso gestellt wie für Analyse und Reporting. Auch wenn die Größenverhältnisse unterschiedlich sind, so sind die Einflussfaktoren für die Notwendigkeit einer BI-Strategie doch die gleichen.

Die Frage, ob ein Unternehmen eine detailliert ausgearbeitete BI-Strategie und ein eigenständiges BICC benötigt, lässt sich nicht pauschal beantworten. Allerdings gibt es eine Reihe von immer wiederkehrenden Problemstellungen, die ein starkes Indiz für die Notwendigkeit einer BI-Strategie und eines BICC sind. Die im Folgenden aufgeführten Punkte können als Checkliste für die Beantwortung dieser wichtigen Fragestellung herangezogen werden:

> Das Management wird mit einer Reihe unterschiedlicher Berichte aus unterschiedlichen Quellen versorgt. Ähnliche oder gleichlautende Kennzahlen haben unterschiedliche Inhalte und weichen voneinander ab.
> Die Datenqualität der BI-Systeme wird von den Anwendern als unzureichend bewertet.
> Es gibt mehrere unterschiedliche – ggf. konkurrierende – Informationssysteme im Unternehmen, die den Anspruch erheben, den Status eines Data Warehouse zu besitzen (oftmals SAP BW als Data Warehouse für das SAP-ERP-nahe Berichtswesen und weitere Plattformen als Data Warehouse für andere Quellsysteme).
> Es ist unklar, auf Basis welcher existierender Infrastruktur neue BI-Anwendungen realisiert werden.
> Aus historischen Gründen existiert eine Reihe unterschiedlicher Frontend-Werkzeuge für Analyse und Reporting, die ähnliche Funktionen besitzen und von verschiedenen verantwortlichen Stellen gepflegt werden müssen.
> Das Know-how für die Benutzung und Weiterentwicklung der vorhandenen BI-Systeme ist nur auf wenige Personen beschränkt, was in Spitzenzeiten regelmäßig einen Kapazitäts-engpass hervorruft.

> Die Know-how-Träger für BI sind an verschiedenen Stellen der Organisation angesiedelt und kommunizieren nicht gezielt miteinander.
> Das Antwortzeitenverhalten der BI-Systeme ist aus Sicht der Anwender unbefriedigend. Rein technologische Verbesserungsversuche waren bisher nicht erfolgreich.
> Die Realisierungszeiten für die Umsetzung neuer Anforderungen in existierenden BI-Systemen haben sich kontinuierlich verlängert bzw. werden von den Anwendern als zu langsam bewertet.

Wenn einer oder mehrere dieser Punkte in einem Unternehmen zu konstatieren sind, sollte die Entwicklung einer BI-Strategie und die Gründung eines BICC ernsthaft in Erwägung gezogen werden. Abbildung 7 zeigt zum Vergleich die typischen Probleme, die von Anwendern im Umgang mit BI-Systemen genannt werden. Diese lassen sich größtenteils auf höherer Ebene auch als Teilbereich der übergreifenden Problemstellungen einer BI-Strategie verallgemeinern.

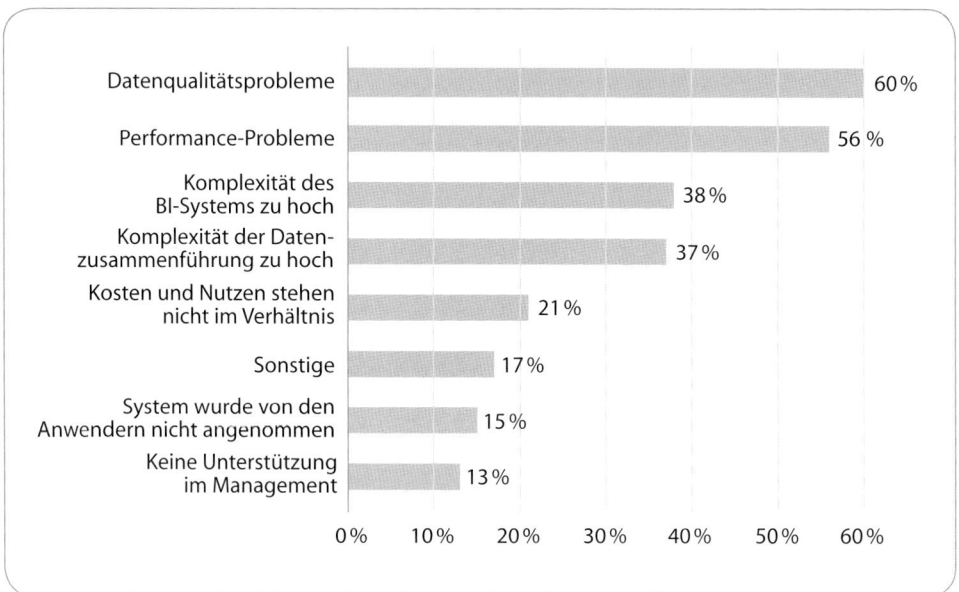

⬛ Abb. 7: Typische Problemfelder in der Nutzung von BI-Systemen[40]

Doch wie sieht es tatsächlich in der Praxis aus? Aus einer aktuellen Umfrage im deutschsprachigen Raum geht hervor, dass bisher nur ca. 12 % der befragten Unternehmen eine BI-Strategie umgesetzt haben und verfolgen.[41] Immerhin 40 % der Unternehmen beschäftigen sich zurzeit mit der Umsetzung, und 17 % haben eine BI-Strategie geplant. 31 % der Unternehmen verfügen über keine dezidierte BI-Strategie bzw. verfolgen eine allgemeine IT-Strategie. Damit wird deutlich, dass die Notwendigkeit für eine eigenständige BI-Strategie heute von einer Mehrzahl der Unternehmen erkannt wird und sich diese auch mindestens in Planung oder Umsetzung befindet. Ebenso ist ein Trend zu einer BI-spezifischen Aufbauorganisation zu erkennen. 2006 verfügten noch 62 % der befragten Unternehmen über keine eigenständige BI-Organisation. 2009 waren dies nur noch 38 %.[42]

---

[40] Vgl. Philippi u. a. 2006, S. 25.
[41] Vgl. Schulze u. a. 2009, S. 87 f.
[42] Vgl. Schulze u. a. 2009, S. 76.

1.5   Zum Aufbau des Buches

Gemäß dem Buchtitel „Von der Strategie zum Business Intelligence Competency Center" stehen die Themenbereiche BI-Strategie und BICC im Mittelpunkt des Buches, wobei diese durch den dritten Themenbereich Werkzeuge zu deren Unterstützung ergänzt werden (siehe Abbildung 8). Zunächst wird mit der BI-Strategie (Kapitel 2 und 3) die Ausgangsbasis für die langfristige Ausrichtung von BI in Unternehmen gelegt. Anschließend werden die Organisation und Ausgestaltung eines BICC detailliert dargestellt (Kapitel 4–7). Der Grund für diese Reihenfolge – zuerst BI-Strategie und danach BICC – ist darin zu sehen, dass ein BICC eine BI-Strategie als Grundlage seines Handelns benötigt, deren sukzessive Umsetzung steuert und überwacht sowie für die kontinuierliche Weiterentwicklung der Strategie sorgt.

BI-Strategie		BICC	
Konzeptioneller Rahmen	2	Organisation	4
		Planung und Einführung	5
		BI-Prozesse	6
Entwicklung	3	Betrieb und Anpassung	7
Werkzeuge zur Unterstützung			8

▲ Abb. 8: Schematischer Aufbau des Buches

In **Kapitel 2** werden die konzeptionellen Grundlagen für die Entwicklung einer BI-Strategie gelegt. Dabei wird die Erarbeitung von Visionen und den daraus resultierenden Zielen für die informationsbasierte Steuerung des Unternehmens thematisiert. Die Erstellung des inhaltlichen Fundaments der BI-Strategie mit dem Konzept der Unternehmenssteuerung schließt sich dem an. Den Gestaltungsrahmen für eine BI-Strategie bilden Architektur, Anwendungen und Technologie.

Die Beschreibung des konkreten Vorgehens für die Entwicklung einer BI-Strategie ist Inhalt von **Kapitel 3**. Nach der Vorstellung unterschiedlicher Vorgehensmodelle wird ein ganzheitliches Modell für die Entwicklung einer BI-Strategie hergeleitet, das die für BI spezifischen Perspektiven Fachlichkeit, Architektur/Technologie und Organisation berücksichtigt. Alle Phasen und Perspektiven des Modells werden ausführlich beschrieben und in konkreten Anwendungen anhand von Beispielen dargestellt. Im Anschluss daran wird auf das notwendige Projektmanagement sowie die einzusetzenden Methoden eingegangen.

Die Gestaltung eines BICC bildet den Schwerpunkt des Buches und findet sich in den Kapiteln 4 bis 7 wieder. Zunächst erfolgt eine Darstellung aus organisatorischer Sicht in **Kapitel 4**. Hierbei wird zunächst auf die Gestaltungselemente eines BICC und danach auf die Funktionen und Rollen eingegangen. Es wird aufgezeigt, dass die Trennung von Funktionen und

Rollen für die saubere Konzeption eine wichtige Voraussetzung bildet. Im Anschluss daran werden die verschiedenen Möglichkeiten der Verankerung eines BICC in der Aufbauorganisation eines Unternehmens untersucht sowie die verschiedenen Typen dargestellt.

Nach diesen notwendigen Grundlagen wird in **Kapitel 5** das praktische Vorgehen für die Einführung eines BICC – also der Übergang von der Ist-Situation zur gewünschten Soll-Situation – erläutert. Dabei werden Hinweise auf mögliche Probleme, die typischerweise mit organisatorischen Veränderungen einhergehen, und deren Lösung gegeben. Checklisten für die Planung, Entwicklung und Einführung eines BICC mit wichtigen Fragestellungen runden dieses Kapitel ab.

Eine Beschreibung ausgewählter Prozesse eines BICC als Referenz erfolgt in **Kapitel 6**. ITIL stellt hierbei einen möglichen Rahmen für die Gestaltung der Serviceprozesse eines BICC dar. Die Kernelemente der ITIL-Strategie werden in Zusammenhang mit den Dienstleistungen eines BICC gebracht und die Auswirkungen deutlich gemacht. Mehrere wichtige Prozesse eines BICC, wie z. B. das Anforderungsmanagement, werden anschließend praxisnah in form- und ereignisgesteuertenProzessketten aufgeschlüsselt.

Einen Abschluss des Themenbereichs BICC mit Betrieb und Anpassung stellt **Kapitel 7** dar. Zu Beginn werden Leistungsvereinbarungen, Leistungskataloge sowie die Leistungsverrechnung und Budgetierung als eine mögliche Grundlage für den Betrieb eines BICC behandelt. Durch einen spezifischen Controlling-Ansatz können die Erfolgsbewertung und Steuerung des Betriebs eines BICC gewährleistet werden. Schließlich wird ebenfalls thematisiert, wie ein BICC durch Change-Management und einen kontinuierlichen Verbesserungsprozess immer wieder angepasst werden kann.

Die Ausführungen werden in **Kapitel 8** mit einer Übersicht über Werkzeuge, die die Erstellung einer BI-Strategie und vor allem den Betrieb eines BICC unterstützen, ergänzt. Hierzu zählen Werkzeuge für administrative und (BI-)projektübergreifende Ansätze, wie z. B. für das Management von Datenqualität, Metadaten, Stammdaten oder für die Modellierung und Dokumentation. Es folgen Kernwerkzeuge für die Datenhaltung und -integration sowie für BI-Anwendungen. Die in den Abschnitten getroffene Systematisierung der Werkzeuge kann auf der einen Seite eine gute Unterstützung für die Erstellung eines Software-Portfolios im Rahmen der Erstellung einer BI-Strategie sein. Auf der anderen Seite bietet sie den Mitarbeitern eines BICC einen guten Orientierungsrahmen für ihre Tätigkeit. Das Kapitel schließt mit Werkzeugen für die Projektsteuerung sowie das Wissensmanagement.

Im Anhang befinden sich praxisorientierte Fragenkataloge, die als Hilfsmittel für die Entwicklung einer BI-Strategie herangezogen werden können.

2 Konzeptioneller Rahmen einer BI-Strategie

In diesem Kapitel werden die konzeptionellen Grundlagen für die Entwicklung einer BI-Strategie gelegt. Es gliedert sich daher nach den Rahmenbedingungen einer BI-Strategie. Hierzu werden zunächst Vision und Ziele für die informationsbasierte Steuerung des Unternehmens thematisiert. Danach wird mit dem Konzept der Unternehmenssteuerung das inhaltliche Fundament der BI-Strategie gelegt. Den konkreten Gestaltungsrahmen für eine BI-Strategie bilden Architektur, Anwendungen und Technologie. Die organisatorische Perspektive als Ergebnis einer BI-Strategie wird an späterer Stelle in Kapitel 5 behandelt. Eingeleitet wird Kapitel 2 mit einem Praxisbeispiel, anhand dessen der Kontext für die Entwicklung der Strategie aus praktischer Sicht erläutert wird.

2.1 Ziele der BI-Strategie

2.1.1 Vision

Der Begriff der Vision wurde in den letzten Jahren in der Praxis teilweise stark überstrapaziert und wird manchmal als unkonkret und nicht pragmatisch empfunden. Auf der anderen Seite kann die Formulierung einer Vision als wichtigster Orientierungspunkt für den gesamten Prozess der Strategieentwicklung dienen. Die BI-Vision soll das Leitbild für die Informationsversorgung der Entscheidungsträger im Unternehmen sein und als langfristiges Zukunftsbild die grundsätzliche Ausrichtung von Business Intelligence beschreiben.

Abbildung 9 zeigt ein allgemeines Beispiel für eine BI-Vision. Im ersten Absatz wird BI als Begriff eingeordnet. Danach wird die Wirkung von BI beschrieben. Prinzipiell sollte jedes Unternehmen durch Business Intelligence die Erreichung von Wettbewerbsvorteilen anstreben und daher auch beschreiben, wie es diese erzielen will. Im Anschluss daran wird die Auswirkung von BI auf die interne Organisation dargestellt sowie die angestrebte Nutzungsform der Technologie.

> BI ist für unser Unternehmen der **Informationsprozess**, der auf Basis von **Controllingmethoden** dem **Management** die gewünschten **Entscheidungshilfen** zur **Planung** und **Steuerung** zur Verfügung stellt.
>
> Wir wollen über Business Intelligence Wettbewerbsvorteile erzielen, indem wir durch eine professionelle Informationsversorgung
> > das Verhalten unserer Kunden verstehen, seine Wünsche und Potenziale erkennen,
> > marktgerechte Produkte und Dienstleistungen entwickeln und anbieten,
> > höchste Qualitätsnormen einhalten,
> > unsere Mitarbeiter in ihrem Wirken optimal unterstützen
>
> und damit das Unternehmen optimal steuern, um den wirtschaftlichen Erfolg langfristig sicherzustellen.
>
> Mit Business Intelligence sollen funktionale und organisatorische Grenzen in unserem Unternehmen überbrückt und das übergreifende Handeln gewährleistet werden.
>
> Wir wollen die mit dem Einsatz moderner BI-Werkzeuge verbundenen Innovationen intensiv zu unserem Vorteil nutzen und wollen daher die jeweils neueste Technologie einsetzen.

▲ Abb. 9: Allgemeines Beispiel für eine BI-Vision

Die Ziele einer BI-Strategie resultieren auf der einen Seite aus der Unternehmensstrategie und sind damit unternehmensspezifisch. Auf der anderen Seite gibt es eine Reihe von unternehmens-/branchenübergreifenden Zielen, die aus der allgemeinen Steuerungssystematik eines Unternehmens heraus entstehen und damit immer wieder genannt werden. Im Folgenden wird in fachliche, architektonische, technologische und organisatorische Ziele unterschieden, wobei jeweils Beispiele gegeben werden.

2.1.2   Fachliche Ziele

Fachliche Ziele, wie sie in Tabelle 2 beispielhaft aufgeführt sind, erwachsen aus der Nutzung von Business Intelligence aus Sicht der Anwender bzw. der sie vertretenden Key-User-Organisation, Koordinations-, Controlling- oder einer anderen Stabsabteilung. Es geht vor allem um Inhalte, Verbreitungsart/-weg bzw. die Strukturierung der entscheidungsrelevanten Informationen. Oftmals sind dies auch die fachlichen „Hausaufgaben", die zunächst erledigt werden müssen, bevor überhaupt BI-Systeme implementiert werden können. Eine konzernweite Kundenergebnisrechnung setzt z.B. konzernweit vereinheitlichte Kundendaten voraus. Die fachlichen Ziele für eine BI-Strategie sind oft unstrittig und werden von allen Seiten akzeptiert. Die Maßnahmen, die zur Erreichung dieser Ziele erforderlich sind, können aber im Vergleich zu architektonischen oder technologischen Zielen in ihrer Umsetzung deutlich aufwendiger sein.

> Verbesserung der Informationsversorgung der Entscheidungsträger

> Entwicklung einer durchgängigen Steuerungssystematik

> Verbesserung des Informationsverständnisses, z. B. durch bessere Visualisierung

> Bessere Empfängerorientierung der Informationen, z. B. durch Vermeidung bzw. Abbau von „Zahlenfriedhöfen"

> Stärkere Integration der entscheidungsrelevanten Informationen

> Standardisierung von Berichtslayout und -inhalten

> Vereinheitlichung von Stammdaten

> Steigerung der Benutzerakzeptanz

> Verbesserung der Entscheidungssicherheit durch bessere Datenqualität

> Reduzierung des manuellen Aufwands durch stärkere Automatisierung

▲ Tab. 2: Beispiele für fachliche Ziele einer BI-Strategie

2.1.3   Architektonische Ziele

Die Architektur ist das zu gestaltende Rahmenwerk, das fachliche und technologische Anforderungen vereint, um daraus einen passenden Bauplan einer BI-Landschaft abzuleiten. So ist z.B. die mehrschichtige Architektur eines Data Warehouse inzwischen unumstrittener Kern der Datenspeicherung und -bewirtschaftung von BI-Anwendungen. Die architektonischen Ziele einer BI-Strategie (siehe Tabelle 3) sind in der Praxis nach wie vor sehr stark von Bestrebungen hinsichtlich Vereinheitlichung bzw. Standardisierung geprägt. Dies gilt für Hardware, Software wie auch die eigentlichen Dateninhalte.

> Aufbau einer Enterprise-Data-Warehouse-Architektur

> Schaffung eines fachbereichs- und funktionsübergreifenden Datenmodells für BI

> Vereinheitlichung der BI-Landschaft durch Konsolidierung von Insellösungen

> Standardisierung der BI-Systeme und Vereinheitlichung

> Reduzierung des Software-Portfolios durch Konzentration auf wenige Software-Anbieter

⏶ Tab. 3: Beispiele für architektonische Ziele einer BI-Strategie

2.1.4   Technologische Ziele

Die technologische Entwicklung war in der Vergangenheit der maßgebliche Treiber für die Fortentwicklung der Anwendung von BI. Die Umsetzung des Data-Warehouse-Konzepts wäre beispielsweise ohne die Verfügbarkeit großvolumiger (Festplatten-)Speicherkapazität nicht möglich gewesen. Ähnlich wird mit dem Preisverfall von Hauptspeicherbausteinen die nächste Schwelle von BI-Anwendungen übersprungen und die hochperformante Detail-auswertung großer Datenmengen ermöglicht. Somit ist der technologische Reifegrad ein wesentlicher Garant für die effiziente Umsetzung von BI-Systemen. Nicht verwechselt werden darf dieser Schluss aber mit der Annahme, dass die Technologie etwa fachliche Probleme wie z. B. die automatisierte, nachträgliche Behebung von Datenqualitätsproblemen von sich aus lösen könnte. Einige Soft- und Hardware-Anbieter erwecken durch geschicktes Marketing bei Anwendern zwar diesen Eindruck, doch die Ernüchterung folgt spätestens bei der Umsetzung.

Der technologische Rahmen einer BI-Strategie (vgl. Tabelle 4) gehört in die Hände des IT-Bereichs eines Unternehmens und wird in der Regel auch von diesem bestimmt.

> Verbesserung der System-Performance

> Einsatz neuester technologischer Innovationen als technologischer Enabler, z. B. Hauptspeicher-basierte Analysesysteme oder DWH-Appliances

> Erweiterung der BI-Hard- und -Software für Realtime-Anwendungen

> Verlagerung älterer Daten in Archivierungssysteme, z. B. Nearline Storage

> Serviceorientierte Implementierung ausgewählter BI-Dienste

⏶ Tab. 4: Beispiele für technologische Ziele einer BI-Strategie

2.1.5   Organisatorische Ziele

Vielfach wird die Organisation von Business Intelligence erst nach der Einführung von BI-Systemen zum Thema und nicht schon bei der Konzeption berücksichtigt. Dies kann damit zusammenhängen, dass BI bzw. insbesondere die Einführung eines Data Warehouse in manchen Unternehmen zunächst nur als ein neuer Typus von IT-System betrachtet wurde und man die traditionellen Maßstäbe für die Entwicklung von IT-Systemen angewendet hat. Erst spät wurde in diesen Unternehmen erkannt, dass man nach der Implementierung von BI-Systemen nicht einfach in den normalen Betrieb übergehen kann. Hier muss ein anderer Maßstab angelegt werden, der den besonderen Anforderungen von BI gerecht wird. Zu unterscheiden sind dabei die Aufbauorganisation (z. B. eines BICC) und die Ablauforganisation (z. B. von Entwicklungs- und Betriebsprozessen).

Die in Tabelle 5 aufgeführten Ziele werden im gleichen Wortlaut auch oft für operative Business-Intelligence-Projekte, wie z. B. für das Reporting, genannt. Im Gegensatz dazu haben sie im strategischen Kontext immer einen langfristigen und übergreifenden Charakter und beziehen sich auf die Business-Intelligence-Landschaft insgesamt.

> Entwicklung einer BI-Governance

> Verbesserung des Zusammenspiels zwischen Fachbereichen und IT

> Bündelung von Ressourcen und Know-how in einer Einheit

> Effizienzsteigerung im Betrieb von BI-Lösungen

> Verkürzung der Entwicklungszyklen

> Definition eines Standard-Dienstleistungsportfolios für BI

> Outsourcing definierter BI-Leistungen

> Standardisierung von Betriebs- und Entwicklungsprozessen

▲ Tab. 5: Beispiele für organisatorische Ziele einer BI-Strategie

Neben den aufgeführten Zielen gibt es auch eine Reihe immer wieder genannter Ziele, die sich auf die Wirtschaftlichkeit von BI beziehen. Teilweise wurden diese auch bereits direkt oder indirekt in den vorhergehenden Abschnitten genannt. Entweder werden diese als Effizienzziele formuliert (z. B. Verkürzung der Zeit für die Datenbeladung um x %) oder monetär als Kostenziele (z. B. Reduzierung der jährlichen Betriebskosten um y %).

2.2   Ausrichtung an der Unternehmensstrategie

Durch die Unternehmensstrategie wird die Entwicklung eines Unternehmens grundsätzlich ausgerichtet. Ziel strategischer Entscheidungen ist es, den langfristigen Erfolg des Unternehmens zu sichern.[43] Diese Entscheidungen werden aus einer übergeordneten Perspektive getroffen und durch das strategische Management umgesetzt. Die Unternehmensstrategie beschreibt den Weg, wie die strategischen Ziele eines Unternehmens erreicht werden. Sie besteht daher aus einem Paket strategischer Maßnahmen, durch deren Umsetzung der Erfolg sichergestellt werden kann. Alle Geschäftsfeld-, Bereichs- oder Funktionsstrategien des Unternehmens folgen der übergeordneten Unternehmensstrategie und stehen mit ihr in Einklang, so auch die BI-Strategie.

Über die Frage, ob die BI-Strategie direkt von der Unternehmensstrategie abhängt oder ob sie ein Bestandteil der Bereichs-/Funktionalstrategien ist (z. B. der IT-Strategie), wird viel diskutiert. Dieser Standpunkt lässt sich sogar noch weiterentwickeln mit der Überlegung, ob eine eigenständige BI-Strategie überhaupt notwendig ist, wenn sowohl Unternehmens- als auch IT-Strategie in umfangreicher Form fertig entwickelt vorliegen. Legt man beispielsweise das in in Abschnitt 3.1.3 beschriebene Strategic Alignment Model als Vorgehensmodell zugrunde und entwickelt Unternehmens- und Bereichsstrategien (inklusive IT) in idealer Form, so wäre eine eigenständige BI-Strategie tatsächlich nicht notwendig. Die praktische Projekterfahrung zeigt allerdings, dass zwischen den einzelnen Strategiedokumenten hinsichtlich BI erhebliche inhaltliche Lücken existieren.

---

[43] Vgl. Hungenberg 2004, S. 4.

Oftmals beschränken sich IT-Strategiedokumente auf Aspekte, die für operative Systeme üblich sind, wie hinsichtlich der Anbieterwahl. In einem realen Projekt in einer Unternehmensgruppe des gehobenen Mittelstandes fand sich z. B. in der IT-Strategie im Abschnitt BI nur der Hinweis, dass ausschließlich die BI-Werkzeuge des bevorzugten Software-Anbieters genutzt werden. Abgesehen davon, dass es sich bei dieser Aussage eher um ein Governance-Thema handelt, wurde auf der anderen Seite deutlich, wie wenig man die strategischen Anforderungen des Unternehmens berücksichtigt hatte. Im Gegensatz dazu waren die Abschnitte über das ERP-System deutlich umfangreicher und fachlich-inhaltlich ausgerichtet. Die fachliche Strategie des Unternehmens enthielt auf der anderen Seite zwar konkrete Aussagen darüber, wie das Unternehmen zukünftig durch ein wertorientiertes Konzept besser gesteuert werden sollte, nicht aber darüber, wie diese Steuerung von der informatorischen Seite her ausgerichtet sein sollte. Es kann festgehalten werden, dass IT-Strategien in der Praxis sehr stark software-/hardwaregetrieben sind und oftmals einen Fokus im Bereich der Infrastruktur besitzen. Damit setzt sich diese Form der gelebten IT-Strategie vom Ansatz des Strategic Alignment ab.

Hier wird die Auffassung vertreten, dass eine eigenständige BI-Strategie notwendig und sinnvoll ist, um die Lücke zwischen Unternehmens- und Bereichs-/Funktionalstrategien zu schließen. Durch den direkten Input aus der Unternehmensstrategie wird sichergestellt, dass mit BI die strategische Ausrichtung des Unternehmens grundsätzlich unterstützt wird. Dazu können z. B. die Ziele zu Innovationen und Alleinstellungsmerkmalen, die Art des (internationalen) Wachstums, die Ausprägung der angestrebten Unternehmensorganisation oder die Form der Unternehmenssteuerung zählen. Durch eine abgestufte Zielhierarchie können die Auswirkungen auf Business Intelligence heruntergebrochen werden.[44] Der zweite wichtige Inputfaktor ist die IT-Strategie, durch die ja gerade sichergestellt werden soll, dass alle IT-relevanten Aktivitäten und Entscheidungen im Einklang mit den Zielen des Gesamtunternehmens stehen.[45] Aus der IT-Strategie können Grundlagen für BI-Architektur, -Systeme und -Prozesse abgeleitet werden, sofern die IT-Strategie hierfür detailliert genug vorliegt. Die BI-Strategie selbst kann wiederum Teilstrategien, wie z. B. eine Reporting- oder eine Data-Warehouse-Strategie, enthalten. Diese stellen allerdings keine eigenständigen Strategien dar, sondern sind Teilbereiche der BI-Strategie.[46]

Eine enge Verbindung zur BI-Strategie besitzt die Datenqualitätsstrategie. Eine hohe Datenqualität ist eine unabdingbare Grundlage für die Akzeptanz von BI. Idealerweise verfügt ein Unternehmen über eine etablierte, eigenständige Datenqualitätsstrategie und ein daraus resultierendes Datenqualitätsmanagement über alle Systemgrenzen hinweg, sodass diese nicht separat für die Anwendung von BI entwickelt werden muss. In der Praxis allerdings werden Datenqualitätsprobleme in den operativen Systemen oftmals erst durch die Einführung von BI-Systemen offensichtlich.[47] Daher wird die Entwicklung einer Datenqualitätsstrategie auch häufig als Folgeprojekt einer BI-Strategie bzw. als Voraussetzung für neue BI-Initiativen definiert. Die eigentliche Entwicklung einer Datenqualitätsstrategie ist in der Regel daher kein integraler Bestandteil einer BI-Strategie, sondern wird ggf. durch diese

---

[44] Vgl. Abschnitt 3.4.1
[45] Vgl. Fröhlich/Glasner 2007, S. 174.
[46] Vgl. Jungheim u. a. 2009, S. 380.
[47] Vgl. Otto u. a. 2008, S. 215 ff.

motiviert. Aus der BI-Strategie heraus muss dabei der Rahmen für die Datenqualitäts-strategie abgeleitet werden können, indem Handlungsbedarfe, Ziele und erforderliche Maßnahmen beschrieben werden.

2.3   Unternehmenssteuerung

2.3.1   Regelkreiskonzept

Das Thema Unternehmenssteuerung und Controlling wird hier rein aus der Sicht der Entwicklung einer BI-Strategie betrachtet. Somit wird keine detaillierte Übersicht über diesen Themenbereich gegeben, sondern auf die umfangreiche Fachliteratur verwiesen.[48]

Die betriebswirtschaftliche Steuerung eines Unternehmens wird hier als mehrstufiger Regel-kreis[49] verstanden, der auf Basis von Kennzahlen erfolgt. Die wichtigsten Teilkomponenten des Kreislaufs werden in Abbildung 10 dargestellt. Basis sind die laufenden Geschäftspro-zesse, wie z. B. Bestellprozesse im Vertrieb oder Herstellungsprozesse in der Produktion. Die relevanten Daten werden in den operativen ERP-Systemen erfasst und verbucht. Im zweiten Schritt werden sie in BI-Systeme überführt und für das Berichtswesen konsolidiert und auf-bereitet. Die Konsolidierung kann hierbei im einfachsten Fall eine physische Zusammenfüh-rung der Daten für interne Auswertungszwecke sein. Sofern interne Leistungsbeziehungen innerhalb des Unternehmens bestehen oder eine Konzernstruktur vorliegt, müssen die Daten konsolidiert werden, um den mehrfachen Ausweis von Leistungen zu verhindern. Abwei-chungen, die im Berichtswesen erkannt werden, werden einer Ursachenanalyse unterzogen und ggf. Gegensteuerungsmaßnahmen eingeleitet, die auf die laufenden Geschäftsprozesse einwirken. Mit Prognosen bzw. Hochrechnungen wird der Erfolg der laufenden Geschäfts-periode vorhergesagt. In der nächsten Stufe fließen die gewonnenen Erkenntnisse dann wieder in den Planungsprozess mit lang-, mittel- oder kurzfristigem Horizont ein. Der be-schriebene Kreislauf kann in einem Unternehmen mehrfach vorliegen, da er in der Regel pro Entscheidungsbereich, z. B. pro Profit Center, pro Vertriebsbereich oder pro Gesellschaft, existiert. Die verschiedenen Ebenen der Einzelkreisläufe werden dann horizontal und vertikal zum Gesamtkreislauf verknüpft.

Die spezifische Ausgestaltung der Unternehmenssteuerung ist jeweils von der Branchen- und Unternehmensstruktur abhängig. Die für einen Energieversorger wichtigen operativen Steu-erungsgrößen sind beispielsweise ganz andere als in der Telekommunikation oder im Han-del. Die Anforderungen an das externe Berichtswesen von Banken und Versicherungen sind darüber hinaus sogar in eigenen Gesetzbüchern festgehalten. Es gibt allerdings eine Reihe von Gemeinsamkeiten, die man in den unterschiedlichsten Unternehmen vorfindet und die vergleichbar sind, sodass sie für eine BI-Strategie generell gelten. In diesem Buch wird ein branchenneutraler BI-Ansatz angestrebt, sodass im Folgenden fast ausschließlich branchen-übergreifend geltende Themen behandelt werden.

---

[48] Vgl. z. B. Hahn/Hungenberg 2001; Horváth 2008; Weber/Schäffer 2008.
[49] Vgl. Huch u. a. 1997, S. 230 ff.

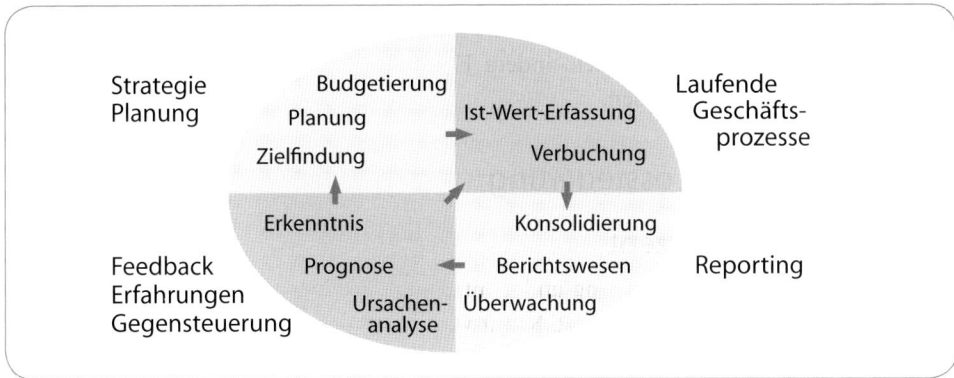

Abb. 10: Regelkreis der Unternehmenssteuerung

2.3.2 Berichtswesen als Kern der Informationsversorgung

Zur zielgerichteten Aufnahme der Steuerungssystematik eines Unternehmens im Rahmen einer BI-Strategie gibt es mehrere mögliche Ausgangsbasen. Steuert das Unternehmen konsequent in Form einer Balanced Scorecard,[50] so sollte diese der eigentliche Ausgangspunkt der Analyse sein. Verfolgt das Unternehmen hauptsächlich einen wertorientierten Ansatz, so kann das Kennzahlengerüst zur Werterhaltung bzw. -steigerung mit der Logik von Werttreiberbäumen als Ansatz dienen.[51] Daneben findet man in der Praxis häufig das traditionelle betriebliche Berichtswesen auf Monatsbasis, das sich im Kern an der Gewinn- und Verlustrechnung (GuV) orientiert.[52] Diese verschiedenen genannten Ansätze schließen sich gegenseitig nicht aus, sondern sind komplementär zu sehen. In den Unternehmen existieren leider immer wieder Bruchstellen zwischen den unterschiedlichen Ansätzen, sodass ein integrierter Steuerungsansatz nicht gelingt. Im folgenden Beispiel wird das traditionelle monatliche Berichtswesen in Form der GuV untersucht, da dieses idealerweise die inhaltliche Schnittmenge zwischen den Ansätzen bilden sollte. Tabelle 6 zeigt schematisch die exemplarische Struktur eines monatlichen Berichtswesens für ein produzierendes Unternehmen.

Beispiel

Als Kern des Beispiels für ein monatliches Reporting dient eine verkürzte GuV, die auch als monatliche Erfolgsrechnung oder Monthly Income Statement bezeichnet wird. Der links danebenstehende Umsatzbericht zeigt die Entwicklung der Geschäftsbereiche. In Unternehmen mit vielen Leistungsbeziehungen innerhalb der Geschäftsbereiche werden interne Umsätze vorab konsolidiert, um Mehrfachausweisungen zu vermeiden. In Unternehmen mit wenigen internen Beziehungen wird aus Vereinfachungsgründen hierauf auch durchaus verzichtet und die damit verbundene Ungenauigkeit akzeptiert. Unten links werden ausgewählte Funktionskostenblöcke, wie z.B. Personal, Marketing oder IT, dargestellt. Auf der rechten Seite ist oben eine verdichtete Bilanz mit Positionen wie Bankguthaben oder aktueller Forderungsbestand dargestellt. Darunter finden sich ergänzend interne (statistische) Kennzahlen wie Auftragseingang, -bestand, Lagerreichweite in Tagen oder Cashflow. Nicht dargestellt sind weitere mögliche Blöcke wie z.B. eine Statusübersicht strategischer Projekte, externe Marktindikatoren/Frühindikatoren, Risikoindikatoren oder Kontrollgrößen zur Einhaltung der Corporate Compliance.

---

[50] Vgl. Kaplan/Norton 1997, S. 8 ff.
[51] Vgl. Weber u. a. 2004, S. 19 ff.
[52] Vgl. Weide 2009, S. 6 f.

Umsatz in TEUR	Gewinn- und Verlustrechnung in TEUR	Bilanz in TEUR	Kennzahlen
SGF PKW	**Nettoumsatz**	**Anlagen**	Auftragseingang
SGF LKW			Auftragsbestand
SGF Elektronische Bauteile	Kosten	Anlagevermögen	Aufträge überfällig
SGF Flugzeugelektrik	- Standardvertriebskosten	Bestand	Lagerbestand in Tagen
SGF Automatisierung	- Bestandsumwertung	Forderungen gegenüber Konzerngesellschaften	Forderungen kumuliert in Tagen
SGF Transport	- Abweichung zu Standardkosten	Kassenbestand und Bankkonten	Umsatz pro Mitarbeiter und Jahr
SGF Wartung	- Sonstige Kosten	Sonstige Anlagen	Cashflow
SGF Aggregate	**Bruttoergebnis**	**Summe**	Eigenkapital in %
SGF Hardware			Investitionsaufwand
SGF Werkzeuge	Summe operativer Aufwand	**Eigenkapital & Verbindlichkeiten**	Personalzahlen
SGF Logistik	- Vertrieb		- Produktion
Andere Umsätze	- Administration	Eigenkapital	- Vertrieb
Rabatte	- Forschung und Entwicklung	Abgrenzungsposten	- ......
Total in TEUR	- Sonstige operative Aufwendungen	Verbindlichkeiten gegenüber Banken	Befristete Stellen
	- Sonstige Steuern	Verbindlichkeiten aus Lieferungen und Leistungen	
Kosten in TEUR	Währungsgewinne/-verluste	Verbindlichkeiten gegenüber Konzerngesellschaften	
Personal	Sonstige operative Erträge	Gesellschaftsdarlehen	
IT	**Gewinn vor Finanzergebnis (EBIT)**	Sonstige Verbindlichkeiten	
Marketing	Finanzergebnis		
Service	**Gewinn vor Steuern (EBT)**	**Summe**	
	Außerordentlicher Ertrag		
	Ertragssteuern		
	Gewinn/Verlust		

▲ Tab. 6: Beispielstruktur für ein monatliches Berichtswesen[53]

Die unterschiedlichen Kontenpositionen und Kennzahlen werden üblicherweise für die aktuelle Berichtsperiode und Vorperiode als Einzelwert oder kumuliert im Ist, in prozentualer oder absoluter Abweichung zum Vorjahr, dargestellt. Hinzu kommen die Abweichungen zum Plan bzw. zur Hochrechnung. Die Top-Darstellung einer solchen Übersicht wird nach Möglichkeit auf einer DIN-A4-Seite bzw. auf einer Bildschirmseite zusammengefasst. Diese Art der Darstellung wird in der Praxis auch als „One Page Report" bezeichnet und folgt der Logik, dass die wichtigsten Kennzahlen zur Unternehmenssteuerung auf einen Blick erfassbar sein sollen, ähnlich wie das bei den Top-Meldungen auf dem Titelblatt einer Tageszeitung der Fall ist. Erst die Folgeseiten sollten diesem Ansatz folgend Detailaufrisse, wie z.B. nach Regionen, einzelnen Kunden, Produktgruppen, Produkten, Kostenarten, Kostenstellen etc. enthalten. Alternativ zur traditionellen tabellenorientierten Darstellung der Spitzenkennzahlen sind heute Cockpit- bzw. Dashboard-Layouts üblich. Hierbei werden zur Steuerung von Flugzeugen oder Autos analoge Visualisierungsmethoden genutzt, um die wichtigsten Informationen intuitiv erfassen zu können. Die Darstellung des Zahlenmaterials erfolgt dabei nicht ganz so komprimiert, wie dies bei Tabellen der Fall ist, sondern in einer Kombination aus Zahlen und Grafiken. Abbildung 11 gibt hierzu ein Beispiel.

---

53 Zu praktischen Beispielen für das monatliche Berichtswesen siehe auch Weber/Schäffer 2008, S. 230 ff.

Financial Key Figures			in TEUR
[16.04.2010]			
	Month	Year to Date	
Income Statement 2010	Past	Actual	Plan
Net Sales	6127	7444	6817
Contribution Margin 1	1775	2067	2065
Contribution Margin C	322	191 ▼	352
Fixed Cost	27	30 ▼	46
EBIT	-3	-109 ▼	126
	Month	Year to Date	
Value-Based Mgmt.	Past	Actual	Plan
EBIT after CC	-686	-807 ▼	-630
Capital Cost (CC)	683	698 ▼	756
Cost of Capital in %	1	1	1

Analysis: Net Sales [Mgmt]						⊕⊖ Ⓧ
Mgmt.	Value Tree	Region	Company	Time	Compare	
				Month	Year to Date	
Net Sales				Past	Actual	Plan
EC				6127	7444	6817
ECR				949	978 ▲	694
ECO				514	450 ▲	407
ECI				4530	5836	5524
ECD				134	180 ▼	192

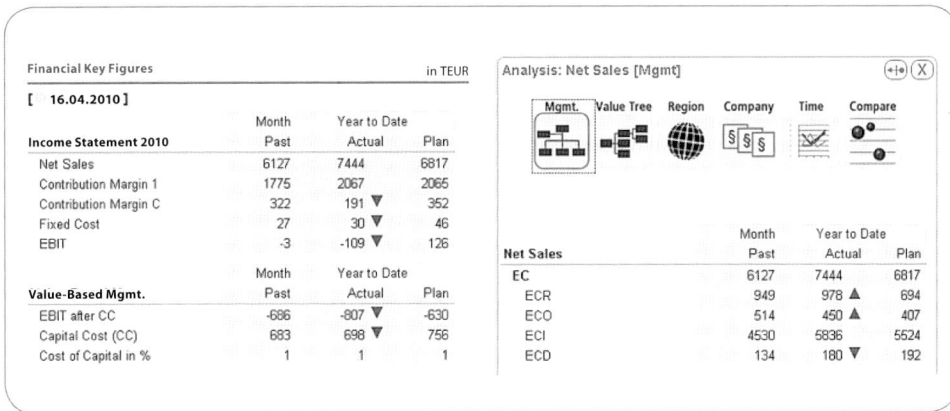

▲ Abb. 11: Ausschnitt aus einem Dashboard

Das monatliche Berichtswesen ist in der Praxis eine von mehreren möglichen Ausgangsbasen zur Analyse und zum Verständnis der Informationsversorgung der Entscheidungsträger des Unternehmens. Ausgehend von der monatlichen, eher finanzorientierten Sichtweise lassen sich verschiedenste inhaltliche Verknüpfungen nachvollziehen, z. B. zum Tages- bzw. Wochen-Reporting des Vertriebs, über Lagerzu- und -abgänge zum Produktions-Reporting oder übergreifend gesehen zu Geschäftsprozessen. Weiterer Verknüpfungspunkt ist das Zusammenspiel bzw. der Harmonisierungsgrad zwischen internem und externem Berichtswesen inklusive der Belange der legalen Konsolidierung. Allerdings darf nicht nur die Vergangenheit eine Rolle spielen. Der Blick in die Zukunft muss über die Integration von Planungs- und Forecasting- bzw. Hochrechnungsverfahren hergestellt werden. Im Rahmen der fachlichen Analyse der Inhalte einer BI-Strategie ist es genau dieses inhaltliche Zusammenspiel der Planungs-, Analyse- und Berichtsanforderungen der betrieblichen Funktionen bzw. Prozesse, das die Basis für eine übergreifende Sichtweise von Business Intelligence bildet.

2.3.3   Planung und Hochrechnung für den Blick nach vorne

Die Generalkritik am Ist-basierten Berichtswesen lautet, dass dieses schwerpunktmäßig auf die Vergangenheit ausgerichtet ist. Es wird viel Aufwand in die Aufbereitung von Zahlenmaterial investiert, das eigentlich nur den Stand von gestern oder vorgestern wiedergibt. Die zukünftige Sicht wird dabei vernachlässigt und vielleicht sogar falsche Aussagen aufgrund des veralteten Datenmaterials getroffen. Tatsächlich sind in den letzten Jahren große DWH-Systeme aufgebaut worden, die sich schwerpunktmäßig mit der Darstellung der Vergangenheit beschäftigt haben. Nachdem viele Unternehmen inzwischen einen gewissen Reifegrad in ihrer Ist-Daten-basierten Gestaltung der BI-Systeme erreicht haben, rückt die Planung als Instrument zur zukunftsorientierten Ausrichtung des Unternehmens zunehmend in den Fokus von BI-Initiativen. Planungsprozesse, die heute noch auf Basis von Excel oder in Form von Insellösungen realisiert sind, sollen durch in die BI-Landschaft integrierte Werkzeuge abgebildet werden.

Zur Systematisierung lässt sich die Planung in Hinsicht auf eine BI-Strategie in drei Bereiche gliedern.

Strategische Planung

Durch die strategische Unternehmensplanung wird der langfristige Erfolg des Unternehmens sichergestellt. Im Planungsprozess werden die strategischen Ziele wie auch die zur Zielerreichung notwendigen Maßnahmen herausgearbeitet. Die Inhalte der strategischen Planung werden überwiegend qualitativ – also in Textform – beschrieben. Die strategische Planung kann daher auch nur teilweise mit klassischen BI-Werkzeugen unterstützt werden. Inzwischen gibt es eine Reihe von spezialisierten Werkzeugen zur Unterstützung der Methoden der strategischen Unternehmensplanung.[54] Diese sind allerdings nach dem heutigen Stand noch nicht standardmäßig in die aktuellen BI-Systeme integriert, sondern die Architektur muss um die jeweiligen Komponenten ergänzt werden.[55]

Für die quantitative Planung bzw. die Budgetierung müssen die qualitativ beschriebenen Ziele mengenmäßig und monetär konkretisiert werden.[56] Beispielsweise muss das Ziel der Erreichung der Führerschaft in einem bestimmten Marktsegment in einen konkreten Marktanteil (z. B. 30 %) oder eine bestimmte Umsatzgröße (z. B. 850 Mio. EUR) bzw. Mengengröße (z. B. 150 Tsd. Stück) für eine bestimmte zeitliche Periode (z. B. Jahr) übersetzt werden, um dieses Ziel überhaupt mit Kennzahlen planen zu können.

Mittelfristplanung

Die Mittelfristplanung stellt die Verknüpfung von strategischer und operativer Planung her. Sie umfasst traditionell einen Zeitraum von ca. drei Jahren. Aufgrund der tendenziell immer kürzer werdenden Aktualisierungszyklen der strategischen Planung ist ihre Bedeutung in den Unternehmen abnehmend und sie wird daher hier nicht näher thematisiert.

Operative Planung

Die operative Planung findet in den meisten Unternehmen einmal pro Geschäftsjahr statt. Abweichende Zyklen findet man z. B. in der Touristik, wo im Pauschalreisebereich zweimal pro Geschäftsjahr nach Winter- und Sommersaison getrennt geplant wird. Die operative Planung sollte in integrierter Form stattfinden, d. h. die Erstellung der Teilpläne sollte in enger Abstimmung erfolgen. Abbildung 12 zeigt das Beispiel eines integrierten Planungsrahmens. Ausgehend von der Erfolgsplanung werden Liquidität, Absatz, Produktion, Beschaffung etc. geplant. Die Integration der Planung sollte so eng sein, dass Eingaben oder Änderungen an einem Teilplan sofort die Anpassung der verknüpften Teilpläne nach sich ziehen. Ändert sich z. B. der Absatzplan, müssen Produktionsmenge oder die Planung der Einzahlungen unmittelbar folgen, da sonst Inkonsistenzen entstehen. Der Nachteil an Excel-basierten Teilplanungen ist daher auch, dass die Planungsschritte oft unabgestimmt nebeneinander erfolgen und Abweichungen und Fehler erst im Nachhinein offenbar werden. Vorteil von IT-gestützten Planungslösungen ist eine weitreichende Unterstützung eines abgestuften Planungsprozesses, verbunden mit einer automatisierten Validierung der erfassten Werte sowie der Anpassung der davon abhängigen Teilplanungen.

---

54 Vgl. Navrade/Totok 2008, o. S.
55 Vgl. Navrade 2008, S. 280.
56 Vgl. Hahn/Hungenberg 2001, S. 346 ff.

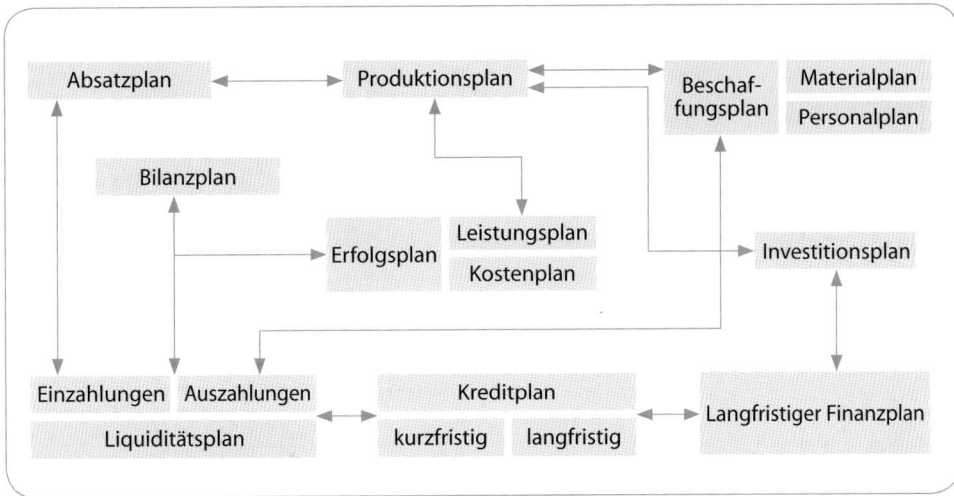

▲ Abb. 12: Integrierter Rahmen für die operative Unternehmensplanung[57]

Hochrechnung

Die Hochrechnung oder auch Forecast findet in der Regel mehrfach innerhalb eines Geschäftsjahres statt. Anhand der im laufenden Geschäftsjahr eingetretenen Ist-Situation soll abgeschätzt werden, welches Ergebnis am Ende des Jahres realistischerweise erreichbar ist bzw. wo Gegensteuerungsmaßnahmen ergriffen werden müssen. Dadurch kann auch die Qualität der Planung überprüft werden. Eine mögliche Abfolge ist z. B., die erste Hochrechnung nach drei Monaten, die zweite nach sechs und die dritte Hochrechnung nach neun Monaten durchzuführen. Die Hochrechnung wird oftmals nicht so detailliert wie die Planung durchgeführt, sondern meist nur für ausgewählte Kennzahlen auf Summenebene. Planungswerkzeuge eignen sich generell auch sehr gut, um die Hochrechnung abzubilden, da die funktionalen Anforderungen weitgehend gleich sind.

Simulation

Unter Simulation werden von den Fachanwendern teilweise sehr unterschiedliche Dinge verstanden. Ein gewisser Konsens herrscht darüber, dass Power-User mit den Ist-, Plan- oder Hochrechnungsdaten „spielen" wollen. Dazu werden die vorhandenen Daten in einen abgeschotteten Bereich kopiert, wo sie von den Power-Usern nach unterschiedlichsten Kriterien verändert werden können. Oftmals sollen bestimmte Szenarien durchgerechnet werden: „Was wäre, wenn wir den Preis für eine Produktgruppe um 3 % anheben, dafür aber der Umsatz um 2 % zurückgeht?" Simulationsmöglichkeiten werden auch benutzt, um die Prämissen für den Planungsprozess zu ermitteln, wie z. B. für Währungskurse oder Energiepreise.

2.3.4   Informationspyramide und Unternehmensstruktur

Die Abgrenzung zwischen den unterschiedlichen Führungsstrukturen ist ein wichtiger Grundstein für die Erarbeitung einer BI-Strategie, da die Art der Steuerung des Unternehmens (-verbundes) ein wesentlicher Bestimmungsfaktor für BI-Architektur und -Organisation ist. Die Entwicklung einer BI-Strategie ist umso anspruchsvoller, je größer die Heterogenität der

---

57 Arbeitskreis Hax 1970, S. 754.

Geschäftsmodelle des betrachteten Unternehmens ist und je komplexer die Informations- und Entscheidungswege sind.

Die Integration der entscheidungsorientierten Informationen ist ein häufig genanntes Ziel für eine BI-Strategie.[58] Nur so lässt sich ein durchgängiges Steuerungskonzept auf Basis einer einheitlichen und konsistenten Informationsbasis schaffen und ein übergreifendes Unternehmens-Reporting realisieren. Das Sinnbild der zur Unternehmenssteuerung relevanten Daten ist die Darstellung als Pyramide, deren Inhalte vom Fundament bis zur Spitze über mehrere Ebenen hinweg verdichtet werden, wie in Abbildung 13 gezeigt wird. Die operativen Geschäftsprozesse befinden sich im Unterschied zu vergleichbaren Darstellungen[59] unterhalb der Pyramide, da hier nur auf die aus den operativen Geschäftsprozessen extrahierten Daten für die Entscheidungsunterstützung eingegangen wird.

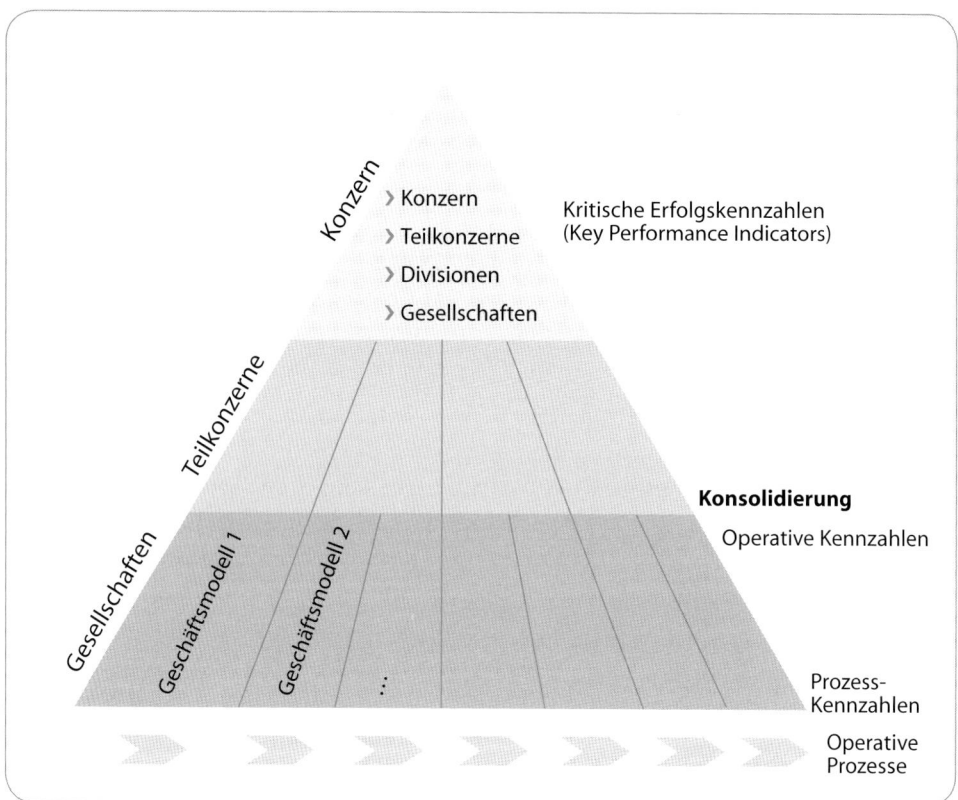

Abb. 13: Beispiel für die Informationspyramide einer Managementholding

---

[58] Vgl. Abschnitt 2.2.
[59] Vgl. Becker u. a. 1994, S. 423.

Managementholding

Unterstellt wird in der Pyramide ein Unternehmen, das in einer Konzernstruktur vorliegt und durch eine Führungsgesellschaft, mehrere Teilkonzerne und eine Reihe von operativen Gesellschaften strukturiert ist. Der Konzern ist nach Geschäftsfeldern und Divisionen gegliedert, sodass neben der legalen Struktur auch eine Managementstruktur besteht. Die Führungsgesellschaft hat kein eigenes Geschäft, sondern führt die Geschäftsfelder und steuert diese strategisch. Einzelne Vorstandsmitglieder der Holding nehmen in Personalunion auch Führungstätigkeiten in den Teilkonzernen oder Tochtergesellschaften wahr.

Finanzholding

Im Gegensatz zur Managementholding wird eine reine Finanzholding, die ihre Gesellschaften vorwiegend über finanzielle Kennzahlen steuert und so nur mittelbar Einfluss auf die strategischen Entscheidungen der Gesellschaften hat, in der Regel keine integrierte BI-Architektur über den Konzern hinweg anstreben. Hier reicht ein Finanz-Informationssystem auf Ebene der Holding, das sehr stark an den Belangen der externen Rechnungslegung orientiert ist und auf monatlicher Basis arbeitet. Architektonisch würde man bei einer Finanzholding eher von einer zielgerichteten Kopplung von Informationen denn von einer Integration sprechen.

Operative Holding/Stammhauskonzern

Der Stammhauskonzern hat ein Mutterunternehmen, das direkt im Markt tätig ist und die strategische Ausrichtung des Konzerns dominiert. Es gibt eine Anzahl von Tochterunternehmen, die in der Regel deutlich kleiner sind und das Geschäft der Konzernmutter ergänzen. Die führenden drei deutschen Automobilunternehmen können entweder als Stammhauskonzern eingestuft werden oder sind zumindest von ihrer Historie her als solcher entstanden und heute als Managementholding strukturiert.

Einzelunternehmen

Die Entwicklung einer BI-Strategie für ein Einzelunternehmen erscheint auf den ersten Blick einfacher, da sich die Managementstruktur komplett innerhalb einer legalen Einheit befindet und eine gewisse Homogenität der Geschäftstätigkeit innerhalb des Unternehmens unterstellt wird. Dieser Fall tritt im Mittelstand oder in Tochterunternehmen von Konzernen wie der Finanzholding auf, die völlig eigenständig über ihre BI-Aktivitäten entscheiden dürfen. Aber auch in autark agierenden Einzelunternehmen stellt sich die Herausforderung der funktionalen oder prozessualen Integration der entscheidungsorientierten Informationen. So kann das Einzelunternehmen über mehrere direkt am Markt agierende Profit-Center verfügen, die völlig unterschiedliche Geschäftsmodelle verfolgen und jeweils über eigene Berichts- und Analysesysteme verfügen. Weiterhin stellt sich auch hier die Frage der Abstimmung zwischen internem und externem Berichtswesen.

Zurück zur Informationspyramide in Abbildung 13: Sie zeigt die unterschiedlichen Ebenen der Integration entscheidungsrelevanter Informationen. Die operativen Geschäftsprozesse befinden sich unterhalb der Pyramide. Sie können pro Geschäftsmodell bzw. pro Gesellschaft oder Geschäftsfeld stark unterschiedlich ausgeprägt sein, sodass ein gemeinsames Informationsmodell der operativen Prozesse ggf. keinen Mehrwert bietet. Als Geschäftsmodell soll hier die Tätigkeit verschiedener Gesellschaften verstanden werden, die als weitgehend homogen eingestuft werden können.

Beispiel

Ein Automobilkonzern umfasst mehrere Pkw-Marken, die zu unterschiedlichen Gesellschaften gehören. Die Marken decken möglichst komplementäre Kundensegmente ab, wie z. B. das Kleinwagen- oder das Mittelklassesegment. Aus Sicht der Gesamtunternehmenssteuerung besteht ein Interesse an einem Vergleich der operativen Prozesse der unterschiedlichen Gesellschaften, wie diese bei weitgehend homogenen Geschäftsmodellen üblich ist. Eine Abbildung der Informationsbedarfe auf einer gemeinsamen Plattform ist damit sinnvoll und möglich (Geschäftsmodell 1). Zusätzlich besitzt der Automobilkonzern eine Bank, die als Hauptaufgabe die Finanzierung für die Käufer der Fahrzeuge anbietet. Hierbei handelt es sich um ein eigenständiges Geschäftsmodell, sodass die Geschäftsprozesse und die damit verbundenen Informationsbedarfe ganz andere sind (Geschäftsmodell 2). Die Integration der Informationen erfolgt daher erst auf höherer Ebene, also der Teilkonzerne oder des Konzerns.

An diesem Beispiel wird deutlich, dass die tatsächlichen Integrationsmöglichkeiten innerhalb der Informationspyramide einerseits von der Führungsstruktur des Unternehmens (vertikale Integration) und auf der anderen Seite von der Homogenität der unterschiedlichen Geschäftsmodelle auf Ebene der Gesellschaften (horizontale Integration) abhängen. Auch innerhalb eines homogenen Geschäftsmodells kann die Notwendigkeit bestehen, mehrere komplementäre Informationsmodelle zur Entscheidungsunterstützung aufzubauen, die erst auf aggregierter Ebene im Berichtswesen wieder zusammengeführt werden. Innerhalb der Entwicklung einer BI-Strategie muss klar definiert werden, wie die vertikale und die horizontale Informationsintegration zur Entscheidungsunterstützung tatsächlich ausgeprägt sein soll.

Es gibt hier allerdings auch noch eine andere Sichtweise. Selbst in stark diversifizierten Konzernen kann der Bedarf bestehen, Informationen aus unterschiedlichen Geschäftsmodellen auf operativer Ebene übergreifend verfügbar zu machen. Beispiel hierfür ist der „Konzern-Kunde", dessen Verhalten analysierbar sein soll. Eine typische Anwendung ist das Konzern-Forderungsmanagement. So kann der Bedarf bestehen, dass die Summe aller Forderungen der Konzerngesellschaften gegenüber einem „Konzern-Kunden" eine Höchstgrenze nicht überschreiten darf und sein Zahlungsverhalten regelmäßig geprüft wird. Weiterhin könnten die Cross-Selling-Potenziale für einen „Konzern-Kunden" ermittelt werden, sodass immer mehr Konzerngesellschaften systematisch eine Geschäftsbeziehung zum „Konzern-Kunden" aufbauen. Die große Herausforderung ist für viele Unternehmen allerdings, zunächst überhaupt einen „Konzern-Kunden" zu definieren und eine einheitliche Stammdatenbasis für diesen zu schaffen.

2.4   Architektur

2.4.1   Einheitlicher Data-Warehouse-Ansatz

Den Kern einer strategischen BI-Architektur bildet ein **einheitlicher** Data-Warehouse-Ansatz.[60] Nur so lässt sich entlang der operativen Geschäftsprozesse ein harmonisierter Datenpool für übergreifende Auswertungszwecke gewährleisten. Einheitlich heißt hierbei nicht, dass es sich physisch um ein System handeln muss. Einheitlich bedeutet vielmehr, dass

---

60   Zur Modellierung eines Data Warehouse vgl. z. B. Inmon 2002; Kimball/Ross 2002; Bauer/Günzel 2009b.

mindestens auf der semantischen, wenn nicht auch auf der logischen Ebene des zugrunde liegenden Datenmodells ein integrierter Ansatz verfolgt wird. Gerade in großen Unternehmen kann es neben einer führenden DWH-Architektur auch weitere Data Warehouses geben, z. B. aus historischen Gründen, aufgrund hoher Spezialisierung (etwa wegen externer Anforderungen eines Regulierers), aus Sicherheitsgründen (etwa für Personalzahlen) oder zur vermeintlichen Vermeidung von Komplexität. Auch wenn diese unterschiedlichen Ausprägungen ihren Sinn haben, sollte man im Rahmen einer BI-Strategie nicht die Augen vor dem Ziel eines integrierten Ansatzes verschließen. Vielmehr sind sie in der Regel Anzeichen dafür, dass in der Vergangenheit keine übergreifende BI-Strategie verfolgt wurde (vgl. Abschnitt 1.1).

Es gibt allerdings eine Reihe von Gründen, die dafür sprechen, gezielt mehrere Data-Warehouse-Systeme aufzubauen. So ist es in größeren Unternehmensstrukturen sinnvoll, separate Systeme pro einheitlichem Geschäftsmodell bzw. für die Gesellschafts- oder Konzernebene zu führen, wie es bereits im vorherigen Abschnitt diskutiert wurde. Zwischen den Verdichtungsebenen der Informationspyramide existieren definierte Übergänge der Harmonisierung. Somit hängt die Entscheidung für den angestrebten Integrationsgrad sehr stark von der Homogenität bzw. Heterogenität der abzubildenden Geschäftsmodelle ab.

In Kapitel 1 wurde unter dem Begriff „Analytisches Chaos" bereits auf die Nachteile historisch gewachsener, isolierter Systeme für Analyse und Berichtswesen hingewiesen. Auf der einen Seite existieren in der Praxis völlig losgelöste oder isolierte Auswertungssysteme, in denen eigene Definitionen getroffen werden, die nicht übergreifend gültig sind. Auf der anderen Seite werden die Daten über mehrere Zwischenstufen immer weiter verändert, sodass die Nachvollziehbarkeit der Informationsherkunft äußerst schwierig ist. Die Informationsempfänger – also die Entscheidungsträger – sind sich der Problematik und des Risikos derartiger Strukturen nicht immer bewusst. Sie sehen ihre Anwendung von der Oberfläche her, die darunter liegende Komplexität bleibt ihnen verborgen. In der Folge werden aufgrund von Bereichsinteressen solche Konstrukte teilweise noch gefördert. Man möchte für den eigenen Bereich die größtmögliche Funktionalität erreichen und sich nur mit wenigen anderen Bereichen abstimmen müssen. So lässt sich z. B. auch das Ergebnis einer Untersuchung deuten, in der sich lediglich ca. ein Drittel von rund 300 befragten Fachbereichsverantwortlichen für eine übergreifende BI-Strategie ausgesprochen hat.[61]

Seit einigen Jahren wird die Schaffung einer integrierenden Architektur auch mit dem Begriff Enterprise Data Warehouse bezeichnet. Die Notwendigkeit, dem bekannten Data Warehouse einen Begriff wie „Enterprise" als Präfix voranzustellen, zeigt, dass sich das Konzept des Data Warehouse nicht in der ursprünglich gewünschten Form, nämlich als übergreifende Informationsbasis in Unternehmen, durchgesetzt hat. In der Praxis sind an verschiedenen Stellen große Data Marts aufgesetzt worden, die dann als Data Warehouse bezeichnet wurden, aber keinen integrativen Charakter besitzen.[62] Deutlich wird dies in Unternehmen, wenn beispielsweise von einem Vertriebs- oder Einkaufs-DWH gesprochen wird. Diese Data-Warehouse-Systeme adressieren damit die Anforderungen nur bestimmter Interessensgruppen bzw. Fachbereiche im Unternehmen, sodass sie kein Data Warehouse im ursprünglichen Sinne darstellen.[63]

---

61 Vgl. Wolff 2008, o. S.
62 Vgl. Kimball u. a. 1998, S. 153 f.
63 Vgl. Inmon 2002, S. 31 ff.

Die Konsolidierung und die damit einhergehende Standardisierung der BI-Anwendungslandschaft ist meist eine der am höchsten priorisierten architektonischen Anforderungen an eine BI-Strategie. Eine Umfrage belegt, dass sich weltweit über die Hälfte der befragten Unternehmen mit der Planung oder Durchführung eines Projekts zur Konsolidierung einer heterogenen BI-Anwendungslandschaft beschäftigen, und 11 % der Unternehmen haben bereits ein entsprechendes Projekt durchgeführt.[64] Erwartet werden vor allem Kosteneinsparungen, aber auch eine Verbesserung der informationsverarbeitenden Prozesse und der Qualität. Die Konsolidierung bzw. Ablösung von bestehenden Teilsystemen kann sehr genau aus Kosten- und Nutzensicht beurteilt werden. Der jeweilige Entwicklungsaufwand sowie Soft- und Hardware-Kosten können meist gut geschätzt und damit die Amortisationsdauer bestimmt werden. Unternehmen, die bereits entsprechende Projekte durchgeführt haben, berichten darüber, dass sich die Konsolidierung von Data Marts nach durchschnittlich ein bis zwei Jahren amortisiert hat.[65] Die Betrachtung der Total Cost of Ownership (TCO) kann daher sehr gut zur Begründung der Wirtschaftlichkeit der Konsolidierung heterogener BI-Systeme herangezogen werden. Wichtig ist dabei, dass tatsächlich alle Kosten, also z. B. auch nicht gesondert ausgewiesene Kosten der Fachbereiche, mit einbezogen werden.

Konsolidiert und konsequent standardisiert werden sollten möglichst homogene Themengebiete bzw. Geschäftsmodelle innerhalb eines Unternehmens. Der Prozess beginnt mit der Vereinheitlichung der fachlichen Inhalte, wie der Bildung und Anwendung eines unternehmensweiten Kontenrahmens inklusive entsprechender Kontierungsrichtlinien und Vorgehensweise, der Einigung auf ein Software-Produktportfolio und der Ableitung einer gemeinsamen Hardware-Plattform. Dabei muss auch die Schaffung einer einheitlichen Aufbau- und Ablauforganisation für die übergreifende Informationsversorgung berücksichtigt werden.

2.4.2   Referenzarchitektur für ein Data Warehouse

Abbildung 14 (siehe S. 56) zeigt die Referenzarchitektur für ein Data Warehouse, die in zahlreichen Variationen seit den 1990er-Jahren bekannt ist. Im Folgenden soll nur auf Punkte eingegangen werden, die in Strategieprojekten immer wieder Grund für intensive Diskussionen sein können. Insbesondere sind dies die Abgrenzungen zwischen den verschiedenen Architekturschichten und deren interne Struktur. Oftmals lassen sich architektonische Probleme, die bei der Ist-Analyse einer BI-Strategie ermittelt werden, darauf zurückführen, dass das Schichtenmodell der Referenzarchitektur nicht sauber eingehalten worden ist. Die Einsparung der Basisdatenbank kann sich spätestens bei größeren organisatorischen Veränderungen oder einem Wechsel des Frontend-Werkzeugs rächen.

Operational Data Store (ODS)

Ein Operational Data Store dient zur zeitnahen Speicherung von transaktionsorientierten Daten für operative Auswertungszwecke.[66] Er ist optionaler Bestandteil einer Data-Warehouse-Architektur und sollte nicht mit der Basisdatenbank verwechselt werden. Ein ODS wird in der Regel sehr zeitnah nach Abschluss einer Transaktion oder sogar noch während der Laufzeit der Transaktion mit den relevanten Daten versorgt. Die Daten können zuvor transformiert werden, um mit Daten anderer operativer Systeme verglichen werden zu können.

---

[64] Vgl. Eckerson 2004b, S. 8.
[65] Vgl. Eckerson 2004b, S. 14.
[66] Inmon 1999, S. 12.

Das Datenvolumen kann sehr hoch sein, da die Daten in feinster Form geladen werden. Der ODS ist damit auch die passende Auswertungsbasis für Realtime-Analysen. Die Basisdatenbank kann mit Daten aus dem ODS versorgt werden, wobei die Daten dabei in der Regel zeitlich oder inhaltlich verdichtet werden. Die Daten im ODS werden periodisch gelöscht, da die Datenbank sonst quasi explodieren würde, daher ist ein ODS im Gegensatz zu einem DWH nicht historienbildend. Ein Beispiel für die Nutzung eines ODS ist die Datenhaltung für die laufenden Prozesse in einem Call-Center. Die Auslastung wird kontinuierlich vom Management überwacht. Die Kommunikationsdaten werden dabei mit Daten aus anderen Systemen angereichert, wobei die typischen Abbildungsmechanismen von DWH-Integrationswerkzeugen zum Einsatz kommen.

Basisdatenbank

Die Basisdatenbank oder auch Core Data Warehouse ist der Kern der langfristigen Datenspeicherung einer Data-Warehouse-Architektur. Hier werden die Daten der unterschiedlichen Quellsysteme zusammenhängend strukturiert und historisiert gespeichert. Die Datenmodellierung kann in Form flacher Tabellen oder sogar normalisiert erfolgen, um die dauerhafte Konsistenz zu unterstützen. Die Modellierung richtet sich daher nicht an den Erfordernissen bestimmter Auswertungswerkzeuge oder spezifischer Anwenderinteressen, sondern an den langfristigen Anforderungen des Unternehmens aus. Prinzipiell wird ein unternehmensweites Datenmodell[67] für die Unternehmenssteuerung geschaffen, das es in den unterschiedlichen operativen Systemen oftmals in dieser Form nicht gibt. Dieses Unternehmensdatenmodell entstammt einer Grobmodellierung im Rahmen der BI-Strategie und wird in Teilbereichen durch BI-Projekte konkretisiert und verfeinert.

Auswertungsdatenbank(en)

Die Auswertungsschicht einer DWH-Architektur kann aus unterschiedlichen Komponenten bestehen, wie z. B. technologisch unterschiedlichen Auswertungsdatenbanken. Grundsätzlich gilt, dass erst hier die eigentliche Multidimensionalität des Datenmodells hergestellt wird, wie sie dann von den Anwendern benötigt wird. Bei relationaler Datenspeicherung sind dies die klassischen Varianten von Star- oder Snowflake-Schema (ROLAP), bei multidimensionaler Datenspeicherung in OLAP-Datenbanken sind dies proprietäre Strukturen, die z. B. als komprimierte Baum- oder Feldstrukturen organisiert werden (MOLAP). In der Praxis verschwimmen die Grenzen zwischen ROLAP und MOLAP zunehmend, da die Software-Anbieter hier hybride Ansätze (HOLAP) verfolgen, die für die Anwender transparent sind. Die genaue Zuordnung der einzusetzenden Technologie in Verbindung mit der entsprechenden Modellierung ist eine wichtige Architekturentscheidung, die auf Basis der BI-Strategie getroffen werden muss.

Planungsdatenbank(-system)

Das Rückschreiben von Daten aus Richtung des Frontends in ein Data Warehouse war nicht Bestandteil des ursprünglichen DWH-Konzepts und die Integration in die übergreifende Architektur ist bis heute oftmals nicht befriedigend gelöst. Planungsmodule stellen innerhalb des Produktportfolios vieler BI-Plattformanbieter architektonische Insellösungen dar, die sich eher im Frontend denn tatsächlich vollständig in das Schichtenmodell einer DWH-Architektur integrieren. Daher ist die Positionierung in der Referenzarchitektur im Output

---

67 Vgl. Dippold u. a. 2001, S. 74.

Layer wie in Abbildung 14 auch nicht optimal. Die Planung stellt im Gegensatz zu den anderen Elementen des Output Layer ein eigenständiges Subsystem einer DWH-Architektur dar, da sie umfangreiche Funktionalität zur Generierung neuer Daten enthält oder auch eine Ablaufsteuerung (Workflow Engine). Der Systemcharakter der Planung wird in der Architekturübersicht nicht herausgestellt, sondern aus Vereinfachungsgründen nur die Planungsdatenbank im Output Layer und die Planungsoberfläche im Frontend Layer dargestellt.

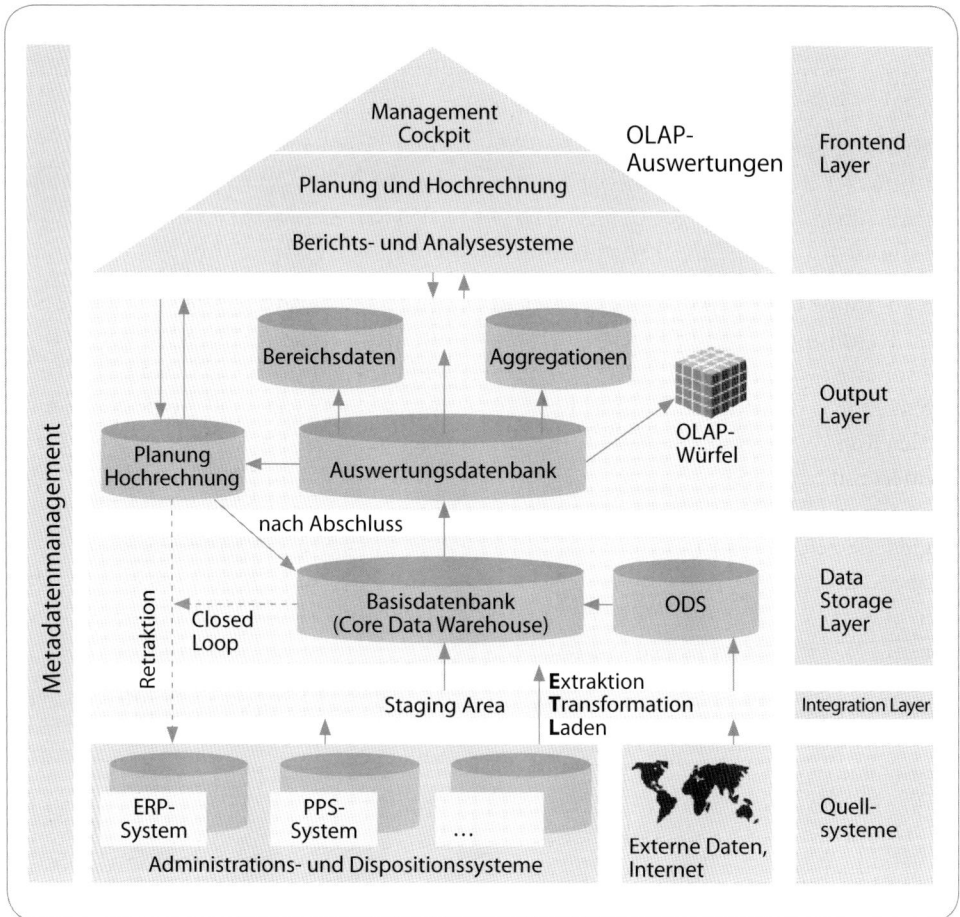

▲ Abb. 14: Referenzarchitektur für ein Data Warehouse[68]

Grundsätzlich besteht die Planungsdatenbank aus einer beliebigen Anzahl funktionsbezogener Data Marts. Geht man von der Finanzplanung aus, so werden in der Regel unterschiedliche Planungs-Marts z. B. für GuV-/Bilanzplanung, Absatz-/Umsatz- oder die Personalplanung aufgebaut. Die Inhalte stehen durch Regeln und Datenflüsse im Sinne einer integrierten Unternehmensplanung miteinander in Beziehung. Die Planungs-Marts werden am Beginn der Planungs- oder Hochrechnungsperiode initial mit Daten aus Auswertungs- oder Basisdatenbank versorgt. Während der laufenden Planungs- oder Hochrechnungsperiode werden neue Daten innerhalb der Datenbank durch Eingaben der Benutzer oder durch maschinelle

---

68 In Anlehnung an Totok 2000, S. 39 ff.; vgl. auch Gluchowski/Chamoni 2006, S. 154 ff.; Bauer u. a. 2009, S. 33 ff.

Rechnungen erzeugt. Die Generierung der Daten erfolgt dabei Workflow-gesteuert, damit sichergestellt wird, dass die Entstehung der Daten auch der Logik des Planungsprozesses folgt. Über ein Berechtigungskonzept wird sichergestellt, dass nur die Teilplandaten gesehen und bearbeitet werden dürfen, die hierfür freigegeben sind. Nach Abschluss der Planungsperiode werden die fixierten Ergebnisse der Planung bzw. Hochrechnung dann als neue Quelldaten in die Basisdatenbank überführt, wo sie historisiert und langfristig gespeichert werden. Die Ergebnisse können darüber hinaus als Vorgabewerte in die operativen Systeme geschrieben werden. Dieser Vorgang wird auch als Retraktion bezeichnet.

Konsolidierungssystem

Der Begriff Konsolidierung wird im BI-Umfeld in unterschiedlichen Zusammenhängen genutzt. An dieser Stelle wird darunter die Eliminierung zwischenbetrieblicher Leistungs- und Eigentums- bzw. Finanzbeziehungen verstanden, die durch die internen Verflechtungen eines Unternehmens entstehen. Art und Umfang der legalen Konsolidierung wird extern durch die Vorschriften zur Konzernrechnungslegung geregelt.

Die Konsolidierung wird nicht im Rahmen des ETL-Prozesses abgebildet, da die Verarbeitung über Transformation und Verdichtung hinausgeht. Vielmehr werden hierfür spezialisierte Konsolidierungswerkzeuge benutzt, die ein eigenständiges Subsystem innerhalb einer DWH-Architektur darstellen – ähnlich wie für die Planung. Bewusst wurde auf die Integration der legalen Konsolidierung in die Architekturdarstellung verzichtet, da diese architektonisch eine Zwitterposition zwischen transaktionalem und analytischem System darstellt. Auf der einen Seite nimmt eine Konsolidierungsdatenbank selbst die Rolle einer integrierenden Datenbank ein, da die relevanten Daten der Gesellschaften eines Konzerns zusammenfließen (z.B. aus Bilanz und GuV). Auf der anderen Seite wird das Konsolidierungssystem selbst zum Transaktionssystem, da an dieser Stelle aus unterschiedlichen Gründen neue Buchungen erfolgen können, die neue Daten zur Folge haben.

Schlüsseleigenschaften von Konsolidierungssystemen sind u.a. vorgedachte Inhalte für die legale Konsolidierung nach den unterschiedlichen Arten der Rechnungslegung (z.B. IFRS, HGB), eine Ablaufsteuerung, ein stark ausgeprägtes Validierungsmodul für die Prüfung von vorher hinterlegten Geschäftsregeln sowie ein Eingabemodul für die manuelle Erfassung von Daten (z.B. per Web) oder für das Einlesen von Packages (z.B. im Excel-Format). Durch die stark ausgeprägten Möglichkeiten des Einlesens und Validierens manuell über ein Web-Interface oder in Form von Excel-Dateien erfasster Daten werden Konsolidierungswerkzeuge in der Praxis auch gerne als Datensammelplattform für das interne Reporting benutzt. Diesen Einsatz findet man oft in Unternehmen mit wenig integrierten IT-Systemen, wie dies in lose gekoppelten Konzernstrukturen (z.B. in Finanzholdings) der Fall ist.

Integration unstrukturierter Daten

Die Verknüpfung strukturierter und unstrukturierter Daten spielt zunehmend eine Rolle in modernen DWH-Architekturen.[69] Dabei gibt es verschiedene Arten unstrukturierter Daten. Eine relativ einfach zu handhabende Art sind Kommentierungen von Berichtsinhalten, die beispielsweise durch die Erfolgsverantwortlichen oder durch das Controlling erfolgen. Kommentare werden multidimensional meist auf verdichteter (Knoten-)Ebene erfasst, wie z.B. pro Profit-Center und Monat. Nicht nur Planungs-, sondern auch viele Analyse- und Reporting-

---

[69] Vgl. Gansor 2008, S. 114 ff.

werkzeuge bieten heute die Möglichkeit zur Erfassung von Kommentaren. Architektonisch ebenfalls relativ einfach ist die manuelle Verknüpfung von Kennzahlen und Berichten mit erläuternden unternehmensinternen oder -externen Dokumenten. Die Verknüpfung kann beispielsweise in aktuellen Portallösungen zwischen Berichtsmodul und Dokumentenmanagement des Portals hergestellt werden.

Die architektonisch anspruchsvollste Art der Integration unstrukturierter Daten sind elektronische Texte aus meist externen Datenquellen, wie aus Nachrichtendiensten aus dem World Wide Web. Hierbei gilt es, diese Texte automatisiert zu erfassen und zu strukturieren. Eine mögliche Analysetechnik ist das Text Mining, das statistische Methoden zur Erkennung von Mustern in natürlichsprachigen Texten bereitstellt. Die Texte können dabei einen ähnlichen Weg durch die Schichten eines DWH durchlaufen, wie dies auch bei strukturierten Daten der Fall ist.[70] Dennoch unterscheidet sich das Vorgehen im Detail, da hier die eingesetzte Technologie eine andere ist. Das Thema soll an dieser Stelle nicht weiter vertieft werden.[71]

Eine relativ neue Funktionalität aktueller BI-Frontends stellt die erweiterte Suche dar. Insbesondere die Metadaten eines DWH, gespeicherte Berichte und Analysen sowie ergänzende Kommentare werden dabei kontinuierlich serverseitig durchsucht und indiziert. Der Anwender gibt im Idealfall nur Stichworte wie „Umsatz, Europa, 2009" ein und erhält eine sortierte Übersicht über alle Berichte oder gespeicherten Analysen, die diese Informationen enthalten. Wird die Indizierung auf unstrukturierte Daten erweitert, so erhält der Anwender zusätzlich eine Auswahl der Dokumente, die zum fachlichen Verständnis der Umsatzsituation in Europa beitragen.

Metadatenmanagement

Metadaten durchziehen die gesamte DWH-Architektur, angefangen bei Metadaten aus den Quellsystemen bis hin zu den Metadaten der Frontend-Werkzeuge. Eine wichtige Anforderung an ein einheitliches Metadatenmanagement ist Data Lineage, d. h. die Zurückverfolgung der in einer Analyse oder einem Bericht angezeigten Daten über alle Transformationsschritte bis zur Quelle. Beispielsweise soll es somit für Anwender möglich sein, den gesamten Entstehungsweg einer Kennzahl nachzuvollziehen, um Art und Qualität der Information besser beurteilen zu können. Verschiedene BI-Anbieter haben spezielle Werkzeuge oder Erweiterungen für Data Lineage in ihrem Programm. Voraussetzung hierfür ist allerdings eine integrierte Sicht auf die Metadaten eines DWH.

In der Vergangenheit wurden einige Versuche zur Standardisierung von Metadaten eines Data Warehouse unternommen, wie z. B. mit dem Common Warehouse Metamodel (CWM). Leider hat sich bis heute kein allgemeiner Standard durchgesetzt, sodass die Forderung nach einem einheitlichen Metadatenmanagement für ein DWH weiterhin besteht. Umgehen lässt sich diese architektonische Lücke über mehrere Wege. Einerseits bieten BI-Plattformanbieter auch eine integrierte Behandlung aller Metadaten an. Das bedingt allerdings, dass man nur die angebotenen Komponenten dieses einen Herstellers benutzt. Durch die zahlreichen Übernahmen der vergangenen Jahre sind allerdings auch die großen BI-Plattformanbieter realistischerweise zurzeit nicht in der Lage, alle Metadaten „aus einem Guss" zu behandeln. Dies wird erst nach der Integration der übernommenen Technologien in einigen Jahren

---

[70] Vgl. Inmon u. a. 2008, S. 24 ff.
[71] Zu Text Mining siehe z. B. Weiss u. a. 2004.

der Fall sein. Ein zweiter Ansatz besteht darin, die an unterschiedlichen Orten liegenden Metadaten eines DWH selbst wieder quasi als Meta-DWH zu integrieren. Als Nachteil ist zusätzlicher Aufwand bei der Entwicklung eines DWH notwendig.

2.5   Anwendungen

Die Klärung der durch BI unterstützten Anwendungen ist eine zentrale Frage der BI-Strategie. Abhängig von Vision und Zielen sowie den daraus resultierenden Anforderungen der Anwender müssen Art und Umfang der BI-Anwendungen bestimmt werden. Unterstellt wird hierbei, dass BI-Anwendungen auf Basis übergreifender analytischer Systeme – und nicht auf Basis einzelner operativer Systeme – implementiert werden. Ein Vertriebs-Reporting, das direkt auf dem normalisierten Datenmodell des Vertriebsmoduls eines ERP-Systems implementiert wird, kann selbstverständlich Managemententscheidungen unterstützen und ist damit „BI-nah" – es stellt aber eine operative Anwendung dar. Ein globales Vertriebs-Reporting, das unterschiedliche Vertriebsmodule integriert und damit eine übergreifende Sichtweise ermöglicht, stellt nach der hier vertretenen Meinung eine „echte" BI-Anwendung dar. Diese Abgrenzung ist notwendig, um eine saubere Differenzierung zwischen BI-Strategie und ERP- bzw. allgemeiner IT-Strategie zu erreichen. In der Praxis trifft man hier durchaus auf Konkurrenzsituationen zwischen ERP- und BI-Anwendungen, die durch eine BI-Strategie aufgelöst werden müssen.

Zugegebenermaßen fällt diese Abgrenzung aufgrund der Operationalisierung von BI-Anwendungen durch Aspekte wie Realtime-Reporting oder Closed-Loop-Ansatz immer schwerer. Gegebenenfalls kann die Frage der Abgrenzung auch über eine Kriterienliste erfolgen, in der die Zuordnung über eine ganze Reihe von Eigenschaften erfolgt. Grenzt man ERP- und BI-Anwendungen demgegenüber nicht ab, so könnte es passieren, dass quasi jeder Report oder jede Selektion, die in einem beliebigen System erzeugt werden, in den Scope einer BI-Strategie fallen. Dies könnte den Rahmen der Strategieentwicklung dann schnell sprengen. Abbildung 15 gibt ein Beispiel für eine mögliche Systematisierung von BI-Anwendungen.

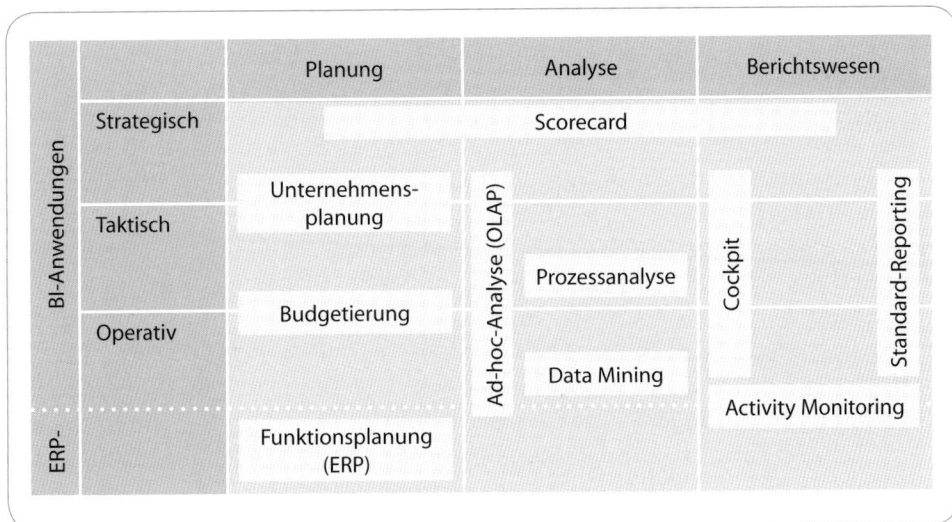

Abb. 15: Beispiel für die Systematisierung von BI-Anwendungen

Die in einem Unternehmen vorhandenen und zukünftig geplanten BI-Anwendungen können einem solchen Anwendungsportfolio zugeordnet werden, das dann wieder die Grundlage für die Ableitung des Software-Portfolios darstellt.

Abbildung 16 zeigt eine Studie zum Einsatz von BI in mittelständischen Unternehmen im deutschsprachigen Raum aus dem Jahr 2007.[72] Es wird deutlich, dass Berichtswesen, Analyse, Planung und Budgetierung sowie die Konzernkonsolidierung mit Abstand die beherrschenden Anwendungen im Ist-Zustand sind. Es ist daher nicht erstaunlich, dass diese Anwendungen auch die fachlichen Themen einer BI-Strategie dominieren. In Kombination mit dem Wunsch nach Einführung von Management Dashboards oder Scorecard-Lösungen ist das Spektrum der generischen Anwendungssicht damit oft abgedeckt. Eingesetzt werden BI-Systeme vor allem für Unternehmensführung und Controlling (87 %), im Vertrieb (65 %), in der IT (52 %) oder im Rechnungswesen (48 %). Die weiteren betrieblichen Funktionen folgen erst mit großem Abstand (Marketing 35 %, Logistik 34 %, Einkauf 32 %, Personalwesen 29 %, Produktion 27 % etc.).[73] Auch wenn die weiteren Funktionen im Rahmen der Strategiebetrachtung nicht vernachlässigt werden dürfen, wird der automatisch entstehende Schwerpunkt auf den ersten vier betrieblichen Funktionen aus den Umfrageergebnissen deutlich. Andererseits kann man das Ergebnis auch so deuten, dass gerade in der Gruppe der weiteren betrieblichen Funktionen noch ein Nachholbedarf im Einsatz von BI besteht und dieser durch die BI-Strategie identifiziert und realisiert werden muss.

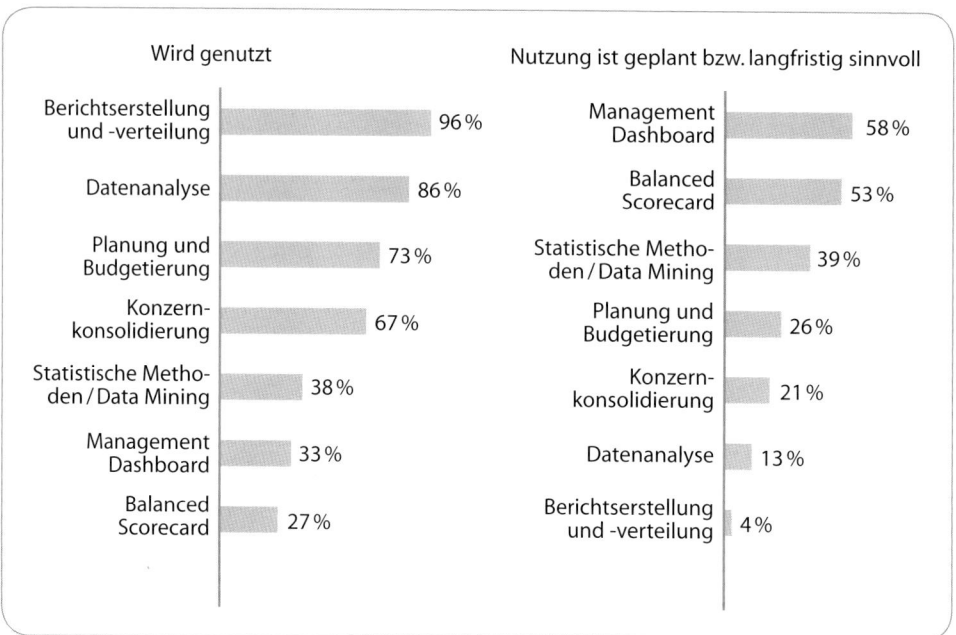

Abb. 16: Nutzung von BI-Werkzeugen im Mittelstand[74]

---

[72] Befragt wurden 159 Vertreter von Unternehmen mit einem Jahresumsatz zwischen 50 Mio. und 1 Mrd. EUR (vgl. Friedrich/Bange 2007, S. 6).
[73] Vgl. Friedrich/Bange 2007, S. 13 f.
[74] Vgl. Friedrich/Bange 2007, S. 12.

Die Anforderung in der Entwicklung einer BI-Strategie besteht aus Anwendungssicht darin, die Wünsche der unterschiedlichen Interessensgruppen in Richtung genereller Anforderungen im BI-Anwendungsportfolio zusammenzuführen, um darauf basierend übergreifende Kriterienkataloge zur Bestimmung des Software-Portfolios abzuleiten.

Die Aufzählung in Tabelle 7 gibt exemplarisch einen Ausschnitt für die Checkliste einer BI-Anwendung für Management-Cockpits.

> Übersichtliche Darstellung der wichtigsten Informationen

> Differenziert nach Entscheidungsebene

> Unterstützung von Texten und Grafiken

> Aggregierte Darstellung ohne Details

> Plan-/Ist-, Soll-/Ist- oder Vorjahresvergleiche

> Direkte Bewertung z. B. durch Farbe (rot/grün) oder Trendpfeile

> Webgestützte interaktive Benutzeroberfläche

> Unterstützung spezieller Cockpit-Grafiktypen (Ampel, Füllstandsanzeige etc.)

▲ Tab. 7: Ausschnitt aus der Checkliste einer Cockpit-Anwendung

Die praktische Einsetzbarkeit bzw. der Nutzen bestimmter innovativer BI-Anwendungen, wie z. B. Data Mining, wird von Anwendern mancher Unternehmen in Frage gestellt. Einige Anwendungen sind auch durchaus erklärungsbedürftig und nicht für alle Anwender unmittelbar einsichtig. Die Nutzenpotenziale müssen im Rahmen einer BI-Strategie herausgearbeitet und der Mehrwert deutlich gemacht werden.[75] Sollte kein Mehrwert entstehen, sollte allerdings auch konsequent auf den Einsatz verzichtet werden. Nicht jedoch sollten Unwissenheit und Vorbehalte die Innovation bremsen.

2.6   Technologie

2.6.1   Technologische Innovation als Schrittmacher für BI

Die Historie von Business Intelligence zeigt, dass, angefangen mit den ersten MIS in den 1960er-Jahren[76] bis zum heutigen Zeitpunkt und auch sicherlich zukünftig, die Technologie der eigentliche Auslöser für den praktischen Einsatz von BI ist. Die betriebswirtschaftlichen Konzepte sind teilweise schon deutlich älter, so z. B. die zweckneutrale Grundrechnung nach Riebel; ermöglicht wurde die Umsetzung allerdings erst durch die breite Verfügbarkeit der elektronischen Datenverarbeitung. Die Durchsetzung des DWH-Konzepts – also die zielgerichtete redundante Datenhaltung zu den operativen Systemen – ist nur durch die deutlich gesunkenen Speicherkosten möglich geworden.

Probleme mit der eingesetzten Technologie – also im Einsatz von Hard- und Software – werden häufig als Punkte der architektonischen oder technologischen Ist-Analyse bei der Entwicklung einer BI-Strategie genannt. Trotz aller Aufgeschlossenheit gegenüber der Technologie als Schrittmacher für BI sollte der Nutzen einer Technologie realistisch beurteilt

---

[75] Zur Nutzenbewertung siehe auch Abschnitt 3.4.7.
[76] Vgl. Gluchowski u. a. 2008, S. 55 ff.

werden, da viele vermeintlich technologische Problemstellungen ihre Ursachen in der Realität an ganz anderen Stellen wie z. B. in der Organisation, der Architektur oder der Modellierung haben. Sollte sich die bisher eingesetzte Technologie als tatsächliche Ursache für existierende Probleme herausstellen, so muss dies durch die BI-Strategie adressiert werden. Ebenso sollte dies geschehen, falls aufgrund bestehender oder zukünftiger Anforderungen die Anschaffung neuer Hard- und Software notwendig ist. Eine dritte Motivation kann der technologische Fortschritt an sich sein, der den Einsatz einer bestimmten Funktionalität erst möglich macht, wie z. B. die Datenanalyse per mobilem Organizer. Bestandteil der technologischen Perspektive der BI-Strategie ist damit ein Konzept für die Nutzung der eingesetzten und neu einzusetzenden Technologie.

Die technologische Perspektive einer BI-Strategie könnte auch im Rahmen der allgemeinen IT-Strategie entwickelt werden. Die Praxiserfahrung der Autoren zeigt aber, dass zumindest heute noch ein tiefes Hintergrundwissen über die Anwendung von BI erforderlich ist, um die technologischen Auswirkungen richtig einschätzen zu können. Die den Autoren bekannten IT-Strategien wurden hierfür oft nicht detailliert genug ausgearbeitet.

2.6.2   Hardware

Tatsächlich gibt es eine Reihe von Problemen, die sich mit rein technologischen Mitteln lösen lassen, wie z. B. durch die Optimierung des Datendurchsatzes oder durch die Aufstockung von Hardware. Das in diesem Zusammenhang fast immer genannte Problem ist das Antwortzeitverhalten, also die Performance des Systems. Zwar hatten Codd, Codd und Salley bereits 1993 ein konsistentes Antwortzeitverhalten für OLAP-Systeme gefordert,[77] das in der Regel im einstelligen Sekundenbereich liegen sollte. Jedoch haben sich diese Erwartungen bis heute nicht vollständig erfüllt. Ein möglicher Ansatz zur Verbesserung der Performance ist der Einsatz hauptspeicherbasierter Datenbanken. Bedingt durch das günstigere Preis-Leistungs-Verhältnis von Hauptspeicherbausteinen wird die RAM-basierte Datenhaltung immer populärer. Prinzipiell ist das nichts Neues, da einige OLAP-Anbieter dies bereits seit Jahren im Programm haben. Im Unterschied zu heute war Hauptspeicher aber stärker limitiert, sodass eher kleine bis mittlere Data Marts in Form von OLAP-Cubes abgebildet wurden. Jetzt bedurfte es scheinbar der neuen Wortschöpfung „in Memory", um dieses bereits bekannte Konzept noch weiter durchzusetzen und darauf hinzuweisen, dass sich inzwischen auch große Datenmengen wirtschaftlich im Hauptspeicher abbilden lassen.

Eine weitere sehr interessante Entwicklung sind DWH Appliances, die als vorkonfigurierte Hard- und Software-Kombination an die Kunden ausgeliefert werden. Im Idealzustand soll die Organisation der Datenspeicherung inklusive der Performance-Optimierung eine Art Blackbox sein, die durch das System selbst weitgehend automatisiert verwaltet wird. Die DWH-Entwickler konzentrieren sich diesem Ansatz folgend auf die Datenbelieferung und den Anschluss der Berichts- und Analyselösungen. DWH Appliances haben den Anspruch, auch bei großen Datenmengen performante Antwortzeiten für Detailanalysen zu gewährleisten. Erreicht wird dies durch den Einsatz angepasster Hardware-Komponenten, die Methoden zur Parallelisierung/Lastverteilung, Cache-Mechanismen und weitere Technologien nutzen. Hinzu kommt der Einsatz passender, teilweise auch speziell auf die Hardware angepasster Betriebs- und Datenbanksysteme. Damit soll sichergestellt werden, dass Soft- und Hardware

---

[77] Vgl. Codd u. a. 1993, S. 13 ff.

genau aufeinander abgestimmt sind und keine Performance durch schlecht korrespondierende Komponenten verschenkt wird.

Die Untersuchung des Mehrwerts durch den Einsatz einer DWH Appliance im Rahmen der BI-Strategie ist anspruchsvoll. Vor allem muss die Wechselwirkung mit der IT-Strategie geprüft werden. Durch den Einsatz einer DWH Appliance müssen gegebenenfalls eine neue Hardware-Architektur und auch die neuen Software-Komponenten in die IT-Landschaft des Unternehmens aufgenommen und die entsprechenden Betriebsprozesse angepasst werden. Diese könnten im Widerspruch mit etablierten Standards stehen. Dem gegenübergestellt wird der Nutzen, der unter anderem in der Verbesserung des Antwortzeitverhaltens und der Reduzierung von Entwicklungs- und Betriebsaufwänden besteht. Darüber hinaus ist der Markt für DWH Appliances noch sehr jung und wird von ein bis zwei etablierten und vielen neuen Anbietern bestimmt. Die Konsolidierung hat allerdings bereits eingesetzt und die ersten neuen Anbieter wurden schon von größeren Unternehmen übernommen.[78]

Eine technologische Vorgehensweise zur Reduzierung von Kosten in der Handhabung großer Datenmengen ist der Einsatz von Nearline Storage, der einen Kompromiss zwischen online verfügbaren und archivierten Daten darstellt. Voraussetzung für den Einsatz ist, dass nicht die gesamte Datenmenge immer mit der höchsten Performance analysierbar sein muss. Meist reicht für ältere Datenbestände eine längere Antwortzeit aus, sodass diese auf langsamere – aber dafür günstigere – Datenträger ausgelagert werden können. Dadurch wird der Speicherplatz des Basissystems entlastet und einer schleichenden Performance-Verschlechterung durch ständiges Datenwachstum entgegengewirkt. Die in das Nearline-Storage-System verlagerten Daten bleiben weiterhin verfügbar und können in Abfragen mit den aktuellen Daten kombiniert werden, was in der Regel aber seltener passiert als Abfragen auf dem aktuellen Datenbestand. Die Skalierbarkeit des DWH-Systems kann somit deutlich verbessert werden.

Trotz neuer technologischer Entwicklungen wie „in Memory" und DWH Appliances wird das Thema optimaler Antwortzeiten noch mehrere Jahre auf der Agenda für eine BI-Strategie stehen. Zwar wird die Technologie immer weiter verbessert, jedoch steigen gleichzeitig auch die Anforderungen der Anwender an Datenvolumen und Funktionalität der Anwendungen. Somit wird das Themengebiet der Performance-Optimierung in Entwicklung und Betrieb von BI-Systemen weiterhin eine wichtige Rolle spielen.

2.6.3   Software

Die für BI notwendige Software lässt sich grundsätzlich in Backend- und Frontend-Werkzeuge unterscheiden. Die im Backend eingesetzte Software wie ETL-Werkzeuge oder Datenbanksysteme werden in der Regel ausschließlich von der IT gemanagt. Die Diskussion hierüber wird im Rahmen der BI-Strategieentwicklung daher auch zwischen Technologieexperten geführt. Im Gegensatz dazu müssen bei der Gestaltung des Frontend Anwender und IT gemeinsam an der Strategie mitwirken.

Das Software-Portfolio sollte von der Art der unterstützten Funktionalität (z. B. Planung, Analyse, Berichtswesen, ETL) und der Tragweite (z. B. strategisch, taktisch, operativ) bestimmt werden. Einzelne, für das Unternehmen relevante Themenbereiche (z. B. Unternehmens-

---

[78] So wurde z. B. DATAllegro im Sommer 2008 von Microsoft übernommen.

Reporting oder Vertriebsplanung) werden in das Portfolio eingeordnet und die bereits im Unternehmen eingesetzte Software entsprechend zugewiesen (Ist). Dabei sollte auch der Lebenszyklus für den Themenbereich im Unternehmenskontext berücksichtigt werden. Danach wird das Plan-Portfolio auf Basis der im Rahmen der Strategiefindung genannten Anforderungen aufgestellt. Das Ziel ist es, für jeden Themenbereich ein führendes Software-Werkzeug zu ermitteln oder sogar eine dominierende BI-Suite über alle Themenbereiche zu bestimmen. Die Anzahl der eingesetzten Werkzeuge sollte dabei systematisch reduziert werden.

Abbildung 17 zeigt eine mögliche Systematisierung für ein Ziel-Software-Portfolio, das auf einem Praxisprojekt basiert. Das Unternehmen strebt die Vereinheitlichung des Software-Portfolios durch den weitgehenden Einsatz der BI-Suite eines Herstellers an. Hierdurch werden große Effizienzvorteile in Entwicklung und Betrieb erwartet. Dabei wird in Standard-Planungs-, Analyse- und Reporting-Anwendungen sowie Anwendungen für das Finanz-Reporting, Legales Berichtswesen und HR-Cockpit unterschieden. Folgendes Ziel-Software-Portfolio wurde entwickelt: Die Standard-BI-Anwendungen von Holding- und Teilkonzernen sollen kurz- bis mittelfristig vereinheitlicht werden. Dafür werden sowohl Web-Tool WT1 als auch das für das Finanz-Reporting eingesetzte Tool FR 1 durch die Frontend-Komponenten der BI-Suite BS 1 abgelöst. Demgegenüber wird auch künftig das Werkzeug KT1 für die legale Konsolidierung eingesetzt werden. Die Konsolidierungskomponente der BI-Suite BS 1 wurde im Vergleich der Funktionalität als nicht ausreichend beurteilt, sodass eine Ablösung nicht sinnvoll ist. Im Gegensatz zur Vergangenheit (nicht in der Abbildung dargestellt) werden die für die Konsolidierung relevanten Daten allerdings zukünftig über die Datenbewirtschaftung der BI-Suite BS 1 zur Verfügung gestellt. Bewusst nicht in die Vereinheitlichung einbezogen wird das HR-Cockpit zur verdichteten Darstellung der konzernweiten Personalkennzahlen. Aus Sicherheitsgründen werden sowohl die zugehörige Datenbank DB1 als auch das Web-Frontend WT2 weiterhin dediziert im Personalbereich weiterentwickelt und betrieben.

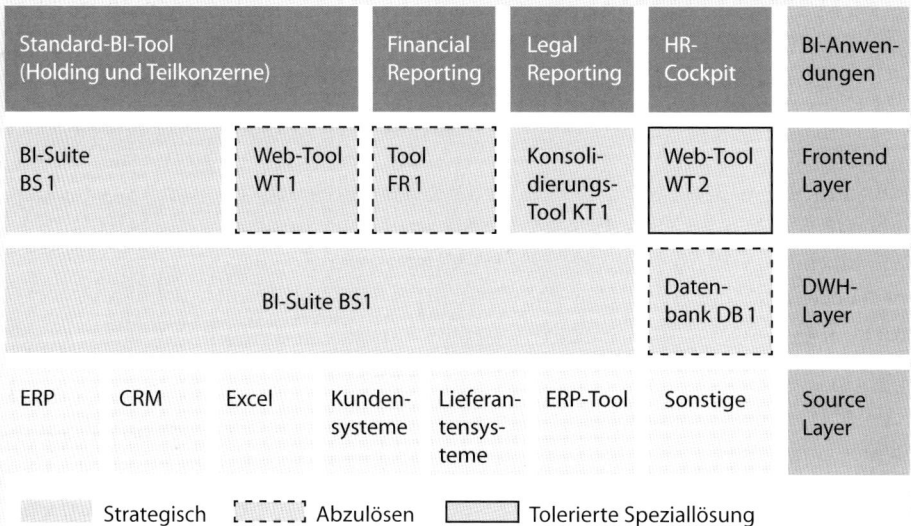

▲ Abb. 17: Beispiel für die Ableitung eines Ziel-Software-Portfolios

Die Vielfalt der am Markt erhältlichen Software-Produkte mit konventionellen Lizenzierungsformen für Business Intelligence scheint sich infolge der zahlreichen Übernahmen in den vergangenen Jahren langsam zu verringern. Auf der anderen Seite nimmt die Bedeutung von Produkten zu, die als Open Source, also mit offengelegten und gegebenenfalls erweiterbaren Programmcodes entstehen. Hierbei darf allerdings Open Source nicht mit freier Software (Freeware) verwechselt werden. Auch mehrere der im BI-Umfeld entstandenen Open-Source-Werkzeuge bzw. deren Module sind lizenzpflichtig. Insgesamt hält der Trend zur Software-Standardisierung in den Unternehmen an, sodass die Anzahl der in den Unternehmen relevanten BI-Werkzeuge tendenziell stagniert bzw. abnehmen dürfte. In dem von Pendse in Zusammenarbeit mit BARC durchgeführten „BI Survey 7" wurden 16 Frontend-Produkte bzw. Produktgruppen ausgewertet, die von mehr als 30 Teilnehmern bewertet wurden und damit aktuell tatsächlich international Relevanz besitzen.[79]

Unternehmen, die die Anzahl der eingesetzten Frontend-Werkzeuge verringern möchten, sehen sich großen Vertriebsorganisationen der Software-Anbieter gegenüber, die professionell auf die Fachanwender in den Unternehmen einwirken. Die Festlegung eines Software-Portfolios wird dadurch nicht einfacher. Manche Software-Anbieter werben damit, dass sich bestimmte Problemstellungen ganz besonders gut mit Hilfe ihrer Werkzeuge lösen lassen. Objektiv gesehen lassen sich die in den Unternehmen vorhandenen Probleme selten durch den Austausch der Werkzeuge eines Software-Anbieters gegen die eines anderen Herstellers lösen. Gerade auf Seiten der Anwender wird hier allerdings öfter die Erwartung geäußert, dass durch die Ablösung der Analyse- oder Reporting-Werkzeuge von Hersteller A durch Hersteller B die Situation bahnbrechend verbessert wird. Dies mag noch Anfang der 2000er-Jahre der Fall gewesen sein, als der Reifegrad der Werkzeuge noch stark unterschiedlich war. Vergleicht man demgegenüber heute die Funktionalität der Werkzeuge der unterschiedlichen Anbieter, so kann man feststellen, dass die für Analyse und Reporting notwendige Funktionalität zumindest von den führenden Anbietern jeweils weitgehend abgedeckt wird. Dies wird auch durch die Einstufung der Werkzeuge durch Analysten wie BARC oder Gartner belegt. Das subjektive Empfinden der Anwender für oder gegen ein BI-Werkzeug sollte in der BI-Strategie objektiviert werden. Gerade wenn es darum geht, aus einem Portfolio von bereits im Unternehmen vorhandenen Werkzeugen die wenigen strategisch sinnvollen auszuwählen, muss mit sauber definierten und für alle Beteiligten nachvollziehbaren Kriterienkatalogen gearbeitet werden. In den Abschnitten 3.2.2 und 3.4.5 werden hierzu Beispiele gegeben.

Ein Thema, das in der Software-Auswahl immer wieder kontrovers diskutiert wird, ist das Pro und Contra der von den Werkzeugen erwarteten Flexibilität versus Standardisierung von Systemen und Prozessen. Oft wird von den Anwendern eine Excel-Komponente des Werkzeugs erwartet. Schnell werden mit der Einführung einer neuen BI-Anwendung dann doch wieder Makros oder spezielle Formatierungen auf Basis dieser Excel-Komponente aufgebaut, da die Funktionalität oder Flexibilität des BI-Werkzeugs als nicht ausreichend angesehen wird. Dies sollte aus strategischer Sicht nur dann akzeptiert werden, wenn sich Excel so stark in die BI-Lösung integriert, dass auch die Benutzung von Excel-Makros und -Formatierungen ein echter Bestandteil dieser Lösung ist, wie dies bei einigen BI-Werkzeugen der Fall

---

[79] Vgl. Pendse 2008, S. 3. An der Umfrage haben über 1.900 Personen teilgenommen.

ist. Alternativ muss das BI-Werkzeug von sich aus die notwendige Funktionalität unterstützen. Andernfalls würde wieder der Entstehung sogenannter Spread Marts, also Insellösungen auf Excel-Basis, Vorschub geleistet.[80]

Eine häufig angewandte Strategie zur Vereinheitlichung des BI-Software-Portfolios besteht darin, BI-Werkzeuge und Software für operative Informationssysteme, wie z.B. für ERP (Enterprise Resource Planning), vom selben Hersteller zu beziehen. Immerhin 70 % der an einer weltweiten Umfrage beteiligten Unternehmen gaben in einer Untersuchung an, mindestens eine BI-Anwendung eines Software-Anbieters zu nutzen, der sie bereits mit operativen Anwendungssystemen versorgt.[81] Der Erfolg von SAP BW dürfte maßgeblich auf diese Verknüpfung von operativer Anwendung und analytischem Informationssystem zurückzuführen sein. Wird bei einer Vereinheitlichung allerdings kein Wert auf die Erhaltung einer größtmöglichen Funktionalität gelegt, sondern steht die Herstellerbindung im Vordergrund, so kann dies zu schwerwiegenden Akzeptanzproblemen führen.

---

[80] Vgl. Eckerson 2004b, S. 11.
[81] Vgl. White 2004, S. 10.

3 Entwicklung einer BI-Strategie

In diesem Kapitel soll das konkrete Vorgehen bei der Entwicklung einer BI-Strategie behandelt werden. Eingeleitet wird das Kapitel zunächst durch eine Beschreibung existierender Vorgehensmodelle, die als Grundlage für das folgende spezifische Modell dienen. Im Kern wird danach ein Modell für ein phasenweises Vorgehen vorgestellt, das die Perspektiven Fachlichkeit, Architektur/Technologie und Organisation berücksichtigt. Das Kapitel schließt mit einer Auswahl einzusetzender Methoden, wie z. B. das notwendige Projektmanagement.

3.1 Existierende Vorgehensmodelle

Vorgehensmodelle existieren bereits für eine Vielzahl von Anwendungsfällen. In den folgenden Abschnitten werden Vorgehensmodelle zunächst grundsätzlich eingeordnet und danach ausgewählte existierende Modelle beschrieben.

3.1.1 Vorgehensmodelle

Vorgehensmodelle beschreiben die formale Abfolge von Prozessschritten, um ein gewünschtes Ergebnis zu erzielen, z. B. in Form eines Produkts oder einer Leistung. Inhaltlich kommen innerhalb der Modellphasen meist unterschiedliche Methoden und Techniken zum Einsatz.[82] Die Schritte werden in der Regel so allgemein definiert, dass sie auf vergleichbare Situationen übertragbar – also wieder verwendbar – sind. Sehr stark verbreitet sind Vorgehensmodelle im Bereich des Projektmanagements und hier insbesondere in der Software-Entwicklung. Viele Vorgehensmodelle sind aus der Praxis heraus entstanden und sollten als konzeptioneller Rahmen verstanden werden, der flexibel angepasst bzw. erweitert werden kann. Folgende Arten von Vorgehensmodellen sind im Umfeld der BI-Strategieentwicklung relevant:

> Entwicklung von Unternehmensstrategien (strategisches Management)
> Entwicklung von Strategien für IT- bzw. Informationsmanagement (hierzu zählen im erweiterten Sinne auch Referenzmodelle wie ITIL[83] oder CobiT[84])
> Entwicklung und Einführung von Werkzeugen zur Unternehmenssteuerung (rein fachlich, z. B. Balanced Scorecard)
> Konzeption, Entwicklung und Einführung von IT-Software
> Konzeption, Entwicklung und Einführung von BI-Komponenten (z. B. DWH)

Ein Vorgehensmodell zur Erstellung einer BI-Strategie sollte die relevanten Aspekte aus diesen Modellen verknüpfen und um die Spezifika von Business Intelligence erweitern. In den folgenden Abschnitten wird auf ausgewählte Beispiele für Vorgehensmodelle eingegangen. So wird zunächst jeweils ein Beispiel für ein Vorgehensmodell zur Entwicklung fachlicher Werkzeuge zur Unternehmenssteuerung (vgl. Abschnitt 3.1.2) sowie von IT-Strategien (vgl. Abschnitt 3.1.3) betrachtet. Abschnitt 3.1.4 befasst sich mit ausgewählten Ansätzen zur Entwicklung von BI-Strategien. Abschnitt 3.2 schließlich stellt ein neues ganzheitliches Vorgehensmodell für die Entwicklung einer BI-Strategie vor. Dabei werden die Erkenntnisse aus den zuvor genannten Modellen soweit möglich aufgegriffen und sinnvoll integriert.

---

82 Vgl. Heinrich/Lehner 2005, S. 404.
83 ITIL (IT Infrastructure Library): Zusammenstellung von Best Practices für die Umsetzung des IT Service Management (vgl. Abschnitt 6.1).
84 CoBiT (Control Objectives for Information and Related Technology): Referenzmodell zur Steuerung der IT aus Unternehmenssicht.

3.1.2   Vorgehensmodelle zur fachlichen Entwicklung von Instrumenten zur Unternehmenssteuerung

Eine Reihe von fachlich orientierten Vorgehensmodellen beschäftigt sich mit der Entwicklung von Instrumenten zur Unternehmenssteuerung. Gesichtspunkte der technologischen Abbildbarkeit dieser Ansätze spielen dabei nur eine untergeordnete oder gar keine Rolle. Stark diskutierte Konzepte für das Performance-Management waren in den letzten Jahren z. B. der Balanced-Scorecard-Ansatz sowie die Strategy Maps[85] nach Kaplan/Norton oder das Shareholder-Value-Prinzip nach Rappaport. Die Einführung dieser Instrumente in den Unternehmen gestaltete sich sehr anspruchsvoll und war nicht immer von Erfolg gekrönt, sodass ein Bedarf an Vorgehensmodellen für die Einführung derartiger Konzepte entstanden ist.

Hoffmann hat in Orientierung an den etablierten Ansätzen wie dem Tableau de Bord,[86] Balanced Scorecard oder Intellectual Capital ein Framework für die Entwicklung von Performance-Management-Systemen entwickelt (siehe Abbildung 18). Er leitet dabei konkrete Gestaltungsempfehlungen für die phasenweise Entwicklung solcher Systeme ab.[87] Basis für den Aufbau derartiger Instrumente zur Unternehmenssteuerung ist die Unternehmensstrategie, und so bildet diese auch die Einstiegsphase des Modells. Aus der Unternehmensstrategie bzw. den Geschäftsmodellen als Abbild der Unternehmensstrategie werden die kritischen Erfolgsfaktoren abgeleitet. Kritische Erfolgsfaktoren beschreiben die Einflussgrößen wie Marktposition, Branchenstruktur oder Umwelt, die für den langfristigen Erfolg des Unternehmens entscheidend sind.

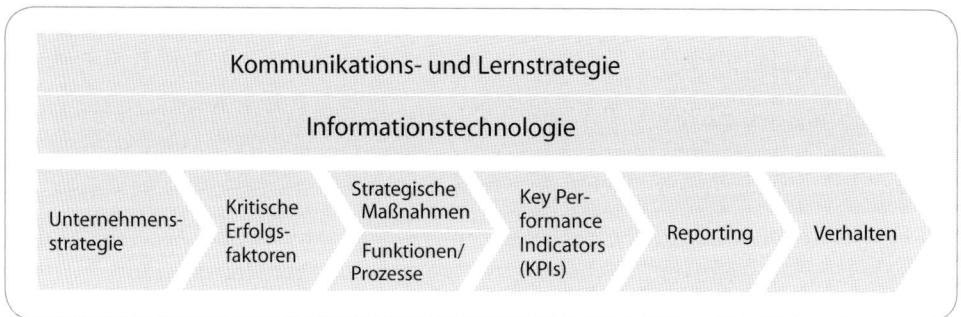

Kommunikations- und Lernstrategie

Informationstechnologie

Unternehmensstrategie → Kritische Erfolgsfaktoren → Strategische Maßnahmen / Funktionen/Prozesse → Key Performance Indicators (KPIs) → Reporting → Verhalten

▲ Abb. 18: Framework zur Gestaltung von Performance-Management-Systemen[88]

In der dritten Phase wird zwischen der Betrachtung von strategischen Maßnahmen (oftmals strategischen Projekten), Funktionen und Prozessen unterschieden. Strategische Maßnahmen dienen im Rahmen des strategischen Managements zur Erreichung der strategischen Ziele. Die betrieblichen Funktionen und Prozesse auf der anderen Seite bilden die Basis für die operative Unternehmenstätigkeit. Die strategischen Maßnahmen wirken langfristig auf die operative Basis. Strategische Maßnahmen sowie Funktionen und Prozesse müssen in ihrer Wechselwirkung betrachtet werden.

---

[85] Vgl. Kaplan/Norton 2004, S. 27 ff.
[86] Das Konzept des Tablau de Board existiert in Frankreich schon seit den 1930er-Jahren.
      Hierzu gibt es eine Vielzahl von Veröffentlichungen, vgl. z. B. Malo 2000.
[87] Vgl. Hoffmann 2004, S. 84.
[88] Vgl. Hoffmann 2004, S. 88, Abbildung leicht modifiziert.

Der Analyseprozess mündet in der Definition von Key Performance Indicators (KPIs). KPIs sind in Form von Kennzahlen quantifizierbar und machen damit den langfristigen Erfolg von Unternehmen oder Unternehmenseinheiten messbar. Unterschieden werden KPIs dem Modell von Hoffmann folgend in strategische KPIs, die den Erfolg von strategischen Maßnahmen messen, und operative KPIs,[89] die die Performance der operativen Prozesse und der betrieblichen Funktionen abbilden.[90] Im Vorgehensmodell wird dabei ausführlich beschrieben, wie strategische und operative KPIs hergeleitet werden können.

In der fünften Phase folgt die Entwicklung des Reporting-Konzepts. Im Modell wird grundsätzlich in der Informationshierarchie zwischen Team-/Abteilungsebene, Prozessebene und der Ebene des Gesamtunternehmens differenziert.[91] Damit soll den unterschiedlichen Informationsbedürfnissen und Reporting-Frequenzen der drei Ebenen Rechnung getragen werden. Zwischen den Ebenen wird über die durchgängige Logik der KPIs ein kausaler Zusammenhang hergestellt. Für jede Ebene wird aufgezeigt, wie ein angepasstes Reporting-Konzept entwickelt werden kann, das jeweils zusammenfassend in einer Cockpit-Darstellung mündet.

Die abschließende sechste Phase des Vorgehensmodells befasst sich mit den Auswirkungen des Konzepts auf das Verhalten der Mitarbeiter. Dies ist ein entscheidender Punkt, da die Einführung neuer Steuerungssystematiken in der Vergangenheit häufig nicht zuletzt an der mangelnden Akzeptanz der handelnden Personen gescheitert ist. Hoffmann beschreibt, wie die ermittelten Kennzahlen in Zielvereinbarungen und Leistungshonorierungen einfließen können. Er unterscheidet die Ebenen der Zielvereinbarung analog zu den Ebenen des Reporting und geht bei der Beschreibung der Möglichkeiten bis zum Instrument der Bonusvereinbarung.

Die Ausführungen zur Kommunikations- und Lernstrategie sowie der Informationstechnologie spielen in der Ausführung des Vorgehensmodells nur eine untergeordnete Rolle und werden hier nicht weiter betrachtet.

Das Vorgehensmodell von Hoffmann dient hier als repräsentatives Beispiel für fachlich orientierte Vorgehensmodelle zur Entwicklung von Instrumenten zur Unternehmenssteuerung, gerade auch deswegen, weil es mehrere Ansätze wie die Balanced Scorecard berücksichtigt. Das beschriebene Vorgehen kann sehr gut in den fachlichen Teil der Entwicklung einer BI-Strategie einfließen. Auch wenn die BI-Strategie nur für einen Teilkonzern oder eine Gesellschaft entwickelt wird, lassen sich deren Geschäftsmodelle als Ausgangsbasis für die Strategie nutzen, um daraus Erfolgsfaktoren, KPIs und Reporting-Konzept abzuleiten.

3.1.3   Vorgehensmodelle zur Entwicklung von IT-Strategien

Vorgehensmodelle zur Entwicklung von IT-Strategien sind eng verknüpft mit dem Gebiet des strategischen Informationsmanagements. Wesentlicher Grundsatz bei der IT-Strategieentwicklung ist das Strategic IT Alignment, d.h. die Ausrichtung der IT an den strategischen Unternehmenszielen. Damit muss die IT-Strategie den strategischen Unternehmenszielen und Bereichszielen folgen. Henderson und Venkrataman haben in den 1990er-Jahren ein

---

89 Operative KPIs können weiter in Operative Performance Indicators (OPIs) und Process Performance Indicators (PPIs) differenziert werden.
90 Vgl. Hoffmann 2004, S. 104 f.
91 Vgl. Hoffmann 2004, S. 157.

systematisches Vorgehensmodell für den Abgleich zwischen strategischen Anforderungen des Unternehmens und deren Implikationen auf die IT-Strategie bzw. auf die Umsetzung in IT-Architektur, -Prozesse und -Know-how ausgearbeitet. In dem Modell werden vier Betrachtungsfelder definiert, deren Beziehungen untereinander den Kern der strategischen Ausrichtung bilden:

> **Business Strategy:** In der Unternehmensstrategie wird die strategische Ausrichtung des Unternehmens bzw. die der strategischen Geschäftsfelder beschrieben (Business Scope). Die Alleinstellungsmerkmale (Distinctive Competencies) werden definiert, um damit Wettbewerbsvorteile zu erreichen. In den Grundsätzen der Unternehmensführung (Business Governance) wird festgelegt, wie das Unternehmen agiert, z. B. in welcher Form Verantwortung delegiert wird.

> **Organizational Infrastructure and Processes:** In diesem Feld wird aufgeführt, wie Aufbau- und Ablauforganisation des Unternehmens gestaltet werden und welche Fähigkeiten die handelnden Personen hierfür benötigen. So ist z. B. die Ausprägungsart der Konzernstruktur[92] ein wesentlicher Einflussfaktor für die IT-Strategie, aber auch für die BI-Strategie.

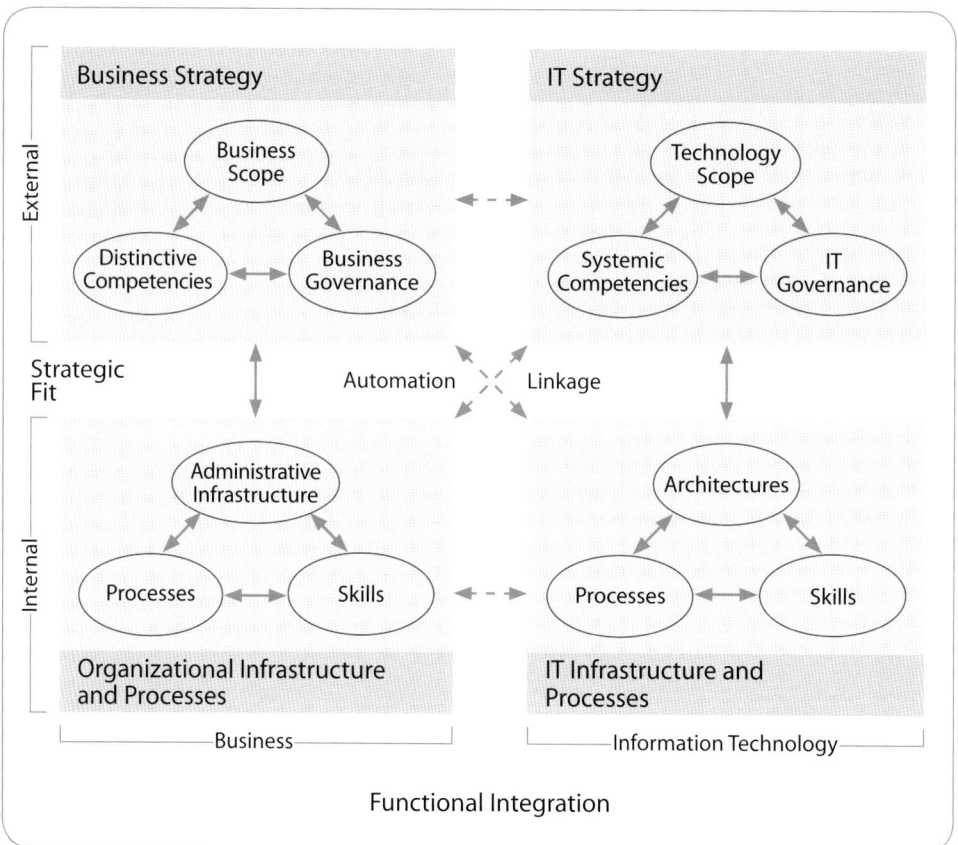

▲ Abb. 19: Strategic Alignment Model[93]

---

92 Für eine kritische Betrachtung unterschiedlicher Ausprägungen von Konzernstrukturen vgl. Borchers 2000, S. 26 ff.
93 Vgl. Henderson/Venkrataman 1993, S. 476.

> **IT Strategy:** Dieses Betrachtungsfeld folgt in seiner Struktur der Unternehmensstrategie. Mit der strategischen Ausrichtung der IT (Technology Scope) soll das Spektrum der IT-Unterstützung für das Unternehmen definiert werden. In einem als Stammhauskonzern geführten Unternehmen wird dieses Spektrum beispielsweise viel breiter sein als in einer Finanzholding, wo die wesentlichen Bestandteile der IT meist dezentral organisiert sind. Durch ausgewählte Kernkompetenzen (Systemic Competencies) der IT sollen die Alleinstellungsmerkmale des Unternehmens unterstützt werden. Durch die IT Governance wird der Handlungsrahmen der IT definiert. Hierzu können z.B. die Ausrichtung nur auf bestimmte Software-Anbieter (Vendor-Strategien) oder die verpflichtende Vorgabe von Standards zählen.

> **IT Infrastructure and Processes:** In Analogie zur Struktur eines Unternehmens wird die strategische Architektur der IT dargelegt. Hinzu kommen Prozessbeschreibungen wie Entwicklungs- oder Betriebsprozesse und die erwarteten Fähigkeiten der handelnden Personen, um Architektur und Prozesse zu managen.

Die vier Bereiche stehen in gegenseitiger Wechselbeziehung, wie aus Abbildung 19 ersichtlich wird. So müssen die beiden internen Organisations-/Prozesssichten (Organizational/IT Infrastructure and Processes) jeweils vertikal auf die externen strategischen Ausrichtungen (BI/IT Strategy) angepasst werden (Strategic Fit). Weiterhin müssen die beiden Unternehmenssichten jeweils vertikal mit den IT-Sichten korrespondieren (Functional Integration). Funktioniert das Vorgehen richtig, so sollte sich die diagonale Beziehung jeweils implizit anpassen.

Nicht immer ist nur die Business-Seite der Ausgangspunkt für strategische Maßnahmen. So können auch technologische Strategien Rückwirkungen auf die Unternehmensstrategie haben. Bestimmte IT-Entwicklungen, wie z.B. das World Wide Web, haben entsprechende Business-Modelle überhaupt erst ermöglicht.

3.1.4   Vorgehensmodelle zur Entwicklung von BI-Strategien

Zur inhaltlichen Ausgestaltung des Vorgehens hinsichtlich der Entwicklung einer BI-Strategie gibt es im Vergleich zu anderen BI-Themen noch eine überschaubare Anzahl belastbarer Veröffentlichungen. Die existierenden diesbezüglichen Vorgehensmodelle sind vor allem aus der Praxis heraus entstanden und wurden meist von spezialisierten Beratungshäusern, aber auch von Software-Anbietern veröffentlicht.[94] Aus dem universitären Umfeld entstandene Vorgehensmodelle existieren bislang noch nicht bzw. sind bisher nur in ersten Ansätzen erkennbar. Die folgende Kurzübersicht kann daher nur einen Zwischenstand der aktuellen Entwicklung wiedergeben. Dabei wurden nur Vorgehensmodelle berücksichtigt, die mindestens als Beitrag in einer Fachzeitschrift, einem Buch oder auf einer Fachtagung veröffentlicht wurden.[95] Die im Folgenden vorgestellten Vorgehensmodelle besitzen einen rein konzeptionellen Charakter.[96]

---

94 Vgl. Dinter/Winter 2008, S. 69.
95 Die Einschätzung der Autoren bezieht sich auf den zum Erstellungstermin des Buches veröffentlichten Entwicklungsstand, der inzwischen natürlich weiter fortgeschritten sein kann.
96 Zu den unterschiedlichen Typen von Vorgehensmodellen vgl. Wieczorrek/Mertens 2008, S. 64 ff.

Bezeichnung	Reinvention Framework
Kurzbeschreibung	Vorgehensmodell mit den fünf Bereichen Informationsbedarf / BI Program Management / BI Governance / BI-Organisation / Architektur / Technologie und Werkzeuge, um BI am Bedarf der Anwender auszurichten. Als Komponenten der Strategie werden der fachliche Kontext, die analytischen Anforderungen, Grobkonzepte für Daten und Architektur, Deltas und Risiken sowie die Programmplanung betrachtet. Es ist sowohl eine Top-Down- als auch eine Bottom-Up-Vorgehensweise möglich, wobei top-down präferiert wird.
Herkunft – Quelle	Beratungspraxis – Bloom 2009

Bezeichnung	BI-Strategie-Entwicklungsprozess (biSE)
Kurzbeschreibung	Phasenweises Vorgehensmodell von Analyse über Design bis zur Umsetzung, das am generischen Strategieentwicklungsprozess orientiert ist. Zusätzlich umfasst das Modell auch die Initiierungsphase einer Strategie sowie die Controllingphase der Umsetzung. Das Modell richtet sich an der Unternehmensstrategie (Vision, Mission, Ziele), ggf. den Geschäftsbereichsstrategien und der IT-Strategie aus und leitet hieraus den strategischen Rahmen für die BI-Strategie ab. In der Analysephase erfolgt die interne Ist-Aufnahme der BI-Systeme nach den Perspektiven Fachlichkeit, Technik und Organisation. Das Modell ist eng an ein Reifegradmodell angelehnt, das den inhaltlichen Rahmen für die Strategieentwicklung bildet.
Herkunft – Quelle	Beratungspraxis – Trost/Zirkel 2006

Bezeichnung	cundus Business Intelligence Strategy (cuBISt)
Kurzbeschreibung	Phasenweises Vorgehensmodell, das am generischen Strategieentwicklungsprozess orientiert ist. Es geht von der Unternehmens- und IT-Strategie über die Phasen Planung/Steuerung, Information und Architektur aus. Die Informationsbedarfe werden über eine durchgängige Priorisierung der Ziele top-down abgeleitet. Die Zielarchitektur ergibt sich als Folge der fachlichen Steuerungssystematik und Struktur des Unternehmens. Als mögliche Ergebnisse werden BI-Governance, -Organisation und -Roadmap betrachtet.
Herkunft – Quelle	Beratungspraxis – Totok 2006

Bezeichnung	Strategie der Informationslogistik[97] (IL-Strategie)
Kurzbeschreibung	Modell zur systematischen Einordnung der Aktivitäten innerhalb der BI-Strategieentwicklung, das sich an den Kernprozessen des integrierten Informationsmanagements (Source, Deliver, Make) orientiert.[98] Dabei wird definiert, welche Leistungen von wem in welcher Form und welchem Umfang erbracht werden sollen (Source), wie die Schnittstelle des Leistungserbringers zum Abnehmer aussieht (Deliver) und wie die Leistungserzeugung (Make) mit ihren Bestandteilen Portfolio-, Entwicklungs- und Produktionsstrategie gestaltet wird. Das Modell beinhaltet aktuell keine Beschreibung der Prozessschritte zur Entwicklung einer BI-Strategie, sodass es sich im Vergleich zur anfangs getroffenen Definition nicht um ein Vorgehensmodell im klassischen Sinne handelt.
Herkunft – Quelle	Universitäres Umfeld – Dinter/Winter 2008

---

[97] Aus Sicht von Winter u. a. reicht der Begriff „Business Intelligence" für die von ihnen betrachteten Inhalte und Prozesse für die Entscheidungsunterstützung nicht aus. Daher wurde der Begriff der „Informationslogistik" kreiert (Winter u. a. 2008, S. 1 f.).

[98] Vgl. Zarnekow u. a. 2005, S. 66 ff.

Bezeichnung	Stufenkonzept zur BI-Strategieentwicklung von BARC[99]
Kurzbeschreibung	Das Modell ist in zehn Stufen gegliedert, beginnend mit dem Aufsetzen der Projektorganisation (Stufe 0) bis zum Ausrollen definierter Standards (Stufe 9). Bei der Entwicklung wird jeweils zwischen fachlicher, technischer und organisatorischer Facette unterschieden. Im Unterschied zu anderen Ansätzen stellt BARC in seinem Stufenkonzept keinen expliziten Bezug zur Unternehmens- oder IT-Strategie her. Stattdessen dienen die bereits existierenden BI-Initiativen (Ist-Situation) und die gewünschte Unterstützung (Soll) als Basis für die zu entwickelnde Strategie. Dieses Vorgehen ist sehr pragmatisch, birgt aber auch die Gefahr, dass nur sehr operative und anscheinend dringliche BI-Themen behandelt werden und der strategische Rahmen ggf. nicht berücksichtigt wird.
Herkunft – Quelle	Beratungspraxis – Vierkorn 2008

Neben den aufgeführten Ansätzen existiert noch eine Reihe von Konzepten für die Entwicklung von BI-Teilstrategien wie für die Gestaltung von Data-Warehouse-Systemen, z. B.:

> Rahmenkonzeption für die Entwicklung von Data-Warehouse-Systemen. Universitäres Umfeld – Holthuis 1999.[100]
> Data-Warehouse-Strategie. Praxis- und universitäres Umfeld – Jungheim u. a. 2009.[101]
> Vorgehensmodell für die Informationsbedarfsanalyse im Data Warehousing. Universitäres Umfeld – Strauch/Winter 2002.[102]
> Information Evolution Model. Beratungspraxis – Davis u. a. 2006.[103]
> The Business Dimensional Lifecycle. Beratungspraxis – Kimball 1998.[104]
> Teradata Solution Methodology (TSM): Vorgehensmodell zur Erstellung eines Enterprise DWH. Software-Anbieter – Konzelmann 2008.[105]
> Business Intelligence Roadmap: The Complete Project Lifecycle for Decision-Support Applications. Beratungspraxis – Moss/Atre 2003.[106]

Ein weiterer Typus von Vorgehensmodellen existiert für die Entwicklung einer Datenqualitätsstrategie. Diese orientieren sich von ihrer inhaltlichen Ausrichtung oftmals an Normen wie z. B. ISO 9001:2000. Einige Modelle wurden speziell für die Belange von BI-Systemen entwickelt. Wie bereits in Kapitel 2 beschrieben, wird hier die Auffassung vertreten, dass eine Datenqualitätsstrategie in der Regel nicht integraler Bestandteil einer BI-Strategie ist, sondern ggf. durch diese motiviert wird. Das Thema soll an dieser Stelle daher nicht weiter vertieft werden.[107]

An den existierenden Vorgehensmodellen zur Entwicklung einer BI-Strategie wird teilweise bemängelt, dass diese limitiert bzw. nicht durchgängig sind.[108] Im Folgenden soll daher ein Vorgehensmodell dargestellt werden, das alle Bereiche der Strategieentwicklung berücksichtigt und abdeckt.

---

99 BARC (Business Application Research Center) agiert im deutschsprachigen Raum als Software-Marktanalyst mit Schwerpunkten in Business Intelligence, Daten- und Dokumentenmanagement.
100 Holthuis 1999, S. 211 ff.
101 Jungheim u.a. 2009, S. 378 ff.
102 Strauch/Winter 2002, S. 359 ff.
103 Davis u.a. 2006, S. 11 ff.
104 Kimball u.a. 1998, S. 31 ff.
105 Konzelmann 2008, S. 273 ff.
106 Moss/Atre 2003, S. 3 ff.
107 Eine Übersicht über die unterschiedlichen Modelle findet man in Apel u.a. 2009, S. 28 f.
108 Vgl. Dinter/Winter 2008, S. 69.

3.2   Ganzheitliches Vorgehensmodell zur Entwicklung einer BI-Strategie

Die Entwicklung einer Strategie ist grundsätzlich ein kontinuierlicher, zyklischer Prozess, der aufgrund seiner langfristigen Ausrichtung über mehrere Jahre wirkt. Typischerweise wird eine BI-Strategie initial in einem mehrphasigen Vorgehen in ca. drei bis sechs Monaten entwickelt. Die Weiterentwicklung der Bestandteile, wie z. B. der Maßnahmenplanung, erfolgt danach fortlaufend im Rahmen des Anforderungsmanagements in beispielsweise monatlichen Abständen und/oder im Rahmen des Budgetierungsprozesses jährlich. In mehrjährigen Abständen sollte die Strategie komplett überprüft und an die Ausrichtung des Unternehmens angepasst werden.[109] Analog zum strategischen Entwicklungsprozess des Unternehmens (siehe Abbildung 20) soll im Folgenden auch der Phasenablauf für die Entwicklung einer BI-Strategie definiert werden. Nicht Bestandteil der Entwicklung und daher auch nicht in der Abbildung dargestellt sind die folgenden Phasen der eigentlichen Umsetzung sowie das Controlling der Umsetzung.

Definition → Analyse → Bewertung → Konzeption → Maßnahmen

Kontinuierliche Aktualisierung

▲ Abb. 20: Phasen der Strategieentwicklung

Eine BI-Strategie wird typischerweise aus mehreren Betrachtungsperspektiven entwickelt. Die drei wesentlichen Perspektiven sind Fachlichkeit, Architektur/Technologie und Organisation, wie aus Abbildung 21 ersichtlich wird. Strategische Projekte im Kontext von BI können

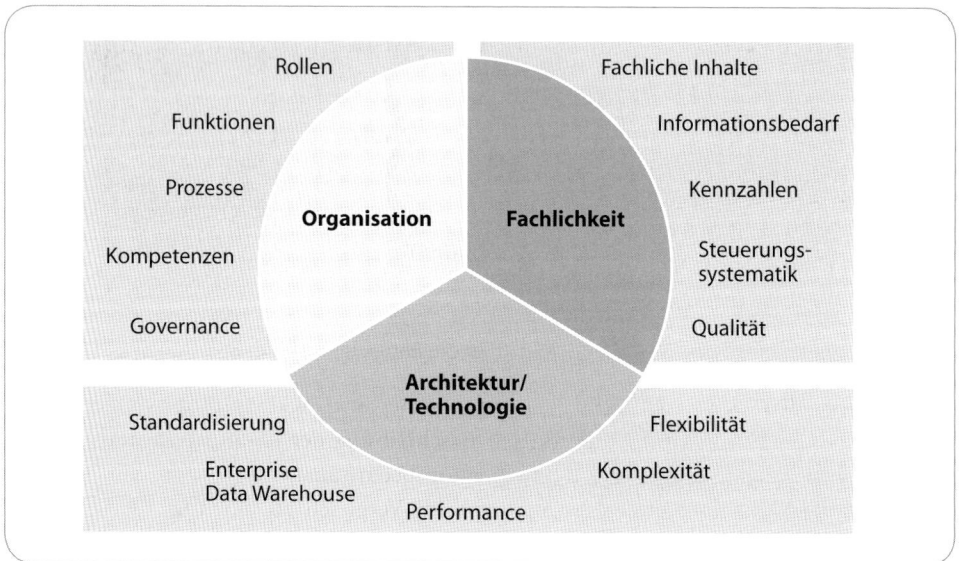

Rollen

Funktionen

Prozesse

Organisation   **Fachlichkeit**

Kompetenzen

Governance

Standardisierung

Enterprise
Data Warehouse

Fachliche Inhalte

Informationsbedarf

Kennzahlen

Steuerungs-
systematik

Qualität

**Architektur/
Technologie**

Flexibilität

Komplexität

Performance

▲ Abb. 21: Perspektiven einer BI-Strategie[110]

---

[109] Bloom empfiehlt ein Aktualisierungsintervall der kompletten Strategie von 18 bis 24 Monaten oder sogar jährlich, vgl. Bloom 2009, S. 9.

[110] Vgl. Chamoni/Gluchowski 2004, S. 120, oder Vierkorn 2008, o. S.

sich prinzipiell auch jeweils nur mit einer der drei Perspektiven beschäftigen. Ein Beispiel hierfür ist die Fokussierung auf die Fachlichkeit, wenn sich das Unternehmen mit der Ausarbeitung einer neuen Steuerungssystematik wie z. B. der Balanced Scorecard beschäftigt. Ein ganzheitlicher (holistischer) Ansatz zur Entwicklung einer BI-Strategie beinhaltet allerdings die Berücksichtigung aller drei Perspektiven. Die Schwerpunkte können bei einer konkreten Strategieentwicklung zwischen den unterschiedlichen Perspektiven variieren – je nachdem, welche Priorität die Anforderungen aus den drei Bereichen für das jeweilige Unternehmen haben und auf welcher – ggf. bereits vorhandenen – Basis aufgesetzt werden kann.

Wird der Phasenablauf der Strategieentwicklung mit den Perspektiven kombiniert, ergibt sich optisch, wie in Abbildung 22 sichtbar ist, eine matrixartige Struktur, die sich in zehn Aktivitätenblöcke gliedern lässt. Die Phasen geben die Reihenfolge der Entwicklungsschritte vor, die Perspektiven die inhaltliche Differenzierung der zu betrachtenden Themen. Die Darstellung sollte jedoch nicht so verstanden werden, dass zwingend alle drei Perspektiven gleichzeitig abgearbeitet werden müssten. Die Perspektiven können parallel, nacheinander (Fachlichkeit → Architektur/Technologie → Organisation) oder auch in Kombination jeweils in den Phasen Analyse, Bewertung, Konzeption und Maßnahmen ausgearbeitet werden. Sinnvollerweise steht die Untersuchung der Fachlichkeit vor Architektur und Technologie. Oftmals müssen auch zunächst informatorische und architektonische Details konzipiert werden, bevor Aussagen zur Organisation gemacht werden können.

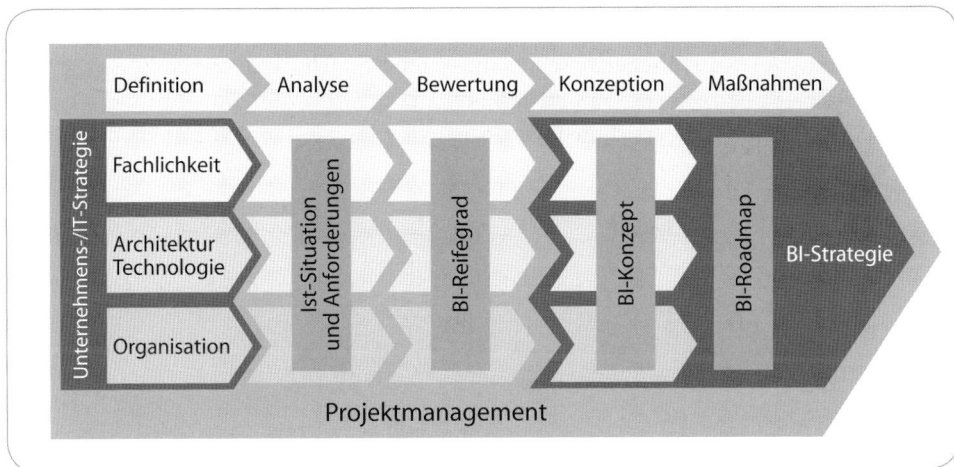

▲ Abb. 22: Ganzheitliches Vorgehensmodell für die Entwicklung einer BI-Strategie

Die zu liefernden Ergebnisse (Deliverables) des Strategieentwicklungsprozesses sind u. a.:

> **Ist-Dokumentation und Anforderungen:** Beschreibung der Ist-Situation und Erhebung der Anforderungen (Methode: z. B. Informationsbedarfsanalyse).
> **BI-Reifegrad:** Bewertung der Ist-Situation im Vergleich zu den Anforderungen und zu anderen Unternehmen (Methoden: z. B. Gap-/SWOT-Analysen, Benchmarking).
> **BI-Konzept:** Beschreibung von Vision, Zielen, Informationsangebot, Architektur, Anwendungsportfolio etc.
> **BI-Roadmap:** Entwicklung eines stufenweisen Maßnahmenplans und des Projektportfolios für die sukzessive Umsetzung des Konzepts.

In den folgenden Abschnitten werden die Inhalte der einzelnen Prozessschritte des Vorgehensmodells vorgestellt. Der organisatorische Entwicklungsstrang wird dabei nur überblickartig behandelt, da dieser den Schwerpunkt der folgenden Kapitel bildet.

3.2.1 Analyse

Analyse der Fachlichkeit

Innerhalb dieses Prozessschrittes wird das Unternehmen zunächst aus betriebswirtschaftlicher Sicht betrachtet. Die angewandten Verfahren und Methoden werden hinsichtlich ihrer möglichen Auswirkungen auf die BI-Anwendungslandschaft untersucht. Hierzu zählen u.a. die Art der Planung oder Hochrechnung, der Kalkulation oder der Deckungsbeitragsrechnung, die auf einem hohen bis mittleren Detaillierungsgrad erfasst und systematisiert werden. Damit einher geht die Identifizierung der Entscheidungsobjekte, wie Kunden, Produkte, Filialen oder interne Organisation. Es handelt sich dabei meist um die betriebswirtschaftlichen Dimensionen in einem multidimensionalen Modell, wie sie für den Aufbau von BI-Systemen charakteristisch sind.[111] Verfahren, Methoden und auch Entscheidungsobjekte werden schließlich hinsichtlich ihrer Wirkung im Managementprozess eingeordnet. Das Ergebnis sollte eine strukturierte High-Level-Übersicht über die Steuerungsinstrumente und -methoden sein, die in grafischer oder tabellarischer Form dokumentiert wird. Hiervon ausgehend lassen sich die inhaltlichen Schwerpunkte und Ansprechpartner der Informationsbedarfsanalyse festlegen.

Informationsbedarf und -angebot werden systematisch erhoben, um den Deckungsgrad zu ermitteln. Grundlage hierfür bilden KPIs, die sich aus kritischen Erfolgsfaktoren und den betriebswirtschaftlichen Verfahren und Methoden ableiten lassen. Es wird bestimmt, welche Informationen zur Unterstützung der Entscheidungsprozesse notwendig sind. Dabei wird bis auf die operativen Geschäftsprozesse heruntergebrochen, da BI-Systeme einerseits auf den Daten operativer Geschäftsprozesse basieren, andererseits im Sinne eines Regelkreises ("Closed Loop") die operativen Geschäftsprozesse steuern. Es wird definiert, wie die Informationen von Managementprozessen und operativen Geschäftsprozessen zusammenwirken. Für eine detaillierte Beschreibung des Vorgehens bei der Informationsbedarfsanalyse siehe auch Abschnitt 3.4.2.

Analyse der Architektur/Technologie

Die Analyse der existierenden Architektur und Technologie sollte systematisch nach den typischen Merkmalen von BI-Systemen erfolgen, die als Dimensionen in Abbildung 23 dargestellt werden. Alle existierenden BI-Anwendungen sollten in dieser Weise eingeordnet und beschrieben werden. Aber auch bereits geplante oder in der Realisierung befindliche Anwendungen können so dokumentiert werden. Dadurch wird eine Vergleichbarkeit erzielt und ähnliche Anwendungen können identifiziert und gruppiert werden. Dies ist wiederum die Ausgangsbasis für die Ermittlung von Synergiepotenzialen und die Vereinheitlichung der Architektur.

---

[111] Vgl. Totok 2000, S. 87.

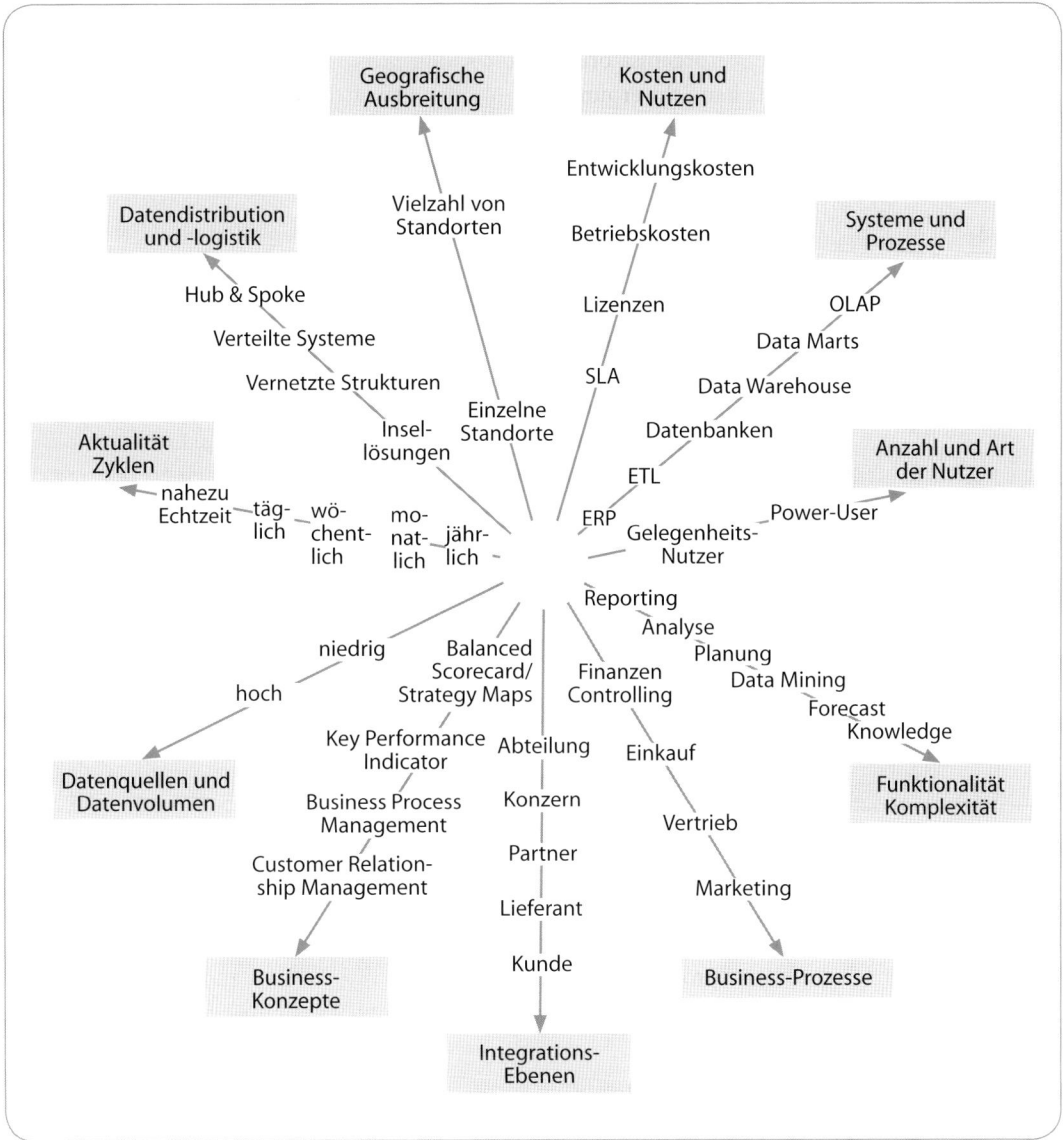

Geografische
Ausbreitung

Kosten und
Nutzen

Entwicklungskosten

Datendistribution
und -logistik

Vielzahl von
Standorten

Betriebskosten

Systeme und
Prozesse

Hub & Spoke

Lizenzen

OLAP

Verteilte Systeme

Data Marts

Vernetzte Strukturen

SLA

Data Warehouse

Einzelne
Standorte

Datenbanken

Aktualität
Zyklen

Insel-
lösungen

ETL

Anzahl und Art
der Nutzer

nahezu
Echtzeit

täg-
lich

wö-
chent-
lich

mo-
nat-
lich

jähr-
lich

ERP

Gelegenheits-
Nutzer

Power-User

Reporting

Analyse

niedrig

Balanced
Scorecard/
Strategy Maps

Planung

hoch

Finanzen
Controlling

Data Mining

Forecast

Key Performance
Indicator

Abteilung

Einkauf

Knowledge

Datenquellen und
Datenvolumen

Business Process
Management

Konzern

Vertrieb

Funktionalität
Komplexität

Customer Relation-
ship Management

Partner

Marketing

Business-
Konzepte

Lieferant

Business-Prozesse

Kunde

Integrations-
Ebenen

▲ Abb. 23: Typische Merkmale einer BI-Architektur

In der praktischen Analyse einer über mehrere Jahre gewachsenen BI-Landschaft stellt sich in der Praxis schnell die Frage, inwieweit die bereits vorhandene Dokumentation als Basis für die Analyse genutzt werden kann. Aus Effizienzgründen sollte möglichst viel des vorhandenen Materials verwendet werden, dennoch kann es gerade aus Gründen der Vergleichbarkeit notwendig sein, die benötigten Informationen in ein einheitliches Format zu überführen. Dabei sollte eine gemeinsame Dokumentationsebene von geringer bis zu mittlerer Detaillierung angestrebt werden. Für die höchste Detaillierung kann auf das bereits vorliegende Material verwiesen werden.

Ein reales Beispiel soll die Problemstellung der unterschiedlichen Detaillierungen verdeutlichen. Ein Unternehmen hatte eine über mehrere Jahre gewachsene BI-Landschaft bestehend aus zwei konkurrierenden Plattformen, die von zwei unterschiedlichen Bereichen betrieben und weiterentwickelt wurden. Zwischen den Plattformen bestanden umfangreiche Datenschnittstellen – jedoch gab es keine übergreifende Strategie. Neue Anforderungen der Anwender wurden im Extremfall sogar zufällig auf Basis der einen oder der anderen Plattform abgebildet, sofern kein zwingendes Argument dagegensprach. Beide Plattformen waren sehr unterschiedlich tief dokumentiert, wobei selbst innerhalb der zwei Betreiberorganisationen kein einheitlicher Dokumentationsstandard etabliert war. Die Betreiber legten dem Strategie-Projektteam daher Unterlagen in verschiedenen Formaten (z.B. PowerPoint, Word, Excel) mit unterschiedlichen Detaillierungsgraden vor. Um dennoch eine vergleichbare Analyse inkl. der Abhängigkeiten zwischen den Systemen zu ermöglichen, wurde eine neue High-Level-Dokumentation der BI-Anwendungen erstellt. Die Dokumentation sollte Art und Nutzung der jeweiligen Anwendung, die Dateninhalte, die Form der Verarbeitung wie auch die ein- und ausgehenden Datenflüsse umfassen.

Anwendungsname	Three Month Rolling Forecast
Technischer Name	PTMRF01
Beschreibung	Rollierende Drei-Monats-Hochrechnung des Umsatzes für alle Vertriebsgesellschaften weltweit
	Basis ist eine mechanische Hochrechnung auf Grundlage der Ist-Umsätze aus den ERP-Systemen. Die mechanisch hochgerechneten Umsätze sind Vorschlagswerte für die Sales Directors.
	Die Daten werden weltweit über ein Web-Interface bearbeitet und freigegeben.
Fachlicher Betreiber	Global Sales Management
Technischer Betreiber	IT, Abteilung Vertriebssysteme
Nutzer	Sales Directors (ca. 50 Anwender) und Vertriebsinnendienst (ca. 10 Anwender)
Aktualität	31.03., 30.06. und 30.09. jedes Jahr
Komplexität der Anwendung	3 – mittel (ca. 60 Personentage (PT) einmaliger Entwicklungsaufwand, 10 PT Betriebsaufwand jährlich)
Technologische Basis	Applikationsserver:
	PAPLPLAN02 (Cognos Planning Version 15.3, Windows Server 20xx Service Pack 3)
	Datenbankserver:
	PRDBPLAN01 (Oracle Version xx, Windows Server 20xx SP 3)
Eingehende Datenflüsse	SAPSD3MFC, NAVSAL3MFC
	Anmerkung: Ist-Daten aus SAP ERP und Microsoft Dynamics NAV
Ausgehende Datenflüsse	TMRFC01
	Anmerkung: Konsolidierte Ergebnisdatei zum Import für das Gruppen-Reporting

▶

Dateninhalte	Kennzahlen: Umsatz (Definition: SALESFC)
	Dimensionen:
	> Zeit (Jahr, Monat) (Definition: TIMEGL)
	> Vertriebsorganisation (Definition: SALESORGA)
	> Produktgruppe (Definition: PRODUCTGL)
	> Top-10-Kunde (Definition: CUSTGL)
Datenspeicherung	3MRC01, 3MRC02, 3MRC03
	Anmerkung: Logische Cube-Struktur, physisch abgebildet in Dateiform
Dokumentenverweise	Systemdoku 3MonthRFC.doc, …

▲ Abb. 24: Beispiel für die High-Level-Dokumentation einer BI-Anwendung

Abbildung 24 zeigt einen Ausschnitt des für die Soll-Dokumentation verwendeten Tabellenblattes. Der Dokumentation liegt ein „Black-Box-Gedanke" zugrunde: Die Anwendung soll überblickartig mit ihren systemischen Beziehungen zur umliegenden Landschaft beschrieben werden, ohne dabei zu detailliert zu werden. Es wurde vor allem darauf geachtet, dass die Bezeichnungen der Datenflüsse, Server und der Anwendung selbst eindeutig sind, damit diese später über Autofilter in der Tabellenkalkulations-Software oder sogar über eine Datenbankanwendung analysierbar sind. Gerade in komplexen gewachsenen BI-Umgebungen vereinfacht dieses Vorgehen die übergreifende Analyse enorm. Dadurch lassen sich in der Bewertungsphase Fragestellungen wie „Welche Anwendungen laufen auf Server xy?" oder „Wie viele Datenschnittstellen existieren zwischen SAP ERP und den BI-Systemen?" schnell und einfach beantworten. Oftmals müssen fachliche und technische Betreiber der Anwendungen für diese Art der Dokumentation allerdings zunächst motiviert und von der Vorteilhaftigkeit des Vorgehens überzeugt werden, da es sich dabei meist um unbeliebte Aufgaben handelt. Entgegenwirken kann hier die Unterstützung durch Mitglieder des Projektteams, sofern dieses über ausreichend Kapazitäten verfügt. Auf diese Weise werden alle BI-Anwendungen, die im Strategieprojekt betrachtet werden, dokumentiert – also auch Insellösungen, die z. B. auf Basis von Excel entstanden sind. Im Vordergrund des Beispiels in Abbildung 24 steht die Erfassung aller Anwendungen. Die genannten Punkte müssen für andere Projekte daher ggf. noch um Detailfragen zur Infrastruktur erweitert werden.

Analyse der Organisation

Viele Probleme in der praktischen Anwendung von Business Intelligence lassen sich auf Unstimmigkeiten in der Aufbau- und Ablauforganisation zurückführen. Daher müssen die übergreifende Zusammenarbeit der Fachabteilungen und das Zusammenspiel zwischen Fachbereichen und IT genauer betrachtet werden. Ein entsprechender Fragenkatalog für die Organisationsanalyse ist im Anhang aufgeführt. Für weitere Details zur BI-Organisation an sich sei darüber hinaus auf die folgenden Kapitel verwiesen.

Die Analyse der Organisation sollte sich bis in die Untersuchung einzelner, ausgewählter Abläufe erstrecken. Dabei sollten auch rein fachliche Prozesse unter die Lupe genommen werden. Ein Prozess, der häufigen Anpassungen unterliegt, ist beispielsweise der Planungsprozess. Dieser wirft verschiedene Fragen auf: Ist sichergestellt, dass jede Änderung ausreichend an alle Beteiligten kommuniziert und im System abgebildet wird? Reagiert die

Planungsadministration schnell genug auf Prozessanpassungen? Werden Entscheidungen im Planungsprozess ausreichend dokumentiert, sodass diese auch für nicht direkt Beteiligte bzw. Kontrollinstanzen nachvollziehbar sind?

Zur Dokumentation der Aufbauorganisation werden üblicherweise Organigramme benutzt, die sich selbstverständlich auch sehr gut für eine BI-Strategie eignen. Die Aufgabenzuordnung erfolgt entweder direkt im Organigramm oder in einer Excel-Tabelle. Eine tabellarische Matrixdarstellung ist dann zu empfehlen, wenn keine übergreifende BI-Organisation existiert und gleiche Aufgaben von verschiedenen Organisationseinheiten wahrgenommen werden. Sehr schnell kann so beispielsweise herausgefiltert werden, in wie vielen und welchen Organisationseinheiten Entwicklungs- und Betriebsaufgaben wahrgenommen werden.

Für die Dokumentation der Ablauforganisation bieten sich ereignisgesteuerte Prozessketten[112] oder vergleichbare grafische Visualisierungen an. Prozesse, die hierfür in Frage kommen, sind u. a.:[113]
> die Erstellung, Abstimmung und Veröffentlichung des monatlichen Berichtswesens,
> die jährlich stattfindende Planung und Budgetierung,
> der Konzernabschluss mit Schwerpunkt Intercompany-Abstimmung und Konsolidierung,
> der Benutzer-Support,
> das Change-Request-Verfahren,
> die Entwicklung neuer Anwendungen,
> der Betrieb von Anwendungen.

Neben den aufeinander folgenden Ereignissen und Funktionen sollte bei der Analyse vor allem auf eine saubere organisatorische Zuordnung und eine funktionierende Kommunikation innerhalb der Prozesse geachtet werden.

3.2.2 Bewertung

Eine objektive Bewertung der Ist-Situation wird vor allem durch den Vergleich mit anderen Unternehmensbereichen (intern) oder anderen Unternehmen (extern) ermöglicht, die ähnliche Erfahrungen gemacht haben und in ihren Konzepten als führend gelten. Das interne Benchmarking lässt sich innerhalb eines Unternehmens relativ einfach durch Referenzbesuche und Know-how-Austausch erreichen. Das externe Benchmarking ist demgegenüber schwieriger, da Unternehmen identifiziert werden müssen, die in der BI-Anwendung führend und darüber hinaus bereit sind, ihre Erfolgsrezepte offenzulegen. Eine gute Möglichkeit, Kontakt zu anderen Unternehmen aufzubauen, stellen z. B. die Anwenderforen des TDWI dar.[114]

Es gibt inzwischen auch eine Reihe vergleichender wissenschaftlicher Untersuchungen bzw. Benchmarking-Angebote von Analysten. Hierzu zählen u. a.:
> Benchmark Institut Würzburg (BIW): Initiative von Business Application Research Center (BARC); z. B. Aufbau einer Benchmark-Datenbank für den Systembetrieb von SAP BW[115]
> BI Benchmark-Club: Gemeinsame Initiative des Instituts für Business Intelligence (IBI), des Internationalen Controller Vereins (ICV) sowie der Universität St. Gallen; unterschiedliche Benchmarks[116]

---

[112] Vgl. Scheer 1996, S. 49 ff.
[113] Konkrete Beispiele für BICC-Prozesse finden sich in Kapitel 6.
[114] http://www.tdwi.eu/veranstaltungen/anwenderforen.html.
[115] http://www.barc.de/de/benchmarking/sap-netweaver-benchmark.html.
[116] http://www.i-bi.de/benchmarkclub.

> TDWI online Benchmarking Service und BI Benchmark Report: Online-Umfrage mit Einordnung der eigenen Positionierung als Ergebnis[117]
> Universität Stuttgart; BI-Panel; Betrachtung aktueller Problemstellungen im Bereich BI[118]

Unternehmen, die an den Untersuchungen teilnehmen, erhalten die Ergebnisse oft kostenfrei bzw. gegen vergleichsweise geringe Gebühr. Aus Untersuchungen dieser Art werden auch sogenannte Reifegradmodelle abgeleitet, die eine Positionsbestimmung zur Bewertung der eigenen Situation ermöglichen (siehe Abschnitt 3.4.4).

Eine dritte Möglichkeit der Bewertung ist die Beauftragung von Analysten oder Beratungsunternehmen, die aufgrund ihrer Projekterfahrung die Situation eines Unternehmens bewerten können.

Bewertung der Fachlichkeit

Durch die Bewertung der Fachlichkeit sollen vor allem Lücken im Steuerungsinstrumentarium und im Informationsangebot aufgedeckt werden. Eine Problemsituation ist beispielsweise die mangelnde Akzeptanz für ein neu eingeführtes Steuerungsinstrument wie die Balanced Scorecard. Bei näherer Betrachtung in einem Unternehmen stellten sich zwei wesentliche Ursachen hierfür heraus: Einerseits konnten viele Kennzahlen der Scorecard nur in aufwendigen manuellen Prozessen erhoben werden, sodass die tatsächlich verwendeten Daten oftmals veraltet bzw. von mangelnder Qualität waren. Andererseits wurde schon in Vorausahnung der Probleme das Anreizsystem (d.h. die variable Vergütung) nicht auf die Scorecard umgestellt, sodass das Management noch immer nach den alten Kennzahlen im alten Berichtswesen steuerte. Die Bewertung der Fachlichkeit bedeutet letztlich die Ermittlung der Deckung von Informationsangebot und -nachfrage.

Bewertung der Architektur/Technologie

Als Unterstützung zur Bewertung der Ist-Architektur/Technologie eignen sich architektonische Gegenüberstellungen der vorhandenen Plattformen sowie Kriterienkataloge zu deren Bewertung. Unterstellt wird dabei, dass mehr als eine BI-Plattform in einem Unternehmen im Einsatz ist, was Umfragen immer wieder bestätigen (zumindest ab einer bestimmten Unternehmensgröße). Abbildung 25 zeigt exemplarisch die Gegenüberstellung von drei verschiedenen architektonischen Plattformen auf hoher Ebene. Um auch Alternativen außerhalb des Unternehmens zu berücksichtigen, wurde Plattform C ebenfalls in den Vergleich aufgenommen und mit bewertet. Die Erarbeitung alternativer Vorschläge kann damit bereits in der Bewertungsphase erfolgen. Die Feinkonzeption der Plattform wird in der BI-Konzeptphase vorgenommen.

Kriterienkataloge können analog zum Schichtenmodell eines Data Warehouse beispielsweise folgendermaßen gegliedert werden:
> Funktionalität Frontend
  – Bedienkomfort
  – Reporting
  – Analyse
  – Planung
  – Berechtigungen

117 http://www.tdwi.org.
118 http://www.bwi.uni-stuttgart.de/bipanel.

	Plattform A	Plattform B	Plattform C
Fachliche Verwaltung		Business Editor	
Excel-Analyse/-Reporting Dateneingabe	Excel-Add-In	Excel-Add-In	Excel-Add-In
Web Reporting Dashboards/ Scorecards	Web Reporter	Portal Portlet Dashboard Editor	Report Vision
OLAP-Server	Cube Services	Cube Services	OLAP-Cube-Engine
Applikationsserver	Produkt A BI Services	Produkt B BI Services	Report Services
SAP BW Integration	SAP Importer	BW Importer	Data Importer

▲ Abb. 25: High-Level-Gegenüberstellung von Architekturalternativen

> Datenhaltung
  – Relationale Datenbank
  – Multidimensionale Datenbank
  – Datenmodellierung
  – Metadatenhaltung

> Datenbewirtschaftung
  – Schnittstellen
  – Transformation
  – Prozesssteuerung/Automatisierung

> Übergreifende Kriterien
  – Internationalisierung
  – Reifegrad der Plattform insgesamt
  – Integration in die Gesamtlandschaft

Der Kriterienkatalog sollte so weit verfeinert werden, dass er den speziellen Anforderungen des Unternehmens Rechnung trägt. In Handels- oder Telekommunikationsunternehmen hat beispielsweise die Handhabung sehr großer Datenmengen ein besonderes Gewicht in der operativen Anwendung von BI.

Bewertung der Organisation

Bei der Bewertung der Organisation sollten vor allem die Defizite in Verantwortlichkeiten, Kommunikation und Abläufen aufgezeigt werden. Hierzu sind grafische Visualisierungsformen hilfreich, wie sie auch in Abschnitt 3.2.1 bereits genannt wurden. Zur Festlegung einer Metrik für die Bewertung der Reife von BI lassen sich die Reifestufen in der Organisation der Informationsversorgung heranziehen. Abbildung 26 zeigt diese angepasst auf BI.

Ausgehend von einer quasi nicht vorhandenen BI-Organisation bis hin zu BI als integralem Bestandteil des strategischen Informationsmanagements lassen sich fünf Entwicklungsstufen unterscheiden.

Stufe 1	Stufe 2	Stufe 3	Stufe 4	Stufe 5
„Initial"	„Projekt"	„Eigenstän-dige BI-Organisation"	„Unterneh-mensweite BI-Organisation"	„Strategisches Informations-management"
› Kein Ausweis von Reporting-Kosten und Nutzen › Prozess-organisation unformalisiert › Übergreifende Qualitäts-sicherung unformalisiert › Lange Informa-tionswege bzw. -ketten	› Cost Center mit Projektbudget › BI-Team mit un-differenzierter Verantwortung für alle BI-Prozesse › Unterschied-liche Sichten auf Prozesse › „Einmal"-Initiative/ Kein Program-Management	› Kosten-Nutzen-Betrachtung pro BI-Teil-projekt › Trennung Entwicklung und Betrieb › Formales Evolutions-management › Unternehmens-weite BI-Strategie › Support-Prozesse	› Information Billing, verur-sachungsge-rechte Kosten-umlage › BI-Prozesse durchgängig institutionali-siert › Qualitäts-sicherung des „Closed Loop" › Prozessaus-richtung auf Informations-angebot	› Business Performance Measurement, bezogen auf BI-Prozesse › Betriebs-führung wie bei operativen Systemen › Einfluss auf den Geschäftserfolg – unterneh-menskritisch › Volle Integra-tion in alle Prozesse

⬤ Abb. 26: Reifegradmodell für die Organisation von BI[119]

Zur Beurteilung der unternehmensweiten BI-Reife sollte für jede BI-Anwendung die jeweils zugehörige Ist-Organisation zu einer der Reifestufen zugeordnet werden. Das gilt natürlich nur dann, wenn das Unternehmen die vierte Stufe des Modells noch nicht erreicht hat. An-hand der unterschiedlichen Einstufungen von eins bis drei lässt sich feststellen, wie groß der Schritt insgesamt zur vierten Stufe ist, die voraussetzt, dass BI tatsächlich unternehmensweit betrachtet werden kann.

Eine weitere Möglichkeit der Beurteilung ist der Vergleich mit Organisationsrahmen wie ITIL, die eine Reihe von Best-Practice-Vorschlägen für die Gestaltung der Organisation bein-halten. ITIL gibt im Schwerpunkt allerdings nur einen Rahmen für IT-Betriebsprozesse vor und eignet sich daher nur bedingt, um einen Vergleich in anderen Prozessen anzustellen.

3.2.3   Konzept

In der Konzeptphase werden zunächst BI-Vision und -Ziele entwickelt und daraus kon-krete Maßnahmen für die Umsetzung abgeleitet. In der Vision wird definiert, wo sich ein Unternehmen in fünf bis zehn Jahren im Themenbereich BI sieht, wie z.B. die thematischen Schwerpunkte gesetzt werden. Sie enthält ergänzend als Leitbild das Selbstverständnis, wie z.B. Aufgaben und Kernkompetenzen. Das Zielsystem enthält den kausalen Zusammen-hang zwischen Unternehmens-/Geschäftsbereichs-/IT-Zielen in ihren Auswirkungen auf die

---

119 Vgl. Philippi u.a. 2006, S. 20.

BI-Ziele. Die Vorgehensweise zur Ableitung der BI-Strategie aus den Unternehmenszielen wird in Abschnitt 3.4.1 beschrieben.

Fachliches Konzept

Das fachliche Konzept einer BI-Strategie sollte beschreiben, wie das Unternehmen zukünftig auf Basis einer besseren Versorgung mit entscheidungsrelevanten Informationen gesteuert werden kann. Das Konzept kann daher auf der einen Seite fachliche Themen beinhalten, die ausschließlich im Rahmen von Fachprojekten realisiert werden. Folgende Themen werden häufig genannt und gehören zu dieser Projektkategorie:

> Erarbeitung eines übergreifenden KPI-Konzepts bzw. inhaltliche Abstimmung und Aktualisierung vorhandener Teilkonzeptionen für die verschiedenen Bereiche und Funktionen eines Unternehmens
> Vereinheitlichung von Kennzahlen, Attributen sowie der Berichterstellung
> Modifizierung operativer Prozesse, um bestimmte Kennzahlen überhaupt erheben zu können
> Überarbeitung von Controlling- und Rechnungswesenprozessen, wie z.B. des operativen Planungsprozesses, sowie weiterer Datenerhebungsprozesse (Meldedaten, Intercompany-Abstimmung, Abschlussdaten)
> Erarbeitung eines einheitlichen Konzernkontenplans
> Verbesserung des Stammdatenmanagements, Einführung von Abstimmungsprozessen für übergreifende Stammdaten

Bei den genannten Themen handelt es sich um die typischen fachlichen „Hausaufgaben", die zunächst erledigt werden müssen, ehe Implementierungsprojekte gestartet werden können, die in der Realisierung von Systemen münden.

Auf der anderen Seite sollte das fachliche Konzept die Beschreibung von zu überarbeitenden oder neuen BI-Anwendungen beinhalten. Hierzu kann z.B. die Verbesserung des Planungsprozesses durch die Einführung eines neuen Planungswerkzeugs ebenso zählen wie die Distributionsstrategie für ein weltweites Berichtswesen. Das Konzept sollte eine Beschreibung der Anwendung zumindest auf grober Ebene beinhalten, wie diese in Abschnitt 3.2.1 dargestellt wurde.

Architektonisches/Technologisches Konzept

Die Bestimmung der geeigneten Architektur für eine strategische Anwendungslandschaft für Business Intelligence ist die Kernaufgabe einer BI-Strategie. Neben der multidimensionalen Modellierung eines übergreifenden Informationsmodells auf hoher Ebene ist die Ableitung eines architektonischen Schichtenmodells inklusive der Definition der verbindenden Schnittstellen sowie die Auswahl passender Software-Komponenten die wichtigste Aufgabe der Konzeption. Diese Phase ist im Gegensatz zu den vorherigen stark technologisch geprägt. Sie kann vom zeitlichen Umfang her den größten Anteil eines Strategieentwicklungsprozesses ausmachen, wenn z.B. die gewachsene BI-Landschaft eines Unternehmens aus historischen Gründen sehr heterogen ist. In dieser Phase werden auch die Grundlagen für das Ziel-Software-Portfolio entwickelt.

Als Best Practice für eine Standardisierung der Data-Warehouse-Plattform hat sich die Hub&Spoke-Architektur erwiesen. Sie wird allgemein als gängigste Form einer Data-Warehouse-Architektur angesehen.[120] Hub&Spoke bzw. Nabe&Speiche bedeutet dabei vor allem, dass sämtliche entscheidungsrelevanten Daten nach einem zentralen Ansatz vereinheitlicht und verarbeitet sowie darüber hinaus auch dezentral bereitgestellt werden. Der große Vorteil dieser Architektur liegt in der Kombination zwischen weitgehender Integration und Vereinheitlichung der Daten in Verbindung mit der Flexibilität, die Daten auch lokal anwendungsgerecht zur Verfügung zu stellen.[121]

Organisatorisches Konzept

Das zeitgemäße Konzept für die Organisation von BI besteht in der Gründung eines BICC, wie es ausführlich in den folgenden Kapiteln dargestellt wird. Gleichzeitig ist die Erarbeitung eines Konzepts für eine zukunftsorientierte Organisation von BI das Thema, das mit dem meisten Fingerspitzengefühl angegangen werden sollte. Sehr schnell kann man hier in ein (personal-)politisches „Minenfeld" geraten, das man nur schwer wieder verlassen kann, wenn man sich einmal hineinverirrt hat. Eine solche Situation sollte möglichst vermieden werden, indem man die Rollen, Funktionen und Aufgaben der zukünftigen Organisation definiert, ohne dabei eine Verbindung zu konkreten bereits im Unternehmen befindlichen Personen herzustellen. Bestimmte Diskussionen können auch nur im kleinen Kreis des Projektkernteams geführt werden, wobei allerdings darauf geachtet werden sollte, dass nicht der Eindruck entsteht, dass bestimmte Entscheidungen nur im stillen Kämmerlein getroffen werden.

3.2.4   Maßnahmen

Die Maßnahmen einer BI-Strategie resultieren aus dem BI-Konzept in Form von Realisierungsschritten. Die einzelnen Maßnahmen werden letztendlich zu Projekten gebündelt, die ihrerseits Bestandteil der BI Roadmap sind. Die Maßnahmenplanung erfolgt übergreifend über die

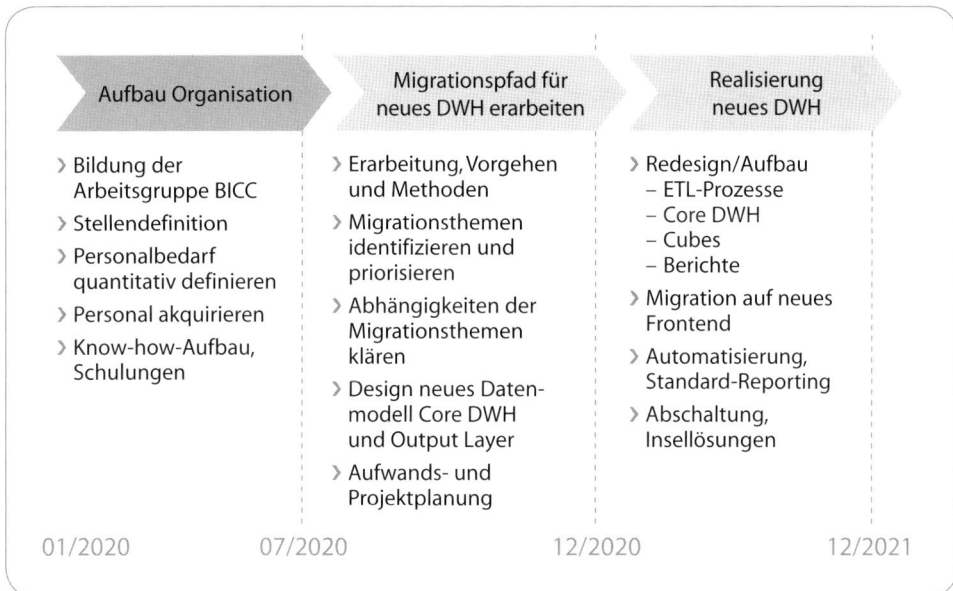

Aufbau Organisation	Migrationspfad für neues DWH erarbeiten	Realisierung neues DWH

› Bildung der Arbeitsgruppe BICC
› Stellendefinition
› Personalbedarf quantitativ definieren
› Personal akquirieren
› Know-how-Aufbau, Schulungen
	› Erarbeitung, Vorgehen und Methoden
	› Migrationsthemen identifizieren und priorisieren
	› Abhängigkeiten der Migrationsthemen klären
	› Design neues Datenmodell Core DWH und Output Layer
	› Aufwands- und Projektplanung
		› Redesign/Aufbau
		  – ETL-Prozesse
		  – Core DWH
		  – Cubes
		  – Berichte
		› Migration auf neues Frontend
		› Automatisierung, Standard-Reporting
		› Abschaltung, Insellösungen

01/2020 07/2020	12/2020	12/2021

Abb. 27: Ausschnitt aus einem Maßnahmenplan

---

[120] Vgl. Eckerson 2004b, S. 17.
[121] Zum Thema Architektur siehe auch Abschnitt 2.4.

Ebenen der BI-Strategie, da die Einordnung jetzt aus der projektbezogenen Sicht hinsichtlich Priorisierung, inhaltlicher Abhängigkeiten sowie Ressourcen, Zeit und Budget erfolgt. Prinzipiell können fachliche, architektonische/technologische und organisatorische Projekte komplett parallel ablaufen, sofern keine Abhängigkeiten zwischen ihnen existieren. In der Regel sind es aber die fachlichen „Hausaufgaben" sowie die organisatorischen Maßnahmen, die zuerst umgesetzt werden. In Abbildung 27 wird beispielhaft ein Ausschnitt aus einem Maßnahmenplan auf hoher Ebene dargestellt, der als Basis der Migration von unterschiedlichen Insellösungen hin zu einem integrierten DWH dient. Im ersten Schritt wird zunächst ein übergreifendes BICC gegründet. Dieses erarbeitet im nächsten Schritt den Migrationspfad und das Konzept für das neue DWH. Im dritten Schritt erfolgt die Realisierung und eigentliche Migration.

3.2.5   Zusammenfassung

Auch wenn heute keine wissenschaftlich fundierte Methodik zur spezifischen Entwicklung von BI-Strategien existiert, so sollte deutlich geworden sein, dass es praxiserprobte Ansätze gibt, die wiederum auf etablierten wissenschaftlichen Methoden und Werkzeugen aufsetzen. Ein valides Vorgehen zur Entwicklung einer BI-Strategie stellt das beschriebene Vorgehen dar:
> Die Entwicklung einer BI-Strategie setzt auf dem strategischen Unternehmensrahmen (Unternehmens-/Bereichs-/IT-Strategie) auf und orientiert sich sehr eng an diesem.
> Im Vordergrund steht eine fachliche Ausrichtung und daraus abgeleitet die technologische.
> Die Entwicklung der Strategie erfolgt als mehrphasiges Vorgehen.
> Die Perspektiven sind fachliche Inhalte, Architektur/Technologie und Organisation.
> Typische Ergebnisse sind das BI-Konzept, eine BI Governance, die Aufstellung einer BI-Organisation und die BI Roadmap als Maßnahmenplan zur stufenweisen Umsetzung.

3.3   Projektmanagement

Es existieren zahlreiche umfassende Quellen zum Thema Projektmanagement,[122] sodass an dieser Stelle nur auf die Besonderheiten des Managements von BI-Strategieprojekten eingegangen wird. Abbildung 28 zeigt die Zuordnung der in den folgenden Abschnitten behandelten Themen zu den Projektphasen eines BI-Strategieprojekts: Projektinitialisierung, -planung und -durchführung lassen sich phasenweise zuordnen. Die Ausführungen zu den restlichen Themen wie z. B. Controlling und Qualitätssicherung haben übergreifenden Charakter.

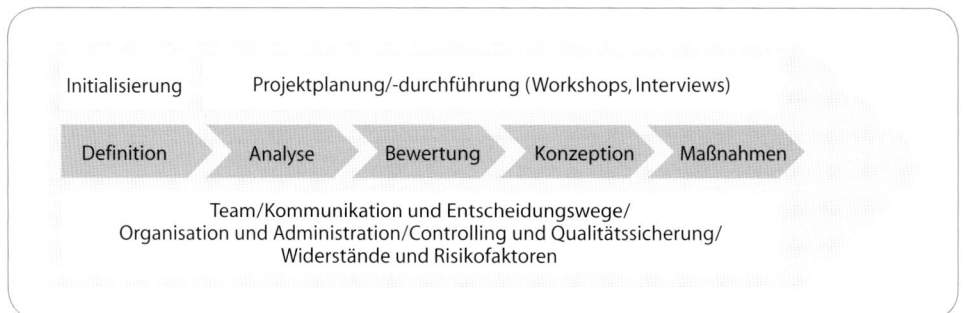

Initialisierung   Projektplanung/-durchführung (Workshops, Interviews)

Definition   Analyse   Bewertung   Konzeption   Maßnahmen

Team/Kommunikation und Entscheidungswege/
Organisation und Administration/Controlling und Qualitätssicherung/
Widerstände und Risikofaktoren

▲ Abb. 28: Zuordnung der Projektmanagementthemen zu den Projektphasen

---

[122] Vgl. beispielsweise Wieczorrek/Mertens 2008, Kuster u. a. 2008, Jenny 2008.

3.3.1 Projektinitialisierung

Der Auftraggeber für BI-Strategieprojekte stammt oftmals aus der zweiten Führungsebene und kann z. B. der kaufmännische Leiter, der Leiter Controlling, der Leiter IT oder auch mehrere der genannten Personen gleichzeitig sein (ggf. auch ein im Vorhinein gegründeter Lenkungsausschuss). Sollte für die Durchsetzung des Strategieprojekts ein Mitglied der Geschäftsführung oder des Vorstandes erforderlich sein, so sollte hier ein Sponsor, z. B. der Finanzvorstand, gesucht werden. Allerdings ist kritisch zu hinterfragen, ob der Sponsor zwingend aus der Top-Ebene stammen muss. Ein aktiver Auftraggeber und Förderer des Projekts aus der zweiten Ebene kann im Zweifelsfall sogar wertvoller sein, sofern dieser in der Organisation über ausreichend Gewicht verfügt und sich aktiv mit dem Projekt auseinandersetzt. Dies soll allerdings nicht bedeuten, dass das Top-Management nicht als wichtiger Inputgeber und als Feedback-Instanz in den Prozess der Strategieentwicklung einbezogen werden muss.

Die Initialisierungsphase eines Projekts erfolgt üblicherweise durch die vom Auftraggeber eingesetzte Projektleitung. Für BI-Strategieprojekte kann es sinnvoll sein, dass die Projektleitung von einem Vertreter der Fachbereiche und einem Vertreter der IT gemeinsam wahrgenommen wird. Diese übergreifende Verantwortung spiegelt die enge Verbindung der fachlichen Inhalte mit der technologischen Umsetzung wider. In anderen Fällen liegt die Leitung bei einem Vertreter der Fachbereiche oder der IT alleine, jeweils in enger Einbindung der anderen Disziplin. Welche Konstellation in einem konkreten BI-Strategieprojekt tatsächlich gewählt wird, hängt in der Praxis oft vom Auftraggeber des Projekts ab. Als Idealfall sollte die übergreifende Form der Verantwortung gewählt werden, wie sie als Erstes beschrieben wurde.

Strategieprojekte können unterschiedliche Schwerpunkte haben (z. B. Fokussierung auf den Aufbau eines BICC). Die Projektleitung muss den genauen Umfang und die Erwartungshaltung mit dem Auftraggeber festlegen. Der Auftraggeber sollte seine klare Zustimmung zu den Projektzielen und dem gewählten Vorgehen geben und auch innerhalb des Unternehmens seine Unterstützung für das Projekt bekannt geben und es aktiv fördern. Üblich ist, dass nicht nur die Projektziele, sondern auch der erwartete Aufwand, der zur Erreichung dieser Ziele erwartet wird, grob geschätzt wird. Mit der Projektfeinplanung wird dieser dann detailliert bestimmt. Um ungeplante Mehraufwände durch ungewollte Tätigkeiten zu vermeiden, werden auch die Themen bestimmt, die nicht zum Projektinhalt gehören („out of scope").

3.3.2 Projektteam

Die Projektleitung erarbeitet gemeinsam mit dem Auftraggeber bzw. den Vertretern der unterschiedlichen Interessensgruppen einen Vorschlag für das Projektteam. Die Praxiserfahrung der Autoren zeigt, dass die Untergliederung in ein Kern- und ein erweitertes Projektteam eine sinnvolle Strukturierung für ein BI-Strategieprojekt darstellt.

Kern-Projektteam

Die Mitglieder des Kern-Projektteams sind die eigentlichen handelnden Personen im Projekt, die die Themen konkret ausarbeiten und das Projekt voranbringen. Die Erfahrung zeigt, dass ein Kernteam aus nicht mehr als fünf bis sieben Personen bestehen sollte, z. B. einem Projektleiter, einem bis zwei Vertretern der Fachbereiche, einem bis zwei Vertretern der IT, ggf. aus einem bis zwei internen oder externen Beratern und ggf. einer Projektassistenz. Das Kern-projektteam tauscht sich in der „heißen" Phase des Projekts fast täglich aus und besitzt einen festen Standort, an dem es regelmäßig zusammentrifft und von dem aus es operiert. Bei den im Rahmen der Strategieentwicklung stattfindenden Workshops und Interviews ist immer mindestens ein Vertreter aus dem Kern-Projektteam anwesend, sofern dieser nicht sogar die Veranstaltung durchführt. Die Kommunikation im Kernteam muss vollkommen offen und ohne Berücksichtigung „politischer" Konstellationen erfolgen. Nur so können echte Ergebnisse oder neue Erkenntnisse ohne die „Scheuklappen" des Tagesbetriebs erzielt werden.

Erweitertes Projektteam

Um dem übergreifenden Charakter einer BI-Strategie gerecht zu werden, empfiehlt sich die feste Einbindung weiterer Vertreter bzw. Spezialisten in das Projektteam. Dies können Vertreter aus verschiedenen, ggf. auch „konkurrierenden" Fachbereichen sein, Vertreter verschiedener Standorte oder Landesgesellschaften, Vertreter aus Entwicklung oder Betrieb unterschiedlicher BI-Plattformen, Vertreter aus der Betriebsorganisation, dem Qualitätsmanagement, dem Bereich Datenschutz/-sicherheit, dem globalen Architekturteam, dem IT-Controlling oder weitere interne bzw. externe Berater. Besonders wichtig kann die Einbeziehung von Experten älterer BI-Plattformen sein, deren Ablösung bereits vorab als Ziel der BI-Strategie festgelegt wurde. Der Erfahrungsschatz dieser Personen ist oft unverzichtbar. Das erweiterte Projektteam sollte einen Jour fixe auf ein- bis dreiwöchentlicher Basis vereinbaren. Nach einem initialen Start in Form eines persönlichen Zusammentreffens kann der Jour fixe danach auch als Telefon- oder Webkonferenz durchgeführt werden.

Für die Ausarbeitung einer BI-Strategie ist eine detaillierte Kenntnis des Unternehmens in Kombination mit umfangreicher Erfahrung in der Anwendung von Business Intelligence erforderlich. Die detaillierten Kenntnisse über Erfolgsfaktoren und Steuerung der Geschäftsprozesse können in der Regel nur von Mitarbeitern des Unternehmens eingebracht werden. Die Erfahrung in der Anwendung von Business Intelligence kann hingegen durch Hinzunahme eines externen, ggf. auch Inhouse-Beratungspartners ergänzt werden. Hilfreich kann eine externe Beratung auch dann sein, wenn es um die Einbringung von Best Practices aus bzw. um den Vergleich mit anderen Unternehmen geht. Denkbar ist auch, dass die externe Beratung nur die Rolle als Coach für das Projekt übernimmt und somit die eigentliche Projektdurchführung ausschließlich von internen Mitarbeitern des Unternehmens realisiert wird.

3.3.3 Kommunikation und Entscheidungswege

Zu Beginn des Projektes werden die Kommunikations- und Entscheidungswege zwischen Projektleitung und Auftraggeber festgelegt. In der Regel berichtet der Projektleiter an den Projektlenkungsausschuss und stimmt sich zwischen den periodisch stattfindenden Sitzungen des Lenkungsausschusses direkt mit dem Auftraggeber ab. Die Projektleitung ist für die gesamte Kommunikation verantwortlich und delegiert dabei allerdings durch einzelne Kommunikationsstränge an die Mitglieder des Kernteams je nach deren Aufgaben. Wie bereits beschrieben steht das Kern-Projektteam im nahezu täglichen Kontakt, während sich das erweiterte Projektteam im (ggf. mehr-)wöchentlichen Turnus austauscht.

Eine Reihe von Informationen in einem BI-Strategieprojekt müssen vertraulich behandelt werden. Dies gilt z.B. für Teile der Unternehmensstrategie, für Details aus Lizenz- oder Outsourcing-Verträgen oder für angestrebte organisatorische Veränderungen, die ggf. sogar zunächst mit dem Betriebsrat abgestimmt werden müssen. Es kann sogar sein, dass bestimmte Informationen vom Management nur der Projektleitung bekannt gemacht werden, die diese dann gefiltert an das Kernteam weitergibt. Im Normalfall sind allerdings alle Informationen im Kernteam bekannt, und dieses beachtet insgesamt die Vertraulichkeit dieser Informationen. Abstufungen in der Berechtigung sind allerdings in Richtung des erweiterten Teams sowie in Richtung des öffentlichen Teils der Projektordnerstruktur üblich.

In einem BI-Strategieprojekt werden viele Workshop- und Interviewteilnehmer nur einmalig als Inputgeber involviert. Umso wichtiger ist es, auch diese Personen kontinuierlich über den Projektfortschritt zu informieren. Dies ist vor allem dann kritisch, wenn sich die Teilnehmer von dem Projekt echte Fortschritte erwarten und Kritik an den bisherigen Prozessen und Strukturen geübt haben. Eine gute Möglichkeit, alle Teilnehmer auf dem neuesten Stand zu halten, ist der periodische Versand eines Newsletters. Dieser sollte möglichst nach der Sitzung des Projektlenkungsausschusses verschickt werden, sodass auch über die aktuelle Entscheidungslage informiert werden kann, sofern diese nicht vertraulich ist. Sollten die Lenkungsausschusssitzungen zu weit auseinander liegen, so können zwischenzeitlich auch bestimmte Themen aus dem Projekt dargestellt werden.

Wie üblich sollte das Projekt mit einem initialen Kick-off starten. Aus der Erfahrung der Autoren empfiehlt sich die Zweiteilung der Kick-off-Sitzung in einen großen Kick-off mit Mitgliedern des Lenkungsausschusses und weiteren Vertretern der Bereiche und einem kleinen Kick-off bzw. einer Projektstart-Sitzung im erweiterten Projektteam. Hauptziel des großen Projekt-Kick-off ist die Herstellung eines gemeinsamen Verständnisses für das Projekt.[123] Das kleine Kick-off dient vor allem der Aufgabenverteilung, Rollenfestlegung sowie der Projektadministration.

3.3.4   Projektorganisation und -administration

BI-Strategieprojekte sollten als „echte" Projekte aufgesetzt werden. Zumindest die Mitglieder des Kernprojektteams sollten dabei weitgehend von normalen Aufgaben freigestellt werden und sich während der Projektlaufzeit fast vollständig um das Projekt kümmern können. Die Mitglieder des erweiterten Projektteams stehen dem Projekt hingegen oft nur mit einem bestimmten Zeitkontingent (z. B. ein Tag pro Woche) zur Verfügung, was aber auch dem hier vertretenen Rollenverständnis des erweiterten Teams entspricht.

Wesentlicher Bestandteil der Projektadministration ist das Projektverzeichnis. Idealerweise wird dieses über einen virtuellen Team-/Projektraum (auch Workspace genannt) einer Portal-Software realisiert. Über die für Portallösungen typische Webtechnologie können auch Projektmitglieder bzw. Interview- und Workshop-Teilnehmer leicht Zugriff erhalten, die ansonsten keinen unmittelbaren Zugriff auf das Unternehmensnetzwerk besitzen. Dieses können externe Berater ebenso sein wie Vertreter von Landesgesellschaften, die getrennte Netzwerke haben. Die Homepage des Projektportals kann in der Laufzeit auch als öffentliche Informationsbasis über das Projekt dienen, auf der über den Projektfortschritt und aktuell anstehende Aufgaben berichtet wird. Das für die Organisation der Dokumente abgestufte Zugriffskonzept würde in einem solchen Fall dann erst auf den untergeordneten Seiten zum Tragen kommen. Ein solches Berechtigungskonzept auf Verzeichnisebene ist in jedem

---

[123] Vgl. Wegmann/Winklbauer 2006, S. 218.

Fall notwendig, da die Dokumente einer BI-Strategie teilweise höchst vertraulich sind, z. B.
wenn sie Details zur Unternehmensstrategie oder Informationen über organisatorische
Veränderungen enthalten. Tabelle 8 zeigt die mögliche Gliederung der obersten Ebene einer
Verzeichnisstruktur für eine BI-Strategie.

Ordnername	Inhalt	Berechtigung
Projekt-information	Öffentliche Informationen über das Projekt (sofern keine Homepage vorhanden ist), z. B. öffentlicher Teil des Projektstatusberichts	Lesen: alle Schreiben: Projektteam
Dokumenten-eingang	Dokumente, die Interview- und Workshop-Teilnehmer dem Projekt zur Verfügung stellen. Der Ordnerinhalt wird kontinuierlich durch die Projektassistenz ge-sichtet und die Dokumente in die Zielverzeichnisse verschoben	Alle
Analyse	Beispielberichte, Analysen, Architekturübersichten, Dokumentation, Interview- und Workshop-Protokolle	Nur Projektteam
Konzept	Ausarbeitungen, z. B. BI-Governance, BI-Organisation	Nur Projektteam
Projekt-administration	Projekt-Reporting, Ansprechpartnerliste	Nur Projektteam

▲ Tab. 8: Beispielstruktur für das zentrale Projektverzeichnis

3.3.5 Projektplanung

Wichtigster Bestandteil der Projektplanung einer BI-Strategie ist die Terminplanung.
Schlüsselpersonen im Unternehmen, die für die Erarbeitung einer BI-Strategie wesentlichen
Input leisten müssen, haben oftmals einen sehr engen Terminplan, sodass Interviews und
Workshops teilweise wochenlang im Voraus vereinbart werden müssen. Workshops und
Interviews können an verschiedenen Standorten im In- und Ausland stattfinden, sodass
die Reisetätigkeit strukturiert geplant werden muss, um nicht zu viel Zeit durch Reisen des
Kernprojektteams zu verlieren. Telefon- und Webkonferenzen stellen eine sinnvolle Ergän-
zung zu persönlichen Treffen dar, können diese aber nicht vollständig ersetzen, da das per-
sönliche Kennenlernen ein wesentlicher Bestandteil der Kommunikation ist. Gerade wenn
politisch heikle Themen diskutiert werden sollen, wie z. B. die Zentralisierung bestimmter
Aufgaben an einem Standort, ist das Zusammenbringen der Interessenvertreter an einen
Tisch unabdingbar.

Das in Abschnitt 3.2 vorgestellte Vorgehensmodell sollte die inhaltliche Basis für den Struk-
turplan des Projekts bilden. Die Inhalte der unterschiedlichen Perspektiven und Phasen des
Vorgehensmodells werden in Projektaktivitäten überführt und sinnvoll gebündelt. So ist es
z. B. möglich, dass in einem zweitägigen Workshop im Ausland alle Perspektiven (Fachlichkeit, Architektur/Technologie und Organisation) gemeinsam behandelt werden und nicht
mehrere Reisen zu diesem Standort nacheinander unternommen werden müssen. In der
konkreten Projektfeinplanung der einzelnen Aktivitäten müssen darüber hinaus die Vor-
gänger- und Nachfolgerbeziehungen festgelegt und die Möglichkeiten der Parallelisierung

identifiziert werden. Für bestimmte architektonische Diskussionen muss beispielsweise erst das Ergebnis der fachlichen Interviews abgewartet werden. Andere Aktivitäten wie die Überprüfung eines Austauschs der Datenbanktechnologie können in der Regel schon parallel ablaufen.

Im Unterschied zu anderen Projekttypen ist es normal, dass ein BI-Strategieprojekt quasi „auf Lücke" geplant wird. Sofern die unternehmensinternen Mitglieder im Kernteam für das Projekt nicht völlig freigestellt sind, müssen selbst diese Personen noch ihrem normalen Tagesgeschäft nachgehen. Die Termine mit Schlüsselpersonen im In- und Ausland lassen sich zudem nicht immer genau aneinanderreihen. Darüber hinaus sollte zur Erarbeitung wichtiger Themen genügend Zeit für interne Diskussion im Kernteam und für das Nachdenken zur Verfügung stehen. Dies soll aber nicht heißen, dass schleichende Projektverzögerungen in Kauf genommen werden, sondern nur, dass die Projektmeilensteine realistisch geplant werden sollten. Die Projektleitung bzw. die Projektassistenz muss bei den Workshop- oder Interviewteilnehmern natürlich kontinuierlich nachhaken und sie an die Erledigung der vereinbarten Aufgaben erinnern.

Die Dauer eines BI-Strategieprojekts sollte auf drei bis sechs Monate angesetzt werden. Eine kürzere Projektlaufzeit als drei Monate ist für ein „echtes" BI-Strategieprojekt nicht realistisch. Eine längere Projektlaufzeit als sechs Monate ist demgegenüber nicht effizient und wird im Problemfall tendenziell zum Projektabbruch führen; hauptsächlich, weil die Zielerreichung durch eine zu lange Laufzeit unsicher wird. Sollte für ein globales Strategieprojekt tatsächlich eine längere Laufzeit sinnvoll erscheinen, so sollte das Gesamtprojekt in Teilprojekte mit abgegrenzten Inhalten aufgespalten werden.

Als Werkzeuge zur Projektplanung und -steuerung sollten die im Unternehmen üblichen Produkte wie Microsoft Project oder sogar Excel genutzt werden. Auch wenn durch BI-Strategieprojekte oftmals die exzessive Inselbildung von Tabellenkalkulations-Software eingegrenzt werden soll, kann die Verwendung derartiger Werkzeuge für die Steuerung eines BI-Strategieprojekts sinnvoll sein (für eine Werkzeugübersicht siehe Kapitel 8).

3.3.6 Durchführung von Workshops und Interviews

Wesentliche Instrumente zur Erhebung der Anforderungen, zur Analyse der Ist-Situation, aber auch zur Lösungsfindung für eine Soll-Konzeption sind Workshops und Interviews. Da es sich bei den Teilnehmern bzw. Befragten meist um zeitlich wenig verfügbare Schlüsselpersonen aus dem Unternehmen handelt, kommt deren Vorbereitung im Rahmen des Projektmanagements besondere Bedeutung zu. Durch eine zielführende Moderation muss sichergestellt werden, dass die erwarteten Ergebnisse im vorgegebenen Zeitrahmen erzielt werden. Die Tiefe der Diskussion sollte im Kern-Projektteam möglichst vorher abgestimmt werden, um sich nicht in Details zu verlieren. Vereinzelt neigen Teilnehmer an Workshops in Strategieprojekten dazu, die Vergangenheit sehr ausführlich aufzuarbeiten. Zur zielorientierten Steuerung von Workshops sollte vom Projektteam vorab eine genaue Agenda festgelegt werden (vgl. Abbildung 29). Die Agenda sollte für jeden Punkt eine genaue Beschreibung der zu behandelnden Inhalte, eine Zeitvorgabe sowie eine Beschreibung der erwünschten Ziele enthalten. Die erwünschten Ziele sind ggf. nur dem Projektteam bekannt, um die Teilnehmer nicht zu beeinflussen. Der Moderator sollte ständig vergleichen, ob die aktuelle Diskussion tatsächlich zur Klärung des Themas dient oder in eine völlig andere Richtung läuft. Sollte diese Richtung eine neue interessante Perspektive bieten, so bietet diese einen Mehrwert. Andernfalls muss der Moderator den Prozess wieder in die richtige Richtung steuern.

	Agenda-punkt	Inhalt	Ergebnistyp
10:45–12:30	Strategische Maßnahmen	Welche strategischen Maßnahmen ergeben sich aus den strategischen Zielen? Welche dieser strategischen Maßnahmen führen zu einem veränderten Informationsbedarf? Gibt es sonstige strategische Maßnahmen, die keinem Ziel zugeordnet werden können, aber dennoch zu einer Veränderung des Informationsbedarfs führen?	Abgeleitete strategische Maßnahmen pro strategischem Ziel, zu denen ein Informationsbedarf für den Unternehmensbereich besteht Abgeleitete sonstige strategische Maßnahmen
13:30–16:45	Informationsbedarf	Welche Informationen werden durch die strategischen Maßnahmen beeinflusst? Beispiele: > Ganze Berichte > Teile aus Berichten > Einzelne Kennzahlen > Basisinformationen > Qualitative Auswertungen > etc.	Liste der Informationsbedarfe für den Unternehmensbereich, abgeleitet aus den strategischen Maßnahmen

▲ Abb. 29: Auszug aus einer Workshop-Agenda

Für die Durchführung der Workshops eignen sich die typischen Methoden der Ideen- oder Zielfindung. Für das Sammeln von Beiträgen kommen Metaplan-Karten oder die Dokumentation in Form von Mindmaps in Frage. Beim Einsatz von Metaplan-Karten sollte vorher die Farbcodierung festgelegt sein. Werden die Themen z. B. nach den Perspektiven der Balanced Scorecard systematisiert, so ist es sinnvoll, wenn jede Perspektive ihre eigene Farbe besitzt. Der Einsatz von Metaplan-Karten ist bei BI-Strategieprojekten beispielsweise bei der Findung von Lösungsszenarien oder der Beschreibung von Erwartungen bei einem heterogenen Teilnehmerkreis sinnvoll.

In den Workshops finden sich unterschiedliche Interessengruppen zusammen, sodass die Ergebnisse verschiedener Workshops zu konkurrierenden Anforderungen führen können. Die an den Workshops teilnehmenden Mitglieder des Projektteams sollten Gegensätze möglichst schon in den Workshops aufzeigen und frühzeitig klären. Dennoch treten bei der Konsolidierung der Workshop-Ergebnisse häufig Zielkonflikte auf. Deren Auflösung kann z. B. mit Hilfe einer Konfliktmatrix erfolgen.[124] Eine letztendliche Klärung erfolgt in der Regel im Lenkungsausschuss unter Beteiligung der Entscheider.

3.3.7 Projektcontrolling und Qualitätssicherung

Für ein BI-Strategieprojekt wird in der Regel dasselbe Controlling-Instrumentarium wie für andere Projekte genutzt. Der Projektfortschritt wird kontinuierlich bezüglich der geplanten Projektziele unter Beachtung der Ressourcenverbräuche beobachtet. In Abbildung 28 ist ein Beispiel für die höchste Ebene eines Projektstatusberichts dargestellt. In der Übersicht wird neben den für das Projekt-Reporting üblichen Indikatoren zusätzlich die Projekt-„Atmosphäre" dargestellt. Da BI-Strategieprojekte sich durchaus im politisch heiklen Umfeld bewegen, soll über diesen Indikator der Lenkungsausschuss über Motivation und den Willen zur Mitarbeit informiert werden. Der sogenannte menschliche Faktor kann für den Erfolg eines BI-Strategieprojekts entscheidend sein, da das Projektteam auf die Offenheit und Einbringung der Ansprechpartner angewiesen ist.

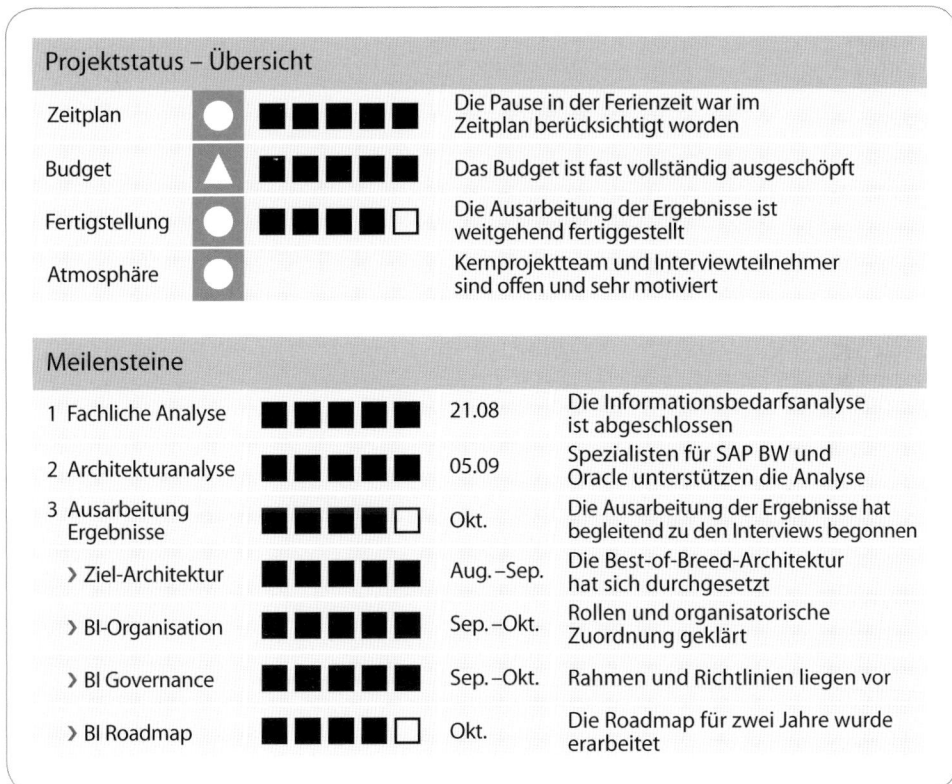

Projektstatus – Übersicht

Zeitplan	● ■■■■■	Die Pause in der Ferienzeit war im Zeitplan berücksichtigt worden
Budget	▲ ■■■■■	Das Budget ist fast vollständig ausgeschöpft
Fertigstellung	● ■■■■□	Die Ausarbeitung der Ergebnisse ist weitgehend fertiggestellt
Atmosphäre	●	Kernprojektteam und Interviewteilnehmer sind offen und sehr motiviert

Meilensteine

1 Fachliche Analyse	■■■■■	21.08	Die Informationsbedarfsanalyse ist abgeschlossen
2 Architekturanalyse	■■■■■	05.09	Spezialisten für SAP BW und Oracle unterstützen die Analyse
3 Ausarbeitung Ergebnisse	■■■■□	Okt.	Die Ausarbeitung der Ergebnisse hat begleitend zu den Interviews begonnen
› Ziel-Architektur	■■■■■	Aug.–Sep.	Die Best-of-Breed-Architektur hat sich durchgesetzt
› BI-Organisation	■■■■■	Sep.–Okt.	Rollen und organisatorische Zuordnung geklärt
› BI Governance	■■■■■	Sep.–Okt.	Rahmen und Richtlinien liegen vor
› BI Roadmap	■■■■□	Okt.	Die Roadmap für zwei Jahre wurde erarbeitet

Abb. 30: Beispiel für die Statusübersicht eines BI-Strategieprojekts

Die Qualitätssicherung einer BI-Strategie bedeutet in der Praxis vor allem, die von Workshop- und Interviewteilnehmern getroffenen Aussagen zu verifizieren sowie Ergebnisse abzustimmen bzw. abzusichern. Die Mitglieder des Projektteams sollten generell gute Kenntnisse

---

des Unternehmens besitzen. Dennoch steckt natürlich nicht jedes Teammitglied so tief in den Details wie die Fachleute, die interviewt werden. Insbesondere sollten Aussagen der Fachleute, die übergreifenden Charakter besitzen, vom Projektteam kritisch hinterfragt werden. Beispielsweise werden Harmonisierungsprozesse, die die Einschränkung lokaler Abteilungsautonomie bedeuten, gerne durch ultimative Gegenargumente (auch „Totschlag-Argumente" genannt) zu verhindern versucht. Dies kann z.B. die Einführung eines konzernweit gültigen Kontenplans, die Standardisierung von Bestandsbewertungen oder die Vereinheitlichung des Materialstamms betreffen. Typische Gegenargumente lauten beispielsweise „Das haben wir bereits im Jahr 2000 erfolglos versucht", „Dafür ist das Unternehmen nicht reif" oder „Das wird doch viel zu teuer". Hinter derartigen Äußerungen können sich Ängste vor unerwünschter Mehrbelastung oder vor Veränderungen allgemein verbergen. Das Projektteam selbst sollte daher die Erkenntnisse der Workshops und Interviews immer wieder kritisch hinterfragen und daraus Ergebnisse ableiten. Zur Qualitätssicherung der Ergebnisse aus jeder Projektphase sollten Review-Meetings mit Schlüsselpersonen des Unternehmens stattfinden, bevor diese dem Lenkungsausschuss präsentiert werden.

3.3.8 Widerstände und Risikobetrachtung

Bei der Entwicklung unternehmensweiter BI-Strategien müssen in der Praxis immer wieder Hürden genommen und Widerstände überwunden werden. Zwar ist den meisten Beteiligten bewusst, dass eine effiziente Unternehmenssteuerung nur auf Basis einheitlicher und konsistenter Informationen möglich ist. Dennoch stößt man immer wieder auf divergierende Bereichsinteressen, die eine gemeinsame Lösung erschweren. Dass die verschiedenen Anwendungen durch die sie verbindenden Geschäftsprozesse zusammenhängend betrachtet werden müssen, wird manchen Unternehmensvertretern erst im Rahmen von Strategieworkshops deutlich. Hier liegt es am Projektteam, die Zusammenhänge ausreichend zu verdeutlichen und alle Prozessbeteiligten an einen Tisch zu holen. Anders formuliert kann auch ein Kommunikationskonzept notwendig sein, um Entscheidungsträger und handelnde Personen „abzuholen" und von der Notwendigkeit ihrer Mitarbeit zu überzeugen.

Zu Beginn und während der Entwicklung einer BI-Strategie sollte sich das Projektteam immer wieder klarmachen, wo es ggf. auf Widerstände oder unterschiedliche Interessen stößt. Um dies an einem Beispiel aufzuzeigen, soll die Personengruppe, die Einfluss auf die BI-Strategie hat, als „Könige" bezeichnet werden. Sie haben sich im Laufe der Jahre weitreichende persönliche Insellösungen („Königreiche") und damit „Kopfmonopole" geschaffen. Die Lösungen basieren z.B. auf Excel, Access oder Lotus Notes und tragen oft Risiken in Verbindung mit dem Know-how der jeweiligen Person in sich. Teilweise sind diese Lösungen durch den Einsatz von Makros und Programmcodes stark automatisiert, was grundsätzlich sehr positiv ist. Änderungen können aber in der Regel nur vom „König" selbst oder seiner kleinen Truppe durchgeführt werden, da nur dieser die entsprechenden Programmteile genau kennt. Eine detaillierte Dokumentation ist Mangelware. „Könige" lassen sich oft nur sehr schwer für ein BI-Strategieprojekt begeistern, da sie ihr Reich in Gefahr sehen. Vielfach ist aber ihr über Jahre gewachsenes Know-how sowie ihr informelles Beziehungsnetzwerk ein nicht zu unterschätzender Faktor für den Erfolg der BI-Strategie. Es ist also vorteilhaft, sich mit einem König zu arrangieren bzw. diesen in das Projekt zu integrieren. Eine radikale Gegenposition kann die völlige Isolierung des „Königs" sein, z.B. unter der Devise, dass eben in Zukunft alles ohne ihn funktionieren muss, da die Abhängigkeit von ihm vielleicht gerade der Anlass für das Projekt war. Auf den Umgang mit diesen oder ähnlichen Personengruppen müssen die Mitglieder des Projektteams vorbereitet sein und daher mit einer gewissen Sensibilität vorgehen.

Grundsätzlich sollte zu Beginn des Projekts eine Risikobetrachtung stehen. Folgende Einflussfaktoren sollten dabei untersucht werden:

> Projektscope und -planung
  - Kann der Inhalt des Projekts richtig beschrieben werden (Risiko der überzogenen Erwartungen)?
  - Kann der Umfang des Projekts trennscharf definiert werden?
  - Wie kann verhindert werden, dass das Projekt inhaltlich und finanziell aus dem Ruder läuft?
  - Besteht die volle Unterstützung des Auftraggebers bzw. Sponsors?
  - Ist die Zeitplanung realistisch?
  - Besteht die Gefahr, dass das Projekt im zeitlichen Verlauf von neuen Realitäten überholt wird (z. B. von bereits laufenden Implementierungsprojekten, die nicht mehr gestoppt werden können)?
  - Passt das Budget?

> Menschen
  - Wurden die richtigen Personen für das Projekt identifiziert (sowohl für das Projektteam als auch als Gesprächspartner)?
  - Sind diese verfügbar?
  - Sind diese motiviert, offen für neue Initiativen bzw. haben sie ein Verständnis für das Projekt?

> Fachlichkeit
  - Ist es überhaupt möglich, der Komplexität der Geschäftsmodelle bzw. der Unternehmensstruktur durch ein einzelnes BI-Strategieprojekt gerecht zu werden, oder muss dieses in mehrere Projekte aufgeteilt werden?
  - Passt eine Top-down- bzw. Bottom-up-Vorgehensweise zur Unternehmensstruktur?

> Architektur und Technologie
  - Gibt es zu viele architektonische Inseln oder Technologien, die ggf. durch das Projekt nicht komplett abgedeckt werden können?
  - Können die technologischen Feinheiten durch das Projekt richtig eingeschätzt werden?
  - Ist die erforderliche Technologie verfügbar bzw. ausgereift?

> Organisation
  - Kann eine organisatorische Diskussion mit der erforderlichen Objektivität geführt werden?
  - Sind die vom Projekt erarbeiteten Vorschläge für eine neue BI-Organisation realistisch bzw. werden diese durchsetzbar sein?

3.4 Ausgewählte Methoden zur Entwicklung einer BI-Strategie

Für die Entwicklung einer BI-Strategie kommen größtenteils bekannte Methoden aus den Bereichen strategische Unternehmensplanung, Controlling, Projektmanagement oder Informationsmanagement zum Einsatz. In den folgenden Abschnitten werden einige ausgewählte Methoden in ihrer Anwendung bei der Entwicklung einer BI-Strategie vorgestellt.

3.4.1 Ableitung der BI-Strategie aus dem strategischen Unternehmensrahmen

Die Details der Strategie eines Unternehmens werden meist als streng vertraulich angesehen. Besteht bei der Entwicklung einer BI-Strategie der Bedarf, auf diese zuzugreifen, kann dies durchaus schwierig werden, wenn die Mitglieder des Projektteams von ihrer Position her regulär keinen Einblick haben dürften. Es gibt verschiedene Möglichkeiten, diese Hürde zu nehmen. Wurde der Sponsor für eine BI-Strategie richtig gewählt, so ist dieser auf der ersten oder zweiten Führungsebene des Unternehmens angesiedelt und kann den Zugriff auf die Strategie ermöglichen und/oder erläutert idealerweise die für die BI-Strategie relevanten Ziele sogar persönlich. Eine weitere Möglichkeit ist die Einbeziehung der für die Unternehmensentwicklung zuständigen Organisationseinheit in das Projekt, sofern diese Funktion existiert. Ansonsten müssen Entscheidungsträger identifiziert und einzeln zu den für BI relevanten strategischen Fragestellungen interviewt werden.

Aus der strategischen Zielsetzung des Unternehmens können sowohl Formal- als auch Sachziele der BI-Strategie abgeleitet werden.[125] Nicht alle strategischen Unternehmensziele sind allerdings für eine BI-Strategie relevant. Kandidaten mit Relevanz sind vor allem Ziele, die unmittelbar oder mittelbar mit der Unternehmens-Performance in Zusammenhang stehen und messbar sind. Weiterhin sind Ziele wichtig, die sich auf die BI-Architektur oder die BI-Organisation auswirken.

> Das Vorgehen soll an einem Beispiel verdeutlicht werden. Knapp zwei Jahre vor der Durchführung des BI-Strategieprojekts hatte ein Unternehmen in einem mehrstufigen Prozess seine Unternehmensstrategie überarbeitet. Diese lag dem Projektteam in Auszügen vor. Vier der Top-Unternehmensziele, die als Grundlage der Ziele einer BI-Strategie dienen können, lauten etwa folgendermaßen:
>
> > Der Kunde steht im Mittelpunkt unseres Handelns.
> > Wir wollen in unseren Marktsegmenten unsere Position über die technologische Innovationsführerschaft ausbauen.
> > Wir verfolgen eine internationale Wachstumsstrategie – insbesondere im asiatischen Raum.
> > Wir wollen verstärkt Synergien innerhalb unseres Konzerns nutzen.
>
> In den Strategiedokumenten gab es umfangreiche Erläuterungen zur geplanten Umsetzung in Form von strategischen Maßnahmen. Die Ziele der BI-Strategie ließen sich daher folgendermaßen ableiten:
>
> ▶

---

[125] Formalziele geben Hinweise auf die Inhalte der BI-Strategie – sie sind die Grundlage für die Definition der KPIs. Die Sachziele einer BI-Strategie beschreiben den Rahmen, der für Business Intelligence gelten soll (z. B. in welcher Qualität BI-Dienstleistungen erwartet werden).

> Kunde
> - Schaffung einer Kunden-Ergebnisrechnung auf Konzernebene
> - Konzernweite Harmonisierung von Kundennummern, -struktur sowie weiterer Attribute
> - Konzernweite Standardisierung der Positionen der Ergebnisrechnung (Umsatz, Erlösschmälerungen, Rabatte, Boni etc.)

> Marktführerschaft
> - Integration externer Marktvergleichsdaten in die BI-Systeme
> - Unternehmensweit einheitliche Definition von Innovationen
> - Definition von Kennzahlen zur Innovationsmessung

> Wachstumsstrategie in Asien
> - Verfügbarkeit der BI-Systeme über verschiedene Zeitzonen sicherstellen
> - Durchgängige Mehrsprachigkeit der BI-Anwendungen schaffen
> - Mehrsprachigkeit der Dateninhalte durch Unicode-Unterstützung gewährleisten

> Synergien
> - Inhaltliche Abstimmung von Konzern- und Teilkonzern-Reporting
> - Zentral koordinierte BI-Organisation mit dezentralem Key-User-Konzept
> - Technologisch einheitliche BI-Plattform durch Redesign herstellen

Wie zu erkennen ist, lassen sich bereits aus übergeordneten Top-Zielen einer Unternehmensstrategie über die Detaillierung der Strategie untergeordnete Ziele und Maßnahmen einer BI-Strategie ableiten. Wichtig ist dabei die Herstellung einer stimmigen Argumentationskette in Verbindung mit einer durchgängigen Priorisierung von Zielen und Anforderungen.

Zusammenfassend sei noch einmal betont, dass zur Entwicklung einer BI-Strategie eine top-down-getriebene Vorgehensweise zu empfehlen ist. Sie bietet den Vorteil, dass sie eine ganzheitliche Sichtweise ermöglicht.[126] Natürlich kann die Strategiefindung auch bottom-up initiiert werden. Dies birgt allerdings die Gefahr, dass operative Sichtweisen dominieren und keine echte übergreifende Strategie entsteht. Insgesamt sollte das Vorgehen primär top-down erfolgen und bottom-up um operative Anforderungen ergänzt, aber nicht von diesen dominiert werden.

3.4.2   Informationsbedarfsanalyse

Für die Informationsbedarfsanalyse können grundsätzlich die folgenden zwei Ansätze unterschieden werden:[127]

> **Nachfrageorientiert:** Entscheidungsträger bzw. Anwender werden befragt, welche Informationen sie heute oder auch zukünftig benötigen. Hierzu werden sie aufgefordert, Beispielberichte oder Analysen zu Workshops oder Interviews mitzubringen. Zur Verringerung des Aufwands des Projektteams wird auch teilweise vereinbart, dass die Anwender vorbereitete Fragebögen ausfüllen und so den Informationsbedarf quasi selbst ermitteln. Aus dieser Vorgehensweise können allerdings mehrere Probleme resultieren. Einerseits kann

---

[126] Vgl. Bloom 2009, S. 18.
[127] Vgl. Strauch/Winter 2002, S. 367 ff.

es vorkommen, dass Anwender Informationsbedarfe nur sehr operativ melden, da sie die langfristige Perspektive einer BI-Strategie nicht erkennen. Auf der anderen Seite kann es im Extremfall zu einem „Wunschkonzert" nach dem Motto „Was ich immer schon einmal wissen wollte" kommen. Diesen Problemen kann durch eine systematische Ableitung der Informationsbedarfe aus der Unternehmensstrategie sowie durch eine sorgfältige Auswahl der Repräsentanten der Anwender entgegengewirkt werden.

> **Angebotsorientiert:** Ausgehend von den operativen Systemen wird überprüft, welche Inhalte in die BI-Systeme übernommen werden sollen. Als Grundlage können semantische Datenmodelle oder sogar Screenshots der Systeme dienen, die dann auf ihre Relevanz überprüft werden. Der Vorteil dieser Vorgehensweise ist, dass die Spezifikation der relevanten Daten relativ genau ist, da ein direkter Bezug auf die Felder bzw. Attribute der operativen Systeme hergestellt und dokumentiert wird. Weiterhin kann durch das systematische Durchsehen aller in Frage kommender Daten ein relativ hoher Grad an Vollständigkeit erreicht werden, der das Risiko von späteren Change Requests verringert. Es gibt allerdings den gegenläufigen Effekt, dass es durch diese Vorgehensweise schwieriger wird, den Umfang der Daten auf ein sinnvolles Maß einzugrenzen, da den Anwendern die Priorisierung der zu übernehmenden Daten deutlich schwerer fällt. Darüber hinaus können Entscheidungsträger aus nachgelagerten betrieblichen Funktionen, die nicht unmittelbar für die in den operativen Systemen abgebildeten Geschäftsprozesse verantwortlich sind, mit der Detailtiefe des Vorgehens überfordert sein.

Für die Entwicklung einer BI-Strategie ist der angebotsorientierte Ansatz sicherlich zu detailliert und wird nur für spezielle Teil-Aufgabenstellungen in Frage kommen. Er kommt eher bei der Umsetzung der BI-Strategie in Standard-BI-Projekten zum Tragen. In der praktischen Projekttätigkeit wird daher fast ausschließlich der nachfrageorientierte Ansatz gewählt.

Auf Basis von betriebswirtschaftlichen Steuerungsinstrumenten und den Erkenntnissen aus der Informationsbedarfsanalyse können bereits Rückschlüsse auf die Ist-Nutzung der BI-Systeme gezogen werden. Im Normalfall werden aus Effizienzgründen die Gesprächspartner schon in den Interviewterminen der Informationsbedarfsanalyse auch zu den genutzten Werkzeugen befragt, sodass das Projektteam bereits früh eine Übersicht über die fachliche Nutzung erhält. Diese bietet eine sehr gute Grundlage für die spätere Delta-Analyse der genutzten bzw. erwarteten Funktionalität aus Fachbereichssicht. Nicht selten stellt sich bei der Informationsbedarfsanalyse heraus, dass die von der IT bereitgestellten BI-Systeme gar nicht im vollen Umfang genutzt werden. Stattdessen werden Excel- oder Access-Lösungen zur „Veredelung" der Daten genutzt, was die ursprünglich geplante Nutzung der BI-Werkzeuge konterkariert.

Die Anzahl der zu behandelnden Kennzahlen, Entscheidungsobjekte und Informationsbedarfe kann im Rahmen einer BI-Strategiediskussion sehr umfangreich werden. Damit hier nicht der Überblick verloren geht, ist eine durchgängige Bewertung und strukturierte Dokumentation aller genannten Themen unerlässlich. Voraussetzung hierfür ist, dass im Projektteam eine Vereinbarung über den Detaillierungsgrad der Informationserhebung und Ergebnisdokumentation getroffen wird. Ausgehend vom vorgefundenen Steuerungskonzept muss die richtige Ebene der Dokumentation abgeleitet werden. Stellt z.B. jeder vorgefundene Bericht oder jede Kennzahl einen eigenständigen Informationsbedarf dar? Es empfiehlt sich daher die Clusterung bzw. Typisierung der Informationsbedarfe zu zusammenhängenden Themenblöcken. Diese Aufgabe kann meist nur mit Unterstützung von Schlüsselpersonen des Unternehmens erfolgen, die über sehr gutes internes Querschnitts-Know-how verfügen.

Die Dokumentation sollte die notwendige Flexibilität besitzen, um auf veränderte Anforderungen reagieren zu können. Verändern sich z. B. Prioritäten von Zielen, sollte der Einfluss auf Informationsbedarfe und Kennzahlen und damit auf das fachliche Konzept sehr leicht nachvollziehbar sein. Weiterhin sind Auswertungsmöglichkeiten nach verschiedenen Informationsbedarfen oder Kennzahlen sehr hilfreich, wenn z. B. die Frage gestellt wird, welche Kennzahlen voneinander abhängen oder welche Datenquellen „angezapft" werden müssen, um die gewünschte Information zu erhalten. Die traditionelle Art der Dokumentation basierend auf Textverarbeitungs- oder Präsentationsprogrammen hat sich für diese Zwecke als zu statisch herausgestellt. Daher empfiehlt sich die Dokumentation in einem Tabellenkalkulationsprogramm oder sogar als Datenbankanwendung.

	Unternehmensziele	Priorität*
Z1	Der Kunde steht im Mittelpunkt unseres Handelns	5
Z2	Wir wollen in unseren Marktsegmenten unsere Position über die technologische Innovationsführrerschaft ausbauen	5
Z3	Wir verfolgen eine internationale Wachstumsstrategie – insbesondere im asiatischen Raum	3
Z4	Wir wollen verstärkt Synergien innerhalb unseres Konzerns nutzen	4

* 5: entscheidend, 4: sehr wichtig, 3: wichtig, 2: relevant, 1: wünschenswert

⚠ Tab. 9: Dokumentation der Unternehmensziele

Die Dokumentation des Informationsbedarfs in Form von in Abhängigkeit stehenden Tabellenblättern in einer Tabellenkalkulation wie Excel stellt einen guten Kompromiss zwischen Anwenderfreundlichkeit für nicht IT-Fachleute und Funktionalität dar. Jeder Schritt des Prozesses wird dabei als eigene Tabelle angelegt. In Tabelle 9 wird die Erfassung der Unternehmensziele in stark vereinfachter Form gezeigt. Idealerweise liegt das Zielsystem des Unternehmens fertig dokumentiert vor, z. B. in Form einer Strategy Map, und muss nur in die Projektdokumentation übernommen werden. Unternehmensziele, strategische Maßnahmen,

⚠ Abb. 31: Ableitung der Informationsbedarfe aus den strategischen Unternehmenszielen

Informationsbedarfe etc. werden miteinander in Beziehung gesetzt (siehe Abbildung 31). Die Prioritäten werden top-down durchgerechnet und führen im Endeffekt zu einer Gesamtbewertung.

In Tabelle 10 wird die Dokumentation von Informationsbedarfen in vereinfachter Form dargestellt. Jeder Informationsnachfrager sollte im Rahmen des Strategieprozesses seinen Bedarf anhand der Unternehmensziele erläutern und den Nutzen darstellen können. Informationsbedarfe, die sich nicht in dieser Form herleiten lassen, sind kritisch zu hinterfragen und normalerweise eher niedrig zu priorisieren.

ID	Informa-tionsbedarf	Beschreibung	Nutzen	Typ	Priorität*
IB 5.1.1	Reklamations-quote	Detaillierte Statistik nach Reklamationsgründen pro Produkt	Aufdeckung von Qualitätsmängeln	Qualitäts-manage-ment	4
IB 5.3.1	Kundenprofil	Kunden nach Eigenschaften segmentieren und Profile erstellen	Deutliche Steigerung der Kundenzufriedenheit durch individuelle Ansprache	CRM	5
IB 7.1.1	Profit-Center-Rechnung nach Produkten	Detaillierte Ergebnisrechnung pro PC nach Produkten detaillierbar	Verbesserte Produktplanung	Ergebnisrechnung	3
IB 7.3.1	Profit-Center-Rechnung nach Vertriebswegen	Ergebnisrechnung pro PC nach Vertriebswegen detaillierbar	Verbesserte Vertriebssteuerung	Ergebnisrechnung	5

* 5: entscheidend, 4: sehr wichtig, 3: wichtig, 2: relevant, 1: wünschenswert

▲ Tab. 10: Erhebung der Informationsbedarfe (vereinfachte Darstellung)

Die Kennzahlen und Entscheidungsobjekte, die aus der Informationsbedarfsanalyse resultieren, können auf hoher Ebene zusätzlich tabellarisch für eine Delta-Analyse dokumentiert werden. Abbildung 32 zeigt ein anonymisiertes Beispiel für eine Kennzahlen-/Dimensionsmatrix. Es wird deutlich, welche Kennzahlen als Ist-, Plan- oder Forecast bereits in einem Data Warehouse vorliegen bzw. welche aufgrund der erhobenen Anforderungen noch fehlen (Delta-Ermittlung). Für Kennzahl 2 fehlt beispielsweise noch die Detaillierung auf Tagesebene. Diese Darstellung lässt sich auch auf mehrere Systeme erweitern, sodass im Idealfall deutlich wird, welche Kennzahlen ggf. redundant oder sogar mit abweichender Definition in unterschiedlichen Systemen vorliegen.

Für die Informationsbedarfsanalyse sind Checklisten bzw. Interview-Templates ein sehr nützliches Hilfsmittel. Im Anhang befinden sich Beispiele für entsprechende Fragenkataloge.

| Kennzahlen | Berichts-ID | Dimensionen | | | | | | | | | | | | |
| | | Zeit | | | Produkt | | | | Region | | | ... | | |
		Jahr	Monat	Tag	Ebene 1	Ebene 2	Ebene 3	Ebene 4	Ebene 1	Ebene 2	Ebene 3	Ebene 1	Ebene 2	Ebene 3
Kennzahl 1	4			I	I	I			I	I	I			
Kennzahl 2	4	IP	I	I	I	IPF	I	I		IP	I		I	I
Kennzahl 3	4	I	I	I		I	I	I	I	I	I	I	I	I

Legende

I = Ist-Wert   ⬛ Daten im DWH verfügbar
F = Forecast-Wert   ⬛ Daten im Quellsystem verfügbar
P = Plan-Wert   ⬜ Daten nicht verfügbar

Abb. 32: Beispiel für eine Kennzahlen-/Dimensionsmatrix[128]

3.4.3   SWOT-Analyse

Die SWOT-Analyse (Strengths, Weaknesses, Opportunities and Threats) hat sich als Instrument zur Unterstützung strategischer Entscheidungen etabliert. Dabei wird der Nutzen einer SWOT-Analyse auf zwei Seiten erreicht: Zum einen hilft die Analyse bei der Aufdeckung der Ausgangssituation in Form von Stärken und Schwächen. Zum anderen können durch die Betrachtung der Chancen und Gefahren Ansätze für zukünftige Projekte identifiziert werden. Die SWOT-Analyse bezogen auf Business Intelligence sollte analog zum vorgestellten Vorgehensmodell in den drei Perspektiven der Fachlichkeit, Architektur/Technologie und Organisation erfolgen. In Projekten stellt sich teilweise bereits früh heraus, dass eine Perspektive sehr gut ausgeprägt ist, während die anderen Ebenen Schwächen oder sogar Gefahren bergen.

Die Ermittlung von und der Umgang mit Stärken (Strengths), Schwächen (Weaknesses), Gelegenheiten (Opportunities) und Gefahren (Threats) für die BI-Strategie soll im Folgenden an einem Beispiel erläutert werden. Ein Unternehmen hat gerade eine neue Tochtergesellschaft (TOCHTER) akquiriert und steht nun u.a. vor der Herausforderung, die BI-Landschaft neu zu ordnen. Ein Projektteam aus Vertretern der Muttergesellschaft führt hierzu eine SWOT-Analyse durch, deren Ergebnis in Abbildung 33 dokumentiert ist.

Während die Stärken und Schwächen sich auf die Ausgangssituation der Muttergesellschaft beziehen, werden die Opportunities und Threats vor dem Hintergrund der Akquisition der TOCHTER identifiziert. Die Ansatzpunkte für die folgenden Integrationsprojekte werden aus der Abbildung ersichtlich. Vergleichbar zu der bereits vorgestellten Reifegradmethode stellt die Bestimmung von Stärken und Schwächen eine Standortbestimmung der BI-Landschaft eines Unternehmens dar.

▶

Strengths	Weaknesses
› Erfahrung im Umgang mit zwei großen BI-Plattformen › Kurze Antwortzeiten bei Abfragen › Hochformatierte Berichte	› Kein Single Point of Truth › Zahlreiche Schnittstellen › Zu wenig Kommunikation zwischen IT und Controlling

Opportunities	Threats
› Integration des übersichtlichen Dashboards › Übernahme des BI-Know-hows aus dem BICC der TOCHTER › Integration der Leistungsverrechnung und des Rahmenwerks (ITIL) › Innovative Methoden in der Analyse vorhanden › Definition einer einheitlichen gemeinsamen Rahmenstrategie	› Medienbrüche in der Kommunikation von Konzernmutter und TOCHTER › Unterschiedliche Bilanzierung › BI-Prozesse laufen unterschiedlich › Noch bestehende Lizenzverträge der TOCHTER › Zusätzliche BI-Prozesse der TOCHTER überfordern die Konzern-IT

▲ Abb. 33: Beispiel für eine SWOT-Analyse

3.4.4 Reifegradmodelle und -bestimmung

Die strukturierte Einschätzung der Reife von Produkten in ihrer Wirkung am Markt und im Vergleich zu Mitbewerbern erfolgt regelmäßig in Unternehmen. Die Produktlebenszyklusbetrachtung ist dabei ein etabliertes Instrument im strategischen Marketing. Eigenschaften wie Innovationsgrad oder Marktattraktivität sind hierbei bestimmende Elemente, die als Entscheidungsgrundlage für Investitionen in (Weiter-)Entwicklung oder Marketing dienen. Differenziert wird dabei zwischen Produkten, die sich in unterschiedlichen Phasen ihres Lebenszyklus befinden.

Eine weitere Form der Lebenszyklusbetrachtung ist die Beurteilung der Reife von organisatorisch-technologischen Themen in Unternehmen. Zur Reife von Business Intelligence in der Unternehmenspraxis sind in den letzten Jahren mehrere Modelle von Software-Anbietern, Unternehmensberatungen oder vom TDWI veröffentlicht worden. Die Modelle basieren auf der Annahme, dass Business Intelligence in der betrieblichen Anwendung auch einem zwischen den Unternehmen vergleichbaren Reifegrad unterworfen ist. Basis für diese Modelle ist daher das Wissen über eine genügend große Anzahl an Anwendungen, die Organisation und den Einsatz von Business Intelligence in Unternehmen. Die folgende Aufzählung soll eine Übersicht über aktuelle Reifegradmodelle für Business Intelligence geben:
> Business Intelligence Maturity Model (biMM)[129]
> BI Maturity Model[130]
> DWH Maturity Scorecard[131]

---

[129] Vgl. Philippi u.a. 2006, S. 13.
[130] Vgl. http://www.hp.com/go/assessBInow.
[131] Vgl. http://www.teradata.com.

> Information Evolution Model[132]
> TDWI Maturity Model[133]

Im Folgenden soll auf das Reifegradmodell des TDWI eingegangen werden. Das Maturity Model betrachtet als wichtigste Perspektiven die Reife der inhaltlichen Konsolidierung, der Organisation/Verantwortung sowie der Wirtschaftlichkeit/ROI. In Abbildung 34 werden die verschiedenen Phasen dieses Modells aus Sicht der inhaltlichen Konsolidierung dargestellt. In vielen Unternehmen hat der Reifeprozess mit einfachen Berichtslösungen, die direkt auf operativen Systemen basieren, begonnen. Daten können nicht zusammenhängend analysiert werden, außer man legt Papierbahnen nebeneinander bzw. man konvertiert die unterschiedlichen Berichte in einem manuellen Prozess zu einer Datei. In der zweiten Phase des Modells werden die Verknüpfungen zwischen den verschiedenen Berichten über Excel-Tabellen hergestellt. Die Tabellen können äußerst komplex werden, und meistens ist eine Person der alleinige Know-how-Träger für die Funktionsweise dieser Lösung.

Um die dritte Phase des Lebenszyklus zu erreichen, muss das Unternehmen eine größere Hürde überwinden. Erstmalig muss eine größere Investition in BI vorgenommen werden und Standardisierungsaktivitäten beginnen. Als vierter Schritt schließt sich der Übergang zu einem Data Warehouse an, das verschiedene Themengebiete umfasst und einzelne Data Marts konsolidiert. Die Mehrzahl der Unternehmen weltweit befindet sich nach Einschätzung des TDWI in den Phasen 3 und 4 (Child und Teenager).

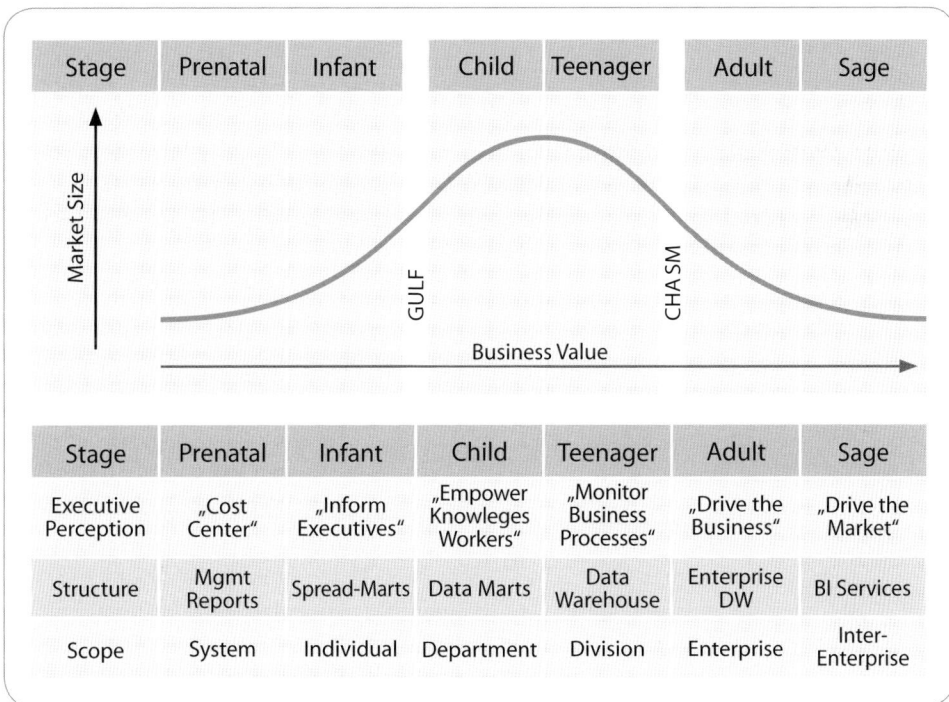

Stage	Prenatal	Infant	Child	Teenager	Adult	Sage

Market Size / Business Value / GULF / CHASM

Stage	Prenatal	Infant	Child	Teenager	Adult	Sage
Executive Perception	„Cost Center"	„Inform Executives"	„Empower Knowleges Workers"	„Monitor Business Processes"	„Drive the Business"	„Drive the Market"
Structure	Mgmt Reports	Spread-Marts	Data Marts	Data Warehouse	Enterprise DW	BI Services
Scope	System	Individual	Department	Division	Enterprise	Inter-Enterprise

▲ Abb. 34: Reifegradmodell für BI aus Sicht der inhaltlichen Konsolidierung[134]

---

132 Vgl. Davis u. a. 2006.
133 Vgl. Eckerson 2007.
134 Vgl. Eckerson 2004a, S. 2.

Für den Übergang zum „Erwachsenenalter" (Adult) muss die zweite große Hürde im Lebenszyklus überwunden werden. Verschiedene Data Warehouses werden im Idealfall zu einem unternehmensweiten Enterprise Data Warehouse zusammengeführt. Vor diesem Schritt stehen zurzeit viele Unternehmen, zögern aber aufgrund des hohen Aufwands. In der letzten Phase muss der Sprung hin zu flexiblen BI Services gelingen, die unternehmensübergreifend wirken. Business Intelligence soll so weitreichend im Unternehmen verankert sein, dass nicht nur das Geschäft, sondern der Markt mit Hilfe von unternehmensübergreifenden BI Services gesteuert wird. Die wenigsten Unternehmen befinden sich heute in dieser Position.

Im Rahmen der Ist-Analyse einer BI-Strategie sollte das Unternehmen hinsichtlich seiner Position im BI-Lebenszyklus eingeordnet werden. Dabei sollten alle existierenden BI-Lösungen für sich getrennt bewertet und ihre Position in einem Diagramm eingetragen werden. Es ergibt sich ein Gesamtbild für das Unternehmen, das sich seiner Situation bewusst wird und eine Basis für die Planung der Weiterentwicklung erhält.

3.4.5   Bestimmung des Ziel-Software-Portfolios

Die Bestimmung des Ziel-Software-Portfolios als Ergebnis einer BI-Strategie unterscheidet sich von der klassischen Software-Auswahl zur Produkt-Neueinführung dadurch, dass durch eine BI-Strategie in der Regel die Anzahl der vorhandenen Werkzeuge reduziert werden soll. Daher steht meistens nicht die Auswahl neuer Werkzeuge im Vordergrund, sondern die Optimierung der bereits eingesetzten Werkzeuge im Verhältnis zu den existierenden und geplanten Anwendungen. Im ersten Schritt sollten daher zunächst alle im Unternehmen eingesetzten Werkzeuge ermittelt und ihre Verwendung genau dokumentiert werden. Die in Tabelle 11 beispielhaft zusammengestellten zu erfragenden Informationen bieten eine erste Ausgangsbasis (High Level) für die Analyse des Ist-Portfolios. Für eine valide Entscheidungsgrundlage sind darüber hinaus zahlreiche weitere Informationen notwendig, wie z. B. der genaue Umfang der genutzten Funktionalität, die Lizenz- und Wartungskosten oder Details zu den zu berichtenden oder zu analysierenden Inhalten. Die detaillierenden Informationen können im Strategieentwicklungsprozess bei der inhaltlichen oder technologischen Analyse miterhoben werden.

Produktname: BI Enterprise Suite	**Modulbezeichnung:** Power Reports
Anbietername: BI Werkzeug GmbH	**Produktive Version:** 8.01
Anmerkung: Releasewechsel auf Version 8.2 geplant in Q3 / 2010	
Anwendung 1: Vertriebs-Reporting	
Wöchentliches Reporting des Auftragseingangs mit verkürzter Ergebnisberechnung für Vertriebsverantwortliche der Business Units über Webbrowser	
Datenbasis: Vertriebs-Data-Mart (DMVERT1)	
Berichtsempfänger: 50	**Berichtsersteller:** 2
Anmerkung: In den folgenden Jahren werden max. 60 Berichtsempfänger erwartet.	
Anwendung 2: Beschwerdestatistik	
Monats-Reporting der im Servicesystem erfassten Beschwerden nach Beschwerdegründen	
Datenbasis: Service-Data-Mart (DMSERV1)	

Berichtsempfänger: 20 (davon 10 deckungsgleich mit Vertriebs-Reporting)		**Berichtsersteller:** 1
Anmerkung: Es sind keine weiteren Berichtsempfänger geplant.		
	Berichtsempfänger	**Berichtsersteller**
Gekaufte Lizenzen	100	10
Verwendete Lizenzen (geplant)	60 (70)	3 (3)
Aktuell freie Lizenzen (langfristig freie Lizenzen)	40 (30)	7 (7)
Architektur: Power Reports folgt einer Client-Server-Architektur.		
Server: Der Applikationsserver wurde auf einem Cluster bestehend aus zwei Windows-Server-20xx-Systemen installiert. Als Webserver wird der Internet Information Server benutzt.		
Clients: Das Modul für die Berichtsersteller wird über die zentrale Software-Verteilung für Windows installiert. Berichtsempfänger haben Zugriff über den Webbrowser (Internet Explorer oder Firefox).		

⬚ Tab. 11: Erfassungsblatt für ein Software-Werkzeug (Auszug)

Eine wesentliche Grundlage für die Bestimmung des Ziel-Software-Portfolios ist die IT-Strategie: Wird grundsätzlich auf das Software-Angebot bevorzugter Lieferanten („Preferred Suppliers") gesetzt oder sind es jeweils Einzelfallentscheidungen? Bevorzugte Lieferanten sind meist große Software-Anbieter wie IBM, Oracle, Microsoft oder SAP, die ganze Software-Suiten bzw. Plattformen anbieten. Demgegenüber führen Einzelfallentscheidungen in der Regel zu „Best-of-Breed"-Architekturen, d. h. für jeden Einsatzzweck zählt vor allem die Funktionalität der angebotenen Software und nicht der Anbieter.[135] Die Vor- und Nachteile beider Ansätze werden in Tabelle 12 dargestellt. Welche Strategie tatsächlich geeigneter ist, kann nur aus Sicht des Gesamtunternehmens beurteilt werden.

Best of Breed	BI-Suite
› Auswahl des besten Software-Produkts pro BI-Anwendung › Hohe Funktionsabdeckung › Tendenziell kürzere Release-Zyklen › Oft gute Einflussnahme durch Kunden auf die Weiterentwicklung möglich › Höhere Komplexität der Gesamtlandschaft durch unterschiedliche Produkte › In der Regel hohe Zufriedenheit der Anwender › Latente Gefahr der Übernahme durch Suite-Anbieter und damit möglicher Strategiewechsel bei der Weiterentwicklung	› Auswahl einer Software-Suite, die möglichst viele Anwendungen beinhaltet › Unterschiedlich hohe Funktionsabdeckung pro Modul › Tendenziell längere Update-Zyklen, da vom Hersteller die Abhängigkeiten innerhalb der gesamten Suite beachtet werden müssen › Hohe Integration der Module, dadurch geringere Komplexität der Gesamtlandschaft › Durchgängigkeit/Einheitlichkeit des Ansatzes, z. B. bez. Datenmodell, Benutzeroberfläche und Infrastruktur › Alles aus einer Hand, aber zugleich Abhängigkeit von einem Anbieter

⬚ Tab. 12: Gegenüberstellung Best-of-Breed- und BI-Suite-Ansatz

---

135 Vgl. Chaves-Sanz/Al-Awamy 2008, S. 15 ff.

Für die Bestimmung der Ziel-Software für BI-Anwendungen wie Planung, Reporting oder Analyse bietet sich das Vorgehen in Form einer Nutzwertanalyse an (siehe Abschnitt 3.4.7). Die unterschiedlichen vorhandenen und ggf. auch neu einzuführenden Software-Plattformen werden dabei nach unterschiedlichen Kriterien bewertet. Da die Grundfunktionalität der Produkte der unterschiedlichen Anbieter heute weitgehend vergleichbar ist, sind in der Bewertung oftmals die Alleinstellungsmerkmale ausschlaggebend. Hierbei muss allerdings beachtet werden, ob diese von den Anwendern überhaupt genutzt werden bzw. zur Nutzung vorgesehen sind. Ein zusätzliches Kriterium kann die Bewertung der Software durch Analysten wie BARC, Gartner oder TDWI sein. Weiterhin sollte auch die Software-Strategie der Hersteller in die Bewertung einfließen. Leider haben sich in den letzten Jahren die Anbieterstrategien teilweise sehr kurzfristig geändert, sodass diese nicht immer verlässlich sind.

Der Nutzwertanalyse gegenübergestellt werden sollten – soweit möglich – die Kosten, die sich mit einer Änderung des Ist-Software-Portfolios ergeben. Zu den Kosten gehören vor allem die Migrationskosten von den Ist-Software-Produkten zum strategischen Portfolio. Sollte keine genaue Schätzung möglich sein, so können die Ist-Entwicklungskosten der aktuellen Plattform eine gute Orientierungshilfe sein. Diese Kosten lassen sich meist auf Basis archivierter Projektberichte ermitteln. Eine weitere Kostenkategorie sind die Doppelaufwände, die in der Ist-Situation für den parallelen Betrieb vergleichbarer Software-Produkte anfallen. Diese Kosten sollten auf mehrjähriger Basis den Migrationskosten gegenübergestellt werden, damit ggf. Einspareffekte deutlich werden. Wie schon beschrieben, ist der eigentliche Nutzen aber oftmals nicht monetär bewertbar, wie beispielsweise der Nutzen, der dadurch entsteht, dass das Unternehmen zukünftig über ein konsistentes Berichtswesen mit einheitlichen Kennzahlen verfügt, sodass keine systembedingten Abweichungen mehr möglich sind.

3.4.6   Kostenstruktur und Leistungsangebot

Die Ermittlung der Ist-Kosten stellt einen ersten Schritt für die Ermittlung der Wirtschaftlichkeit von Business Intelligence dar. Existieren unterschiedliche BI-Anwendungen an verschiedenen Stellen im Unternehmen, werden die zugeordneten Kosten bzw. Aufwände meist nicht zusammenhängend erfasst. Oft werden mit BI verbundene Kosten nur auf IT-Seite detailliert erfasst; die auf Fachbereichsseite anfallenden Kosten werden hingegen pauschal als Gehälter in Funktions- oder Geschäftsbereichen ausgewiesen. Dieses Ungleichgewicht in der Behandlung der Kostenzuordnung kann dazu führen, dass Fachbereiche schleichend IT-nahe Aufgaben übernehmen, da dies scheinbar günstiger ist.

Grundlage für eine tatsächlich realistische Bewertung von Kosten und Leistungen ist ein wirksames Controlling der BI-Landschaft, um damit ein ganzheitliches Bild zu gewinnen. Doch hieran hapert es in der Praxis leider oftmals. BI-Kosten der Fachbereiche sind beispielsweise in den Fachbereichskosten „versteckt", da sie nicht getrennt ausgewiesen werden. Dieses Phänomen tritt häufig in Zusammenhang mit Entwicklung und Betrieb von Planungs- und Reporting-Anwendungen im Controlling auf. Der notwendige OLAP-Server steht quasi beim zuständigen Controllingmitarbeiter unter dem Schreibtisch, der die IT-nahen Aufgaben nebenbei erledigt. Gerade diese latenten Kosten sind jedoch ein wichtiger Bestandteil für die Bewertung der BI-Landschaft. Werden durch ein verbessertes Leistungsangebot von BI beispielsweise die Datenverarbeitungs- und Berichtsaufbereitungsprozesse komplett automatisiert, werden auch die Mitarbeiter in den Fachbereichen für ihre ursprünglichen Aufgaben frei, die eigentlich in Analyse und Interpretation der Daten liegen. In der Bewertungsphase müssen diese Potenziale identifiziert und berechnet werden. Kosten können nach der Umsetzung eingespart bzw. anders allokiert werden, damit die Investition in die Prozessautomatisierung wirtschaftlich ist.

Die folgenden Kostenarten sollten typischerweise pro BI-Anwendung berücksichtigt werden:[136]

> Neu-/Weiterentwicklung (die enthaltenen Personalkosten sollten nach internen und externen Ressourcen differenziert werden)
> Change Requests, ggf. aufgespalten nach Typen (z. B. fachlich, technisch motiviert)
> Lizenzkosten: Anschaffung, ggf. als jährliche Abschreibung, Wartungskosten, Hersteller-Support
> Hardware-Kosten: Anschaffung, ggf. als jährliche Abschreibung, Betrieb
> Support
> Betriebskosten

Die Kosten sollten dabei nicht bis auf das letzte Detail aufgespalten werden, da die für die BI-Strategie relevanten Aussagen auch auf einer groben Basis getroffen werden können. Für Gehälter können beispielsweise Durchschnittswerte aus den Planungsprämissen genutzt werden. Somit kann auch die Vertraulichkeit dieser sensiblen Informationen gewahrt werden. Für eine Zuordnung von Fachbereichspersonal zu konkreten mit BI verbundenen Tätigkeiten reichen auch meist Schätzwerte: z. B. „im Vertriebscontrolling beschäftigen sich durchschnittlich pro Jahr 1,5 Personen mit der fachlichen Qualitätssicherung der Dateninhalte". Für die Ermittlung der Kosten für Neu-/Weiterentwicklung sowie für den Betrieb sollten nur die wichtigsten BI-Anwendungen berücksichtigt werden, ggf. nach dem Pareto-Prinzip, was bedeutet, dass wenige BI-Anwendungen den Großteil des Budgets ausmachen können.

Der Kostenstruktur sollte das Leistungsangebot gegenübergestellt werden: Was wurde, wird bzw. soll mit den Mitteln erreicht werden? Ein Teil der Erkenntnisse kann bereits durch die Analyse der anderen Perspektiven ermittelt werden, z. B. durch die Organisationsanalyse. Das Leistungsangebot sollte analog zur Kostenstruktur pro Anwendung erstellt werden und kann beispielsweise folgendermaßen gegliedert sein:

> Nutzung einer Anwendung
  – Anzahl Benutzer (Power-User, Berichtsempfänger)
  – Anzahl Analysen pro Zeiteinheit
  – Anzahl Standardberichte
  – Antwortzeitverhalten

> Betrieb einer Anwendung
  – Verfügbarkeit (Tageszeiten; lokal, global)
  – Art und Umfang des Anwender-Supports, Reaktionszeiten
  – Anzahl und Periodizität der Lade- und Extraktionsprozesse
  – Art und Umfang der Verarbeitungsprozesse
  – Datenvolumen

---

136 Vgl. Krcmar 2005, S. 403.

> Weiterentwicklung einer Anwendung: Entwicklungszeiten nach Komplexitätsklassen (gering, mittel, groß) sowie nach Art der Entwicklung
  - Entwicklung einer neuen Kennzahl auf Basis vorhandener Daten
  - Entwicklung eines neuen Berichts auf Basis vorhandener Daten
  - Anschluss eines neuen Quellsystems
  - Entwicklung eines neuen Cubes

Die Bewertung der Kosten in Gegenüberstellung des Leistungsangebots von BI sorgt in vielen Unternehmen für immer wiederkehrenden Diskussionsstoff. Insbesondere das mit dem konsequenten Einsatz von BI-Technologie verbundene Kostensenkungspotenzial wird scheinbar nicht in allen Unternehmen genutzt. Sehen die Anwender den Nutzen von BI als überwiegend positiv, so werden die daraus resultierenden Kosten durchaus als kritisch angesehen. 48 % der in einer empirischen Untersuchung befragten Unternehmen haben durch den Einsatz von BI eine Kostensenkung festgestellt, wohingegen 23 % eine Kostensteigerung bemerkten. 29 % der Unternehmen konnten keine Aussage machen.[137]

In einem von einem der Autoren durchgeführten Projekt gab ein Unternehmen beispielsweise die IT-Betriebskosten für ein großes Data Warehouse im hohen sechsstelligen Bereich an. Die Unternehmensschwester mit einer vom Umfang nur geringfügig einfacheren Anwendung bezifferte die Kosten hingegen nur auf ca. 100 Tsd. EUR. Bei genauerer Untersuchung stellte sich heraus, dass etliche Kostenarten nicht verursachungsgerecht zugerechnet wurden. Die Unternehmensschwester rechnete sich damit künstlich auf ein niedriges Kostenniveau, um den allgemeinen Konsolidierungsbestrebungen zu entgehen. Somit konnte die Tochter argumentieren, dass jede Vereinheitlichung nur Mehrkosten für sie mit sich bringen würde.

Der Einsatz üblicher Methoden wie der Wirtschaftlichkeitsrechnung („WiRe") oder der Investitionsrechnung, der z.B. konkrete Aussagen zu Zahlungsströmen benötigt, passt für BI oft nicht. Grundsätzlich kann das Problem auf den Wert einer einzelnen Information zurückgeführt werden: Je operativer diese ist, d.h. je entscheidender sie für die erfolgreiche Abwicklung eines Geschäftsprozesses ist, desto einfacher lässt sich ihr Wert bestimmen. Kommt z.B. der Verkauf eines Artikels aufgrund einer fehlenden oder falschen Information nicht zustande, entspricht der Wert einer Information im einfachsten Fall dem Deckungsbeitrag des Artikels. Die Nicht-Entscheidung eines Managers aufgrund falscher oder fehlender Information kann das Unternehmen hingegen fast in beliebiger Höhe belasten, und die Auswirkungen werden im Einzelfall erst nach Monaten deutlich.

Eine oft angewendete Vorgehensweise zur Bewertung der Wirtschaftlichkeit von BI liegt in der qualitativen Nutzenbetrachtung geplanter Projekte oder Systeme. Der Informationsnutzer beschreibt qualitativ, wie ihm die Information hilft, z.B. dass die Qualität seiner Entscheidungen steigt. Besser ist es, wenn sich der Wert aus einem konsistenten und durchgängigen Zielsystem im Unternehmen ableitet. Aktuelle Informationen über wichtige Kennzahlen besitzen demnach einen hohen Wert. Kennzahlen von niedriger Priorität dürfen nur wenig kosten, da sie einen geringeren Wert haben. Der Gesamtwertansatz von BI wird über einen Lebenszyklus betrachtet und dabei an die geplante Entwicklung der Unternehmensziele über einen längeren Zeitraum gekoppelt. Der ROI der BI-Anwendungslandschaft ist damit von den Unternehmenszielen abhängig. Nicht mehr der Informationsnutzer würde fragen, was

---

die Information kostet, sondern das Unternehmen insgesamt würde vorgeben, was die Information wert ist. Leider kann an dieser Stelle keine allgemeingültige Berechnungsvorschrift für den ROI von Business Intelligence gegeben werden, da die Anwendungssituationen zu unterschiedlich sind. Jedes Unternehmen benötigt einen individuellen Ansatz, der der jeweils intendierten Ausprägung von Business Intelligence gerecht wird.[138]

Wie bereits zu Beginn des Abschnitts 3.2.2 erwähnt wurde, gibt es eine Reihe von Benchmarking-Untersuchungen aus dem universitären Umfeld oder von Analysten, die auch Aussagen zu BI-Kosten und -Leistungen enthalten. Dabei werden für ausgewählte BI-Plattformen Kennzahlen erhoben, beispielsweise:

> Gesamtkosten für ein Standard-Reporting
> Gesamtkosten für ein Ad-hoc-Reporting
> Gesamtkosten für ein parametrisiertes Reporting
> Hardware-Kosten
> Lizenzkosten
> Personalkosten Betrieb

Die aufgeführten Kosten werden für Szenarien mit ein- oder zehntausend Anwendern pro Jahr erhoben. Auf diese Weise können derartige Kennzahlen sicherlich ein Ansatzpunkt für den Vergleich über die Unternehmensgrenzen hinweg sein. Dennoch muss immer genau überprüft werden, inwiefern die Vergleichbarkeit tatsächlich gegeben ist.

3.4.7   Nutzenbeschreibung und Nutzwertanalyse

Die Frage nach Kosten und Nutzen von BI-Anwendungen wird von Unternehmen meist nur sehr zurückhaltend beantwortet. In vielen Unternehmen findet zwar eine kontinuierliche (30 %) oder einmalige (47 %) Kostenkontrolle statt, es fehlt demgegenüber allerdings die Transparenz des Nutzens (36 %).[139] Eine unternehmensweite Übersicht über die Kosten von Business Intelligence zu erstellen fällt vielen Unternehmen schwer, da die Kosten entweder in den verschiedenen Bereichen und Unternehmensteilen separat budgetiert oder viele Kosten gar nicht auf Business Intelligence bezogen erfasst werden. Ein Controlling findet eher projektbezogen auf einzelne Realisierungsschritte denn ganzheitlich über den Lebenszyklus statt. Kosten und Aufwände lassen sich zwar über geeignete Maßnahmen erfassen, schwieriger wird es aber bei der Nutzenquantifizierung. Wie hoch ist z. B. der monetäre Wert eines wöchentlichen Berichts? Auf Fragen dieser Art wird in der Praxis gerne mit der Gegenfrage nach den Kosten des Berichts reagiert. Generell fällt es den meisten Informationsnutzern relativ schwer zu beurteilen, was eine Information für das Unternehmen wert ist. Die systematische Erfassung der Kosten wurde ja bereits in Abschnitt 3.4.6 behandelt, sodass im Folgenden nur die reine Nutzensicht im Vordergrund steht.

Grundsätzlich lassen sich in der Nutzenbeschreibung von IT-Lösungen folgende Kategorien unterscheiden:[140]

> Strategische Wettbewerbsvorteile
> Produktivitätsverbesserungen
> Kostenersparnis

---

[138] Vgl. Watson u. a. 2004, S. 16.
[139] Vgl. Chamoni/Gluchowski 2004, S. 125.
[140] Vgl. Nagel 1990, S. 31.

Der Nutzen jeder BI-Anwendung sollte mindestens über eine der Nutzenkategorien begründbar sein. Typische Begründungen können auf hoher Beschreibungsebene folgendermaßen lauten: Die neue BI-Anwendung führt zu[141]

> Umsatzsteigerungen, z. B. durch die Identifikation neuer Märkte und Nischen,
> Produktivitätsverbesserungen, z. B. durch besser selektierte Zielkunden für Marketingkampagnen,
> Verbesserung der Kundenzufriedenheit, z. B. durch besseres Verständnis der Kundenwünsche,
> Erzielung von Einsparpotenzialen, z. B. durch frühzeitige Erkennung von Qualitätsproblemen,
> Gewinnung von Marktanteilen, z. B. durch die bessere Nutzung von Potenzialen.

Nutzen dieser und ähnlicher Art sollten für operative BI-Anwendungen im Rahmen einer Wirtschaftlichkeitsanalyse möglichst realistisch berechnet werden. Wie bereits beschrieben, ist demgegenüber eine genaue Quantifizierung des Wertes strategischer Informationen oft nicht möglich.[142]

Die Nutzwertanalyse dient zur Beurteilung der Vorteilhaftigkeit einer Handlungsalternative, wenn keine harten – also monetär messbaren – Kriterien ermittelt werden können.[143] In BI-Strategieprojekten findet die Nutzwertanalyse oftmals in der Beurteilung alternativer Architekturszenarien Anwendung. In Tabelle 14 wird ein Ausschnitt aus der Beurteilung von vier möglichen Soll-Szenarien im Vergleich zur Ist-Situation dargestellt. Üblicherweise beginnt der Aufbau einer solchen Matrix mit der Abstimmung der Haupt-Beurteilungskategorien. Ein erprobtes Vorgehen ist die Gliederung der Hauptkategorien nach den Schichten eines Data Warehouse (z. B. Datenbewirtschaftung, Datenhaltung, Frontend) sowie den BI-Anwendungen (z. B. Planung, Analyse, Reporting). Zusätzlich gibt es allgemeine Kriterien, die über alle Kategorien hinweg Gültigkeit haben, wie z. B. der Integrationsgrad der unterschiedlichen Komponenten der Architektur. Innerhalb jeder Hauptkategorie werden Unterkategorien bzw. Unterpunkte auf Basis der Anforderungen von Anwendern und IT zusammengestellt. Jeder Einzelpunkt wird mit einem individuellen Gewichtungsfaktor versehen, der die Wichtigkeit der Anforderung widerspiegelt. Diese Gewichtungsfaktoren sollten nach Möglichkeit vor der eigentlichen Bewertung von ausgewählten Vertretern der Fachbereiche und der IT abgestimmt werden. Somit bleibt eine gewisse Objektivität gewahrt. Denkbar ist auch, dass das Kernprojektteam einen Vorschlag für die Gewichtung vorlegt und diese dann vom erweiterten Projektteam überprüft wird. Die Gewichtung der Hauptkategorien erfolgt entweder als Summe der Einzelgewichte (wie im abgebildeten Beispiel, siehe Tabelle 13) oder die Hauptkategorien werden noch einmal separat gegeneinander gewichtet. Danach findet die eigentliche Bewertung der Architekturszenarien statt. Für Gewichtungsfaktoren und Bewertungen müssen geeignete Skalierungen gewählt werden (z. B. 1–3, 1–5, 1–6).

---

[141] Vgl. Moss/Atre 2003, S. 39 f.
[142] Vgl. Wieczorrek/Mertens 2008, S. 232.
[143] Vgl. beispielsweise Wieczorrek/Mertens 2008, S. 227 ff.

Kategorie	Kriterien	Gewichtung	Ist-Architektur	Alternative 1	Alternative 2	Alternative 3	Alternative 4
	Allgemein						
Allgemein	Flexibilität (Austausch einzelner DWH-Ebenen)	1	2	3	1	3	2
	Externe Support-Verfügbarkeit	2	2	2	3	2	2
	Mehrsprachigkeit/UNICODE	3	2	3	3	2	1
	7*24h-Betrieb/Hochverfügbarkeit	4	1	3	3	2	1
	DWH-umfassende Metadaten-Verwaltung	5	2	2	3	2	1
	Mehrwährungsfähigkeit	1	2	2	2	2	2
	Standardisierung/Vereinheitlichung	2	2	3	3	3	1
	Berechtigungskonzept	3	1	3	3	3	1
	Vermeidung von Migrationsaufwand	1	2	1	1	1	3
Summe		22	16	22	22	20	14
	ETL						
Summe		42	23	29	23	30	21
	Datenhaltung						
Summe		33	16	19	19	19	17
	Frontend: Standard-Reporting						
Summe		36	27	25	27	28	26
	Frontend: Ad-hoc-Analyse						
Summe		27	24	21	23	26	23
Nutzwert (gewichtet)			106	116	114	123	101

Tab. 13: Nutzwertanalyse alternativer BI-Architekturen

Nach der Bewertung werden die gewichteten Einzelpunkte zu Hauptkategorien und zum Gesamtergebnis aufsummiert. Im dargestellten Beispiel liegen die betrachteten Alternativen letztendlich sehr dicht beieinander. Alternative 4 ist mit einem Gesamtergebnis von 101 allerdings schlechter als die Ist-Architektur. Sieger ist Alternative 3 mit 123 Punkten.

3.5   Umsetzung der BI-Strategie: BI-Portfoliomanagement

Die Ergebnisse der BI-Strategie werden als Roadmap und in Form eines Projektportfolios festgehalten. In der Roadmap werden alle Projekte und deren Abhängigkeiten beschrieben, die im Strategieprozess definiert wurden. Eine abschließende Priorisierung der Projekte ermöglicht die Festlegung der Realisierungsfolge und die Bestimmung der Haupt-Umsetzungsphasen. Das Ende jeder Hauptphase ist ein Meilenstein der Strategieumsetzung. In der Portfolio-Darstellung müssen die Konflikt- bzw. Engpasssituationen der hinsichtlich personeller und finanzieller Ressourcen konkurrierenden Projekte offensichtlich werden. Gesteuert wird das Portfolio über ein Multi-Projektmanagement, das vom BICC durchgeführt werden sollte.

Der erste Schritt zur Erstellung des Portfolios besteht in einer Grobeinstufung der Projekte, um diese im folgenden Schritt in die Roadmap einordnen zu können. Die Beschreibung sollte aus qualitativen und quantitativen Attributen bestehen. Qualitativ werden z. B. Projektinhalt und Auswirkungen beschrieben, quantitativ hingegen z. B. die Investitionshöhe oder die Priorität. Zur besseren Vergleichbarkeit bzw. um das Portfolio einfach zu halten, ist zur Quantifizierung bzw. Klassifikation bestimmter Attribute eine Bewertungsskala von 1 bis 5 sinnvoll, wobei 1 jeweils das Minimum und 5 das Maximum darstellt. Die folgende Aufzählung gibt Beispiele für die Beschreibung zur Einstufung der Projekte.

> **Inhaltlicher Schwerpunkt des Projekts:** Beschreibung (z. B. Neues Vertriebs-Reporting, Redesign ETL-Prozesse)
> **Dringlichkeit/Priorität:** abgeleitet aus Strategieprozess (1 = sehr niedrig bis 5 = unternehmenskritisch)
> **Investitionshöhe:** Bildung von Investitionsklassen (z. B. von 1 = sehr gering: Budget geringer als 10 Tsd. EUR, bis zu 5 = sehr hoch: 200 bis 500 Tsd. EUR)
> **Nutzen:** Bewertung (z. B. von 1 = praktisch keiner bis zu 5 = sehr hoch), zusätzlich kurze Beschreibung in Textform, worin der Nutzen besteht[144]
> **Komplexität:** Beschreibung (z. B. nach Anzahl Schnittstellen, Umfang der Transformation, Umfang der inhaltlichen Verarbeitungslogik)
> **Risiko:** Bildung von Risikoklassen (z. B. 1 = praktisch kein Risiko bis zu 5 = sehr hohes Risiko)
> **Auswirkung auf die bestehende BI-Landschaft:** Beschreibung der Abhängigkeiten von existierenden Anwendungen, Architektur/Technologie, Organisation
> **Abhängigkeit von anderen Projekten:** Beschreibung (z. B. notwendige Vorprojekte)
> **Benötigte personelle Ressourcen:** Beschreibung (z. B. erwartete Zusammensetzung des Projektteams; bestimmte interne Schlüsselpersonen, die regelmäßig Engpässe bilden)

Wichtig ist, dass durch die Beschreibung der Abhängigkeiten und die übergreifende Priorisierung nachvollziehbar ist, welche Projekte unmittelbare Voraussetzung für Folgeprojekte sind und von welchen Projekten der höchste Nutzen für das Unternehmen erwartet wird. Aus der so entstandenen Projektbeschreibung lassen sich Projekttypen ableiten, die für die Umsetzung typisch sind:

> **BI-Strategieprojekt:** Entwicklung einer BI-Strategie, Konzeption der strategischen Rahmen für Fachlichkeit, Architektur/Technologie und Organisation (entweder gemeinsam oder auch nur in Teilen), übergeordnete Erstellung eines Projektportfolios
> **BI-Organisationsprojekt:** Konzeption/Einführung eines BICC, ggf. nur organisatorische Teilverbesserungen, Entwicklung von Vorgehensmodellen/Templates
> (Reines) **Fachprojekt:** Vorarbeiten des Fachbereichs, z. B. Kennzahlendefinition, Stammdatenvereinheitlichung
> (Reines) **IT-Projekt:** z. B. Modernisierung der Hardware, Software-Update, Wartung, Performance-Optimierung
> (Klassisches) **BI-Projekt:** z. B. Einführung eines Vertriebs-Reporting, Schließung von Informationsdeltas, Verbesserung der Datenqualität

---

[144] Zu Nutzen vgl. auch Abschnitt 3.4.7.

In Abbildung 35 wird ein Ausschnitt aus einer BI-Roadmap als logische Abfolge einzelner Projekte dargestellt. Die Roadmap wird sinnvollerweise in Hauptphasen unterteilt, deren Abschluss jeweils einen großen Meilenstein der Roadmap bildet. Im Beispiel sind die Erarbeitung eines neuen KPI-Konzepts sowie die Definition eines einheitlichen Konzernkunden die fachlichen Voraussetzungen für die Implementierung eines einheitlichen Vertriebs-Reporting auf Konzernebene. Parallel zur Erarbeitung eines neuen KPI-Konzepts, das hier rein der Fachbereich verantwortet, wird von organisatorischer Seite her ein BICC aufgebaut. Die Gründung des BICC und das neue KPI-Konzept sind Voraussetzung für das Redesign des existierenden Data Warehouse. Die Ergebnisse dieser Phase insgesamt führen zur Implementierung des Vertriebs-Reporting in Phase III. Es ist sinnvoll, zur Umsetzung der BI-Strategie, also des BI-Portfolios, ein übergreifendes Programmmanagement[145] zu etablieren, das die um Ressourcen konkurrierenden Projekte koordiniert.

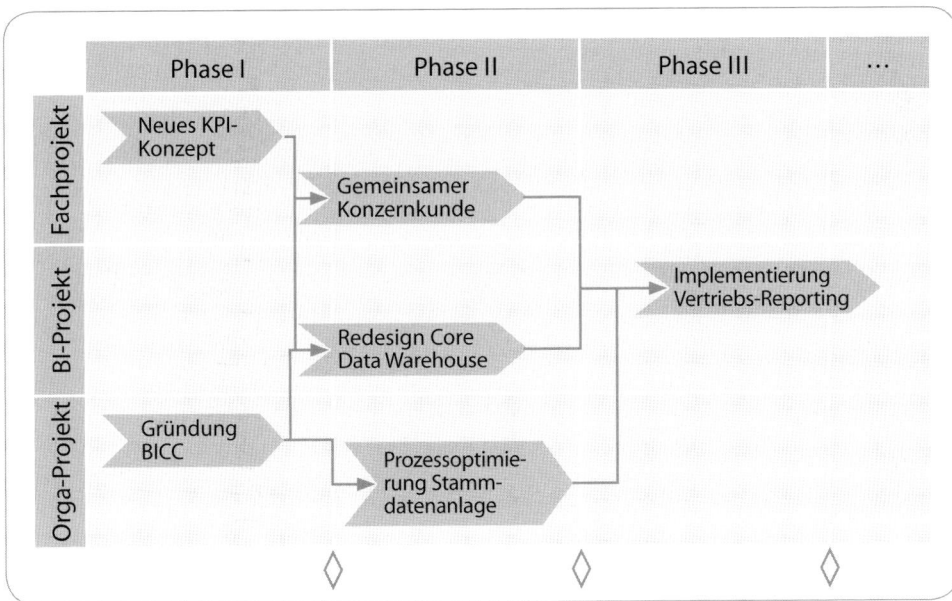

△ Abb. 35: Beispiel für die Visualisierung der BI-Roadmap (Ausschnitt)

Idealerweise werden das Portfolio- und das Programmmanagement durch ein BICC verantwortet. Dieses nimmt auch die kontinuierlich neu aufkommenden Änderungswünsche (Change Requests) entgegen. Dabei sollte zwischen
> kleineren Änderungen, die im laufenden Betrieb umgesetzt werden, und
> größeren Änderungen, die Auswirkungen auf das Portfolio haben,
unterschieden werden. Größere Änderungen sollten den in der Strategieentwicklung verwendeten Priorisierungsprozess durchlaufen und in das Portfolio eingeordnet werden. Gegebenenfalls muss das gesamte Portfolio danach neu strukturiert werden. Dies sollte allerdings nur im jährlichen oder maximal halbjährlichen Turnus geschehen, damit Planungssicherheit und Verlässlichkeit gewährleistet bleiben. Der Portfoliomanager sollte insbesondere darüber

---

145 Durch ein Programmmanagement wird ein Bündel inhaltlich zusammengehörender Projekte geführt. Im Gegensatz dazu steht das Multi-Projektmanagement, über das inhaltlich voneinander unabhängige Projekte koordiniert werden (vgl. Bergmann/Garret 2008, S. 231).

wachen, dass die strategische Projektplanung nicht zugunsten taktischer Überlegungen geopfert wird.[146] So manches Migrationsprojekt wurde in der Vergangenheit bei weniger als 80 % Fertigstellungsgrad in der Priorisierung von anderen Projekten verdrängt. Das Resultat sind Fragmente alter Analyse- und Berichtssysteme, die immer weiter betrieben werden müssen, was zu den hinlänglich bekannten Problemen paralleler Systeme führt. Neue Systeme warten auf die Erreichung ihres vollen Funktionsumfangs und leiden unter ihrer inhaltlichen Unvollständigkeit.

---

[146] Dippold u.a. 2001, S. 41.

4 Organisation eines Business Intelligence Competency Center

Die Organisation im Sinne der Gestaltung eines Business Intelligence Competency Center ist vielfältigen Faktoren unterworfen: Die vorhandene Unternehmensorganisation und Unternehmenskultur sind wichtige Einflussfaktoren, auch die Unternehmensgröße ist von Bedeutung, denn ein mittelständisches Unternehmen wird die BI-Kompetenzen sicherlich anders bündeln und organisieren als ein Großkonzern. Dieses Kapitel untersucht die unterschiedlichen Einflussfaktoren und formuliert ein BICC-Modell aus verschiedenen Gestaltungselementen, das als Grundlage für ein individuelles BICC dienen kann.

4.1 Gestaltungselemente zur Organisation eines BICC

Die Anforderungen an die Mitarbeiter sowie die abzubildenden Prozesse und Funktionen eines BICC ergeben sich aus verschiedenen Richtungen, so zum einen aus der BI-Strategie, die im BICC nachhaltig verankert wird, aber auch aus der BI-Operationalisierung, also dem tagtäglichen Geschäft der BI-Projekte und BI-Nutzer. Zudem sind die Anforderungen entsprechend der Unternehmensdynamik und durch Impulse aus dem Unternehmensumfeld einem stetigen Wandel unterworfen. Abbildung 36 stellt die Einflussfaktoren zusammenfassend dar:

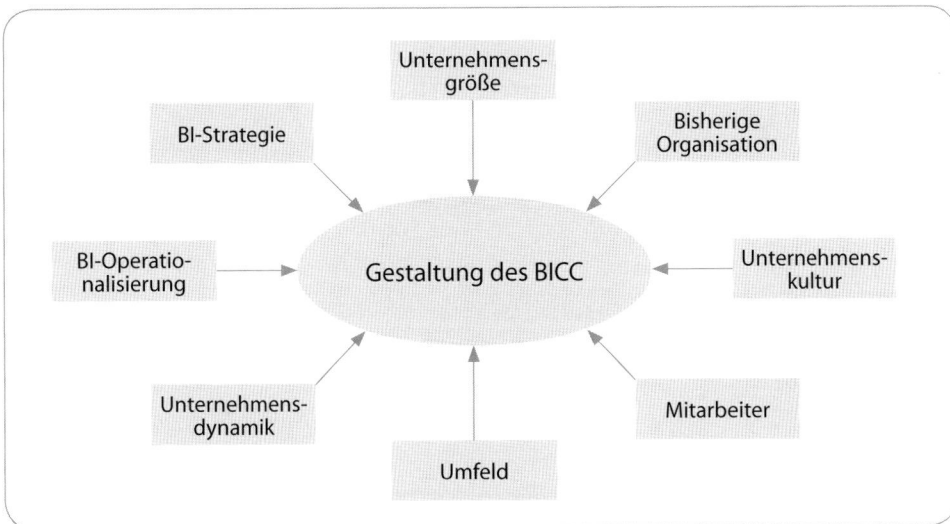

Abb. 36: Einflussfaktoren für die Ausgestaltung eines BICC

Die Organisation eines BICC erfolgt durch Ausgestaltung unterschiedlicher Elemente unter Berücksichtigung der oben genannten Einflussfaktoren und Anforderungen. Diese Elemente bilden ein System, um unterschiedlich ausgeprägte BICC zu beschreiben und zu organisieren. Jedem dieser Gestaltungselemente ist ein entsprechender Abschnitt in diesem Kapitel gewidmet, mit Ausnahme der BI-Prozesse, die in Kapitel 6 beschrieben werden.

Die hier verwendeten Gestaltungselemente finden sich auch in der Kapitelstruktur wieder:

> Funktionen (siehe Abschnitt 4.3)
> Rollen (siehe Abschnitt 4.5)
> Aufbauorganisation (siehe Abschnitt 4.6)

Die Kombination spezifischer funktionaler Schwerpunkte, Rollen und aufbauorganisatorischer Aspekte resultiert in der Ausprägung vier verschiedener Typen, die abschließend in Abschnitt 4.7 beschrieben werden.

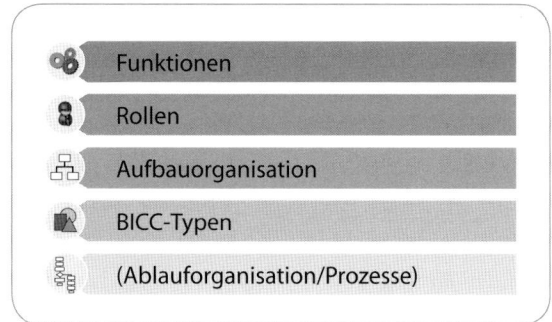

Funktionen

Rollen

Aufbauorganisation

BICC-Typen

(Ablauforganisation/Prozesse)

▶ Abb. 37: Gestaltungselemente der Organisation eines BICC

4.2   Planung der Funktionen eines BICC

Welche inhaltlichen Tätigkeiten durch Rollen und Stellen in einem BICC ausgefüllt werden, lässt sich durch eine Funktionsbeschreibung und -gliederung darstellen. So werden die Aufgaben, die das BICC wahrnimmt, in Form von **Funktionsblöcken** zusammengefasst. Je nach konkreter Ausprägung hat ein BICC in diesen Funktionsblöcken unterschiedliche Schwerpunkte, wobei einige dieser Funktionen Grundtatbestand eines BICC sind, andere wiederum aufgrund der strategischen oder operativen Anforderungen oder bedingt durch Aufbau- und Ablauforganisation im BICC abgebildet werden (müssen).

4.2.1   Ableitung der Funktionen aus der BI-Strategie

Die funktionale Ausgestaltung ergibt sich primär aus der BI-Strategie und den Anforderungen der BI-Operationalisierung. Ein allgemeingültiger Standard oder Best-Practice-Ansatz, die lediglich zur Anwendung gebracht werden müssen, kann hier nicht vorgegeben werden, denn BI-Strategie und Anforderungen variieren von Fall zu Fall.

Wie in Kapitel 2 geschildert,[147] verfolgt die BI-Strategie fachliche, organisatorische, architektonische und technologische Ziele, aus denen sich Funktionen des BICC ableiten lassen.

> Bestimmte organisatorische Ziele der BI-Strategie, wie z.B. die Verbesserung des Zusammenspiels zwischen Fachbereichen und IT, werden direkt durch die Einführung eines BICC selbst verfolgt. Weitere organisatorische Ziele (beispielsweise „die klaren Weisungsbefugnisse für BI-Projekte" oder die Einführung eines „zentralen Projekt-Management-Office für BI") können eine entsprechende Funktion im BICC erfordern.
> Auch wenn die Fachziele häufig zu Projekten führen, die auch organisatorisch primär auf Fachseite angesiedelt sind („reine Fachprojekte", „klassische BI-Projekte"),[148] muss der Abgleich der unterschiedlichen Fachziele inkl. einer entsprechenden Priorisierung durch eine entsprechende Funktion im BICC erfolgen.
> Die architektonischen Ziele sind je nach Ausgangslage sehr vielfältig, sei es die Etablierung einer Enterprise-Warehouse-Architektur, die Konsolidierung zahlreicher Lösungen, die

---

[147] Vgl. Abschnitt 2.1.
[148] Vgl. Abschnitt 3.5.

Standardisierung etc. Diese projekt- und fachthemenübergreifenden Zielsetzungen resultieren üblicherweise in entsprechenden Funktionen und sogar Rollen im BICC.

> Ähnliches gilt je nach Ausgangslage für technologische Ziele. Auch hier werden wieder fachfunktions- und abteilungsübergreifende Ziele verfolgt, die entsprechende Funktionen im BICC bedingen.

Bestimmte Ziele der BI-Strategie motivieren also zum einen die Begründung eines BICC und beeinflussen zum anderen dessen funktionale Ausgestaltung. In Abschnitt 5.2 wird die Planung und Einführung eines BICC, auch unter Berücksichtigung der Ziele und deren Priorisierung, detaillierter geschildert.

Darüber hinaus orientiert sich eine BI-Strategie an der Unternehmensstrategie (siehe Abschnitt 2.2) und erfordert somit strategisches Management. Auch dies resultiert in entsprechenden Funktionen im BICC. Dies sowie das Management des BICC sind allerdings eher ein Grundtatbestand: Zum einen ist das BICC der Hüter der BI-Strategie (siehe Abschnitt 1.2.5), zum anderen muss ein BICC selbst und im Verhältnis zu Fach- und IT-Abteilungen organisiert werden.

4.2.2   Ableitung der Funktionen aus der BI-Operationalisierung

Die konkrete Umsetzung der Projekte mit BI-Bezug (BI-Strategieprojekt, Fachprojekt, IT-Projekt oder klassisches BI-Projekt) bietet zahlreiche unterschiedliche Aufgabenstellungen, die im Laufe der Projektdurchführungen anfallen, beispielsweise Anforderungsanalyse, Konzeption, Design, Implementierung, Testen, Roll-out, Schulung, Coaching, Binnenmarketing, Betrieb etc. Im Sinne der Gesamtorganisation von BI im Unternehmen ist zu bedenken, welche Aufgaben der Operationalisierung eher in Projekten durch ein Projektteam zu bewältigen sind und welche Aufgaben eher eine übergeordnete oder koordinierende Funktion im BICC benötigen. Auch Effektivität und Effizienz spielen hierbei eine Rolle: Bestimmte Aufgaben können ideal in einer Zentralfunktion abgebildet werden, andere fallen evtl. nur zeitlich begrenzt, dafür jedoch mehrfach an, sind daher ideal in Projektteams abzubilden. Prinzipiell ist es denkbar, möglichst wenige oder möglichst alle Aufgaben der BI-Operationalisierung durch BICC-Funktionen zu bewältigen. Daraus ergeben sich die maßgeblichen Unterschiede, also die konkreten Ausprägungen eines BICC, z. B. BI-Volldienstleister vs. Koordinierungsstelle (vgl. Abschnitt 4.7).

4.3   Funktionen eines BICC

Die Art und Weise, wie unterschiedliche Parteien, die BICC-Konzepte als Grundlage für ein konkretes BICC entworfen haben, also Software-Anbieter oder Beratungsunternehmen, die **Funktionen eines BICC strukturieren**, variiert und ist doch wieder ähnlich. Die Unterschiede ergeben sich vielfach durch das Leistungsportfolio der jeweiligen Berater oder Anbieter, z. B. durch den besonderen Schwerpunkt bei bestimmten BI-Technologien (wie z. B. im Falle von SAS, die „Advanced Analytics" im BICC herausstellen). Die Gemeinsamkeiten liegen darin, dass jeweils Aspekte der Architektur und des Datenmanagements, der Anwenderunterstützung und Weiterbildung, des Betriebs und des BI-Managements als Aufgaben oder Funktionen eines BICC aufgelistet werden, wenngleich die Vokabeln voneinander abweichen. Exemplarisch werden hier einige Strukturen aufgeführt:

> Gartner erweitern ihren ursprünglichen BICC-Ansatz (vgl. Abschnitt 1.2.5) so, dass insbesondere der Anteil der Fachkompetenz im BICC einen höheren Stellenwert erlangt,[149] und ordnen die Funktionen nach sechs Bereichen: User Skills and Support, Program Marketing, Program Management, Data Steward and Architecture, Data Management und Advanced Techniques.

> BARC[150] wählt in Anlehnung an Gartner die Aufgabengliederung so: BI-Management, Application Management, BI-Betrieb, Datenmanagement, Schulung und Support.

> Cundus[151] ordnet die Funktionen als Aufgaben- und Prozessspektrum in zehn Blöcke: Management, BI-Governance, Beziehungsmanagement, BI-Controlling, Kommunikation, Architektur, Projekte, Entwicklung, Betrieb, Advanced Analytics, Schulungen, Wissensmanagement.

> OPITZ CONSULTING[152] gliedert nach sieben Schichten: BI-Programmmanagement, Informationssystem-Architektur, Support, Training, BI-Entwicklung, Informationssystem-Infrastruktur und Liaison-Office.

> SAS[153] gliedert folgendermaßen: Business Intelligence Program, Technical Support, Training, Data Stewardship, Advanced Analytics, Vendor Contracts Management, Data Acquisition und Application Development.

> Miller u. a. 2006[154] ordnen sehr ähnlich nach diesen Funktionsbereichen: Business Intelligence Program, Data Stewardship, Support, BI-Delivery, Data Acquisition, Advanced Analytics, Training und Vendor Contracts Management.

Aus den Gemeinsamkeiten der unterschiedlichen am Markt verwendeten Strukturierungsansätze wird die in Abbildung 38 dargestellte Gliederung gebildet. Diese erlaubt es, besondere Schwerpunkte auszuprägen, die auch im individuellen Unternehmenseinsatz erforderlich sein könnten, ohne die Gliederungssystematik verletzen zu müssen. So ist es durchaus möglich, auch einem spezifischen Verfahren oder einer bestimmten Technologie Gewicht zu verleihen, indem z. B. durch das Personal oder die Rollen ein Funktionsblock betont wird. Die Gliederung der Funktionen wird im Folgenden detailliert beschrieben.

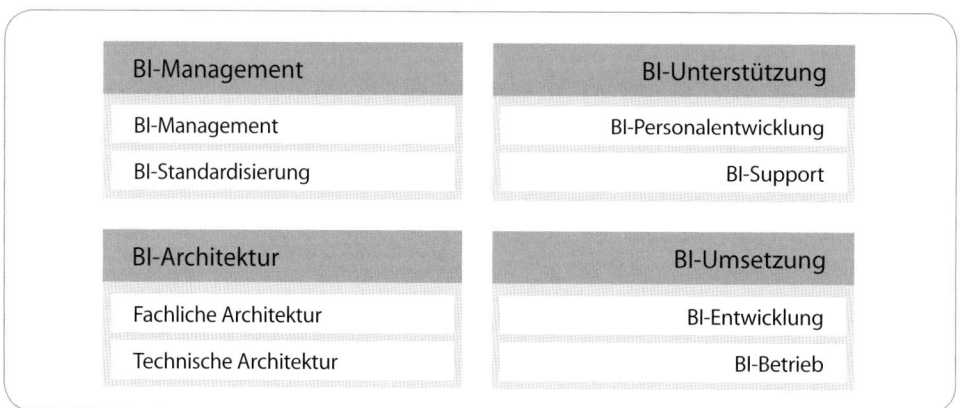

BI-Management	BI-Unterstützung
BI-Management	BI-Personalentwicklung
BI-Standardisierung	BI-Support

BI-Architektur	BI-Umsetzung
Fachliche Architektur	BI-Entwicklung
Technische Architektur	BI-Betrieb

Abb. 38: Gliederung der Funktionen eines BICC

---

[149] Vgl. Hostmann 2008, Folie 14.
[150] Vgl. Bange 2008, Folie 3.
[151] Vgl. Navrade 2008, S. 5.
[152] Vgl. Gansor 2008, S. 15.
[153] Vgl. SAS 2006, S. 4.
[154] Vgl. Miller u. a. 2006, S. 35 ff.

4.3.1   Funktion BI-Management

Die Funktion BI-Management besteht aus den zwei Teilfunktionen **BI-Management** (im engeren Sinne) und **BI-Standardisierung**.

BI-Management

Das BI-Management im engeren Sinne übernimmt die Ausgestaltung des BI-Programms, der daraus abgeleiteten Projekte, Maßnahmen und Initiativen. Insofern ist diese eine Managementfunktion, in der die Leitung eines BICC verankert ist, aber auch das Management des BICC und des BI-Programms im Verhältnis zu anderen Abteilungen und Funktionen des Unternehmens sowie im Außenverhältnis mit Dritten. Nicht alle Problemstellungen im BI-Umfeld können oder müssen in eigener Kraft bewältigt werden: Vielfach können auch externe Partner wie Software-Anbieter, Dienstleister oder Interessensgemeinschaften (z. B. User Groups, Verbände) behilflich sein. Die Organisation und Einbindung von Partnern und die Nutzung von Interessensgemeinschaften sollte im Rahmen der BI-Strategie gesteuert durch das BI-Management erfolgen.

Ziel und Aufgabenstellung	Optimale Planung und Steuerung des BICC im Innen- und Außenverhältnis und konsequente Umsetzung von BI-Programm und BI-Strategie:
	> Multiprojektmanagement in Projekten des BICC und BI-Strategieprojekten (vgl. Abschnitt 3.5 für Projekttypen) sowie die Einbindung in die Projektsteuerung von Fachprojekten (z. B. gemäß Vorgehensmodell zwischen Makro- und Mikroebene)[155]
	> Zentralschnittstelle zu anderen Geschäftseinheiten
	> Konsequente Umsetzung der BI-Strategie bzw. deren (Weiter-)Entwicklung und Abgleich mit der Unternehmensstrategie
	> Übernahme aller Managementaufgaben zwischen BICC und anderen Abteilungen eines Unternehmens, so z. B. Wissensmanagement für BI, Innenmarketing
	> Zentraler Kontakt für Externe (z. B. Beratungsfirmen oder Software-Anbieter)
Umsetzung	Da das BI-Management im Wesentlichen Managementfunktionen bündelt, sind im Folgenden die hierfür passenden Verfahren aufgeführt, die teilweise durch den Einsatz von Werkzeugen unterstützt werden können:
	> Planungs-, Steuerungs-, Kontrollverfahren
	> (Multi-)Projektmanagement
	> Qualitäts- und Risikomanagement
	> Wissensmanagement
	> Networking und Kommunikation
	> Personalführung
	> Innenmarketing

▲ Tab. 14: Teilfunktion BI-Management

---

[155] Vgl. Kemper u. a. 2006, S. 147 ff.

BI-Standardisierung

Eine weitere Teilfunktion des BI-Managements ist die übergreifende Standardisierung der BI-Aktivitäten, so z. B. die Vereinheitlichung der Vorgehensweisen, Methoden und Entwicklungsverfahren, sowie die Einbindung in zentrale Prozesse und Systeme. Damit wird das Ziel verfolgt, die BI-Operationalisierung optimal zu unterstützen, d. h. einen Rahmen zu schaffen, der Projekten, Initiativen und Maßnahmen für BI ideale Voraussetzungen bietet, sodass die Projekte auf die eigentlichen Projektziele fokussieren können und nicht zunächst methodische oder technische Grundlagenarbeit leisten müssen.

Dies ist in der konkreten Umsetzung keine originäre Managementaufgabe, aufgrund der zahlreichen Verzahnungen (z. B. zu zentralen Verfahren und Systemen) aber auf die Managementschnittstelle angewiesen.

Die Standardisierung an sich reicht dabei noch nicht aus. Um zu gewährleisten, dass geschaffene und kommunizierte Standards auch fortwährend beachtet werden, ist eine BI-Governance nötig.

Ziel und Aufgabenstellung	Effiziente Durchführung von BI-Projekten und BI-Governance: Erstellung, Anpassung und kontinuierliche Weiterentwicklung eines Rahmenwerks. Dieses ist zum einen Baukasten, zum anderen Regelwerk, um BI-Projekte effizient durchführen zu können. Der Baukasten enthält Komponenten, Blaupausen und Best Practices, um darauf aufbauend weitere Projektarbeit zu leisten.
Umsetzung	Auf Basis eines Entwicklungsrahmens oder durch ein erweitertes Projektvorgehensmodell.[156] Der Entwicklungsrahmen kann aus Richt- oder Leitlinien, Maßgaben und Best-Practice-Dokumentation und Templates bestehen für > ein BI-Vorgehensmodell (z. B. mit Aktivitäten, Phasen, Artefakten, Methoden, Projektrollen), > den BI-Werkzeugeinsatz (vgl. auch Funktion BI-Architektur unten), > ein system-/funktionen-/rollenübergreifendes Rechtekonzept, > Ergonomiekonventionen, um sicherzustellen, dass entstehende Lösungen dem Unternehmensstandard entsprechen (auch unter Berücksichtigung eines behindertengerechten Zugangs), > Codierungs- und Modellierungskonventionen > sowie weitere fachliche und IT-Policies. Darüber hinaus ist der Entwicklungsrahmen auch mit zentralen Verfahren und Prozessen abgeglichen und darin eingebunden, so z. B. Projektmanagement, Qualitätssicherung, IT-Governance oder Beschaffung. Schließlich wird der Entwicklungsrahmen durch zentrale Werkzeuge und Systeme unterstützt (sodass das BICC hier keine eigenen redundanten Ansätze verfolgt!): u. a. Wissensmanagementsysteme, Versionsverwaltungssystem, Issue-Tracking-System und andere technische Change-Management-Systeme sowie Dokumentations-, Entwicklungs- und Testsysteme.

⛰ Tab. 15: Teilfunktion Standardisierung

---

[156] Vgl. Kemper u. a. 2006, Kap. 4, und Moss/Atre 2003.

4.3.2   Funktion BI-Architektur

Dieser Funktionsbereich ist im BICC insofern sehr bedeutend, als dass hier sowohl übergreifende fachliche als auch technologische sowie architektonische Ziele einer BI-Strategie fach- und IT-abteilungsübergreifend verfolgt werden. Insofern ist die BI-Architektur aus verschiedenen Blickwinkeln zu betrachten.

Sie umfasst zum einen die **Facharchitektur**, zum anderen die **IT-Architektur**. Beide Sichten müssen zudem gegeneinander abgeglichen werden. Diese Funktion innerhalb des BICC beinhaltet

> die fortwährende Analyse und das entsprechende Design der Architektur(en),
> den kontinuierlichen Abgleich mit neuen und geänderten Anforderungen,
> die Umsetzung der Architektur durch BI-Strategieprojekte oder IT-Projekte (vgl. Abschnitt 3.5 für Projekttypen),
> die Beachtung und Verfeinerung der Architektur,
> kontinuierliche Reviews und den Rückfluss der Projektergebnisse als Input zur Verbesserung der Architektur.

Die BI-Architektur wurde bereits in Kapitel 2 (vgl. Abschnitt 2.4) eingehender diskutiert, insofern werden an dieser Stelle lediglich die funktionalen Aspekte für ein BICC vertieft, also die konkreten Aufgaben, die für ein BICC daraus resultieren.

Fachliche Architektur

Die fachliche Architektur umfasst eine grobe, fachlich ausgerichtete Modellierung der analytischen Unternehmensdaten und -datenflüsse. Bestandteile sind u. a.:

> eine grundlegende dispositive Datenarchitektur
> ein Basismodell der Geschäftsobjekte für Analysezwecke
> ein Basismodell der Datenakquise, -integration und -versorgung aus strukturierten und unstrukturierten Quellen

Diese Facharchitektur sollte übergreifend über alle betrieblichen Funktionsbereiche gestaltet sein, d. h. die dispositive Modellierung muss die unterschiedlichen Belange verschiedener Abteilungen berücksichtigen. Wichtig dabei ist ein entsprechender „Realitätscheck", d. h. die Wünsche in der Analyse des Geschäfts müssen zu den Möglichkeiten, die sich aus den Datenstrukturen und Datenquellen ergeben, passen. Ein konkretes Beispiel: Wenn die Analyse des Umsatzes anhand des Geschäftsobjekts „Produkt" erfolgen soll, dann müssen die Quellsysteme dieses Geschäftsobjekt vorhalten. Wäre das „Produkt" lediglich sehr mittelbar (z. B. via Vertrag oder Lieferant) verfügbar, wäre es ggf. unrealistisch, im Rahmen der Informationssystem-Architektur eine produktzentrierte analytische Sicht herzustellen. Der Realitätscheck und die Entwicklung einer dispositiven Datenarchitektur sind üblicherweise Bestandteil eines umfassenden Vorgehensmodells.[157]

Die sich aus diesen Anforderungen ergebende Funktion lässt sich folgendermaßen zusammenfassen:

---

[157] Ein ähnliches Beispiel findet sich bei Kemper u. a. 2006, S. 153 ff.

Ziel und Aufgabenstellung	Schaffung eines klaren fachlichen Rahmenkonzepts zur Erstellung eines fachlichen Bebauungsplans (u. a. bestehend aus Datenarchitektur, Beziehungsmodellen der Geschäftsobjekte, Modell der Datenversorgung), der durch Projekte, Initiativen und Maßnahmen zur Umsetzung kommt: Aufbau, Erprobung und kontinuierliche Entwicklung eines konsistenten, übergreifenden, fachlichen Modells für Informationsversorgung und analytische Geschäftsprozesse.
Umsetzung	Beispielsweise durch Referenzdatenmodelle (High Level), die im Rahmen konkreter Projekte verfeinert werden. Typisch sind auch sichtenorientierte Architekturmodelle, so z.B. ein Architekturmodell, das die Informationsversorgung darstellt (Clients, Verteilung), oder Modelle, die Nutzungsart, Nutzergruppen und Systemdemarkation (intern/extern) darstellen.

⬆ Tab. 16: Teilfunktion Fachliche Architektur

Technische Architektur

Die technische Architektur umfasst – im Gegensatz zur fachlichen Architektur – ein technologisches Gesamtkonzept für Business Intelligence, konkreter: die Auswahl von Hardware und Software sowie deren Management. Wesentliche Aspekte der Hardware sind zentrale physikalische oder virtualisierte Rechnersysteme sowie Netzwerke. Die aus BI-Sicht relevanten Software-Kategorien sind Datenbanksysteme (für Operational Data Stores, Data-Warehouse-Systeme, Datamarts), ETL- und Datenintegrationssysteme, BI-Kernsysteme (für OLAP, Standard-Reporting, Advanced Analytics, fachlich-modellorientierte Systeme z.B. für die Planung) sowie jegliche Frontends (z.B. Dashboards, BI-Portale).

Die technische Architektur ist jedoch nicht nur ein Katalog aller Software- und Hardware-Komponenten, sondern vielmehr ein Konzept, das dessen Zusammenspiel und Interaktion darstellt. Dazu gehören auch physikalische Datenmodelle und Integrationskonzepte auf allen Ebenen (Datenintegration, Anwendungsintegration, Sicherheitskonzepte). Kapitel 2 stellt ein allgemeingültiges Architekturmodell vor (vgl. Abschnitt 2.4.2).

Wesentliche Herausforderungen im Bereich der technischen Architektur sind zum einen die Forderung nach Skalierbarkeit (im DWH-Konzept per se, durchaus aber auch durch eine entsprechende Unternehmensstrategie „Wachstum" motiviert, die durch organisches Unternehmenswachstum oder durch Unternehmenszusammenschlüsse fortwährend größeres Datenvolumen im DWH hervorruft) sowie die notwendige Erweiterbarkeit hinsichtlich der Einbeziehung von Forschung & Entwicklung und Innovationsmanagement. Insbesondere diese Facette ist nicht zu vernachlässigen, zum einen, um über die „Innovationslust" durch neue technologische Möglichkeiten erweiterte Potenziale zu heben, zum anderen auch, um dem „Innovationsdruck" des Marktes (u. a. durch die Herstellerkonsolidierungen der letzten Jahre) aktiv zu begegnen.

Gerade in technisch ausgeprägten („IT-lastigen") BI-Strategien oder BICC hat die technische Architektur einen hohen Stellenwert.

Ziel und Aufgabenstellung	Schaffung eines klaren technischen Rahmenkonzepts, sodass die fachlichen Anforderungen durch entsprechende Software- und Hardware-Komponenten abgebildet werden können. Dazu stellt die BI-IT-Architektur eine entsprechend der BI-Strategie optimale Zusammenstellung unterschiedlichster Systeme, Komponenten und Anwendungen zur Verfügung.
	Aufbau, Erprobung und kontinuierliche Entwicklung eines konsistenten, übergreifenden, technischen Modells für die Informationsversorgung und analytische Geschäftsprozesse unter Beachtung sowohl der kommenden internen Anforderungen möglicher BI-Projekte als auch der technologischen Entwicklung. Forschung und Entwicklung sowie Innovationsmanagement sind also Bestandteil der Aufgabenstellung.
Umsetzung	Beispielsweise durch technische Referenzarchitekturen, die in Testsystemen implementiert und weiterentwickelt werden, zudem auch durch technische Architekturmodelle dokumentiert sind. Auch die technische Architektur wird durch konkrete Projekte verfeinert, indem z. B. spezielle technische Lösungswege oder neue Software-Module als Best Practice in den Architekturrahmen einfließen.

▲ Tab. 17: Teilfunktion Technische Architektur

Sowohl die fachliche als auch die technische Architektur können mittels der Methoden und Rahmenwerke des Enterprise-Architecture-Managements umgesetzt werden.

4.3.3 Funktion BI-Unterstützung

Die Funktion BI-Unterstützung wird durch die beiden Teilfunktionen **BI-Personalentwicklung** und **BI-Support** gebildet.

BI-Personalentwicklung

Die BI-Personalentwicklung begegnet den besonderen Herausforderungen an das eigene Personal, die sich durch BI-Vorhaben stellen. Eine adäquate Personalplanung, -akquise und -entwicklung müssen durch die BI-Strategie abgedeckt und durch ein BICC unterstützt werden, denn weder Fach- noch IT- noch Personalabteilung können diese wichtigen Aufgaben allein bewältigen. Zu unterscheiden sind dabei folgende Personalgruppen:

> Eigenes (BICC-)Personal
> BI-Delivery-Personal (also Mitarbeiter, die BI-Vorhaben umsetzen)
> Fachanwender, die BI-Systeme nutzen (sollen)

In letzterer Gruppe werden Power-User und Fachanwender unterschieden. Jede dieser Gruppen hat einen unterschiedlichen Entwicklungsbedarf. Entsprechende Programme sowie die Unterstützung der anderen unternehmerischen Funktionen (Schulungsabteilung, Human-Resources-Abteilung) sind daher erforderlich.

Ziel und Aufgabenstellung	Verfügbarkeit eines Portfolios an notwendigen Fähigkeiten beim Personal des BICC, der Fachabteilungen und IT-Abteilungen, um BI-Projekte durchführen zu können und BI effizient im Unternehmen einsetzen zu können.
	Bestehendes Personal muss entwickelt werden, ggf. muss geeignetes neues Personal gefunden werden. Da sowohl Personalentwicklung als auch Personalakquise nicht alleinige Aufgabe eines BICC sind, unterstützt das BICC diesbezüglich in Planung und Durchführung andere betriebliche Funktionen.

Umsetzung	Beispielsweise durch Beratungsleistungen (bei Ausgestaltung einer Personalsuche: Beratung hinsichtlich der fachlichen und technischen Fähigkeiten des gesuchten Mitarbeiters oder Mitwirkung bei Auswahlverfahren) sowie durch Schulungen. Diese Schulungen oder Schulungsprogramme werden je nach Umfang, Inhalt und Zielgruppe durch das BICC-Personal selbst ausgestaltet und durchgeführt oder das BICC unterstützt beim Aufbau eines Schulungsprogramms oder bei Schulungseinkauf (bei entsprechenden Dienstleistern) durch Beratung.

⊿ Tab. 18: Teilfunktion BI-Personalentwicklung

BI-Support

Durch **BI-Support** werden Fachanwender oder Projektteams in ihren jeweiligen Tätigkeiten unterstützt. Dabei wird nach der Support-Ebene (1., 2., 3.) unterschieden, wobei die Zuordnung der Ebenen je nach Support-Modell anders ausfällt. Je nachdem, ob bereits eine BI-Lösung etabliert ist, noch ein Projekt existiert und wie intensiv ein zentraler Anwender-Support eingebunden ist, fungiert der Support im BICC daher in unterschiedlicher Weise: Er agiert als 1.-, 2.-, 3.-Level-Support für Endanwender, Zentral-Support und Projektteams, der die Support-Anfrage selbsttätig löst oder auch durch Delegation oder Einbindung von Dritten (externe Kräfte, Hersteller-Support). Durch die Integration des BI-Support ins BICC können zum einen Personalentwicklungsbedürfnisse (z. B. Weiterbildungsmaßnahmen), zum anderen auch Entwicklungsbedarfe und Prioritäten abgeleitet werden, sofern Support-Anfragen oder Häufungen von Problemen darauf hindeuten, dass eine Systemänderung oder Erweiterung nötig ist. Schließlich lässt sich über den Support auch die Qualität der BI-Nutzung erfassen oder konkrete fachliche Anforderungen treten durch Support-Anfragen zutage (vgl. Abschnitt 6.2.2).

Ziel und Aufgabenstellung	Unterstützung von BI-Anwendern und Projektteams in BI-fachlichen und BI-technischen Problemstellungen, d. h. Herbeiführung einer Lösung im Problemfall, durch Dokumentation, Kommunikation, Fehlerbehebung, ggf. Initiierung einer Änderungsentwicklung. Nebenziel ist die Ableitung weiterer Maßnahmen für das BI-Programm.
	Die kontinuierliche Aufgabenstellung besteht darin, Problemfälle der zu unterstützenden Mitarbeiter entgegenzunehmen und zeitnah eine Lösung herbeizuführen.
Umsetzung	Die Umsetzung erfolgt in der Regel system- und prozessgestützt, d. h. es werden Unterstützungsabläufe und -regeln sowie Reaktionszeiten, Ansprechpartner und Eskalationswege definiert.
	Typische Hilfsmittel sind Werkzeuge zur Aufgabenverfolgung, sogenannte Issue Tracker, in denen Fachanwender und Projektteams Vorkommnisse eintragen können. In den Werkzeugen läuft ein definierter Arbeitsfluss ab, in den die notwendigen Akteure involviert sind und über den sie informiert werden (vgl. Abschnitt 8.2.7).

⊿ Tab. 19: Teilfunktion BI-Support

4.3.4   Funktion BI-Umsetzung

Die BI-Umsetzung nimmt eine besondere Stellung unter den möglichen Funktionen eines BICC ein: Die bisher genannten Funktionsblöcke sind offensichtlich und überwiegend durch ein BICC auszufüllen, wobei sicherlich jeweils Schnittstellen und Überlappungen mit anderen betrieblichen Funktionen und Abteilungen bestehen. Gerade bei der konkreten Umsetzung von BI-Vorhaben erscheint es jedoch zunächst sinnvoll, diese Abteilung nicht im BICC anzusiedeln, da es sich hierbei um eine typische Kernaufgabe der IT handelt. Dennoch sind zumindest Teile der tatsächlichen Umsetzungskompetenz zwingend im BICC notwendig, Schnittstellen zu den jeweiligen operativen Abteilungen allemal und ggf. sogar die komplette Etablierung von Entwicklung und Betrieb im BICC. Insbesondere im Hinblick auf diese Funktion unterscheiden sich die konkreten BICC-Ausprägungen erheblich, z. B. der BI-Volldienstleister inkl. Entwicklung gegenüber der Koordinierungsstelle exkl. Entwicklung (vgl. Abschnitt 4.5).

Die BI-Umsetzung besteht aus den Teilfunktionen **BI-Entwicklung** und **BI-Betrieb**.

BI-Entwicklung

Die BI-Entwicklung führt BI-Projekte durch. Dabei werden BI-Strategieprojekte, Fachprojekte und IT-Projekte sowie klassische BI-Projekte (vgl. Abschnitt 3.5) unterschieden. Letztere erfordern nicht nur IT Development Skills (z. B. Programmier- und Werkzeugkenntnisse), sondern eben auch BI-Kenntnisse (Methoden, Modellierung etc.) und Fachkenntnisse. Dieser Skill-Mix kann selten durch Fach- oder IT-Entwicklungsabteilungen allein gestellt werden, insofern erfordert es gemischte Projektteams, deren Mitglieder durchaus auch aus dem BICC stammen können, ggf. auch nur für den zeitweisen Einsatz. Aus Gründen der Effizienz könnte ein BICC dafür die Funktion BI-Entwicklung bereitstellen. Sofern das BICC als Volldienstleister aufgebaut ist, erfüllt es diese Funktion vollständig und sollte daher in der Lage sein, ein BI-Projekt selbstständig (ggf. unter temporärer Einbindung von Fachabteilungs- oder IT-Mitarbeitern) bewältigen zu können. Darüber hinaus fordern auch die anderen Projekttypen (BI-Strategieprojekte oder IT-Projekte mit Architekturfokus) die Funktion BI-Entwicklung: Ein BICC führt nämlich im Rahmen der anderen BICC-Funktionen Projekte durch, z. B. die Erstellung eines Rahmenwerks (Standardisierung). Diese Projekte erfordern teilweise auch die Entwicklung von BI-Systemen oder technischen Lösungsansätzen. So wird auch die BI-Architektur nicht nur konzeptionell entworfen, sondern praktisch erprobt, d. h. in Teilen prototypisch implementiert. Schließlich werden bestimmte strategische BI-Projekte, so z. B. die Einführung von Datenqualitätsverfahren, -lösungen und -systemen, verantwortlich durch das BICC vorangetrieben, erfordern ergo die Funktion BI-Entwicklung zumindest in Teilen im BICC.

Ziel und Aufgabenstellung	Professionelle und den Richtlinien entsprechende Durchführung von BI-Projekten.
	Vor allem soll die Mitwirkung bei der BI-Entwicklung (oder eben die komplette Durchführung) sicherstellen, dass die Standards und Architekturvorgaben aus der BI-Strategie bzw. der durch das BICC vorgegebene Entwicklungsrahmen eingehalten werden.
	Die konkrete Aufgabenstellung ergibt sich aus den Aufgaben des Projekts, also je nach Projektphase (oder Iteration) z.B. Analyse, Konzeption, Design, Implementierung, Test, Roll-out etc. mit Hilfe der dazu nötigen Werkzeuge und Verfahren.
	Die Aufgabenstellung variiert stark, je nachdem, ob das BICC die Entwicklung lediglich koordiniert, unterstützt, delegiert oder selbst durchführt.

Umsetzung	Die konkrete Umsetzung erfolgt projektorientiert in BI-Projekten und wird daher hier nicht detailliert erläutert.
	In der Umsetzung ergeben sich herausfordernde Wechselwirkungen, z. B. dadurch, dass in BI-Projekten auf Architekturen und Entwicklungsrahmen (siehe die vorher genannten entsprechenden Funktionen) des BICC aufgesetzt wird und diese ggf. verfeinert werden, wenn sie im Projektalltag eingesetzt werden. Somit werden Erfahrungen gesammelt, die in die BI-Strategie rückfließen müssen, um eine kontinuierliche Verbesserung zu erzielen.
	Darin besteht die eigentliche Umsetzung aus Sicht des BICC – unabhängig davon, ob er lediglich Koordinator oder Volldienstleister ist: Das Feedback aus Entwicklungsprojekten muss in die BI-Strategie einfließen.

▲ Tab. 20: Teilfunktion BI-Entwicklung

BI-Betrieb

Der BI-Betrieb stellt sicher, dass entwickelte BI-Lösungen zur Zufriedenheit der Fachanwender eingesetzt werden können, das bedeutet, dass das System in der gewünschten Leistungsfähigkeit (Funktionsumfang) zur Verfügung steht, also Analyse, Berichte und Daten zeitlich wie geplant und korrekt genutzt werden können. Dazu hat der Betrieb zahlreiche zum Teil sehr IT-systemnahe Aufgaben zu bewältigen, u. a. die nötige Infrastrukturverfügbarkeit sicherzustellen, Datenbanksysteme, BI-Systeme zu administrieren und zu überwachen und im Störungsfall durch schnelle Reaktion eine Behebung herbeizuführen. Um dies zu ermöglichen, werden weitere vorbereitende administrative Aufgaben (z. B. Backups) durchgeführt. Mit steigendem Datenvolumen wird die zur Verfügung stehende Hardware- und Software-Infrastruktur evtl. aus- oder überlastet (um die Leistungsfähigkeit zu bieten), daher übernimmt der Betrieb zudem Optimierungsaufgaben, ggf. auch die Systemevolution, d. h. den Austausch von Hardware und Software und entsprechende Systemmigrationen. Da Vorkommnisse (Incidents) aus der BI-Unterstützung (Support) durchaus ursächlich auf Systemprobleme zurückführbar sein könnten, ist der BI-Betrieb häufig eng an den Support gebunden; klassischerweise ist der Support (dann allerdings tatsächlich eher System-Support, nicht fachlicher Support!) organisatorisch im IT-Betrieb zu finden.

Der Betrieb, insbesondere der IT-Systembetrieb, ist in der Praxis organisatorisch häufig als eigene Abteilung anzutreffen, ggf. sogar ausgegliedert. Fachliche Aufgaben mit BI-Bezug und Betriebsaufgaben wären somit organisatorisch strikt getrennt. Hierbei können durchaus Ursache und Wirkung verwechselt werden. (Variante A: Da fachliche Aufgaben und Betriebsaufgaben sich wenig überschneiden, sind sie organisatorisch zu trennen. Variante B: Fachliche Aufgaben und Betriebsaufgaben wurden organisatorisch getrennt, haben daher nur wenige Überschneidungen.) Aus Perspektive von BI-Anwendern und BI-Projekten sowie im Hinblick auf die BI-Strategie erwachsen hieraus durchaus Probleme, wie an folgenden Beispielen deutlich wird:

> Eine zeitnahe fachliche Analyse basierend auf großen, komplexen Datenmengen kann nur erfolgen, wenn der Betrieb die zeitnahe Datenversorgung gewährleisten kann.
> Die Umsetzung einer kritischen Ad-hoc-Anforderung (z. B. eine Sonderauswertung im Krisenfall) kann nur erfolgen, wenn im laufenden Betrieb Änderungen schnell eingeführt werden können, z. B. die durchgehende Ergänzung um eine Kennzahl von der Quelle bis zum Bericht, in Systemen, ETL-Prozessen und Auswertungen.

> Das Antwortzeitverhalten von Ad-hoc-Auswertungen kann durch den Betrieb nur dann verbessert werden, wenn das (fachliche) Analysemodell, auf dem die Ad-hoc-Auswertungen fußen, so verstanden wird, dass mögliche kommende Ad-hoc-Abfragen auch betriebsseitig vorgedacht werden können.

> Im Tagesgeschäft von BI fallen ständig Ausnahmen an, deren Bearbeitung fachliche Kenntnis verlangt. Eine gängige Ausnahme ist ein Fehler im Rahmen eines Ladelaufs: Ein Teil der Daten aus einem Quellsystem wurde nicht aus der Staging Area ins Core-DWH übernommen. Die Ursache ist nicht infrastrukturbedingt (z. B. Speichermangel bei Datenbankstrukturen), sondern hat fachliche Ursachen. Diese Ausnahme konnte bei Konzeption und Entwicklung des ETL-Prozesses nicht vorhergesehen werden.

> Generell stellen DWH- und BI-Lösungen andere Anforderungen an Infrastruktur und Betrieb (z. B. zeitversetzte Abfrage- und Schreiblast in Datenbanksystemen) als transaktionale Systeme. Dies erfordert zum Teil fachliches Wissen im Betrieb (wann werden üblicherweise welche Abfragen gehäuft ausgeführt, wann können Daten sinnvollerweise geladen werden).

Dieser Katalog ließe sich noch erweitern. Daraus ergibt sich für die BICC-Funktion BI-Betrieb, dass ein externer (ggf. auch ein interner) Betreiber die besonderen, teils fachlich motivierten Erfordernisse der BI-Anwendungen berücksichtigen muss. Dies kann z. B. durch Koordination des BICC oder durch Mitwirkung bei Erstellung von entsprechenden Service Level Agreements (SLAs) erfolgen. Dies ist bei entwickelten und gereiften BI-Lösungen eine vermeintlich einfach lösbare Aufgabe. Doch gerade in der BI-Entwicklung ergeben sich häufig umfassendere Änderungen innerhalb der Hardware- und Software-Infrastruktur und entsprechenden implementierten Lösungen. Eine zu starke Abgrenzung bzw. Abkopplung des BI-Betriebs kann hier hinderlich wirken.

Es bleibt zu erwähnen, dass ähnlich wie bei der eigentlichen Entwicklung im Extremfall das BICC auch den kompletten BI-Betrieb übernehmen könnte.

Ziel und Aufgabenstellung	Einsatz von BI-Lösungen zur Zufriedenheit der Fachanwender, d. h. dass entsprechende Systeme und Infrastrukturen in der gewünschten Leistungsfähigkeit zur Verfügung stehen.
	Administration, Überwachung und Optimierung von BI-Lösungen und der darunterliegenden Infrastrukturen.
	Auch hier variiert die Aufgabenstellung stark, je nachdem ob das BICC den Betrieb lediglich koordiniert, unterstützt, delegiert oder auch durchführt.
Umsetzung	Abarbeitung von Routineaufgaben (Operating, Administration), Bearbeitung von Incidents, d. h. unvorhergesehenen Vorkommnissen.
	Neben typischen Werkzeugen zur Administration (Systemüberwachung) werden auch im Betrieb arbeitsprozessorientierte Systeme eingesetzt, welche die gesteuerte und dokumentierte Bearbeitung von Vorfällen unterstützen (z. B. Issue Tracker).
	Eine wesentliche Herausforderung in der Umsetzung ist es, auch beim Betrieb Feedback in die BI-Strategie einfließen zu lassen.

▲ Tab. 21: Teilfunktion BI-Betrieb

4.3.5   Weitere BICC-Funktionen

Je nach Ausgestaltung des BICC und entsprechend der BI-Strategie sind weitere Funktionen im BICC denkbar, z. B. solche, die den gezielten Einsatz bestimmter BI-Verfahren oder Technologien fördern („Mining", „Advanced Analytics", „High-End BI"), oder aber Funktionen, die in bestimmten Branchen spezielles Know-how und Lösungsansätze einbringen (z. B. Mathematik, Statistik). Zudem kann das BICC auch die fachliche Expertise bestimmter betrieblicher Funktionen in Kombination mit Business Intelligence im BICC per Funktion abdecken, so z. B. Analytical CRM (BI, Fokus Kunde), Analytical SCM (BI, Fokus Lieferkette).

Die folgende Checkliste (Tabelle 22) kann im Rahmen der Analyse und Konzeption für ein BICC als erste Orientierung dienen, welche Funktionen im BICC vorgesehen sind. Gerade die aus der 5. Spalte resultierende Frage, wie – wenn nicht im BICC – die Funktion bewältigt wird, sollte in der Analyse und Konzeption im Detail geklärt werden, um nicht falsche Erwartungen an ein BICC zu stellen.[158]

Nr.	**Funktion** Detailfunktion	Nicht vorgesehen	Im BICC vorgesehen	Externe Funktion durch:
1	**BI-Management**	☐	☐	
1.1	BI-Management	☐	☐	
1.2	BI-Standardisierung	☐	☐	
2	**BI-Architektur**	☐	☐	
2.1	fachliche Architektur	☐	☐	
2.2	technische Architektur	☐	☐	
3	**BI-Unterstützung**	☐	☐	
3.1	BI-Personalentwicklung	☐	☐	
3.2	BI-Support	☐	☐	
4	**BI-Umsetzung**	☐	☐	
4.1	BI-Entwicklung	☐	☐	
4.2	BI-Betrieb	☐	☐	

Tab. 22: Checkliste der Funktionen eines BICC

4.4   Personalaufbau für ein BICC

Der Personalaufbau eines BICC orientiert sich an der BI-Strategie und der BI-Operationalisierung, also den benötigten Funktionsbereichen (vgl. Abschnitt 4.2) und dadurch an den gewünschten Zielen, Dienstleistungen, Aufgaben, Ergebnissen und Prozessen für die unterschiedlichen Anspruchsteller im Unternehmen. Die dadurch formulierte Erwartungshaltung

---

[158] Kapitel 5 thematisiert die BICC-Einführung, so auch Analyse und Konzeption, ausführlich.

an das BICC-Personal kann in Form eines Rollenkonzepts, das unterschiedliche Rollen definiert, formuliert werden: Eine Rolle definiert innerhalb von Prozessen die Aufgaben, Verantwortlichkeiten und (erwarteten) Kompetenzen desjenigen, der als Akteur die Rolle im Prozess einnimmt.[159] Letztlich stellt die Rolle eine Verhaltenserwartung an den Rolleninhaber im Verhältnis zu anderen Rolleninhabern dar. Die Abbildung von Rollen auf das tatsächlich im Unternehmen vorhandene Personal erfolgt durch Stellenbildung. Eine Stelle definiert dauerhaft, welche Rolle(n) der Stelleninhaber einnimmt, dessen Aufgaben, Kompetenzen, die erwartete Leistung, das Unterstellungsverhältnis, Berichtswege und weitere intra-organisatorische Aspekte.[160]

4.4.1   BICC-Personal planen

Die personelle Ausgestaltung hängt nicht nur von inhaltlichen Faktoren ab, sondern auch von quantitativen Einflussgrößen wie beispielsweise Volumen, Komplexität, Wichtigkeit und Häufigkeit von Unterstützungsanfragen. Folglich können die Rollen nicht immer unmittel-

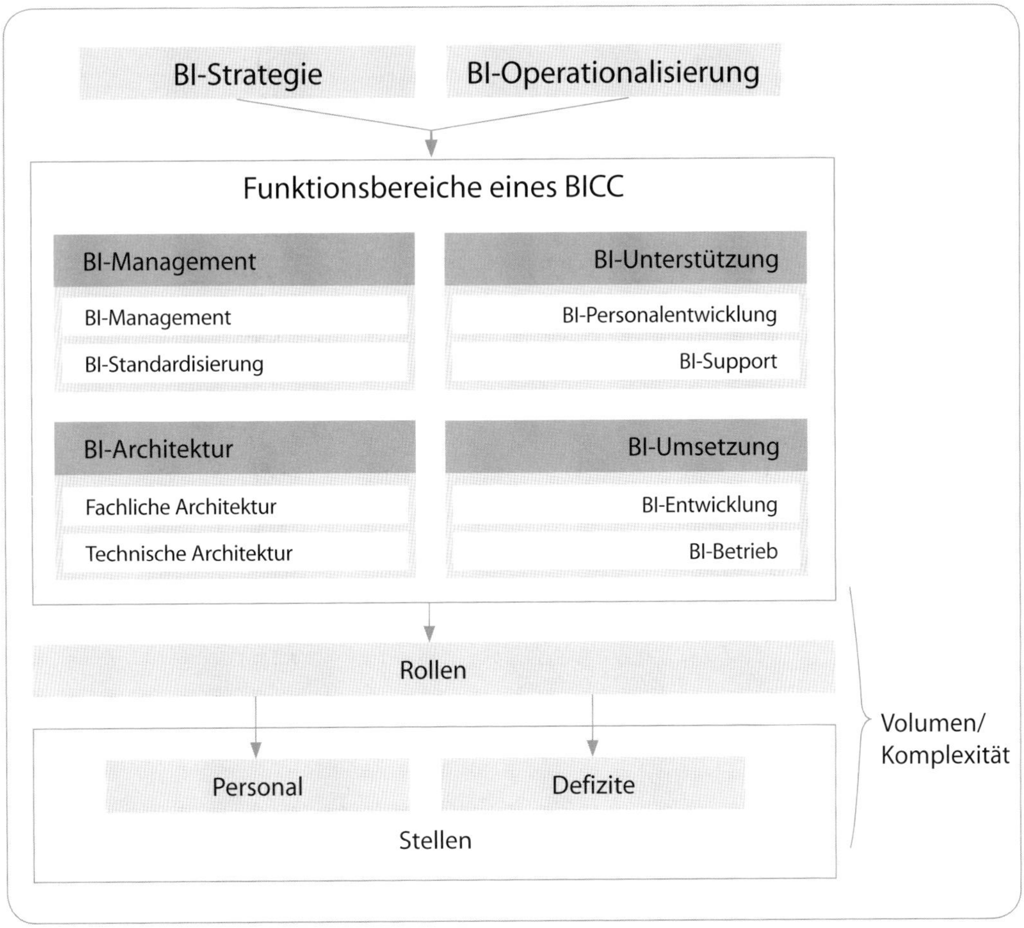

Abb. 39: Personalaufbau eines BICC

---

[159] Vgl. Schulte-Zurhausen 2005, S. 237.
[160] Vgl. Grochla 1995, S. 328 ff.

bar aus Strategie und Operationalisierung abgeleitet werden. Abbildung 39 zeigt zunächst diesen grundsätzlichen Zusammenhang: Aus BI-Strategie und Operationalisierung ergeben sich die Funktionsbereiche, die wiederum durch Rollen im BICC abgedeckt werden.

Direkte Ableitung der Rollen

Die direkte Abbildung der Anforderungen aus Strategie und Operationalisierung auf Rollen ist unter Umständen möglich (vgl. Abbildung 40). Die Funktionen des BICC ergeben sich in diesem Fall indirekt aus den Rollen. So wird z.B. die Rolle BI-Architekt anhand der Architektur aus der BI-Strategie definiert. Dieser BI-Architekt soll die unterschiedlichen Architekturziele (vgl. Abschnitt 2.1) verfolgen. Mittelbar ergibt sich in diesem Beispiel eine Funktion BI-Architektur, jedoch sind fachliche und technische Architektur in einer Rolle vereint. Die direkte Ableitung der Rollen ist nicht zu empfehlen, da hier Rollen (unter Umständen sogar Stellenpläne) und Funktionen des BICC verschwimmen und Rollen durch funktionale Zielkonflikte belastet werden. Zudem ist es hierbei problematisch, Teilfunktionen des BICC im Zeitverlauf anders zu organisieren, weil bestimmte Rollen Teilfunktionen kombinieren. So wird z.B. im oben skizzierten Beispielsfall festgestellt, dass aufgrund der Erweiterung der BI-Strategie (genauer: der Architekturziele) im Zeitverlauf der BI-Architekt eigentlich unterschiedliche Funktionen (fachliche vs. technische Architektur) mit teils konkurrierenden Zielen bedient, die Rolle müsste nun sinnvoll geteilt werden.

Ein weiteres Beispiel zeigt auch die Brisanz der Veränderung für einen Rolleninhaber: Es ist geplant, die Durchführung von BI-Projekten via Outsourcing zu externalisieren. Sofern die Funktionen Architektur und Umsetzung untrennbar in einer Rolle[161] vereinigt sind, ergeben sich beim Outsourcing Probleme: Rollen müssten neu geordnet werden, vor allem aber müssten Mitarbeiter ein neues Rollenbild einnehmen und sich zudem entscheiden, welche der neuen Rollen sie am besten ausfüllen. Diese Entscheidungssituation des Mitarbeiters oder der Führung steht ggf. sogar im Konflikt zur Outsourcing-Planung, wenn der Mitarbeiter beispielsweise den Rollenteil, der externalisiert wird, präferiert, aber eigentlich im Unternehmen verbleiben soll.

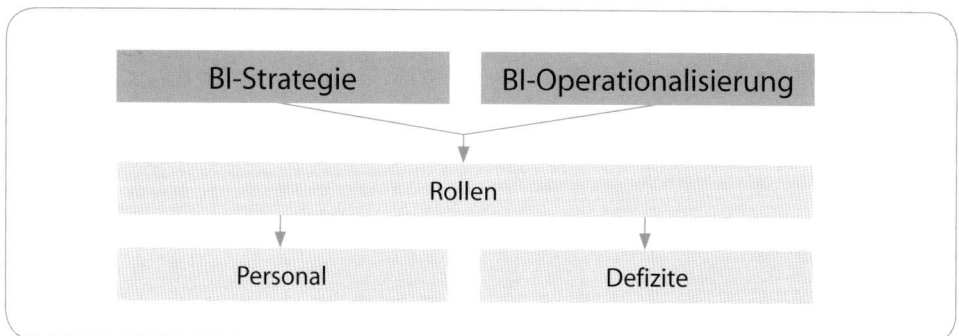

Abb. 40: Direkte Ableitung des Rollenkonzepts

---

[161] Evtl. sind diese Funktionen sogar innerhalb einer Stelle zusammengefasst. Bezüglich Stellen vgl. Grochla 1995, S. 328 ff.

Stufenweises Vorgehen

Ein stufenweises Vorgehen, also zunächst die Funktionen des BICC zu definieren und dann die Rollen und Rollenkombinationen (Zusammenfassung von Rollen) anhand des „Auftragsvolumens" (Unterstützungsanfragen, Projektinvolvierung etc.) zu definieren, hat folgende Vorteile:

> Die fachlichen, organisatorischen, architektonischen und technologischen Ziele des BICC, somit die BICC-Mission, werden klar herausgearbeitet.
> Die Rollen erhalten klare Zielvorgaben; konkurrierende Ziele, die evtl. innerhalb einer Funktion existieren, werden vermieden.
> Die Funktionen werden nicht als Zugeständnis zu gewünschten Rollen oder bestehender Personalstruktur aufgebaut.
> Die Personalentwicklung orientiert sich an den Funktionen des BICC (und nicht umgekehrt).
> Ein klares Personalkonzept wird möglich, in dem sich Rollen und auch Lücken deutlich darstellen, also Entwicklungsmaßnahmen eingeleitet werden können.

4.4.2   Dynamik und Wechselwirkungen

Das BICC unterliegt immer einer gewissen Dynamik, denn Strategie, Funktionen, Rollen und Personal beeinflussen sich gegenseitig. Der Gesamtzusammenhang wird in Abbildung 41 visualisiert und stellt sich wie folgt dar:

> **Top-down-Personalplanung:** Die BI-Strategie, die langfristigen Änderungen unterliegt, und die BI-Operationalisierung, die sich ggf. auch kurzfristig und dynamisch ändert, bestimmen die Funktionsbereiche eines BICC, die durch entsprechende Rollen personell abgebildet werden.
> **Mittelfristige Anpassung:** Die Funktionsbereiche und Rollen werden mittelfristig angepasst. Eine oder mehrere Rollen werden durch Personen ausgefüllt (denkbar ist hier auch ein Stellenplan, in dem sog. Planstellen durch Rollen beschrieben sind; sofern ein differenzierter Rollenplan existiert, könnte eine Planstelle entsprechend Auftragsvolumen allerdings auch mehrere Rollen einnehmen. Hingegen vereint ein grobgranulares Rollenkonzept, das Komplexität und Auftragsvolumen des BICC bereits berücksichtigt, unterschiedliche kohärente Detailrollen sinnvoll zu grobgranularen Rollen, die dann unmittelbar auf Stellen umgelegt werden können.
> **Personalentwicklung:** Sofern Rollen mit bestehendem Personal nicht ausgefüllt werden können, wird durch Personalentwicklung oder -akquise entgegengewirkt, d.h. existierendes Personal für den Einsatz in der BICC-Rolle geschult und betreut oder neues Personal passend zu den BICC-Rollen gefunden.
> **Bottom-up-Wechselwirkungen:** Schließlich besteht eine Wechselwirkung (Bottom-up) zwischen Personal, Rollen, Funktionsbereichen und Strategie. Das Personal wird langfristig die Rollen, Funktionsbereiche letztlich auch die Strategie beeinflussen.

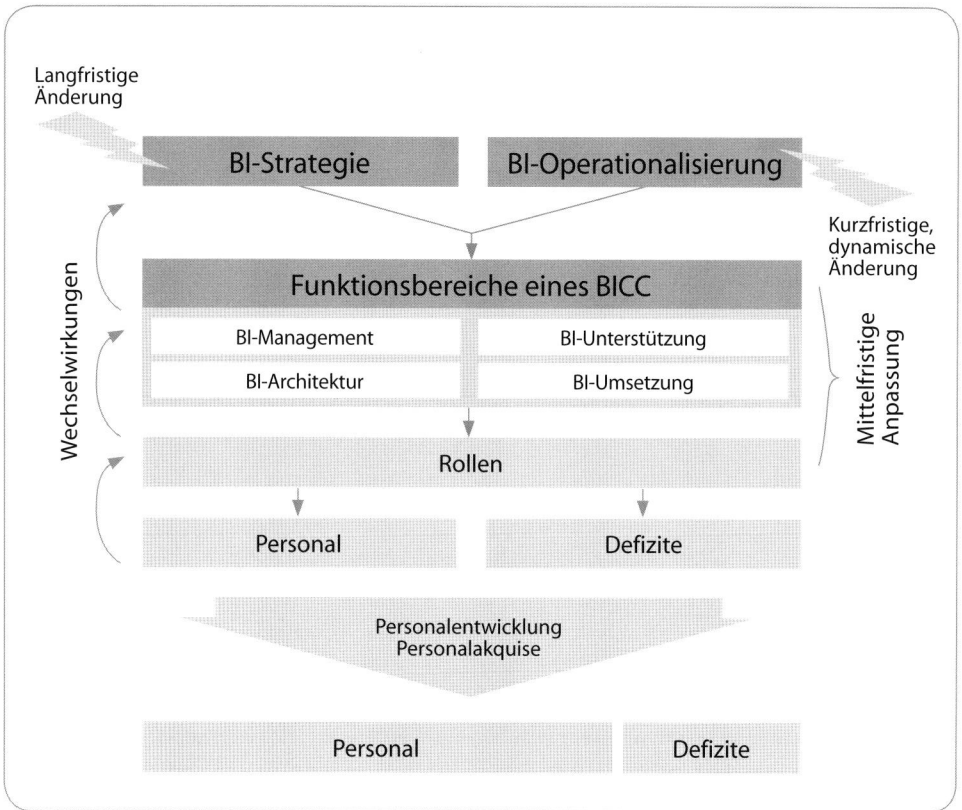

⚐ Abb. 41: Dynamik und Wechselwirkungen im BICC

4.5 BICC-Rollen

Ein Rollenkonzept zur Beschreibung organisatorischer Abläufe ist individuell zu gestalten, d.h. an dieser Stelle kann zwar ein Beispiel vorgestellt werden, im jeweiligen Anwendungsfall wird ein ähnliches Rollenkonzept aber bezogen auf den Kontext und die Ziele der Organisation individuell gestaltet werden müssen. Wie in Abschnitt 4.3.2 angedeutet, kann ein Rollenkonzept fein oder grob detailliert sein. Es kann den erwarteten Arbeitsaufwand, z.B. die Art und Anzahl der erwarteten Unterstützungsanfragen, berücksichtigen. Den geschätzten Aufwand im Rollenkonzept nicht zu berücksichtigen und die einzelnen zur Erfüllung der Aufgaben der BICC-Funktionen nötigen Rollen trennscharf zu definieren hat den Vorteil, dass bei sich änderndem Aufwand (z.B. durch deutlich mehr Unterstützungsanfragen) das Rollenkonzept nicht notwendigerweise angepasst werden muss. Es ergibt sich dann ein Rollenkonzept, in dem eine einzelne Rolle nicht identisch auf Stellen übertragbar ist, da beispielsweise der geschätzte Arbeitsaufwand einer einzelnen Rolle eine Stelle nicht ausfüllt oder auch überlastet. Daher müssen bei konkreter Stellenbesetzung entweder mehrere Rollen in einer Stelle kombiniert oder einzelne Rollen mehrfach besetzt werden. Es ist also lediglich die Stellenzuordnung anzupassen. Bei steigendem Aufwand kann eine neue Planstelle geschaffen werden, die den zusätzlichen Aufwand zukünftig bewältigt.

Das hier vorgestellte Rollenkonzept bildet die möglichen BICC-Funktionen auf elf Rollen ab (vgl. Tabelle 23).

BICC-Leiter	
Repräsentant der Fachseite	**Kernrollen**
BI-Architekt	
BI-Modellierer	
Datenqualitätsverantwortlicher	
BI-Anwendungsentwickler	
BI-Projektleiter	**Zusätzliche Rollen**
Trainer	
BI-Missionar	
Außenbeauftragter	
BI-Wissensmanager	

⬘ Tab. 23: Überblick über die Rollen der BICC-Personalplanung

Eine Person kann mehrere Rollen ausfüllen, sofern die Verantwortlichkeiten der Rollen nicht in Konflikt zueinander stehen. Dabei wird eine Rolle entsprechend ihrer Bedeutung (Kernrolle, zusätzliche Rolle, verzichtbare Rolle) primär, weitere Rollen sekundär ausgeübt. Eine Rolle kann ebenso sinnvoll mehrfach besetzt werden, d. h. ihr können mehrere Stellen zugeordnet sein (die Rollen für die BI-Umsetzung sind in der Regel mehrfach besetzt). Im Folgenden werden einige Rollen für die Funktionen eines BICC vorgeschlagen. Jede Rolle wird mittels einer kurzen Zusammenfassung charakterisiert, zudem auch das Verhältnis zu anderen Rollen beschrieben, und zwar

> in Form von potenziell **konkurrierenden Rollen**, die sich aufgrund der zu unterschiedlichen erforderlichen Kompetenzen oder konkurrierenden Aufgaben/Ziele nicht mit der Rolle vereinbaren lassen,

> in Form von potenziell **komplementären Rollen**, die sich aufgrund ähnlicher oder ergänzender Kompetenzen oder ähnlichen Zielen/Aufgaben mit der jeweiligen Rolle vereinen lassen, oder

> in Form von **unterstützenden Rollen**, welche die jeweilige Rolle in ihrer Aufgabenbewältigung unterstützen.

Manche unterstützende Rolle könnte durchaus auch unter den komplementären Rollen genannt werden. In diesem Rollenkonzept werden die Rollen als komplementär ausgeschlossen, die aufgrund ihrer jeweiligen Ziele und Verantwortlichkeiten vermeintlich die einwandfreie Ausübung der Primärrolle – das ist die Rolle, die ein Rolleninhaber hauptsächlich ausübt – behindern würden. Zusammenfassend werden die einzelnen Beziehungsverhältnisse der Rollen in Abbildung 42 dargestellt.

Die Rollen für die BI-Umsetzung selbst entsprechen den typischen Rollen in BI-Projekten und werden daher nicht ausführlich beschrieben.

Rolle A \ Rolle B	**BICC-Leiter**	**Repräsentant der Fachseite**	**BI-Architekt**	BI-Modellierer	Datenqualitäts-verantwortlicher	BI-Anwendungs-entwickler	BI-Projektleiter	Trainer	BI-Missionar	Außenbeauftragter	BI-Wissensmanager
BICC-Leiter						nicht kombinierbar	unterstützt	kombinierbar	kombinierbar, unterstützt	kombinierbar, unterstützt	kombinierbar, unterstützt
Repräsentant der Fachseite			nicht kombinierbar	kombinierbar, unterstützt	unterstützt	nicht kombinierbar	nicht kombinierbar				kombinierbar, unterstützt
BI-Architekt		nicht kombinierbar		kombinierbar, unterstützt	kombinierbar, unterstützt	kombinierbar, unterstützt			kombinierbar		
BI-Modellierer		kombinierbar, unterstützt	kombinierbar, unterstützt		nicht kombinierbar, unterstützt	kombinierbar, unterstützt					
Datenqualitäts-verantwortlicher		unterstützt	kombinierbar, unterstützt	nicht kombinierbar		unterstützt					
BI-Anwendungs-entwickler	nicht kombinierbar	nicht kombinierbar		kombinierbar, unterstützt	kombinierbar, unterstützt		nicht kombinierbar	nicht kombinierbar	nicht kombinierbar	nicht kombinierbar	nicht kombinierbar
BI-Projektleiter	nicht kombinierbar, unterstützt	kombinierbar, unterstützt	kombinierbar	unterstützt		nicht kombinierbar, unterstützt			nicht kombinierbar	nicht kombinierbar	nicht kombinierbar
Trainer	unterstützt	kombinierbar, unterstützt	kombinierbar, unterstützt	kombinierbar, unterstützt		nicht kombinierbar			nicht kombinierbar	kombinierbar, unterstützt	kombinierbar, unterstützt
BI-Missionar	kombinierbar, unterstützt		kombinierbar, unterstützt	kombinierbar, unterstützt		nicht kombinierbar					unterstützt
Außen-beauftragter	kombinierbar, unterstützt		kombinierbar, unterstützt			nicht kombinierbar			kombinierbar		
BI-Wissens-manager	kombinierbar, unterstützt	kombinierbar	kombinierbar			nicht kombinierbar			nicht kombinierbar		

Rolle A und Rolle B sind kombinierbar (komplementär)

Rolle A und Rolle B sind nicht kombinierbar (konkurrierend)

Rolle B unterstützt Rolle A

Abb. 42: Beziehungsverhältnisse der BICC-Rollen[162]

162 Lesehinweis: Von links nach rechts. Beispiel: Rolle A BICC-Leiter, Rolle B BI-Anwendungsentwickler ist nicht mit BICC-Leiter kombinierbar; Rolle B BI-Projektleiter unterstützt BICC-Leiter; Rolle B Trainer ist mit BICC-Leiter kombinierbar, etc.

4.5.1   BICC-Leiter

Die Verantwortung des BICC-Leiters liegt in der Funktion BI-Management (siehe Abschnitt 4.3.1). Der BICC-Leiter ist zum einen für das BICC verantwortlich, zum anderen Schnittstelle zur Führungsebene der umgebenden Organisation. Er ist der Hüter der BI-Strategie und insofern für deren Planung, Weiterentwicklung und Umsetzung verantwortlich.[163] Zudem vermittelt der BICC-Leiter zwischen IT- und Fachabteilungen und Funktionen eines Unternehmens, gleicht insofern unterschiedliche Interessenlagen und Ziele hinsichtlich BI aus. Der BICC-Leiter hat Führungsverantwortung gegenüber BICC-Mitarbeitern, entweder in Form direkter Personalverantwortung oder in Form von Weisungsbefugnissen (je nach Organisationsform real vs. virtuell, vgl. Abschnitte 4.6.2 und 4.6.3). Schließlich ist der BICC-Leiter auch für die Standardisierung verantwortlich, d.h. er stellt sicher, dass entsprechende Projekte für die Standardisierung durchgeführt werden. Dazu wird er von weiteren Rollen im BICC unterstützt, da die Umsetzung der Standardisierungsprojekte nicht in seiner Rolle verankert ist.

Funktion	BI-Management
Bedeutung	Unverzichtbare Kernrolle eines BICC
Charakteristika	> Verantwortung für das BICC im Innen- und Außenverhältnis > Oberste Schnittstelle zu und Moderator zwischen IT- und Fachabteilungen > Hüter der BI-Strategie > Verantwortlich für Standards und Vorgaben
Konkurrierende Rollen	> BI-Anwendungsentwickler (zu unterschiedliche Fähigkeiten und Ziele)
Komplementäre Rollen	> BI-Missionar (beide benötigen Gesamtverständnis für BI und wollen BI an sich im Unternehmen voranbringen) > BI-Trainer (ebenfalls hohe Sozialkompetenz) > Außenbeauftragter (ebenfalls Managementaufgabe) > BI-Wissensmanager (unterstützt die Standardisierung methodisch)
Unterstützende Rollen	Alle BICC-Rollen, aber insbesondere: > BI-Projektleiter > BI-Wissensmanager > Außenbeauftragter > BI-Missionar
Benötigte Fähigkeiten	> Führung, Leitung, Durchsetzungsvermögen > Multiprojektmanagement > Sozialkompetenz > Gesamtverständnis für BI und das Unternehmensgeschäft

▲ Tab. 24: Kurzbeschreibung BICC-Leiter

---

[163] Wie die Praxis zeigt, gibt es alternativ zu diesem Vorschlag der Rollengestaltung auch die Möglichkeit, die BI-Strategie im Rahmen eines Projekts, also in der Projektorganisation (weiter-) zu entwickeln. In diesem Fall wäre der Leiter des BICC nicht vornehmlich der Hüter der BI-Strategie.

4.5.2 Repräsentant der Fachseite

Der Repräsentant der Fachseite stellt sicher, dass das BICC die fachlichen Geschäftsprozesse des Unternehmens unterstützt und letztlich die BI-Strategie des Unternehmens fachlich konkretisiert (vgl. Abschnitt 1.2.4). Er versteht das Geschäftsmodell in Gänze und die Geschäftsprozesse des Unternehmens, insbesondere im Hinblick auf dispositive Fragestellungen. Er kennt also die Informationsbedürfnisse und Entscheidungsprobleme des Unternehmens und weiß, wie diese befriedigt bzw. gelöst werden können. Unabhängig von der konkreten Technologie kümmert sich der Repräsentant der Fachseite darum, dass die entstehenden BI-Lösungen die fachlichen Belange optimal abbilden. Er unterstützt das BICC und BI-Projekte dahingehend, dass er einerseits die Fachwelt übergreifend versteht, andererseits Geschäftsobjekte und Prozesse auf BI-Konstrukte abbilden kann. In der Ausübung der Rolle nimmt er auch Übersetzer- und Vermittlerpositionen ein, um zwischen Fachabteilungen und BI-Projekten zu vermitteln. Ergebnisse seiner Arbeit neben der Projektunterstützung finden sich in der BI-Facharchitektur in entsprechenden Referenzmodellen, die er gemeinsam mit dem BI-Modellierer entwirft, aber auch in fachlichen Standards und Best Practices (z. B. Kennzahlendefinitionen oder Kennzahlenrahmen), die er beispielsweise mit dem BI-Wissensmanager pflegt. Sofern das BICC eine unterstützende Funktion (BI-Support) erfüllt, leistet er fachliche Unterstützung, indem er z. B. Anwendern erläutert, wie eine bestimmte fachliche Problemstellung (z. B. Analyse) in BI-Systemen abgebildet ist.

Funktion	Fachliche Architektur
Bedeutung	Unverzichtbare Kernrolle eines BICC
Charakteristika	> Versteht das Geschäft der Unternehmung > Versteht die unterschiedlichen betrieblichen Funktionen und Prozesse des Unternehmens > Kennt Informationsbedürfnisse und Entscheidungsprozesse im Unternehmen > Vermittelt zwischen Fachseite und BI-Projektmitarbeitern > Verantwortlich für die fachliche Konsistenz und Korrektheit der BI-Architektur
Konkurrierende Rollen	> BI-Anwendungsentwickler (eher technologieorientierte Fähigkeiten) > BI-Architekt (eher technologieorientierte Fähigkeiten) > BI-Projektleiter (häufig Gegenspieler in konkreten Projekten)
Komplementäre Rollen	> BI-Modellierer (ebenfalls hohe Affinität zur Fachlichkeit des Unternehmens) > BI-Wissensmanager (ebenfalls analytische und methodische Fähigkeiten, erfordert ähnlich breites Wissen und Vernetzung im Unternehmen)
Unterstützende Rollen	> BI-Modellierer > BI-Wissensmanager > Datenqualitätsverantwortlicher
Benötigte Fähigkeiten	> Betriebswirtschaftliche Kenntnisse > Analytische Fähigkeiten > Sozialkompetenz

Tab. 25: Kurzbeschreibung Repräsentant der Fachseite

4.5.3   BI-Architekt

Fokus des BI-Architekten ist, einen IT-Gesamtrahmen zu schaffen, mit dessen Hilfe die Informationsversorgung und analytischen Prozesse im Unternehmen abgebildet werden können (vgl. Abschnitt 2.4). So erschafft er auch proaktiv die IT-Grundlage neuer Lösungsansätze für analytische Problemstellungen im Unternehmen. Gegenstände seiner Tätigkeit sind BI-Werkzeuge und deren Auswahl und Erprobung, Schnittstellen zu Datenliefersystemen, Hardware und Fragestellungen der optimalen Integration, Skalierung und Dimensionierung der beteiligten Komponenten. Der BI-Architekt arbeitet fortwährend an einer Referenzarchitektur (vgl. Abschnitt 2.4.2). Auch ist er aktiv oder beratend an der Entwicklung neuer technischer Lösungen in Prototypen oder in Early-Adopter-Projekten beteiligt. Sofern das BICC eine Support-Funktion bereitstellt, unterstützt er Projektteams in architektonischen Fragestellungen. Führt das BICC auch die Entwicklung durch, verantwortet er den korrekten Einsatz (Compliance) der Architektur in Projekten.

Funktion	Technische Architektur
Bedeutung	Unverzichtbare Kernrolle eines BICC
Charakteristika	› Verantwortet ein technisches Gesamtkonzept für BI › Verantwortet die architektonische Weiterentwicklung gemäß den Zielen der BI-Strategie › Schafft den IT-Rahmen für die BI-Projekte
Konkurrierende Rollen	› Repräsentant der Fachseite (eher betriebswirtschaftlich, fachlich orientiert)
Komplementäre Rollen	› BI-Modellierer (deckt Teile der BI-Verfahren und Technologien ab) › Datenqualitätsverantwortlicher (deckt Teile der BI-Verfahren und Technologien ab) › BI-Anwendungsentwickler (ebenfalls stark technologieorientiert) › BI-Missionar (hat ebenfalls breiten BI-Überblick)
Unterstützende Rollen	› BI-Modellierer › Datenqualitätsverantwortlicher › BI-Anwendungsentwickler
Benötigte Fähigkeiten	› Tiefe und breite (BI-)Technologie- und Verfahrenskenntnisse

⌷ Tab. 26: Kurzbeschreibung BI-Architekt

4.5.4   BI-Modellierer

Der BI-Modellierer spezialisiert sich auf den Output Layer und den Data Storage Layer und deren Zusammenspiel mit dem Frontend Layer innerhalb der BI-Architektur. Während der Repräsentant der Fachseite und der BI-Architekt Antagonisten (fachlich vs. IT) sind, aber jeweils beide Seiten in voller Tiefe überblicken, ist der BI-Modellierer in beiden Welten zu Hause, allerdings jeweils nicht in voller Tiefe. Sein Fokusgebiet sind die analytischen Modelle, d. h. er versteht und gestaltet die Fachlichkeit des Unternehmens aus Sicht von BI und analytischen Fragestellungen und er versteht und gestaltet die technische Architektur im Bereich des Output Layer (also oberhalb der Problemstellung der Datenbewirtschaftung). Zudem beherrscht er spezielle Verfahren und Modellierungstechniken, insbesondere im Bereich der dimensionalen Modellierung, und hat im Bedarfsfall erweiterte BI-Kenntnisse, um Spezialfragestellungen (erweiterte Techniken wie Prognose, Mining u. Ä.) zu lösen. Je nach Ausprägung des BICC berät, unterstützt oder entwickelt der BI-Modellierer.

Funktion	BI-Architektur (fachliche und technische)
Bedeutung	Zusätzliche Rolle
Charakteristika	› Spezialisierung auf die Modellbildung für analytische Systeme mit besonderem Fokus auf den Output Layer › Verantwortet die Inhalte in den BI-Lösungen › Unterstützt Anwendungsentwickler und Architekten bei der fachlich orientierten Modellbildung › Entwickelt spezialisierte Lösungen für Analyse- oder Reporting-Fragestellungen
Konkurrierende Rollen	› Datenqualitätsverantwortlicher (fokussiert eher auf die Datenbereitstellung)
Komplementäre Rollen	› Repräsentant der Fachseite (ebenfalls fachlich orientiert) › BI-Architekt (deckt technische Aspekte des Output Layer ab) › BI-Anwendungsentwickler (entwickelt auch Anwendungen innerhalb des Output Layer und Frontend Layer)
Unterstützende Rollen	› Repräsentant der Fachseite › BI-Architekt › Datenqualitätsverantwortlicher › BI-Anwendungsentwickler
Benötigte Fähigkeiten	› Dimensionale Modellierung, insbesondere auch im Data Storage Layer › Breite Kenntnisse zum Output Layer und Frontend Layer: Visualisierung, Verteilung, Aufbereitung von Inhalten › Betriebswirtschaftliche Kenntnisse und Wissen über das Unternehmensbusiness aus Sicht der Informationsbedürfnisse

▲ Tab. 27: Kurzbeschreibung BI-Modellierer

4.5.5 Datenqualitätsverantwortlicher

Seine Schwerpunkte liegen ebenfalls in den Bereichen der fachlichen und technischen Architektur, allerdings unterhalb des Output Layer[164] und mit konkretem Bezug zu den BI-Inhalten. Er ist u. a. verantwortlich für die Verbesserung der Datenqualität, ermöglicht die abteilungsübergreifende Datenintegration und formuliert zentrale Standards und Metadatenstrukturen für konsistente Datenmodelle. Der Datenqualitätsverantwortliche nimmt daher häufig auch architektonische Aufgaben wahr, um die Gesamtarchitektur der DWH-Lösung für eine bessere Datenqualität weiterzuentwickeln. Durch tiefe Kenntnis der fachlichen Datenherkunft und -zusammenhänge sowie der systemtechnischen Datenflüsse unterstützt er einerseits den BI-Modellierer beim Aufbau qualitativ gesicherter Analysemodelle und andererseits den BI-Architekten beim Aufbau einer angemessenen Gesamtarchitektur. Je nach Ausprägung des BICC berät, unterstützt oder entwickelt der Datenqualitätsverantwortliche.

---

[164] In Ausnahmefällen wird der Datenqualitätsverantwortliche auch hier aktiv, denn auch im Output Layer können Fehler entstehen, die die Datenqualität beeinflussen. Manchmal werden Qualitätsprobleme auch erst hier offenbar.

Funktion	BI-Architektur
Bedeutung	Zusätzliche Rolle
Charakteristika	› Spezialisierung auf die Verbesserung der Datenqualität › Optimiert die Datenbewirtschaftung (und entsprechende Architektur-komponenten) zur Verbesserung der Datenqualität › Unterstützt Anwendungsentwickler, Architekten und BI-Modellierer, um BI-Lösungen zu schaffen, die auf adäquater Datenqualität aufbauen
Konkurrierende Rollen	› BI-Modellierer (fokussiert auf den Output Layer)
Komplementäre Rollen	› BI-Architekt (deckt auch die Datenbewirtschaftung ab)
Unterstützende Rollen	› Repräsentant der Fachseite › BI-Architekt › BI-Anwendungsentwickler
Benötigte Fähigkeiten	› Tiefe Kenntnisse über Datenqualitätsverfahren und Technologien › Tiefe Kenntnisse hinsichtlich der Datenbewirtschaftung › Kenntnisse der Geschäftsmodelle hinsichtlich datenorientierter Prozesse (Datenherkunft)

Tab. 28: Kurzbeschreibung Datenqualitätsverantwortlicher

Abbildung 43 visualisiert das Verhältnis der Rollen Repräsentant der Fachseite, BI-Architekt, BI-Modellierer und Datenqualitätsverantwortlicher zueinander. Während Repräsentant der Fachseite und BI-Architekt sich das BI-Kontinuum in Fach- und IT-Seite vertikal teilen, sind Datenqualitätsverantwortlicher und BI-Modellierer horizontal entsprechend der DWH-Architektur angesiedelt und müssen jeweils ein gutes Stück der Fachlichkeit und der IT-Aspekte verstehen und bearbeiten.

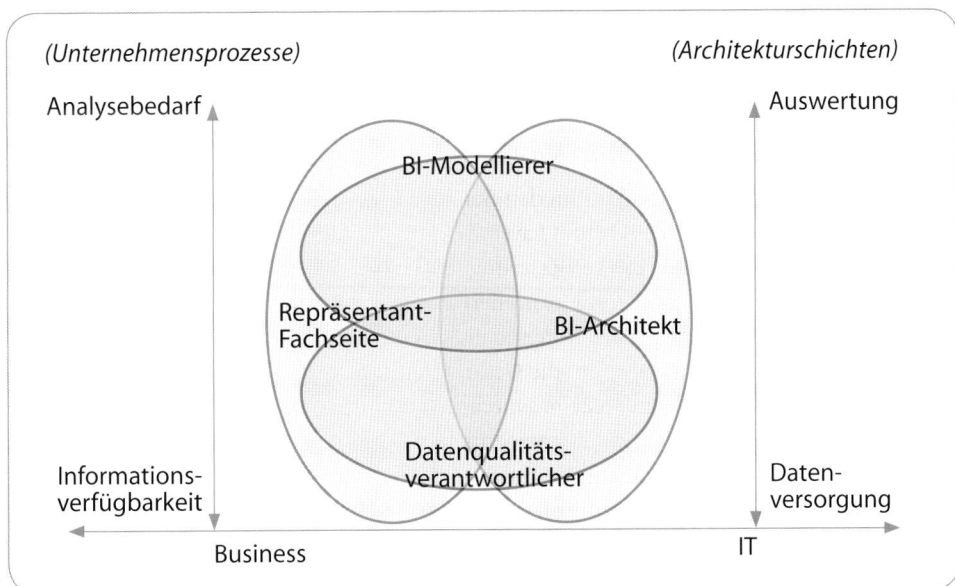

Abb. 43: Überschneidung der Domänen

4.5.6   BI-Anwendungsentwickler

Das Profil des BI-Anwendungsentwicklers ist dadurch gekennzeichnet, dass er durch tiefe Kenntnisse von Werkzeugen und Umsetzungsverfahren Teile oder vollständige BI-Anwendungen effizient entwickeln kann. Typischerweise sind Anwendungsentwickler auf bestimmte Werkzeuge oder Verfahren spezialisiert (typisch: Backend- vs. Frontend-Entwickler), daher ähnlich fokussiert wie BI-Modellierer und Datenqualitätsverantwortlicher, ohne jedoch zwingend ähnlich tiefes Fachverständnis aufzuweisen. Die Kernkompetenz des Anwendungsentwicklers liegt vielmehr darin, im Rahmen einer BI-Architektur in existierenden Grobmodellen konkrete Lösungen z. B. für die Datenbewirtschaftung, Analyse-Frontends, Berichtswesen und Informationsprozesse auf Basis des Werkzeugportfolios der BI-Architektur umzusetzen.[165] Zudem wirkt der Anwendungsentwickler auch bei Forschungs- und Entwicklungsaufgaben des BICC durch die Entwicklung von Prototypen mit. Je nach Ausprägung des BICC ist diese Rolle nicht zwingend erforderlich, da es sich eher um eine Rolle der BI-Operationalisierung handelt. Ein BICC, das die Funktion BI-Umsetzung bietet, besetzt diese Rolle (wahrscheinlich sogar mehrfach), ein eher beratend oder koordinierend ausgelegtes BICC bezieht diese Rolle eher aus der Projektorganisation und überlässt Forschungs- und Entwicklungsaufgaben in Teilen anderen Rollenträgern (z. B. den Architekten).

Funktion	BI-Entwicklung
Bedeutung	Zusätzliche Rolle, typische Rolle der BI-Operationalisierung
Charakteristika	> Entwicklung von BI-Lösungen > Mitarbeit in oder vollständige Umsetzung von BI-Fachprojekten > Unterstützt Fach-, BI-Architekt, BI-Modellierer und andere Rollen in BICC- und BI-Strategieprojekten hinsichtlich Fragen der Implementierung > Spezialisiert nach Werkzeugen oder Verfahren
Konkurrierende Rollen	> Repräsentant der Fachseite (stark fachlich orientiert) > BICC-Leiter (Managementrolle) > BI-Missionar (eher breiter angelegte Kenntnisse) > Außenbeauftragter (sehr unterschiedliche Skills) > BI-Wissensmanager (stärker fachlich und methodisch aufgestellt) > Trainer (didaktische Kenntnisse) > BI-Projektleiter (typischer Leiter des Anwendungsentwicklers, also auch Gegenspieler)
Komplementäre Rollen	> BI-Modellierer (ebenfalls teils technisch orientiert und spezialisiert auf einen BI-Teilbereich) > Datenqualitätsverantwortlicher (ebenfalls teils technisch orientiert und spezialisiert auf einen BI-Teilbereich)
Unterstützende Rollen	> BI-Modellierer > Datenqualitätsverantwortlicher
Benötigte Fähigkeiten	> Spezialisierte und tiefe Kenntnisse von BI-Werkzeugen > Kenntnisse der Anwendungs- und Lösungsentwicklung > Implementierungskompetenz

▲   Tab. 29: Kurzbeschreibung BI-Anwendungsentwickler

---

[165] In Kapitel 8 werden die unterschiedlichen Werkzeugklassen für BI dargestellt.

4.5.7   BI-Projektleiter

Der BI-Projektleiter ist ebenfalls eine typische Rolle der BI-Operationalisierung, d. h. der Umsetzung von Anforderungen in BI-Projekten. Seine Kernkompetenz liegt in der Planung und Steuerung von Projekten. Er interagiert hierbei mit dem Multiprojektmanagement aus dem BI-Programm des BICC und erfüllt nur bedingt selbst Funktionen des BICC. Sofern ein BICC als Komplettanbieter ausgestaltet ist, benötigt es zur vollständigen Abwicklung von BI-Projekten auch Projektleiter; diese könnten allerdings auch aus der allgemeinen IT-Organisation stammen. Die besonderen Herausforderungen von BI-Projekten (beispielsweise die permanente Veränderung und Weiterentwicklung auch nach „Projektende" oder die ausgeprägte Dualität aus Fachlichkeit und IT) erfordern aber unter Umständen die Besetzung dieser Rolle durch das BICC. Insofern würde ein BI-Projektleiter auch dann aus einem BICC in BI-Projekte abgestellt werden, um diese *besonderen* Projekte mit BI-Blickwinkel zu leiten, wenn ein BICC nicht als Volldienstleister, sondern eher beratend oder koordinierend auftritt. Sofern die Rolle nicht besetzt wird, sollte die BI-Projektleitung durch andere Rollenträger des BICC potenziell durchgeführt werden können, um BI-Projekte fachlich, technisch und abteilungsübergreifend angemessen und unter Berücksichtigung typischer BI-Herausforderungen, d. h. BI-affin und BI-erfahren, zu leiten. Dies ist auch dann angeraten, wenn die allgemeine IT-Organisation des Unternehmens keine ausgeprägten Projektleiter bereitstellt oder wichtige BI-Projekte anstehen, deren Projekterfolg unter allen Umständen sichergestellt werden muss. Wichtige Einflussfaktoren für die Wahl des Projektleiters sind die Projektart (vgl. Abschnitt 3.5) und die Projektgröße. Da ggf. Zielkonflikte (Beispiel: Zeit- und Budgetvorgaben vs. Architekturvorgaben) entstehen können, ist sehr sorgfältig abzuwägen, ob ein BICC-Rollenträger auch die operative Projektverantwortung erhalten sollte.

Funktion	Keine BICC-Funktion im eigentlichen Sinne
Bedeutung	Zusätzliche Rolle, Rolle der BI-Operationalisierung
Charakteristika	› Projektleitung bei der Entwicklung von Business-Intelligence-Lösungen
Konkurrierende Rollen	› BICC-Leiter (evtl. existieren Zielkonflikte) › BI-Anwendungsentwickler (typischerweise Teammitglied) › BI-Missionar (stark abweichende Fähigkeiten) › Außenbeauftragter (stark abweichende Fähigkeiten) › BI-Wissensmanager (abweichende Fähigkeiten, ggf. existieren auch hier Zielkonflikte)
Komplementäre Rollen	› Repräsentant der Fachseite (gute Kenntnis der Fachprozesse, komplementär bei BI-Projekten mit stark fachlichem Fokus) › BI-Architekt (gute Kenntnisse der BI-Architektur, komplementär bei BI-Projekten mit technologischem Fokus)
Unterstützende Rollen	› Repräsentant der Fachseite › BICC-Leiter › BI-Modellierer › BI-Anwendungsentwickler
Benötigte Fähigkeiten	› Projektleitung (Verfahren, Methodik) › Sozialkompetenz › Überblickswissen über BI und die Fachlichkeit des Unternehmens

⬛ Tab. 30: Kurzbeschreibung BI-Projektleiter

4.5.8   Trainer

Die Rolle des Trainers ist die direkte Umsetzung eines Teils der Funktion BI-Personal-entwicklung (siehe Abschnitt 4.3.3): Das BICC-Personal, die BI-Projekt-Mitarbeiter und die Fachanwender werden in Schulungs- und Coaching-Maßnahmen vom Trainer für ihre jeweiligen Aufgaben vorbereitet. Zudem entwickelt der Trainer geeignete individuelle Trainings, welche die Fachlichkeit des Unternehmens berücksichtigen, sowie Trainingspläne bzw. -konzepte. Dies geschieht in Zusammenarbeit mit der Personalabteilung, die im Allgemeinen für die Personalentwicklung zuständig ist. Sofern es sinnvoll ist, werden Schulungs- und Coaching-Maßnahmen nicht durch den Trainer selbst entwickelt, sondern extern eingekauft. Je nach Ausgestaltung des BICC ist der Trainer koordinierend oder aktiv tätig (insofern ggf. eher Trainingskoordinator oder -berater). Die Rolle des Trainers lässt sich organisatorisch auch außerhalb des BICC ansiedeln, wenn die Unternehmensorganisation dies vorsieht. Die Rolle kann auch extern besetzt werden, wenn externe Mitarbeiter die fachlichen Aspekte des Unternehmens und dessen BI-Strategie hinreichend verinnerlicht haben und die BI-Anwendungen des Unternehmens und deren Einsatz vermitteln können. Reine Werkzeug- oder Technologietrainings sind hingegen auf einfache Weise extern zu beziehen.

Funktion	BI-Personalentwicklung
Bedeutung	Zusätzliche Rolle, evtl. außerhalb des BICC
Charakteristika	› Erstellen und Durchführen von Trainings fürs BICC, für BI-Projekt-Mitarbeiter, Power-User, Endanwender › Coaching › Entwicklung von Trainingsplänen › Koordination externer Trainings
Konkurrierende Rollen	› BI-Anwendungsentwickler (zu unterschiedliche Skills) › BI-Missionar (eher visionär als am konkreten Fall orientiert)
Komplementäre Rollen	› BI-Modellierer (ebenfalls BI-Fachkenntnisse sowie Kenntnisse des Unternehmensgeschäfts) › Repräsentant der Fachseite (ebenfalls Kenntnisse des Unternehmensgeschäfts, zudem guter Zugang zu Fachabteilungen) › BI-Architekt (als Technologietrainer für Projektteams) › Außenbeauftragter (Zugang zu externen Trainings) › BI-Wissensmanager (als Best-Practice-Trainer)
Unterstützende Rollen	› BI-Modellierer › Repräsentant der Fachseite › BI-Architekt › Außenbeauftragter › BI-Wissensmanager › BICC-Leiter
Benötigte Fähigkeiten	› Didaktische und pädagogische Fähigkeiten › Fachkenntnisse BI oder BI-Werkzeuge, wenn dies vermittelt werden soll › Kenntnisse des Unternehmensgeschäfts und der Abbildung desselben in BI-Lösungen, wenn dies vermittelt werden soll › Sozialkompetenz

▲ Tab. 31: Kurzbeschreibung Trainer

4.5.9   BI-Missionar

Die Rolle des BI-Missionars erfüllt Teile der Funktionen BI-Management und BI-Personalentwicklung. Diese Rolle ist gewissermaßen eine „Luxusrolle", leitet sich aber direkt aus einem Grundtatbestand eines BICC, nämlich „den effektiven Einsatz von Business Intelligence im Unternehmen zu fördern" ab (vgl. Abschnitt 1.2.5). Diese Rolle bietet daher einen hohen Mehrwert für ein BICC und ein Unternehmen, insbesondere dann, wenn BI und die Möglichkeiten von BI noch unzureichend im Unternehmen bekannt sind. So kennt der BI-Missionar den Zusammenhang zwischen Unternehmensgeschäftsmodell und -prozessen und den Möglichkeiten der BI-Architektur, die sich aus Modellierung, analytischen Anwendungen und System ergeben, und kann aus diesem Zusammenhang Mehrwerte und Optimierungspotenziale fürs Unternehmen entwickeln und vermitteln. Zudem adaptiert er neue Verfahren und Technologien, erkennt also auch potenziellen Nutzen von Komponenten, die bisher noch nicht in der BI-Architektur vorgesehen sind. Als Visionär betreibt er aktiv Werbung für BI, das BICC, bestehende und erstellbare BI-Anwendungen des Unternehmens und fördert so den Einsatz von BI gesamtheitlich. Unabhängig von der konkreten Ausgestaltung des BICC ist diese Rolle eine Beraterposition und lässt sich – entsprechende Soft Skills und Weitsicht („über den Rand des Unternehmenstellers") vorausgesetzt – gut durch die anderen komplementären Rollen erfüllen.

Funktion	Keine klare Zuordnung zu einer BICC-Funktion
Bedeutung	Zusätzliche Rolle, ggf. verzichtbar
Charakteristika	› Binnenmarketing für BI › Vermittelt den Nutzen und die Möglichkeiten von BI im Unternehmen › Fördert die Nutzung von BI in Gänze › Visionär
Konkurrierende Rollen	› BI-Anwendungsentwickler (zu spezialisiert)
Komplementäre Rollen	› BI-Modellierer (kennt die Fachlichkeit des Unternehmens, kann daher als Missionar den BI-Nutzwert vermitteln) › BI-Architekt (kennt die Gesamtarchitektur, kann daher neue BI-Ansätze nutzenorientiert einbringen) › BICC-Leiter (verfolgt ähnliche Ziele, ohne jedoch in jedem Fall die visionären Impulse setzen zu müssen, z.B. bei reiner Managementtätigkeit)
Unterstützende Rollen	› BI-Modellierer › BI-Architekt › BI-Wissensmanager › BICC-Leiter › Außenbeauftragter
Benötigte Fähigkeiten	› Sozialkompetenz › Begeisterungsfähigkeit › Breiter Überblick über BI, Weitsicht › Kenntnisse des Unternehmensgeschäfts

▲ Tab. 32: Kurzbeschreibung BI-Missionar

4.5.10 Außenbeauftragter

Die Rolle des Außenbeauftragten leitet sich ebenfalls aus der Funktion BI-Management ab, denn hier ist die zentrale Schnittstelle nach außen. Außen bedeutet hierbei außerhalb des Unternehmens, denn üblicherweise lassen sich BICC und BI-Problemstellungen auch durch die Unterstützung externer Ressourcen bewältigen: Dies können beispielsweise Hersteller der BI-Software- bzw. der Hardware-Komponenten in der eingesetzten BI-Architektur sein, Dienstleister, die bei der Lösungsentwicklung mitgewirkt haben oder mitwirken könnten, oder die Steuerung des Engagements bei Interessenverbänden, Anwendervereinigungen wie dem TDWI. Der effektive Einsatz externen Know-hows und externer Ressourcen wird durch den Außenbeauftragten gesteuert, so u. a. auch damit verbundene Managementaufgaben wie Vertragsgestaltung und Lizenzmanagement im Kontext der Beschaffung von Hardware, Software und Dienstleistungen. So können zum einen Belange der BI-Strategie berücksichtigt, zum anderen die Kosteneffizienz gefördert werden. Der Außenbeauftragte unterstützt hierbei andere Funktionen im Unternehmen, z. B. die Einkaufsabteilung in der Verhandlungsführung oder die Rechtsabteilung bei Governance- und Compliance-Problemstellungen. Die Mitwirkung in Anwendergruppen oder anderen Interessengemeinschaften ist dann effektiv und wertvoll, wenn der Außenbeauftragte „nicht nur nimmt, sondern auch gibt", d. h. die BI-Strategie, eigene Erfahrungen und Ideen auch nach außen trägt, sich also via Beziehungspflege (Networking) aktiv einbringt. Unabhängig von der organisatorischen Ausgestaltung des BICC wäre diese Rolle ebenfalls eine Beraterposition und lässt sich zudem gut mit ihren komplementären Rollen kombinieren.

Funktion	BI-Management
Bedeutung	Zusätzliche Rolle, ggf. verzichtbar
Charakteristika	> Beziehungsmanagement zu Herstellern, Dienstleistern, Interessenverbänden, Universitäten > Beschaffung > Networking
Konkurrierende Rollen	> BI-Anwendungsentwickler (zu spezialisiert und technologieorientiert)
Komplementäre Rollen	> BI-Architekt (durchgängiger Überblick, daher auch Kenntnisse und ggf. Kontakt zu Herstellern und Interessenverbänden) > BICC-Leiter (ebenfalls gutes Netzwerk in der BI-Community, zudem Schnittstelle zu anderen betrieblichen Funktionen) > BI-Missionar (ebenfalls gutes Netzwerk, zudem auf Ballhöhe hinsichtlich neuer Trends und Entwicklungen)
Unterstützende Rollen	> BI-Architekt > BICC-Leiter
Benötigte Fähigkeiten	> Sozialkompetenz/Networking > Breite Überblickskenntnisse in Technologie, Fachlichkeit des Unternehmens, Betriebswirtschaft, ggf. Recht

Tab. 33: Kurzbeschreibung Außenbeauftragter

4.5.11 BI-Wissensmanager

Diese Rolle nimmt aus BICC-Sicht eine besondere Stellung ein, denn sie leitet sich nicht direkt aus einer der BICC-Funktionen ab. Nahezu alle Funktionen sind betroffen. Die Verantwortung für das Wissensmanagement für BI liegt in der Funktion BI-Management, denn das BI-Management muss sicherstellen, dass das Wissen über BI in die organisatorische Wissensbasis einfließt. Dies gilt gleichermaßen für viele andere Wissensaspekte, doch gerade aufgrund der BI-Strategie und z. B. durch ein BICC ist es notwendig, individuelle und kollektive Wissensbestände[166] zu identifizieren, zu entwickeln, zu bewahren, zu erweitern und zu verteilen, weshalb dem Wissensmanagement im BICC eine besondere Bedeutung beizumessen ist.[167] Entsprechende Wissensziele leiten sich auch aus dem Grundtatbestand eines BICC „effektiver BI-Einsatz" (vgl. Abschnitt 1.2.5) ab. Das BI-Wissensmanagement kann auch außerhalb des BICC organisiert werden, und insbesondere wenn Wissensmanagement im Unternehmen inhärent in allen Unternehmensprozessen gelebt wird, wie bei McAfee im Kontext von Enterprise 2.0 beschrieben,[168] ist die explizite Abbildung in der Rolle des BI-Wissensmanagers verzichtbar. Unabhängig von der Ausgestaltung des BICC ist auch diese Rolle eine Beraterposition und ließe sich gut mit ihren komplementären Rollen kombinieren.

Funktion	Aus BICC-Sicht eine Querschnittsfunktion
Bedeutung	Zusätzliche Rolle, ggf. verzichtbar
Charakteristika	> Steuert den Wissensmanagementprozess um BI-Verfahren, Best Practices, Vorlagen, Vorgaben > Interagiert mit dem Wissensmanagementprozess des Unternehmens > Steuert die Vermittlung der Inhalte und Ergebnisse der BI-Strategie und des BICC ins Unternehmen und an Projektteams
Konkurrierende Rollen	> BI-Anwendungsentwickler (zu spezialisiert und technologieorientiert) > BI-Missionar (eher an neuen, kommenden Themen interessiert als an der Analyse, Aufbereitung und Vermittlung existierenden Wissens)
Komplementäre Rollen	> BICC-Leiter (ebenfalls Managementrolle, Standardisierung erfordert Wissensmanagement) > BI-Architekt (breiter Überblick über Gesamtarchitektur, also viel eigenes Wissen) > Repräsentant der Fachseite (breiter Überblick über Fachlichkeit des Unternehmens, also viel eigenes Wissen)
Unterstützende Rollen	> BICC-Leiter
Benötigte Fähigkeiten	> Analytische und methodische Fähigkeiten > Administrative Fähigkeiten > Sozialkompetenz

△ Tab. 34: Kurzbeschreibung BI-Wissensmanager

---

166 Vgl. Probst u. a. 2006, S. 13 ff.
167 Vgl. Probst u. a. 2006, S. 28 ff.
168 Vgl. McAfee 2008.

4.5.12 Sonstige Rollen für ein BICC

Wie oben dargestellt, ist das spezifische Rollenkonzept eines BICC in einem Unternehmen individuell gestaltbar. Neben den exemplarisch vorgestellten Rollen sind weitere Rollen möglich, die hier nur kurz genannt und nicht detailliert dargestellt werden sollen:

> Statistiker, Mathematiker – Spezialist, um bestimmte sehr komplexe analytische Modelle aufzubauen, z.B. in bestimmten Branchen (Versicherung) sinnvoll
> Data-Mining-Spezialist – Spezialist, der Know-how in erweiterten analytischen Verfahren in das BICC einbringt
> Enterprise-Architecture-Spezialist – Unterstützer der BI-Architekten mit besonderen Kenntnissen im Management der Unternehmensarchitektur (vgl. Abschnitte 4.3.2 und 5.5.3.
> Security-Spezialist – Unterstützer des BI-Architekten in Fragen der Datensicherheit und des Datenzugriffsschutzes
> Compliance-Spezialist – Spezialist für alle Fragen hinsichtlich der Rechtssicherheit und Sicherheit der BI-Strategie im Hinblick auf externe Anspruchsteller
> Analytical-CRM-Spezialist – Spezialist für die analytische Modellierung oder Anwendungsentwicklung mit dem Fokus der Kundenanalyse
> Analytical-SCM-Spezialist – Spezialist für die analytische Modellierung oder Anwendungsentwicklung mit dem Fokus der Beschaffungsprozesse
> Marketier, Vertriebsbeauftragter – einschlägige Rolle, sofern Dienste des BICC extern oder im Konzern vertrieben werden müssen

Diese Liste ließe sich fortsetzen und die Praxis zeigt, dass durchaus – je nach Geschäftszweck – entsprechende Rollen im BICC angesiedelt werden.

4.5.13 Sonstige typische Rollen der BI-Operationalisierung

In BI-Projekten finden sich weitere typische Rollen, die hier allerdings nur kurz genannt werden sollen. Die Besetzung viele dieser Rollen ist jedoch für die erfolgreiche Umsetzung von BI-Projekten erforderlich. Typische Projektrollen (ohne nähere Erläuterung, da diese hinreichend im Kontext von Projektvorgehensmodellen beschrieben sind)[169] sind folgende:

> Repräsentant Auftraggeber (Stakeholder)
> Fachbereichsanwender
> Fachbereichskoordinator
> Repräsentant Quellsysteme
> Systemanalytiker
> Systementwickler

> Berichtsgestalter
> Projektadministrator
> Tester
> Testentwickler
> Lösungsarchitekt

4.6   Aufbauorganisation eines BICC

Entsprechend der Definition (siehe Abschnitt 1.2.5) ist ein BICC eine Organisationsform mit entsprechenden Aufgaben, Prozessen und Rollen. Folglich ist zum Aufbau eines BICC die passende organisatorische Verankerung erforderlich. Grundsätzlich sind für die aufbauorganisatorische Gestaltung eines BICC zwei Varianten möglich: Entweder bildet das BICC eine Komponente der formalen Organisationsstruktur, erhält demnach Mitarbeiter und

---

[169] Vgl. z.B. Moss/Atre 2003.

Leitung, oder das BICC wird als virtuelles Team aufgebaut, in dem die Teammitglieder in ihrer primären Organisationseinheit verbleiben und zusätzlich eine weitere Rolle im BICC einnehmen.[170] Unter Umständen ist auch der Aufbau eines BICC außerhalb des organisatorischen Rahmens eines Unternehmens vorstellbar, sofern hierzu auch die Ansätze der unternehmerischen Kooperation und der Netzwerkorganisation berücksichtigt werden.

Daraus ergeben sich drei Varianten für ein BICC. Diesen widmen sich entsprechende Abschnitte:
> 4.6.2 BICC als echte Organisationseinheit
> 4.6.3 Virtuelles BICC
> 4.6.4 Sonderform Externes BICC

Das Verständnis dieser Varianten und der jeweiligen Vor- und Nachteile wird dadurch erleichtert, dass die aus der Organisationslehre bekannten Grundformen der Unternehmensorganisation im folgenden Abschnitt 4.6.1 dahingehend untersucht werden, inwieweit diese für ein BICC in Frage kommen und welche Herausforderungen sich daraus ergeben.

Die weitere aufbauorganisatorische Gestaltung eines BICC im Hinblick auf die Unternehmensgröße, die organisatorische Einordnung in einen Vorstandsbereich und hinsichtlich der Budgetierung wird in Abschnitt 4.6.5 thematisiert.

4.6.1   Klassische Organisationsformen

Die organisatorische Ausgestaltung eines BICC könnte prinzipiell den Mustern der bekannten klassischen Organisationsformen entsprechend erfolgen. Dies erscheint zunächst naheliegend, da auch andere Organisationseinheiten in einem Unternehmen nach diesen Mustern aufgebaut sind, ein BICC also ähnlich angelegt werden könnte. Doch nicht nur der organisatorische Kontext (also welches die Organisationeinheiten in Nachbarschaft des BICC sind), auch die mit der Einführung verbundenen Anforderungen und Ziele bestimmen wesentlich die Wahl der Organisationsform und die Definition der BICC-Prozesse.

Ein Beispiel verdeutlicht dies: In einem Strategie-Workshop wurde in einem Unternehmen u. a. ein massiver Konsolidierungsbedarf der Systeme (vgl. Abschnitt 1.1.1) festgestellt. Die daraus resultierende herausfordernde und komplexe Aufgabenstellung sollte in den darauf folgenden Jahren durch ein BICC umgesetzt werden. Betroffen waren zahlreiche Fachabteilungen, der Systembetrieb und die Entwicklungsabteilung. Optional war auch die kontinuierliche organisatorische Anpassung mit dem Ziel einer Projektorganisation für die Umsetzung von BI-Projekten geplant. Würde in dieser Situation das BICC eher als Stabsstelle mit ausschließlich beratender Funktion ohne maßgebliche Weisungsbefugnis ausgeprägt, dann wäre die Erreichung der strategischen Ziele des BI-Programms gefährdet, da die diversen betroffenen Abteilungen ihre eigenen (eher kurzfristigen) Primärziele verfolgten, indem z.B. kurzfristige Kostenoptimierung betrieben würde. Oder es würden BI-Projekte mit separaten Werkzeugen, gar keinen oder separaten Methoden und eigenen Mitarbeitern bewältigt, die nicht immer die erforderlichen Kenntnisse für das Projekt einbringen. Solchen Fehlentwicklungen kann ein BICC ohne Weisungsbefugnis kaum entgegenwirken.

---

[170] Dieses virtuelle Team ist dennoch keine ausgeprägte Matrixorganisation, da das Prinzip nur auf einzelne Mitarbeiter angewendet wird und nicht grundsätzlich zur Unternehmensorganisation dient. Das virtuelle Team wird vielmehr parallel und herausgehoben zur sonstigen Organisation aufgebaut. Das Attribut virtuell bezieht sich zudem nicht auf die Art und Weise der Zusammenarbeit (z.B. unter Einsatz von Telekommunikation), sondern stellt den Gegensatz zu einem realen Team dar, das permanent in einer Organisationseinheit zusammengefasst ist und sich ausschließlich einem Aufgabengebiet widmet.

Das Beispiel zeigt, dass die optimale Wahl der organisatorischen Einbettung eines BICC unter Umständen entscheidend für den Erfolg eines BI-Programms und die Wahrung der BI-Strategie ist. Da gerade Schwachpunkte in der bisherigen Aufbau- und Ablauforganisation, z.B. das effiziente Zusammenwirken von Fach- und IT-Abteilung, durch ein BICC überwunden werden können und sollen, ist es zielführend, die Organisation eines BICC anders auszugestalten als die bisherige (z.B. abteilungstrennende) Organisation. Insofern wird das BICC als guter Kompromiss zwischen „passend zur Umgebung" und „hinreichend zur strategischen Mission" aufgebaut, um es optimal in die existierende Organisation einzupassen und dennoch die BI-strategischen Ziele wirksam verfolgen zu können.

In den folgenden Ausführungen wird der Aufbau eines BICC in Form einer Linienorganisation, als Stabsstelle und in Form einer Matrixorganisation betrachtet.[171] Bedingt durch die Auslegung auf Dauer und die sicherlich nötigen Weisungsbefugnisse und Richtlinienkompetenzen ist es nicht vorstellbar, ein BICC im Rahmen einer Projektorganisation als Projekt aufzustellen. Typischerweise werden jedoch zeitlich begrenzte oder ergebnisorientierte Problemstellungen durch Projekte des BICC bewältigt.

BICC in einer Linienorganisation

Die Linienorganisation als klassische hierarchische Organisationsform versucht die Problemstellungen und Aufgaben eines Unternehmens nach dem Prinzip „divide et impera" arbeitsteilig zu gliedern. Dabei werden in streng hierarchischer Weise Hauptabteilungen, Abteilungen und Unterabteilungen gebildet. Die Verantwortung und Weisungsbefugnis ist klar von oben nach unten (von der Leitungsebene zur Ausführungsebene) angeordnet, die Informations- und Berichtswege orientieren sich entgegengesetzt. Diese extreme Organisationsform ist erfahrungsgemäß nur für bestimmte Unternehmungen sinnvoll einsetzbar. Häufig überwiegen die Nachteile, wie ineffiziente Kommunikation, lange Berichtswege, abteilungsorientiertes Denken (und Handeln) bzw. Starre.[172]

Ein BICC ließe sich innerhalb einer Linienorganisation als Unterabteilung ausprägen, z.B. als Unterabteilung der IT, neben Systembetrieb und Systementwicklung, oder als Unterabteilung im Finanz- und Rechnungswesen. Die klaren Abteilungsfunktionen und Ziele widersprechen jedoch unter Umständen der BI-Strategie und den Zielen eines BICC. Gerade ein BICC, das Mediator zwischen unterschiedlichsten Abteilungen und betrieblichen Funktionen sein soll, ließe sich nur unter größten Schwierigkeiten in einer hierarchischen Organisation einordnen, da der Einfluss sowohl vertikal „nach oben", z.B. auf die Leitung einer anderen Hauptabteilung, als auch horizontal „zur Seite", z.B. auf eine Fachabteilung, gering ist und entsprechende Weisungen und Empfehlungen immer ineffizient über die tiefste gemeinsame Führungsebene kommuniziert werden müssten (im Extremfall die Direktion). Im Umkehrschluss ergibt sich daraus, dass die hierarchische Einordnung nur für BICC mit einem bestimmten Fokus sinnvoll möglich ist: Wenn ein BICC einen starken IT-Fokus hat, z.B. die Methodenkonformität und Konsolidierung der BI-Infrastruktur die wichtigsten strategischen Aufgaben sind, dann wäre eine hierarchische Einordnung unterhalb der Hauptabteilung IT sinnvoll möglich.

---

[171] Detaillierte Ausführungen zu den Reinformen der Organisation finden sich in der Literatur zur Organisationslehre, z.B. bei Schulte-Zurhausen 2005, S. 250 ff.; Kosiol 1976, S. 110.
[172] Vgl. Wöhe 1993, S. 189 f., und Schulte-Zurhausen 2005, S. 252.

Alternativ lässt sich ein BICC in einer Linienorganisation auch dadurch einführen, dass die typisch hierarchische Anordnung bewusst übergangen wird und das BICC im Sinne einer Abteilung Funktionshoheit und somit fachliche Weisungsbefugnis erhält. Daraus ergibt sich dann das Bild einer Mehrlinienorganisation:

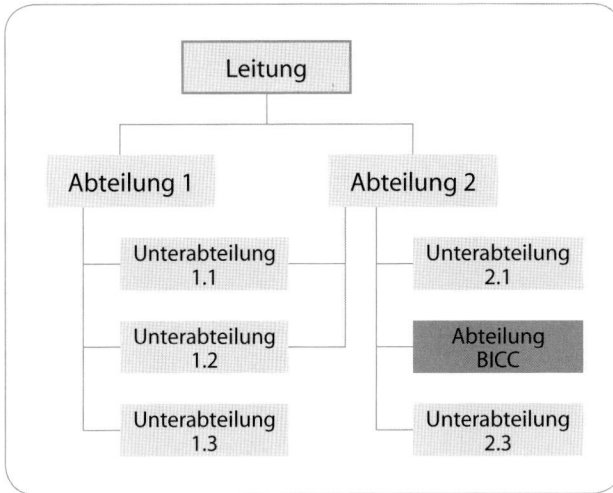

Diese Ausgestaltung führt zu der Herausforderung, die strategischen Aufgaben umsetzen zu können, obgleich das BICC nur den Teil einer Hauptabteilung (ggf. IT) darstellt. Die Weisungsbefugnis in fachlicher Hinsicht ist zwar explizit organisiert und Vorteile wie direktere Kommunikation und Aufgabensynthese per Fachkompetenz sind gegeben, dennoch können Nachteile wie Zuständigkeits- und Kompetenzkonflikte eintreten.[173]

▲ Abb. 44: BICC als Abteilung in einer Mehrlinienorganisation

BICC als Stabsstelle

Konsequent würde ein BICC in einem primär hierarchisch organisierten Unternehmen neben der Primärorganisation, z. B. als Stabsfunktion, aufgebaut werden. Dies ist gerade dann sinnvoll, wenn ein BICC Probleme bewältigen soll, die durch die Primärorganisation bedingt sind, wie etwa Kommunikationsprobleme oder mangelnde Standardisierung über Abteilungsgrenzen hinweg.

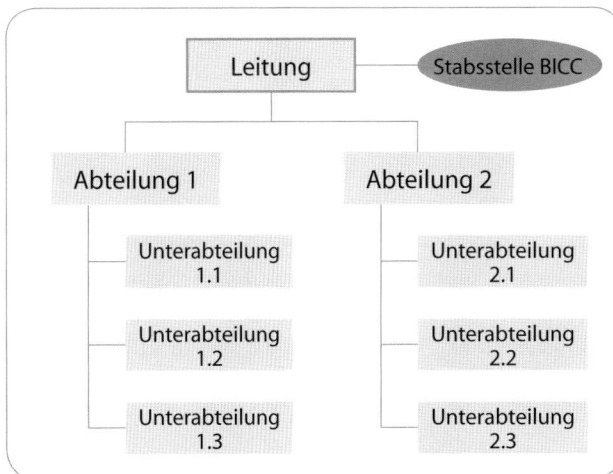

Während die Führungsverantwortlichen sicherlich entlastet werden können, indem das BICC die Leitungs- und Führungsaufgaben durch Vorbereitung, Klärung und Bewertung von Sachverhalten und Beratung unterstützt, unterläge ein BICC als reine Stabsstelle in einer Linienorganisation auch den typischen Gefahren und Nachteilen:

▲ Abb. 45: BICC als Stabsstelle in einer Einlinienorganisation

---

[173] Vgl. Schulte-Zurhausen 2005, S. 252.

> Aufgrund der faktischen Entscheidungsgewalt ohne direkte Entscheidungsbefugnis werden Entscheidungen herbeigeführt, ohne die Verantwortung dafür übernehmen zu müssen.
> Autoritäres Führungsverhalten wird durch einen Wissensvorsprung, der zunächst nur der Leitungsebene übermittelt wird, verstärkt.

BICC in einer Matrixorganisation

Die Matrixorganisation ist eine extrem ausgeprägte Mehrlinienorganisation. Die organisatorische Gliederung folgt dabei gleichzeitig zwei Prinzipien. Diese Prinzipien (oder Dimensionen) können z.B. betriebliche Funktion (Verrichtungsprinzip) und Objektprinzip, beispielsweise Marktsegmentierungen nach Region, Kundenarten, Lieferantenarten, sein. Eine Einheit in der Matrix orientiert sich dann an den Ausprägungen dieser zwei Dimensionen, z.B. Endkundengeschäft Deutschland-Süd, bei Kundensegment und Region als Dimensionen. Wenngleich diese Organisationsstruktur sicherlich Vorteile hat – wie in diesem Beispiel Kundenfokussierung, Regionalprinzip oder Autarkie –, die in bestimmten Branchen oder Unternehmenstypen erheblich zum Erfolg beitragen, sind erfahrungsgemäß auch hier Nachteile erkennbar.

Generell kann die Mehrfachunterstellung zu Ziel- und Interessenkonflikten oder Unsicherheit der operativen Ebene führen. Langwierige Entscheidungsprozesse bei aufwendiger Kommunikation führen nicht immer zum optimalen Ergebnis im Sinne des Gesamtunternehmens, sondern eher zu Kompromisslösungen.[174]

Im Rahmen einer Matrixorganisation kann ein BICC unterschiedlich angeordnet sein. Bei einer Strukturierung nach dem Verrichtungsprinzip (also nach der Art der Tätigkeit) lässt sich das BICC parallel zu den anderen betrieblichen Funktionen anordnen. Dies ist dann sinnvoll, wenn die Zielsetzung und Aufgabenstellung des BICC insbesondere auch die nach dem Objektprinzip (Geschäftsobjekte wie Märkte, Kundensegmente, Produktgruppen) gegliederten Organisationseinheiten betrifft – dies wäre z.B. der Fall, wenn in einem Unternehmen in unterschiedlichen Regionen oder Standorten eine dezentrale heterogene BI-Landschaft existiert. Das BICC stünde dann parallel zur Zentral-IT.

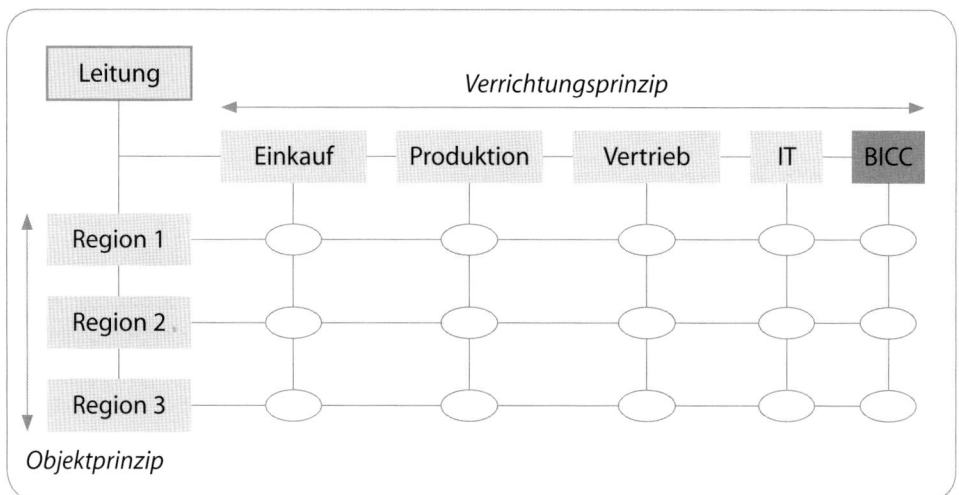

▲ Abb. 46: Anordnung des BICC nach dem Verrichtungsprinzip in einer Matrixorganisation

---

[174] Vgl. Schulte-Zurhausen 2005, S. 254.

Eine Variante eines BICC in einer Matrixorganisation wäre die Ausgestaltung als Querschnitts-funktion. Dies ist gerade dann sinnvoll, wenn die Ziele und Aufgaben des BICC über alle betrieblichen Funktionen hinweg ausgeführt werden sollen, wenn also z. B. Fachabteilungen und IT-Aspekte zusammengeführt, unternehmensübergreifende und/oder strategische Ziele verfolgt werden. Ein BICC als Querschnittsfunktion ist dann organisatorisch durchaus ver-gleichbar mit anderen typischen Querschnittsfunktionen wie Personal- oder Finanz- und Rechnungswesen. Zu beachten ist, dass hierbei nicht überorganisiert wird, d. h. dass das BICC in einer weiteren Dimension (neben Objekt- und Verrichtungsprinzip) angeordnet wird und somit eine Tensororganisation[175] entsteht (Erweiterung der Matrix um zusätzliche Dimen-sionen, z. B. BICC für die Produktion in der Region Europa für das Endkundengeschäft).

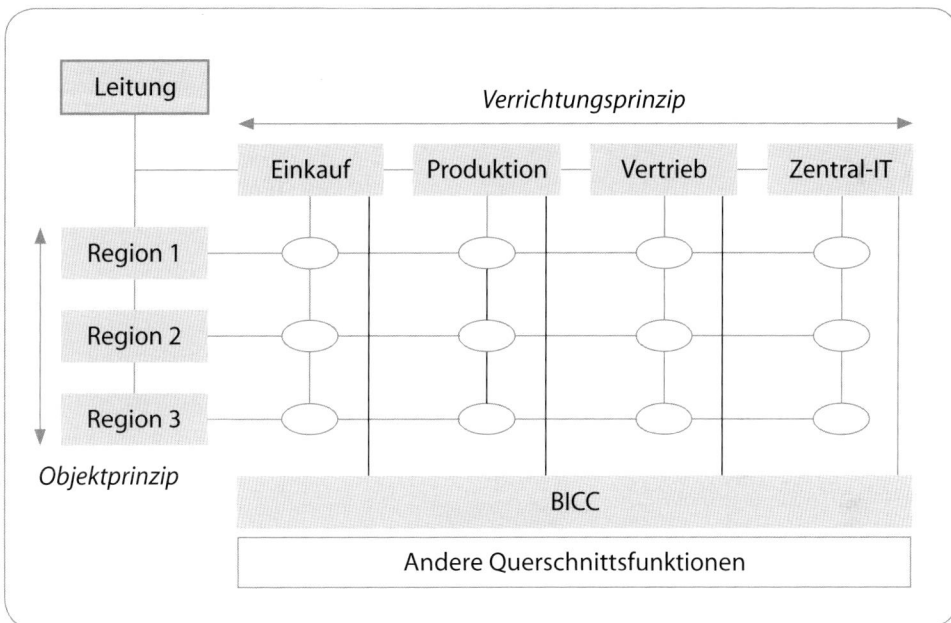

▲ Abb. 47: BICC als Querschnittsfunktion in einer Matrixorganisation

Zwischenfazit

Keiner der dargestellten klassischen Organisationstypen bietet in seiner Reinform das opti-male Konstrukt für ein BICC.

> Im Rahmen eines Projekts sind die Aufgaben eines BICC nicht abbildbar, denn die Projekt-torganisation ist zeitlich begrenzt, sie kann daher das langfristig ausgelegte BI-Programm „nur" durch Projekte unterstützen. Dadurch können zwar Teilaspekte, welche die strate-gischen Ziele unterstützen, zeitlich begrenzt in Projekten bewältigt werden, die langfristige Weiterentwicklung der BI-Strategie und daraus resultierende Regelaktivitäten jedoch las-sen sich nicht als Scope eines Projekts definieren. BI-Projekte unterliegen der Steuerung durch die BI-Strategie (siehe Abschnitt 3.5).

> Als Unterabteilung in der Linienorganisation kann ein BICC primär im Handlungsrahmen der übergeordneten Einheit agieren, die Durchsetzung von strategischen Vorhaben ist er-schwert.

---

[175] Vgl. Schulte-Zurhausen 2005, S. 273, und Grochla 1995, S. 143.

> Als reine Stabsstelle in der Linienorganisation fehlen die Weisungsbefugnis und der direkte Kontakt zu Fach- und/oder IT-Abteilungen.
> Als Funktion in einer Matrixorganisation wird „lediglich" übergreifend über die Objekte der Matrix agiert, die Bewahrung des strategischen Fokus ist gefährdet.
> Als Querschnittsfunktion zusätzlich zu einer Matrixorganisation können viele übergreifende Aufgaben gelöst werden, doch auch hier fehlt unter Umständen Weisungsbefugnis und Durchgriff unter BI-strategischen Gesichtspunkten.

Die folgenden Abschnitte widmen sich daher den Mischformen, also den möglichen Kombinationen unterschiedlicher Organisationsprinzipien, die für ein BICC in Frage kommen.

4.6.2   BICC als zentrale Organisationseinheit

Ein BICC als zentrale Organisationseinheit ist dadurch gekennzeichnet, dass es als reale Einheit (im Gegensatz zur Anordnung in Form eines virtuellen Teams) in der Unternehmensorganisation verankert wird. Diese Organisationseinheit kann entweder als vollwertige Abteilung oder als Unterabteilung ausgeprägt werden, als Abteilung im Sinne einer Querschnittsfunktion oder als Stabsstelle. Die organisatorische Einbettung orientiert sich dabei am Kontext, d. h. an der umgebenden Organisation. Hier sind Hierarchien als auch Matrizen möglich. Die jeweiligen Vor- und Nachteile und Herausforderungen wurden im vorangegangenen Abschnitt vorgestellt. Insofern wird im Folgenden nun ein Kompromissvorschlag unterbreitet, der die Vorteile der unterschiedlichen organisatorischen Grundmuster für ein BICC vereint.

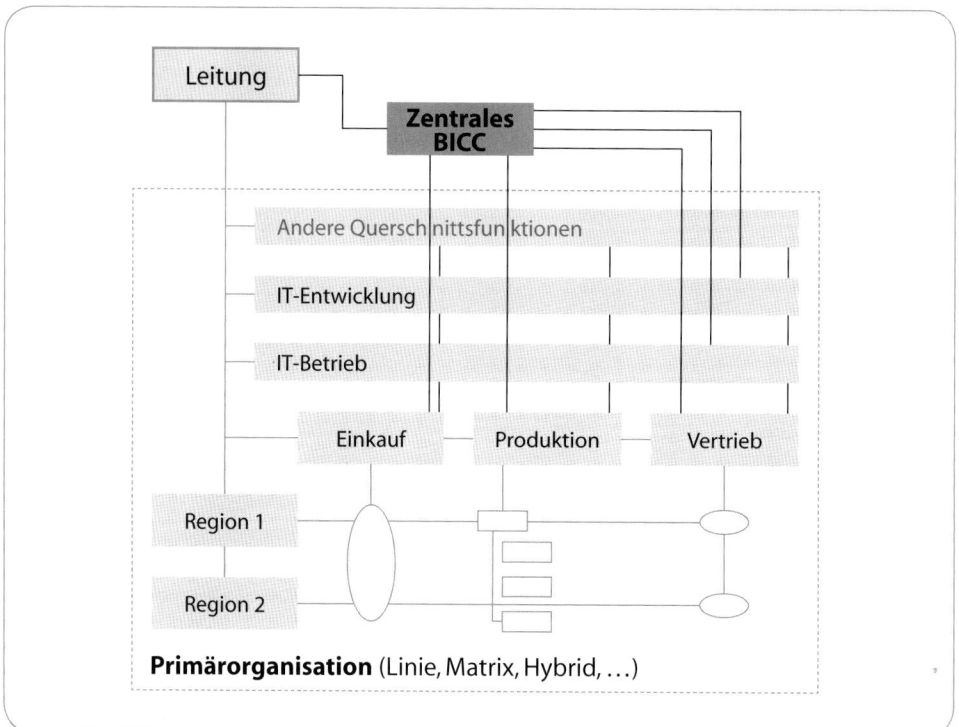

▲ Abb. 48: Zentrales BICC als Kompromiss aus Stabsstelle und Querschnittsfunktion

Ein zentrales BICC kann als Kompromiss aus einer Stabsstelle und einer Querschnittsfunktion aufgebaut werden. Ähnlich einer Stabsstelle ist das BICC nahe an der Führungsebene angesiedelt, ähnlich einer Fachabteilung mit Querschnittsfunktion verfügt es über fachliche Weisungsbefugnis hinsichtlich aller Belange der BI-Strategie und in bestimmten Aspekten auch hinsichtlich der Umsetzung von BI-Projekten, z.B. durch die Funktion Standardisierung (vgl. Abschnitt 4.3.1).

Das zentrale BICC ist dauerhaft mit einer eigenen Leitung und interdisziplinärem Personal ausgestattet, verfolgt die strategischen Aufgaben nicht nur beratend, sondern fachlich anweisend und bildet Schnittstellen zu den unterschiedlichsten Abteilungen und anderen Querschnittsfunktionen im Unternehmen. Ein solches BICC steht neben der Primärorganisation, die als Linien-, Mehrlinien- oder Matrixorganisation (oder Kombinationen derselben) ausgestaltet sein kann. Sofern weitere zentrale Organisationseinheiten mit strategischem Fokus im Unternehmen angesiedelt sind, sollte das BICC ähnlich ausgestaltet werden.

Zusammenfassung der Vor- und Nachteile eines zentralen BICC

Personal

⊕ Ein zentrales BICC kann optimal mit Personal ausgestattet werden, da Rollen und Stellen entsprechend den Funktionen und Prozessen aufbauorganisatorisch geschaffen werden.

⊕ Die Übernahme in ein BICC kann für engagierte Mitarbeiter eine hohe Motivation darstellen, insbesondere wenn Mitarbeiter aufgrund ihrer Fähigkeiten von normalen, sich eher wiederholenden Standardtätigkeiten unterfordert sind.

⊖ Je nach Unternehmensgröße müssen die Mitarbeiter im zentralen BICC evtl. zu viele Rollen einnehmen, oder es werden ggf. zu viele oder zu wenige Stellen geschaffen.

⊖ Es besteht die Gefahr unternehmenskultureller Probleme, z.B. Neid bei den Mitarbeitern, die im Rahmen einer Umorganisation nicht in das vermeintlich interessantere Aufgabenfeld der BICC übernommen werden.

Durchsetzungsvermögen

⊕ Durch Ansiedelung nahe der Leitungsebene können kritische Weisungen durchgesetzt werden.

⊖ Durch Entfernung von der Basis besteht die Gefahr, dass Entscheidungen aus dem „Elfenbeinturm" nicht akzeptiert werden.

Verantwortung

⊕ Das zentrale BICC besitzt eine klare Verantwortlichkeit für komplexe abteilungsübergreifende Problemstellungen.

⊖ Es besteht die Gefahr einer Machtkonzentration, wenn die Verantwortung auch zur übertriebenen Machtausübung genutzt wird.

Kommunikation

⊕ Durch direkte Wege und Schnittstellen können die betroffenen Abteilungen im Unternehmen sehr effizient angesprochen werden.

⊖ Durch direkte Wege werden evtl. Leitungsebenen übergangen oder in Entscheidungen nicht einbezogen.

Erfolgsmessung

⊕ Durch klare Verantwortlichkeit wird die Erfolgsmessung erleichtert, da an zentraler Stelle (über Kosten-Nutzen-Berechnung, Werteskalen) der Erfolg analysiert werden kann.

⊖ Ein zentrales BICC muss, da es Kosten bindet und eigenes Personal besitzt, seinen Erfolg nachweisen. Es benötigt eher ein eigenes Budget als ein virtuelles BICC.

Komplexität

⊕ Nach seiner Einführung ist das organisatorische Konstrukt nicht besonders komplex, der Aufbau transparent und klar.

⊖ Die Einführung eines zentralen BICC erfordert Umorganisation und Change-Management.

BI-Strategie

⊕ Ein zentrales BICC ist gut geeignet, um die BI-Strategie nicht nur zu beachten und primär die BI-strategischen Ziele zu verfolgen, sondern die BI-Strategie auch in anderen Organisationseinheiten durchzusetzen.

⊖ Bei zu starker Entfernung von der Basis besteht die Gefahr, dass die BI-Strategie nicht mit der operativen Wirklichkeit rückgekoppelt wird.

Flexibilität

⊕ Bei hinreichender Personalstärke ist die Flexibilität im Hinblick auf sich ändernde Erfordernisse aus der BI-Strategie oder aus der Umsetzung gegeben.

⊖ Bei geänderten Funktionen im BICC behindert die feste Personalzuordnung unter Umständen die optimale Personalausstattung, wenn mit dem zugeordneten Personal eine neue Rolle nicht oder nur unzureichend besetzt werden kann. Die Flexibilität muss dann über die durchgeführten BI-Strategieprojekte erreicht werden (vgl. Abschnitt 3.5).

4.6.3   Virtuelles BICC

Das virtuelle BICC ist dadurch gekennzeichnet, dass keine echte Organisationseinheit aufgebaut wird, sondern im Rahmen der bestehenden Primärorganisation ein virtuelles Team aufgebaut wird, das die Funktionen und Rollen eines BICC erfüllt.

Das virtuelle BICC unterscheidet sich dahingehend von einer Matrixorganisation, als dass bei dieser die Unternehmung in Gänze matrixartig aufgebaut ist, d.h. mit einer nach Verrichtung und Objekt dualistisch strukturierten Führung oder im Sinne einer Projektmatrixorganisation, die den Rahmen für unterschiedliche Projekte bildet.[176] Das virtuelle BICC stellt hingegen einen Ausnahmefall dar, bei dem durchaus vergleichbar mit einer Matrixorganisation

---

[176] Vgl. Grochla 1995, S. 140 f.

eine Mehrfachunterstellung von Mitarbeitern auftritt, die Organisation ansonsten davon aber unberührt bleibt.

Die Organisationsform des virtuellen BICC weist Analogien zur Projektorganisation auf. Ähnlich einem strategischen Projekt hat ein virtuelles BICC definierte Ziele und Zielvorgaben, finanzielle und personelle Rahmenbedingungen, Abgrenzungen zu anderen Vorhaben im Unternehmen, eine spezifische Organisation und eine gewisse Komplexität.[177] Der wesentliche Unterschied besteht darin, dass ein Projekt per Definition ein einmaliges Unterfangen ist, wohingegen ein BICC eine dauerhaft angelegte Funktion im Unternehmen darstellt, daher nicht wie etwa ein strategisches Projekt per se zeitlich begrenzt ist.

Bestimmte Rollen des virtuellen BICC können nur in Vollzeit besetzt werden, sodass eine zeitweise Entsendung aus einer Abteilung nicht sinnvoll ist. Dies gilt vor allem für den Leiter des BICC, dessen Funktion mit einem Projektleiter vergleichbar ist, der jedoch dauerhaft die Verantwortung für das virtuelle BICC trägt. Auch die weiteren Kernrollen (Repräsentant der Fachseite, BI-Architekt, vgl. Abschnitt 4.5) sind – je nach Unternehmensgröße und Last des BICC – sinnvollerweise real auszuprägen. Insofern stellt das virtuelle BICC eher eine Mischform aus zentralem BICC und zeitweiser Abordnung dar. Abbildung 49 veranschaulicht das Delegationsprinzip im virtuellen BICC:

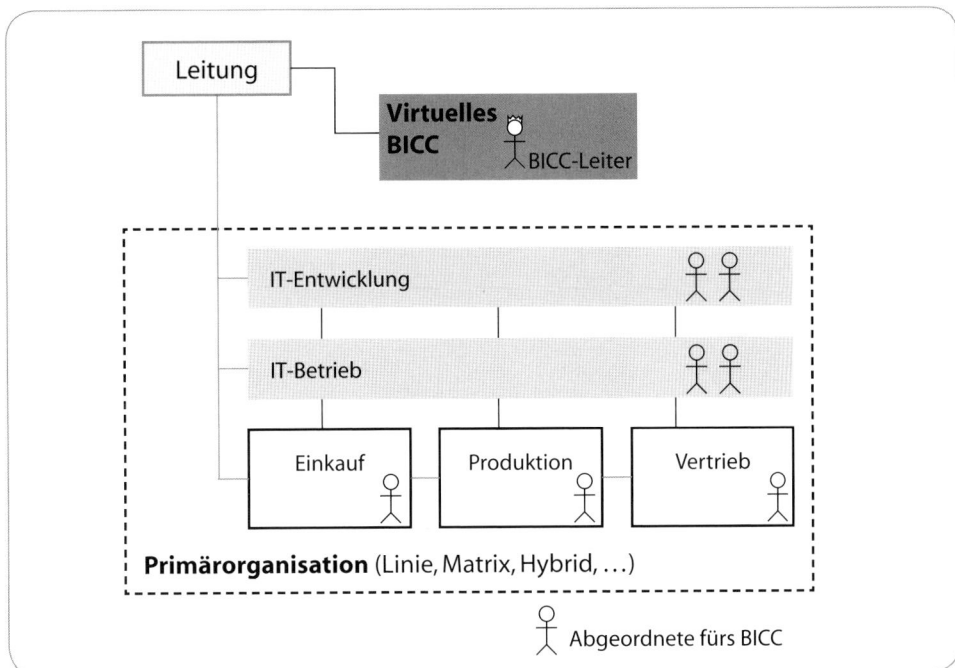

▲ Abb. 49: Delegationsprinzip im virtuellen BICC

Herausforderungen im virtuellen BICC

Hinsichtlich der Aufbauorganisation ähnelt das virtuelle BICC nicht nur der Projektorganisation, auch die Herausforderungen sind vergleichbar: Je nach Unternehmenssituation empfinden die delegierten Mitarbeiter ihre Rolle eher als motivierende Aufgabe und versuchen

---

177 Die Definition eines Projekts weist diese Charakteristika aus, vgl. Schulte-Zurhausen 2005, S. 198 f.

daher möglichst, eher ihrer BICC-Tätigkeit nachzukommen als ihren Aufgaben im Tagesgeschäft der Primärorganisation. Aber auch das Gegenteil ist denkbar: Sie empfinden die BICC-Aufgaben als zusätzliche Last und versuchen diese so gering wie möglich zu halten.

Zwei Extremsichten der entsendenden Abteilungen spiegeln die Herausforderungen bei der personellen Ausstattung eines virtuellen BICC wider: Aus Sicht der delegierenden Abteilungen kann das virtuelle BICC als Belastung („Ressourcendieb", „Unruheherd") gesehen werden und es werden eher entbehrliche Mitarbeiter delegiert, die nicht immer zwingend den Anforderungen der BICC-Rolle gerecht werden. Oder das BICC wird als Möglichkeit zur Einflussnahme erkannt, sodass Meinungsmacher entsandt werden, welche die BICC-Arbeit dadurch beeinflussen, dass versucht wird, Abteilungsinteressen durchzusetzen.

Die generelle Herausforderung besteht darin, das virtuelle BICC so auszugestalten, dass die betrieblichen Abläufe innerhalb der Primärorganisation nicht behindert, sondern gefördert werden. Gerade bei Auslastungsspitzen (durch saisonales Geschäft) ergibt sich daraus ein erhöhter Aufwand in der Ressourcen- und Zeitplanung der BICC-Aufgaben. Sofern dieselben Mitarbeiter eines Unternehmens sowohl in der Primärorganisation Aufgaben haben als auch in zum Teil konkurrierenden Projekten und darüber hinaus auch in ein virtuelles BICC-Team abgestellt sind, ist ein konsequentes Multiprojektmanagement erforderlich, das sowohl Projekte des Unternehmens als auch Projekte des BICC mit dem Tagesgeschäft abgleicht und steuert. Hier wird der hohe Anspruch offensichtlich, der an die Mitarbeiter gestellt wird, die unterschiedlichen Rollen – in der Abteilung, im BICC, ggf. in Projekten – integer auszufüllen bzw. mit Interessenkonflikten sachgerecht umzugehen (vgl. Abbildung 50). Dies erfordert in erhöhtem Maße Engagement, Erfahrung und Sozialkompetenz.

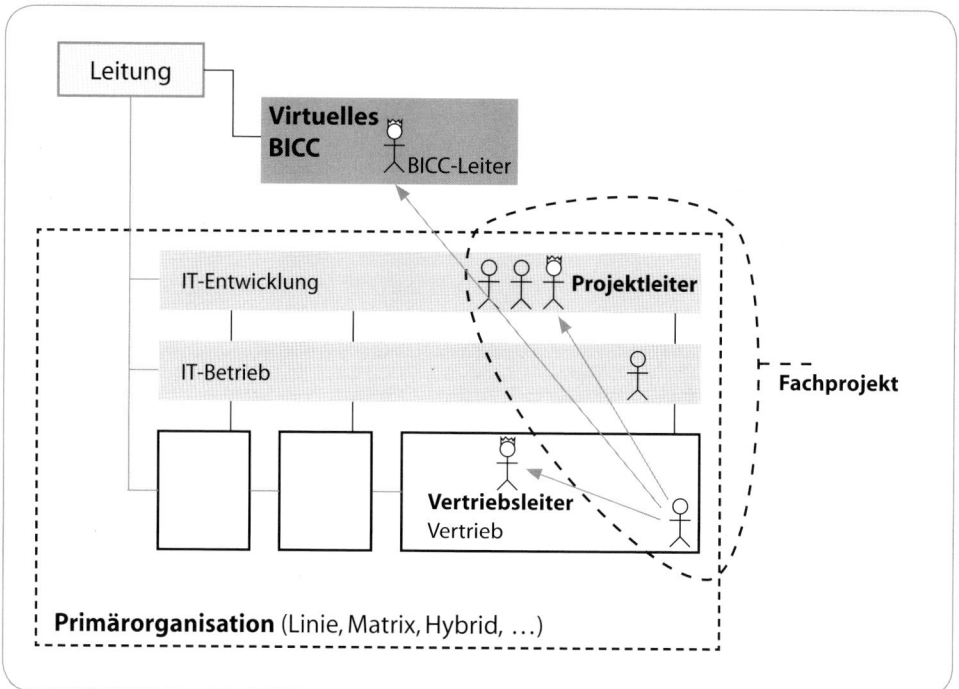

Abb. 50: Konflikte bei einem Mitarbeiter durch Mehrfachunterstellung im virtuellen BICC

Zusammenfassung der Vor- und Nachteile eines virtuellen BICC

Personal

⊕ Das virtuelle BICC ermöglicht es, Teammitglieder in Teilzeit zu integrieren. Die Ressourcen können also entsprechend der Arbeitslast effizient eingesetzt werden.

⊕ Teilzeitarbeit im virtuellen BICC kann für Mitarbeiter motivierend wirken.

⊖ Unter Umständen werden die fachlichen Weisungen eines BICC-Teammitglieds nicht akzeptiert, da andere Unternehmensmitarbeiter den BICC-Mitarbeiter eher in seiner Rolle innerhalb der Primärorganisation sehen (z. B. als Kollegen einer anderen Fachabteilung).

Durchsetzungsvermögen

⊕ Durch Delegierte aus unterschiedlichen Abteilungen besteht eine hohe Nähe zur Basis. Diese Mitarbeiter tragen BICC-Entscheidungen in die Organisation.

⊖ Unter Umständen existieren Interessenskonflikte zwischen BICC-Zielen (der BI-Strategie) und Abteilungszielen. Daher besteht die Gefahr, gerade kritische Aspekte nicht durchsetzen zu können.

Verantwortung

⊕ Auch das virtuelle BICC besitzt eine klare Verantwortlichkeit für komplexe abteilungsübergreifende Problemstellungen.

⊖ Einzelne Mitarbeiter im BICC-Team könnten die Verantwortung nicht annehmen und eher ihrer primären Verantwortung in der Abteilung nachkommen.

Kommunikation

⊕ Durch die Nähe zum operativen Geschäft über die Delegierten z. B. aus einer Fachabteilung ist die Kommunikation effizient möglich, und zwar in beide Richtungen.

⊖ Durch Teil(zeit)unterstellung der BICC-Teammitglieder besteht erhöhter Kommunikationsbedarf zwischen BICC-Leitung und Team, aber auch innerhalb des Teams.

Erfolgsmessung

⊕ Durch die klare Verantwortlichkeit ist die Erfolgsmessung prinzipiell möglich.

⊖ Aufgrund der Teil(zeit)unterstellung erfordert die Erfolgsmessung eine genaue Zuordnung der Aufwände (wann arbeitet ein BICC-Teammitglied für das BICC, wann in seiner primären Rolle).

Komplexität

⊕ Das virtuelle BICC erfordert „geringe" organisatorische Veränderungen und kann zusätzlich zur existierenden Primärorganisation einfach und schnell aufgebaut werden.

⊖ Nach der Einführung ist das organisatorische Konstrukt komplexer und volatiler als ein reales BICC.

⊖ Die Leitung ist aufwendiger, da die Ressourcenhoheit teilweise in den Stammabteilungen der Delegierten verbleibt.

BI-Strategie

⊕ Die BI-Strategie kann auf einfache Weise mit der operativen Wirklichkeit des Unternehmens rückgekoppelt und ggf. angepasst werden.

⊖ Ein virtuelles BICC ist „anfällig" für taktische und operative Themen, wenn die Teammitglieder nicht klar zwischen Mandat im BICC und Mandat ihrer Stammabteilung trennen.

Flexibilität

⊕ Das virtuelle BICC kann durch situative Umstrukturierung des BICC-Teams flexibel auf geänderte Anforderungen reagieren.

⊖ Sofern aus Fachabteilungen nicht ausreichend Mitarbeiter (passende Kompetenzen, hinreichend Zeit) delegiert werden, muss sich das BICC sehr einschränken. Der Handlungsspielraum und die Flexibilität sind dann begrenzt.

4.6.4   Externes BICC

Eine besondere Variante eines BICC stellt das externe BICC dar: Im Gegensatz zum zentralen oder virtuellen BICC ist das externe BICC nicht Bestandteil der Organisation des Unternehmens im engeren Sinne, bildet also keine Abteilung oder virtuelle Arbeitsgruppe. Vielmehr wird das externe BICC außerhalb des Unternehmens als Teil einer bestehenden oder in einer eigenen Gesellschaft aufgebaut. Die betriebswirtschaftliche Grundlage für den Aufbau eines externen BICC sind zwei Grundmuster der Aufbauorganisation von Unternehmen: zum einen die Holding-Organisation, zum anderen die Netzwerkorganisation.

Externes BICC innerhalb einer Konzern- oder Holding-Struktur

In Abschnitt 2.3.3 wurde bereits dargestellt, dass die Form der Konzern- oder Holding-Struktur die BI-Strategie und damit die BI-Architektur maßgeblich beeinflusst. Ähnlich gravierend sind die Auswirkungen für den Aufbau eines BICC innerhalb einer Konzernstruktur, auch hier unterscheiden sich die drei Grundformen einer Holding.[178]

Die **Managementholding** hat die strategische Leitung in einem Konzernverbund, demzufolge wäre es sinnvoll, dort ein BICC als Bewahrer der BI-Strategie anzusiedeln. Durch die rechtliche Trennung zwischen Holding (Konzernmutter) und Konzerntöchtern sind dabei bestimmte BICC-Konstrukte nicht oder nur schwierig umsetzbar. Das virtuelle BICC zusammengestellt aus Mitarbeitern der Holding und der Konzerntöchter müsste sich z.B. den Unternehmensgrenzen im eigenen Team stellen und bildet dann tendenziell eine virtuelle Organisation.[179] Ein BICC innerhalb der Managementholding birgt aber noch weitere Herausforderungen: Der direkte Eingriff in operative Tätigkeiten, so auch die BI-Entwicklung oder BI-Nutzung, ist in einer Managementholding unüblich, sodass hier gesonderte Regelwerke, Abkommen, ggf. sogar Verträge geschlossen werden müssen. Das BICC in der Managementholding ist also eher ein zentrales BICC als ein virtuelles BICC. Aus Sicht der Konzerntöchter ist es ein externes BICC, dementsprechend müssen die Leistungen, Kosten, Prozesse zwischen Konzernmutter und Töchtern entsprechend (vertraglich) geregelt werden.

---

[178] Vgl. Schulte-Zurhausen 2005, S. 280 ff.
[179] Vgl. Schulte-Zurhausen 2005, S. 291 f.

Unproblematisch ist die Ausgestaltung eines BICC in einer **operativen Holding (Stammhaus-konzern)**: Hier sind sowohl die strategische als auch die operative Leitung beim Stammhaus angesiedelt, insofern kann hier auch ein BICC aufgebaut werden. Rechtlich eigenständige Teilgesellschaften, z. B. Vertriebsorganisationen, sähen dieses BICC zwar als externes BICC, die Teilgesellschaften werden jedoch durch das Stammhaus dominiert, sodass die Durchsetzung der BI-Strategie und BI-Operationalisierung aus einem BICC im Stammhaus unproblematisch erscheint.

Das BICC in einer Managementholding oder einem Stammhaus ist ein unternehmensübergreifendes BICC. Charakteristisch hierbei ist, dass die verbundenen Unternehmen offensichtlich eine gemeinsame Geschäftsstrategie verfolgen.

Die **Finanzholding** überlässt die operative und strategische Leitung vollständig den Tochterkonzernen und steuert den Konzernverbund über finanzielle Größen. In diesem Szenario ist es nicht denkbar, dass ein BICC bei der Holding angesiedelt wird, denn die vielfältigen Initiativen und Maßnahmen im Rahmen der BI-Strategie lassen sich nicht ausschließlich über finanzielle Steuerung umsetzen. Je nach Konzerngröße und Zusammensetzung ist es durchaus vorstellbar, dass die unterschiedlichen Konzerntöchter jeweils ein eigenes BICC etablieren oder hinsichtlich der BI-Strategie und im Aufbau eines BICC kooperieren, wie im folgenden Abschnitt dargestellt.

Externes BICC in der Netzwerkorganisation

In dieser Organisationsform ist die betriebswirtschaftliche Grundlage des externen BICC die Kooperation in einem Unternehmensnetzwerk, die sogenannte Netzwerkorganisation, innerhalb derer unterschiedliche, wirtschaftlich selbstständige, autonome Unternehmen langfristig gemeinsam agieren und ein gemeinsames Ziel verfolgen. Dieses Kollektivziel schränkt die Eigenständigkeit lediglich ein. Je nach Branche und Geschäftsmodell können ganz unterschiedliche Kooperationsarten die Grundlage für eine Netzwerkorganisation bilden, z. B. Joint Ventures, Entwicklungspartnerschaften, Franchising-Modelle, Co-Marketing-Modelle.[180]

Gerade durch die Internet-Ökonomie[181] wandeln sich klassische Wertschöpfungsketten von transaktionalen Unternehmensbeziehungen mit geringen Austauschkosten der Geschäftspartner über sog. Added-Value-Beziehungen zu Joint-Value-Beziehungen, in denen mehrere Kooperationspartner einen gemeinsamen Wertbeitrag erstellen. In diesen Wertschöpfungsnetzwerken erstrecken sich die Problemstellungen der Informationsversorgung nicht mehr ausschließlich auf ein einzelnes Unternehmen, sondern auch auf die Kooperationspartner.[182]

In einem Wertschöpfungsnetzwerk spezialisieren sich die Netzwerkpartner üblicherweise auf ihre jeweiligen Kernkompetenzen, agieren jedoch im Rahmen einer gemeinsamen Geschäftsstrategie. Die Spezialisierung erfolgt dabei z. B. entlang klassischer Wertschöpfungsketten durch eine gemeinsame Beschaffung – um am Beschaffungsmarkt gemeinsam durch größeres Volumen bessere Preise zu erzielen –, gemeinsame Beschaffungslogistik durch Spezialisierung eines Partners, gemeinsame Nutzung von Produktionsstätten oder anderen Ressourcen, gemeinsames Marketing, gemeinsamen Vertrieb. Schon die grundsätzlichen Herausforderungen von BI in Form übergreifender Datenaufbereitung und Analysen an sich erstrecken

---

180 Vgl. Schulte-Zurhausen 2005, S. 286 f.
181 Vgl. Zerdick u. a. 2001, S. 180 f.
182 Vgl. Buytendijk 2009a, S. 213 f.

sich über die gesamte zu analysierende Wertschöpfung (Beispiel: Gesamtlogistikkosten einer Warengruppe vom Einkauf bis zum Kunden). Darüber hinaus ist es möglich, dass sich einer der Kooperationspartner auf Services für Finanz- und Rechnungswesen, für den Datenaustausch oder auch für Business Intelligence spezialisiert hat. Insofern ergibt sich hier auch die besondere Form der Organisation eines BICC durch die organisatorische Verteilung und Spezialisierung, wie in Abbildung 51 visualisiert.

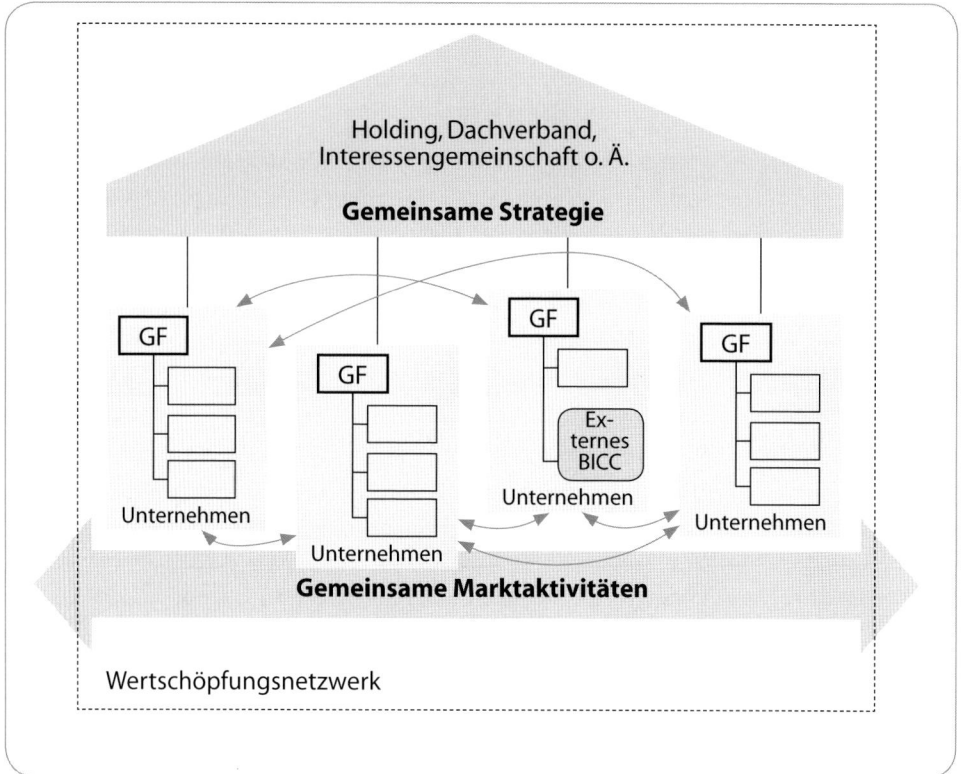

▲ Abb. 51: Externes BICC innerhalb eines Wertschöpfungsnetzwerks[183]

Die Gestaltung eines externen BICC in der Netzwerkorganisation berücksichtigt die organisatorische Autonomie der beteiligten Partner. Dadurch ist es nur bedingt möglich, das Delegationsprinzip wie beim virtuellen BICC einzusetzen. Eine zentrale Organisationseinheit bei einem der Kooperationspartner hingegen kann die Aufgaben des BICC wahrnehmen. Hier werden dann gleich einem zentralen BICC feste Teammitglieder und Führung etabliert, welche die BICC-Rollen einnehmen. Durch die geforderte Nähe zur „Unternehmensstrategie" (hier eher die Strategie der Kooperative) kann ein solches externes BICC sinnvollerweise auch nur dort angesiedelt sein, wo die Strategie beschieden und deren Operationalisierung gesteuert wird. Dies wird insofern eher ein Dachverband oder ein Kooperationspartner sein, der eine führende Rolle im Kooperationsnetzwerk einnimmt. In der Realität hat ein externes BICC dann gute Voraussetzungen, wenn beispielsweise auch angegliederte Funktionen (insbesondere IT) im Rahmen einer Spezialisierung bei einem Kooperationspartner liegen,

---

183 Anmerkung: GF = Geschäftsführung.

so z. B. auch der Rechenzentrumsbetrieb und die gesamte IT-Entwicklung zentralisiert vorliegen. Als Ausbaustufe kommt dann ein BI-Volldienstleister (siehe Abschnitt 4.7.1) in Frage. Doch die starke Zentralisierung birgt auch Nachteile, wie etwa die hohe Machtkonzentration, die Gefahr der Einflussnahme durch einen Kooperationspartner – etwa dann, wenn ein zentrales BICC durch ein Unternehmen dominiert oder kontrolliert wird. Zudem ergibt sich die Notwendigkeit zur Regelung der Kosten und Leistungen des BICC (ggf. durch Service Level Agreements). Eine weitere Gefahr besteht ähnlich wie bei anderen Externalisierungen darin, dass sich eine Schattenorganisation etabliert, also ohne formalen Auftrag oder Organisation ein „Schatten-BICC", z. B. in einer IT-Abteilung eines Netzwerkpartners, entsteht.

Die wohl größte Herausforderung besteht allerdings darin, das externe BICC als strategisches Instrument zu etablieren, obwohl das Wertschöpfungsnetzwerk hinsichtlich der Beteiligten in Bewegung ist und die Einzelstrategien der Kooperationspartner und die gemeinsame übergeordnete Strategie nicht immer kongruent sind. Daher ist die Ableitung der BI-Strategie ungleich komplizierter als im engeren Kontext eines einzelnen Unternehmens.

Das externe BICC im Wertschöpfungsnetzwerk ist ebenfalls ein unternehmensübergreifendes BICC, charakteristisch hierbei ist jedoch, dass die kooperierenden Unternehmen nur in Teilen eine gemeinsame Geschäftsstrategie verfolgen. Insofern kann die BI-Strategie nur bedingt aus der Unternehmensstrategie abgeleitet werden, demzufolge das BICC nur bedingt als Bewahrer der BI-Strategie fungieren. Ein Beispiel für ein solches externes BICC ist der Dachverband der öffentlichen Krankenkassen, der sowohl IT- als auch BI-Dienstleistungen erbringt.

Outgesourctes BICC

Wie andere zentrale Dienste lässt sich auch ein BICC auslagern. Hierbei ist weder der Konzernaspekt noch ein Wertschöpfungsnetzwerk das Konstruktionsmotiv, vielmehr geht es – wie auch bei anderen Externalisierungen – darum, durch Konzentration und Fokussierung (auf Kernkompetenzen, Märkte, …) Teile des Unternehmens auszugliedern. Die Motivationen dafür sind vielfältig: Die Realisierung von Einsparpotenzialen oder auch die Förderung der Effektivität (der outgesourcten Abteilung) sind gängige Begründungen.

Die entscheidende Fragestellung ist: Kann ein BICC überhaupt ausgelagert werden? Dies lässt sich nicht ausschließlich unter Betrachtung der aufbau- und ablauforganisatorischen Aspekte beantworten. Wie in den vorhergehenden Abschnitten gezeigt wurde, bestimmen viele Faktoren den Aufbau (und Erfolg!) eines BICC, so auch insbesondere der Personalaufbau (eben mit eigenem Personal). Ein wesentlicher Erfolgsfaktor eines BICC ist die enge Verbindung zum Geschäft, d. h. das BICC unterstützt mittelbar die Unternehmensstrategie, trägt dazu bei, dass geschäftliche Unternehmensziele erreicht werden. Dazu müssen BICC-Mitarbeiter tiefe Kenntnisse über Fachprozesse und Geschäftsmodell besitzen. Nun gibt es durchaus unterschiedliche BICC-Ausprägungen (vgl. Abschnitt 4.7). Ein BICC, das klar definierte Unterstützungs- oder Betriebsdienste erbringt, ist beispielsweise weniger stark mit dem eigentlichen Business verbunden. In der Praxis hat sich gezeigt, dass ein BICC ausgelagert werden kann, unter Umständen muss dabei auf bestimmte BICC-Funktionen (vgl. Abschnitt 4.3) verzichtet werden, beispielsweise die BI-Unterstützung bei analytischen Aufgaben, die eine intensive Kenntnis des Geschäfts erfordert. Um die optimale Verbindung und Kommunikation zwischen ausgelagertem BICC und Unternehmen (und dessen Geschäftsstrategie) zu gewährleisten, bietet es sich an, die Schnittstelle nicht nur durch SLAs zu formulieren, sondern auch in iersona zu etablieren, d.h. eine entsprechende Rolle, die das ausgelagerte BICC aus Unternehmenssicht repräsentiert, im Unternehmen zu schaffen. Sofern ein Rollenträger dafür nicht ausreicht, wird eine entsprechende Organisationseinheit gebildet, die zum einen das ausgelagerte BICC repräsentiert, zum anderen die BICC-Funktionen ausfüllt, die nicht ausgelagert werden konnten.[184]

Zusammenfassung der Vor- und Nachteile eines externen BICC

Personal

⊕ Ein externes BICC kann mit Personal ausgestattet werden, da Rollen und Stellen entsprechend den Funktionen und Prozessen aufbauorganisatorisch geschaffen werden.

⊖ Wenn ein externes BICC durch Ausgliederung entsteht, sind nicht zwingend die optimal geeigneten Mitarbeiter auch im externen BICC angesiedelt. Insbesondere die Fachkompetenz (Business-Seite) fehlt möglicherweise.

⊖ Generell besteht die Herausforderung, die vielfältige Fachseite der beteiligten Kooperationspartner abzubilden.

Durchsetzungsvermögen

⊕ Bei weitestgehender Zentralisierung (externes BICC als BI-Volldienstleister) müssen nur wenige Aspekte bei den Kooperationspartnern vertreten werden.

⊖ Durch die Autonomie der beteiligten Kooperationspartner können bestimmte Entscheidungen nur schwer durchgesetzt werden.

⊖ Durch die Entfernung von der Fachseite der beteiligten Partner besteht die Gefahr, dass Entscheidungen aus dem „Elfenbeinturm" nicht akzeptiert werden.

Verantwortung

⊖ Es besteht die Gefahr der Beeinflussbarkeit und Machtkonzentration.

⊖ Die Verantwortung für die BI-Strategie ist durch Autonomie der Kooperationspartner nicht klar einem externen Partner zuzuweisen.

Kommunikation

⊖ Durch die externe Verankerung wird die Kommunikation erschwert.

Erfolgsmessung

⊕ Der Erfolg der BI-Strategie sowie der daraus abgeleiteten Initiativen und Maßnahmen kann für das gesamte Wertschöpfungsnetzwerk ermittelt werden.

⊖ Ein externes BICC muss, da es Kosten bindet und eigenes Personal besitzt, seinen Erfolg nachweisen.

⊖ Der Erfolg muss gegenüber den autonomen Kooperationspartnern nachgewiesen werden.

⊖ Budgetierung ist nötig.

---

[184] Der im Unternehmen verbleibende Rumpf einer ausgelagerten Organisationseinheit wird auch als „Retained Organisation" bezeichnet.

Komplexität

⊕ Nach der Einführung ist das organisatorische Konstrukt nicht sonderlich komplex, der Aufbau transparent und klar.

⊖ Sofern der Aufbau eines externen BICC durch Ausgliederung geschieht, sind Umorganisation und Change-Management bei den beteiligten Kooperationspartnern nötig.

⊖ Zur Schaffung von Transparenz und Vertrauen muss erhöhter Aufwand für die Gestaltung der Ablauforganisation getrieben werden (z.B. klare Kommunikation und Dokumentation der BICC-Tätigkeiten).

BI-Strategie

⊕ Ein externes BICC ist geeignet, die BI-Strategie eines Wertschöpfungsnetzwerks umzusetzen.

⊖ Ggf. kann die Strategie nicht optimal mit der operativen Wirklichkeit bei den Kooperationspartnern rückgekoppelt werden.

Flexibilität

⊕ Bei hinreichender Personalstärke ist Flexibilität innerhalb des BICC gegeben.

⊖ Hoher Koordinations- und Kommunikationsaufwand sowie Interessenkonflikte bei den betroffenen Kooperationspartnern beeinflussen die Flexibilität.

4.6.5   Weitere Gestaltungsaspekte der Aufbauorganisation

Neben der Wahl der Organisationsform ist im Rahmen der Aufbauorganisation auch festzulegen, wie ein BICC im Unternehmen eingeordnet werden kann. Wie zu Beginn des Kapitels erwähnt, beeinflussen mehrere Einflussfaktoren die Gestaltung des BICC, u.a. auch die Unternehmensgröße. Zudem wurde in den bisher vorgestellten BICC-Formen (virtuelle Organisation, echte Organisationseinheit, externes BICC) jeweils die Budgetierung des BICC kurz angesprochen. Dieser Abschnitt vertieft nun die Facetten Unternehmensgröße, organisatorische Einbettung und Budgetierung.

BICC im Verhältnis zur Unternehmensgröße

Gerade in kleineren Unternehmen oder margenschwachen Branchen wird es häufig vermieden, zentrale strategische Funktionen aufzubauen, da hierin zunächst eher die Kosten und weniger der Nutzen gesehen werden. Gleichwohl sind Unternehmen nahezu jeder Größe anfällig für die in Kapitel 1 geschilderten Symptome (vgl. Abschnitt 1.1). Grundlage für die Probleme in der BI-Anwendung ist jedoch weniger die Unternehmensgröße, vielmehr sind es andere Faktoren wie Komplexität der Organisation, Historie, Dynamik und Marktfaktoren (Wettbewerb, Innovationsdruck, Globalisierung etc.). Die Notwendigkeit pro oder contra BICC lässt sich kaum aus der Unternehmensgröße allein ableiten. Tatsächlich ist es sogar sinnvoll, dass selbst kleinere Unternehmen, wie auch der sog. gehobene Mittelstand, eine BI-Strategie verfolgen und diese ggf. in Form eines BICC, zumindest aber bei einer passenden Unternehmensrolle manifestieren. Daraus kann sogar ein entscheidender Wettbewerbsvorteil entstehen, weil beispielsweise typische Probleme schneller gelöst werden können (im Sinne der IT-Konsolidierung) oder Fehlentwicklungen von vornherein vermieden werden. Solche

Fehlentwicklungen können bei fehlender BI-Strategie und fehlender Institutionalisierung derselben spätestens im zweiten durchgeführten BI-Vorhaben entstehen, wenn beispielsweise ein zusätzliches Werkzeug oder ein neues Verfahren zur Umsetzung genutzt wird. Die mittlerweile mittelstandskompatible Preispolitik selbst der großen BI-Software-Anbieter (ver-)führt nämlich dazu, auch im kleinen Rahmen eine heterogene IT-Basis aufzubauen. Ergo gilt auch im Kleinen die Forderung nach einer BI-Strategie. Diese soll der Unternehmensstrategie folgen und wird nötigenfalls durch ein BICC nachhaltig im Unternehmen implementiert.

Aktuelle Studien untersuchen den Zusammenhang zwischen Unternehmensgröße und Organisation von BI. Laut einer BARC-Studie[185] ist bei Unternehmen mit weniger als 1.000 Mitarbeitern BI eher als virtuelle abteilungsübergreifende Gruppe organisiert, bei größeren Unternehmen mit bis zu 10.000 Mitarbeitern hingegen als echte Organisationseinheit ausgeprägt (siehe Abbildung 52).

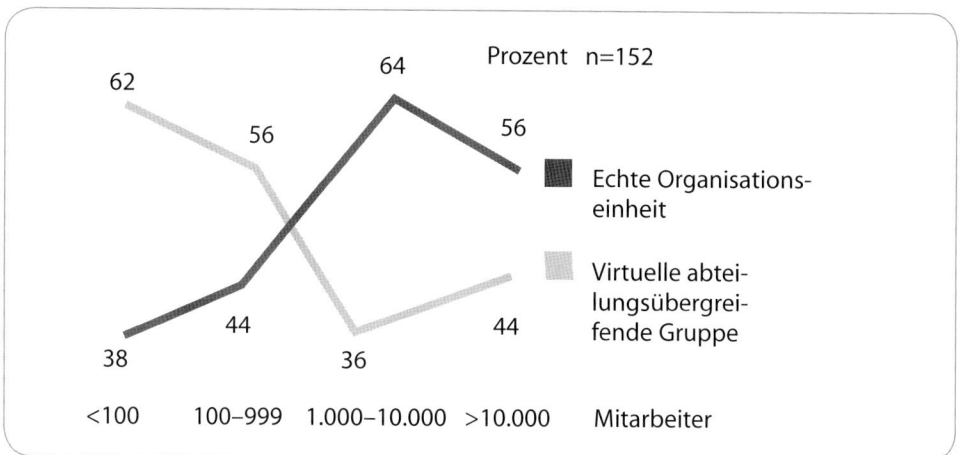

Abb. 52: Zusammenhang zwischen Unternehmensgröße (hier via Anzahl der Mitarbeiter) und Organisationsform des BICC[186]

Eine empirische Studie[187] unter BI-Anwendern hat zudem festgestellt, dass die Unternehmen der befragten Anwender mehrheitlich eine BI-Organisation planen oder bereits etabliert haben, insbesondere große und sehr große Unternehmen derartige Organisationseinheiten planen oder einsetzen, wie in Tabelle 35 ersichtlich.

---

[185] Vgl. Vierkorn/Friedrich 2008, S. 6.
[186] Vgl. Vierkorn/Friedrich 2008, S. 6.
[187] Vgl. Unger/Kemper 2008, S. 144.

		Unternehmensgröße gemessen am Gesamtumsatz			
		unter 100 Mio. EUR	100 Mio. bis unter 1 Mrd. EUR	1 Mrd. bis unter 10 Mrd. EUR	10 Mrd. EUR und mehr
BI-Organisationseinheit existent oder geplant	Ja	68,7 %	67,2 %	85,2 %	84,4 %
	Nein	31,3 %	32,8 %	14,8 %	15,6 %
Gesamt		100 %	100 %	100 %	100 %
$\chi^2 = 9{,}629$; df = 3; p = 0,022*; N = 229					

Tab. 35: Zusammenhang zwischen Unternehmensgröße (nach Gesamtumsatz) und Planung bzw. Einsatz einer BI-Organisationseinheit[188]

Zusammenfassend zeigt Abbildung 53 eine abstrakte Gegenüberstellung von Unternehmensgröße und Art der organisatorischen Implementierung der BI-Strategie, basierend auf den Ausführungen zu den jeweiligen BI-Organisationsformen in diesem Kapitel und den Studienergebnissen:

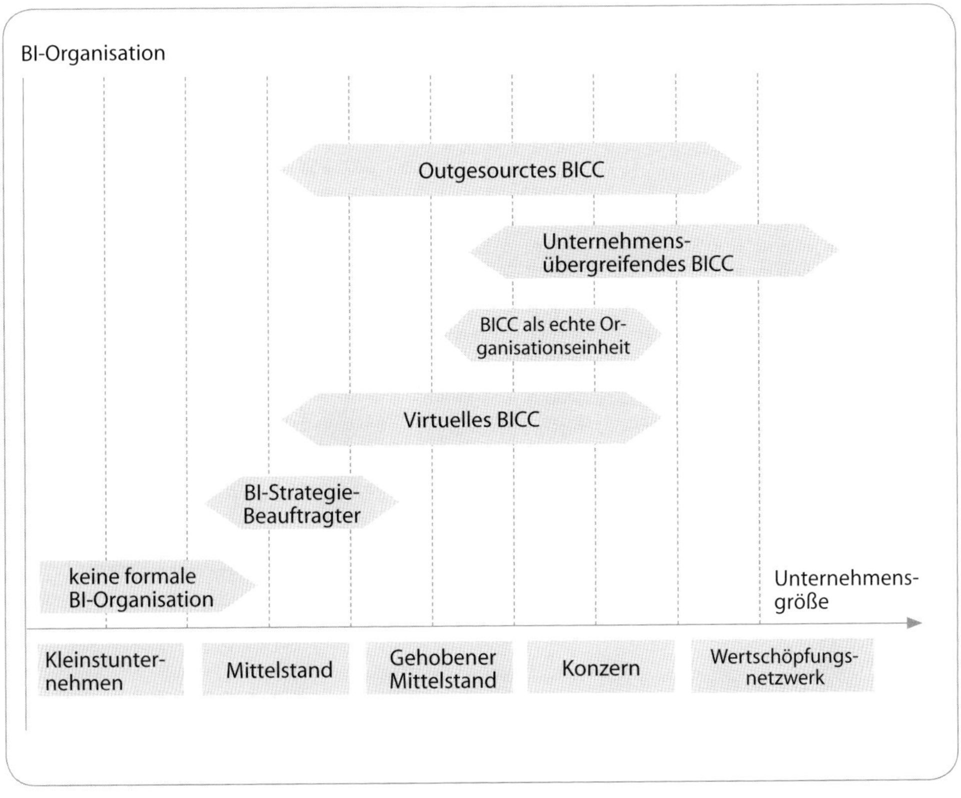

Abb. 53: Unternehmensgröße vs. BI-Organisation

188 Vgl. Unger/Kemper 2008, S. 145; χ^2: Chi-Quadrat-Wert; df: Freiheitsgrade; Signifikanzniveau: $p \leq 0{,}05^*$, $p \leq 0{,}01^{**}$, $p \leq 0{,}001^{***}$.

Organisatorische Einbettung eines BICC

Für die Einbettung eines BICC in die Unternehmensorganisation gibt es unterschiedliche Möglichkeiten: Das BICC kann beispielsweise im Ressort Finanzen, Controlling und Rechnungswesen, einem Fachbereich oder bei der IT angesiedelt werden. Eine Untersuchung von Gartner[189] hat gezeigt, dass das BICC vielfach IT-nah angelegt wird, wie in Abbildung 54 dargestellt wird. Bei 42,3 % der befragten Unternehmen ist das BICC im CIO-Bereich angesiedelt.

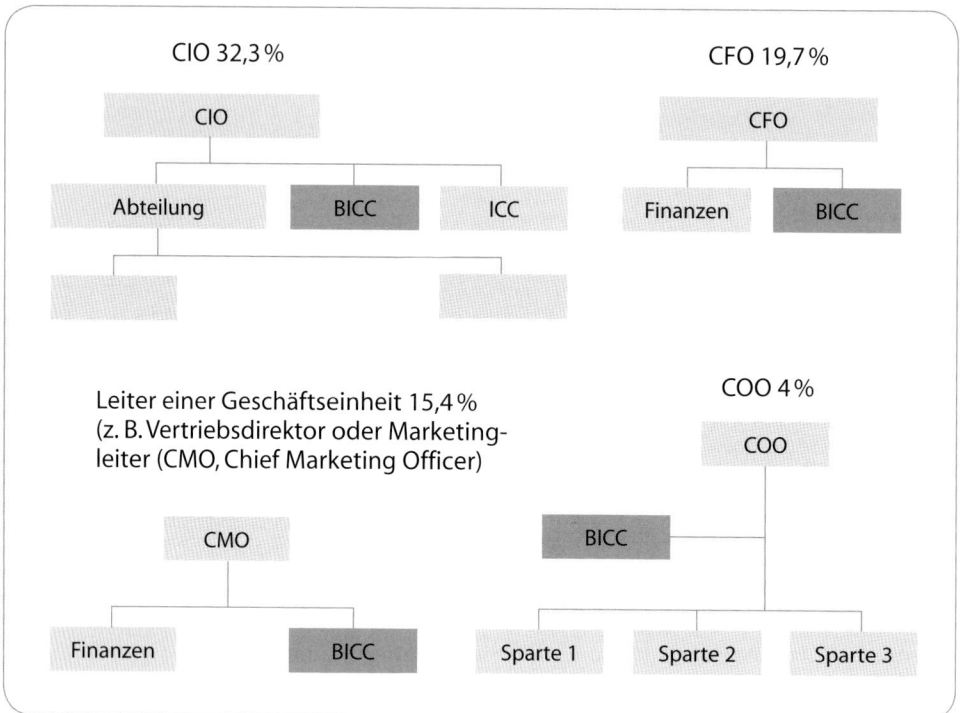

Abb. 54: Organisatorische Einbettung des BICC und Sponsor des BICC[190]

Die Studie von Unger und Kemper bestätigt dieses Bild: Die meisten Unternehmen favorisieren eine IT-nahe Integration von BI-Unterstützungseinheiten. Es besteht jedoch ein signifikanter Zusammenhang mit der Unternehmensgröße: Lediglich bei kleinen Unternehmen (<100 Mio. EUR Gesamtumsatz) überwiegt die hierarchische Einordnung bei der Unternehmensleitung mit 47,4 %. Andere Unternehmensgrößen bevorzugen die hierarchische Einordnung im zentralen IT-Bereich (65 % bei Unternehmen mit 100 Mio. bis 1 Mrd. EUR Gesamtumsatz, 75,3 % bei 1–10 Mrd. EUR Gesamtumsatz, 94,4 % bei über 10 Mrd. EUR Gesamtumsatz).[191]

---

[189] Vgl. Hostmann 2008, S. 13.

[190] In Anlehnung an Gartner, vgl. Hostmann 2008, S. 13; BI multiclient survey aus dem Jahre 2006. Hinweis: Weitere 6,6 % der befragten Kunden haben geantwortet, dass die Berichtsstruktur noch bestimmt werden muss („to be determined").

[191] Vgl. Unger/Kemper 2008, S. 146.

Die organisatorische Einbettung in einen Unternehmensbereich hat durchaus politische Bedeutung, denn je nach Einflusssphäre (Fach- vs. IT-Abteilung) haben die Initiativen eines BICC unterschiedliche Durchschlagskraft, und je nach Bedeutung des Sponsors hat auch das BICC im Unternehmen selbst unterschiedlichen Einfluss. Ein Sponsor aus dem Top-Management des Unternehmens ist in jedem Fall nötig, um das BICC zu unterstützen und BICC-Anforderungen auch im Top-Management zu vertreten.

In welchem Bereich das BICC nun genau anzusiedeln ist, hängt zum einen vom Fokus des Unternehmens, zum anderen vom Schwerpunkt innerhalb der BI-Strategie ab. Wie in Abschnitt 2.2 verdeutlicht wurde, hat die BI-Strategie fachliche wie auch IT-strategische Anteile. Insofern ist unter Umständen kein Unternehmensbereich optimal geeignet, es sei denn, es gibt einen Vorstandsbereich, der primär fachabteilungsübergreifende Querschnittsthemen verantwortet (z.B. Organisation und Unternehmensentwicklung). Alternativ orientiert sich die Einordnung am Schwerpunkt des Geschäftsmodells des Unternehmens und der BI-Strategie. BI ist vielfach fachlich motiviert und orientiert sich an klaren Geschäftszielen, die sich aus der Unternehmensstrategie ableiten, daher ist die Einordnung im Fachbereich sinnvoll: Fokussiert sich die Unternehmenssteuerung z.B. auf Messung und Überwachung der Finanzdaten, wäre die Einordnung beim Finanzdirektor sinnvoll; sofern operative Exzellenz Dreh- und Angelpunkt des Unternehmens ist, wäre die Einordnung beim COO denkbar. Sofern die BI-Strategie und das BI-Programm IT-lastig sind, ist Einordnung beim CIO sinnvoll.

Budgetierung eines BICC

Je nach organisatorischer Einordnung des BICC kann es erforderlich sein, die Leistungen eines BICC intern zu verrechnen. Ist das BICC beispielsweise als Stabsfunktion in einer Holding organisiert, gehen die Kosten simpel in eine allgemeine Andienung (Pauschalzahlung) ein. Die Kosten eines internen oder externen Dienstleisters hingegen werden möglicherweise nicht pauschal, sondern nach Aufkommen in Rechnung gestellt. Ein unternehmensübergreifendes oder ausgelagertes BICC erfordert besondere Leistungsermittlung, Dokumentation und Verrechnung.

Es ist naheliegend, ein BICC als Cost Center zu betrachten. Ein BICC als Profit Center müsste eigene Rentabilitäts- oder Wirtschaftlichkeitsziele verfolgen und geriete damit in Zielkonflikte zur BI-Strategie, die zwar gesamtunternehmerische wirtschaftliche Ziele fördert, dem BICC aber hohe Lasten aufbürdet. Zukünftig ist jedoch damit zu rechnen, dass gerade auch outgesourcte BICCs als Profit Center etabliert werden, da der Erfolgsnachweis bei dieser BICC-Form ohnehin erbracht werden muss, insofern auch eine Profitorientierung möglich erscheint.

In Abschnitt 7.1.4 wird die Budgetierung eines BICC detailliert dargestellt.

4.7   BICC-Typen

Entsprechend der Unternehmensorganisation, aus dem Umfeld, den Mitarbeitern und der Unternehmenskultur, insbesondere aber auch der BI-Strategie und BI-Operationalisierung, deren Erfordernisse, heruntergebrochen auf die Gestaltungselemente Funktionen, Rollen und Aufbauorganisation, ein BICC prägen, ergeben sich vier konkrete Ausgestaltungen eines Business Intelligence Competency Center.

4.7.1   BI-Volldienstleister

Das BICC als BI-Volldienstleister deckt alle Funktionsblöcke weitgehend ab (vgl. Abbildung 55). Besonders charakteristisch ist hierbei, dass auch die Umsetzung und somit die operative Projektverantwortung im BICC verankert sind. Der BI-Volldienstleister ist typischerweise als zentrales BICC ausgeprägt. Da die wesentlichen Funktionen intern abgedeckt sind, besteht nur in bestimmten Fällen Weisungsbefugnis zu anderen Abteilungen.

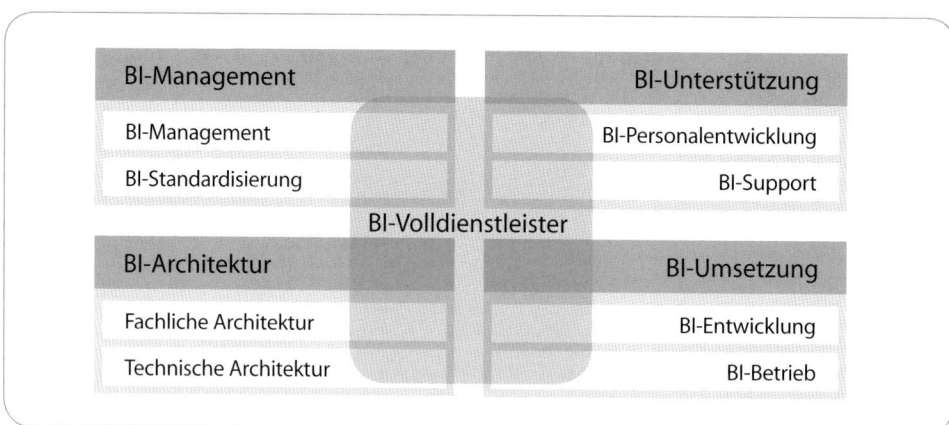

▲ Abb. 55: Abdeckung aller Funktionen durch ein BICC als BI-Volldienstleister

Das bedeutet, dass nicht nur Projekte, die unmittelbar die BI-Strategie unterstützen oder manifestieren (BI-Strategieprojekte, vgl. Abschnitt 3.5), in der Verantwortung des BICC liegen, sondern auch BI-lastige Fachprojekte, IT-Projekte und klassische BI-Projekte. Die entsprechende Projektorganisation ist dann im BICC zu etablieren. Daraus ergibt sich auch die Besetzungsliste für den BI-Volldienstleister: Alle wichtigen Rollen (vgl. Abschnitt 4.5) sind im BICC vorhanden, je nach Projektvolumen werden bestimmte Rollen auch mehrfach besetzt. Zusätzlich werden die Fach-, IT- bzw. klassischen BI-Projekte temporär noch durch Personal, z. B. aus Fach- oder IT-Abteilungen, aufgestockt, um bestimmte fachliche oder technische Projektinhalte zu bewältigen, denen nicht mit Kompetenzen aus dem BICC begegnet werden kann.

Neben dem Projektgeschäft verantwortet das BICC als Volldienstleister auch den operativen Betrieb der BI-Anwendungen und Systeme, d.h. durch BICC-Personal werden sowohl Support-Leistungen (technisch und fachlich) erbracht als auch der Betrieb der notwendigen Infrastruktur sichergestellt. Jedoch wird in der Praxis insbesondere der IT-Betrieb als eigene Abteilung aufgebaut. Dies ist u. a. nötig, um bestimmte Fähigkeiten zu bündeln, aber auch um bestimmte Arbeitszeitmodelle (Schichtbetrieb, Nachtbetrieb) umzusetzen. Daraus ergibt sich die Herausforderung, zum einen das BICC als führendes Instrument auch für den BI-Betrieb zu etablieren, gleichzeitig aber eine angemessen betriebsorientierte Organisation aufrechtzuerhalten. Um etablierte Prozesse und Abläufe der IT synergetisch zu adaptieren, sollte der IT-nahe BI-Betrieb (DWH-Administration, Operating etc.) durchaus im IT-Betrieb angesiedelt werden. Dies erfordert jedoch kontinuierliche Optimierungs- und Qualitätssicherungsmaßnahmen, z.B. durch den BI-Architekten oder Datenqualitätsbeauftragten, einzurichten und die entsprechenden Befugnisse zu gewährleisten.

Als Vorteil beim BI-Volldienstleister erweist sich die zentrale und ungeteilte Verantwortung sowohl für BI-Strategie als auch BI-Operationalisierung. Dadurch können wichtige strategische wie auch projektbezogene Vorhaben konsequent umgesetzt werden. Durch Ausprägung als echte Organisationseinheit und eigenes Personal wird die Verantwortung auch durch eine entsprechende Schlagkraft untermauert.

Für den BI-Volldienstleister besteht allerdings die Herausforderung, sich mit anderen IT-Abteilungen und ggf. Kompetenzzentren arrangieren zu müssen: Üblicherweise existiert zumindest ein IT-Betrieb, evtl. auch IT-Entwicklungsabteilungen, im Unternehmen. Sofern Kompetenzzentren (wie ein BICC) gebildet werden, ist es zudem denkbar, dass auch andere zentrale Fach-, IT- und Querschnittsthemen in ähnlich einem BICC organisierten Teams bearbeitet werden. So sind z.B. ein Enterprise Resource Planning (ERP) Competency Center für operative Geschäftsprozesse und Anwendungssysteme, ein Competency Center Service-orientierte Architekturen (SOA) zur prozessorientierten Unternehmensintegration inklusive der entsprechenden Governance-Initiativen oder ein Customer Relationship Management (CRM) Competency Center denkbar. Darüber hinaus zeigt die Realität, dass zahlreiche Projekte operative, dispositive und integrative Anteile haben – beispielsweise Customer-Relationship-Management-Projekte, in denen unterschiedlichste operative Systeme integriert werden, analytische Systeme neu aufgebaut werden und Anwendungssysteme eingeführt werden, in denen sowohl operativ-taktische als auch dispositiv-strategische Geschäftsprozesse abgebildet sind. In derartigen Szenarien – BICC vs. IT-Betrieb bzw. IT-Entwicklung, BICC vs. ERPCC, BICC vs. SOACC – ist nicht immer eindeutig zu bestimmen, in wessen Entwicklungs- und Betriebsverantwortung ein Projekt oder Projektbestandteil fällt. Die Praxis zeigt leider zu oft, dass manche sog. operative Reporting-Lösung eines ERPCC eigentlich ein klassisches BI-Projekt ist.

4.7.2 Interne Beratung

Das BICC als Einrichtung zur internen Beratung ist dadurch gekennzeichnet, dass es die Funktion BI-Umsetzung ausklammert, d.h. die operative Verantwortung für die BI-Entwicklung und den BI-Betrieb anderen Abteilungen überlässt (vgl. Abbildung 56). Die anderen möglichen Funktionen werden weitgehend erfüllt. Das bedeutet, dass die entsprechend erforderlichen Rollen im BICC vorhanden sein sollten, allerdings jeweils mit ausgeprägt beratender Tätigkeit. Neben den Kernrollen – abgesehen vom BICC-Leiter – Repräsentant der Fachseite und BI-Architekt sind zudem der BI-Modellierer und der Datenqualitätsverantwortliche erforderlich (damit ergibt sich dann ein Erfolgsquartett, wie in Abbildung 43 visualisiert). Zudem sind auch Trainer, BI-Missionar und BI-Wissensmanager in der internen Beratung nutzenstiftend, da gerade auch diese Rollen den beratenden Charakter unterstreichen. Neben der reinen Beratungs-tätigkeit verfolgt die interne Beratung ebenso die übliche Mission eines BICC, u.a. die Be-wahrung und Weiterentwicklung der BI-Strategie.

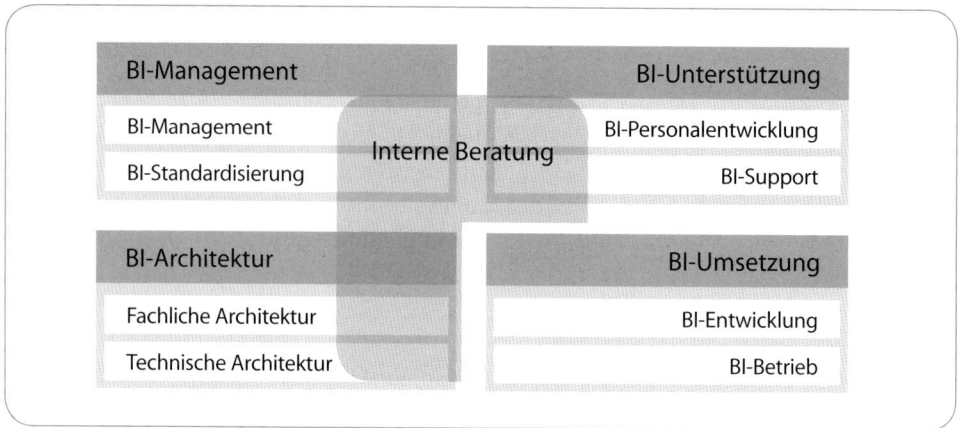

BI-Management		BI-Unterstützung	
BI-Management		BI-Personalentwicklung	
BI-Standardisierung	Interne Beratung	BI-Support	
BI-Architektur		BI-Umsetzung	
Fachliche Architektur		BI-Entwicklung	
Technische Architektur		BI-Betrieb	

▲ Abb. 56: Abdeckung von Funktionen durch ein BICC als interne Beratung

Entsprechend dem Grundgedanken der internen Beratung hat ein so gestaltetes BICC zahl-reiche Anspruchsteller, also Projektgruppen, Mitarbeiter, Abteilungen, die Leistungen des BICC in Anspruch nehmen:

> Fachanwender nutzen die interne Beratung für die fachliche und technische Unterstützung in BI-Fragen, ebenso nutzen sie die Weiterbildungsmöglichkeiten der internen Beratung (Weiterbildung im Sinne von präventiver Unterstützung).

> Projektteams lassen sich hinsichtlich der Architektur und der Standards beraten. Dies gilt für alle Projektarten. So nehmen IT-Projekte die Architekturberatung in Anspruch, reine Fachprojekte die Prozesskenntnisse des Repräsentanten der Fachseite, klassische BI-Projekte lassen sich bezüglich der Fach- und Technologiearchitektur beraten.

> Die für den reibungslosen Betrieb von BI-Systemen verantwortliche Betriebsabteilung lässt sich im Hinblick auf die Architektur auch vom BICC beraten, um z.B. Performance-Opti-mierungen vorzunehmen.

Die Beratung erfolgt im Sinne einer Teilzeitmitwirkung von BICC-Repräsentanten in Pro-jekten, durch Workshops, Trainings und Coaching.

Als Vorteil für ein BICC in Form der internen Beratung erweist sich, dass keine operative Pro-jekt- oder Betriebsverantwortung existiert. So ist zum einen die Entwicklungs- und Betriebs-kompetenz klarer zuzuordnen, Konflikte werden also vermieden. Zum anderen kann sich das BICC auf die strategische Ausrichtung konzentrieren und muss nicht – anders als evtl. der Volldienstleister – zwischen taktischer Notwendigkeit und strategischen Erfordernissen Kompromisse bilden (etwa bestimmte Aspekte oder Elemente opfern, die zwar BI-strategisch sinnvoll sind, aber eine taktisch schnelle bzw. kostengünstige Lösung behindern).

Eine große Herausforderung für ein BICC als interne Beratung besteht darin, sicherzustellen, dass die eigenen Beratungsleistungen auch angenommen werden. Sofern Fach-, IT- und BI-Projekte oder der IT-Betrieb die Beratungsleistungen nicht anfordern, erfolgt die Umsetzung ggf. entgegen den erarbeiteten Standards oder sogar entgegen der BI-Strategie. Insofern hat die interne Beratung zum Teil fachliche Weisungsbefugnis, wie z. B., dass eine architektonische Empfehlung aus dem BICC bindend ist oder eine fehlende Rückversicherung (= Beratungsinanspruchnahme) im Projekt einen Regelverstoß darstellt. Daher ist es zielführend, die Beratung durch das BICC auch als verpflichtende Qualitätssicherung in der Projektorganisation und im Betrieb einzurichten. Sofern die Beratung den Leistungsnehmern attraktiv erscheint, z. B. aufgrund attraktiver Verrechnungsmodelle (vgl. Abschnitt 7.1.4) oder besser aufgrund herausragender Leistung, wird die Beratung durchs BICC als ein natürlicher Prozess und nicht mehr als Störimpuls empfunden.

4.7.3   Koordinierungsstelle

Das BICC als Koordinierungsstelle ist im Prinzip ein Minimal-BICC. Sehr viele mögliche BICC-Funktionen werden nicht bedient, vielmehr werden Ausübung und Verantwortung anderen Abteilungen überlassen, und das BICC koordiniert und moderiert zwischen den Abteilungen im Sinne der BI-Strategie (vgl. Abbildung 57).

Da nur wenige Kernfunktionen durch die Koordinierungsstelle abgedeckt werden, sind auch nur wenige der BICC-Rollen vertreten: BICC-Leiter, Repräsentant der Fachseite und BI-Architekt reichen aus. Sofern auch Koordination nach außen erforderlich ist, bietet sich der Außenbeauftragte als sinnvolle Ergänzung an (ggf. in Personalunion mit BICC-Leiter).

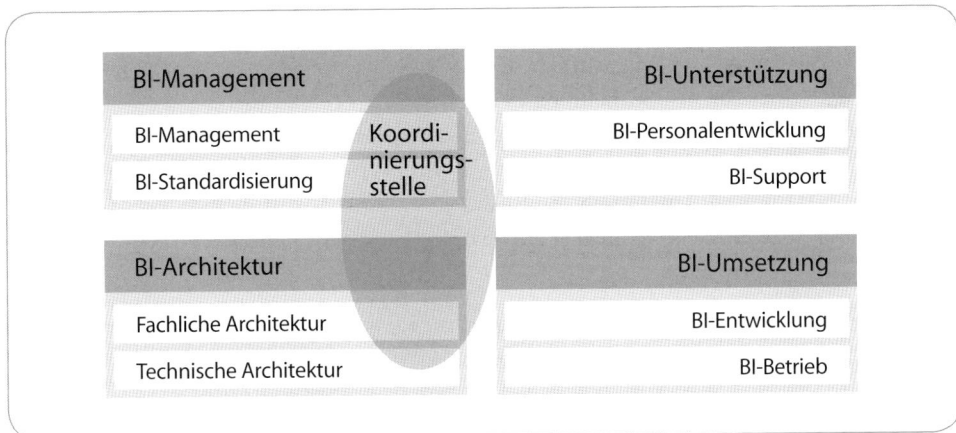

BI-Management	Koordi-nierungs-stelle	BI-Unterstützung
BI-Management		BI-Personalentwicklung
BI-Standardisierung		BI-Support
BI-Architektur		BI-Umsetzung
Fachliche Architektur		BI-Entwicklung
Technische Architektur		BI-Betrieb

Abb. 57: Abdeckung von Funktionen durch ein BICC als Koordinierungsstelle

Dieses Rumpf-BICC kann nur bedingt beratend tätig sein. Zwar verfolgt es auch die Kernaufgaben eines BICC, jedoch nicht durch Beratung, Coaching und Mitwirkung, sondern dadurch, dass in Projekten und zwischen Abteilungen vermittelt wird und beispielsweise Entscheidungen von Projektteams oder anderen Gremien geprüft, bewertet, revidiert oder bestätigt werden. Dies erfordert hinreichend Weisungsbefugnis.

Die eigentliche Arbeit, auch an typischen BICC-Themen, wie etwa BI-Portfolio, Standards, Architekturen, findet in Projekten oder Abteilungen arbeitsteilig statt. Insofern agiert die Koordinierungsstelle quasi wie die sprichwörtliche Spinne im Netz und vermittelt zwischen Fachabteilungen, IT-Entwicklung und IT-Betrieb sowie Projekten in diesen Abteilungen oder auch gemischten Projekten. Insofern sollte der Koordinierungsstelle eine ausgeprägte Projektorganisation gegenüberstehen, und in den entsprechenden Projekten stellt das BICC die Mitglieder eines Lenkungsausschusses.

Während die Kernmannschaft des BICC als Koordinierungsstelle in Form einer Organisationseinheit fest verankert wird, z.B. als Stabsabteilung auf Führungsebene, da sie damit die nötige Richtlinienkompetenz besitzt, besteht dennoch die Tendenz, das Umfeld der Koordinierungsstelle als virtuelle Organisation zu begreifen, insbesondere wenn z.B. BI-Strategie-Weiterentwicklungsprojekte, die mit Mitarbeitern aus unterschiedlichen Abteilungen besetzt sind, einen eher dauerhaften Charakter bekommen (vgl. Abbildung 58).

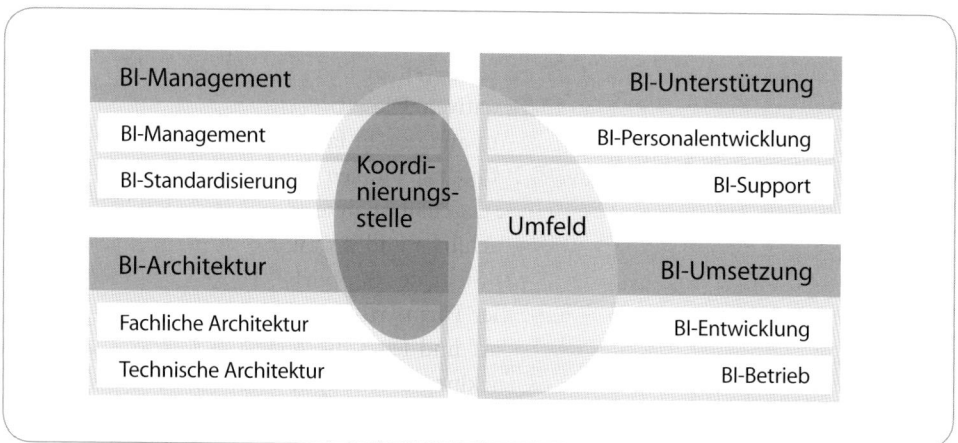

BI-Management
BI-Management
BI-Standardisierung

Koordi-nierungs-stelle

BI-Architektur
Fachliche Architektur
Technische Architektur

Umfeld

BI-Unterstützung
BI-Personalentwicklung
BI-Support

BI-Umsetzung
BI-Entwicklung
BI-Betrieb

▲ Abb. 58: Tendenz der Koordinierungsstelle zur Ausprägung eines virtuellen BICC

Ein Vorteil der Ausgestaltung des BICC als Koordinierungsstelle besteht darin, dass die Organisation relativ schlank gehalten werden kann, d.h. dass zunächst dem BICC nur wenig Personal fest zugeordnet wird. Zudem haben die Rollen und Funktionen im BICC relativ wenig Überdeckung mit den existierenden Rollen in anderen Abteilungen (Entwicklung oder Betrieb).

Diese Organisation lässt sich daher auch schneller aufbauen und einführen, ohne die umgebende Aufbau- und Ablauforganisation umfassend verändern zu müssen. Ein BICC als Koordinierungsstelle kann daher auch als Keimzelle für ein weiter gefasstes BICC dienen (vgl. dazu Abschnitt 5.3.3.).

Die Koordinierungsstelle muss der Herausforderung begegnen, den nötigen Einfluss überhaupt ausüben zu können:

> Als Vermittler zwischen Abteilungen steht die Koordinierungsstelle unter Umständen in einer Sandwich-Position (Druck von beiden Seiten), muss aber dennoch in der Lage sein, tragfähige Kompromisse herbeizuführen und unterschiedliche Abteilungsinteressen und Projektziele in Einklang bringen.

> Außerdem muss die Koordinierungsstelle ggf. folgenschwere Entscheidungen bestätigen oder revidieren, ohne diese durch eigenes Personal hinterfragen zu können.

> Auch eigene Initiativen, die sich aus der Mission des BICC oder der BI-Strategie ableiten, müssen stets mit Unterstützung von „Fremdpersonal" bewältigt werden. Dies verringert ggf. die Schlagkraft des BICC.

4.7.4   Anwendungscenter

Unter den hier vorgestellten BICC-Typen nimmt das Anwendungscenter eine besondere Stellung ein. Während die zuvor vorgestellten Ausprägungen der Neu- und Weiterentwicklung von BI-Strategie und BI-Projekten besonderes Augenmerk schenken, liegt der Fokus des Anwendungscenters klar in der Unterstützung existierender BI-Lösungen, also zeitlich im hinteren Abschnitt des Lebenszyklus von BI-Initiativen. Diese Unterstützung besteht zum einen in technischem Support für BI-Systeme, zum anderen in fachlichem Support, der auch so weit gehen kann, dass spezielle fachliche Problemstellungen individuell umgesetzt werden, wenn beispielsweise einmalig eine besondere Geschäftsanalyse erstellt werden muss. Darüber hinaus steuert das Anwendungscenter die fachliche und technische Weiterentwicklung der bestehenden Lösung. Auch dies erfolgt aus Sicht des Supports: Wenn beispielsweise eine Unterstützungsanfrage mehrfach in ähnlicher Form erfolgt, erkennt das Anwendungscenter den Änderungs- oder Erweiterungsbedarf und leitet die Anpassungsentwicklung (per sogenanntem Change Request) bei der Entwicklungsabteilung ein. Zudem bietet das Anwendungscenter auch Unterstützung in Form von Ausbildung für bestehende BI-Anwendungen.

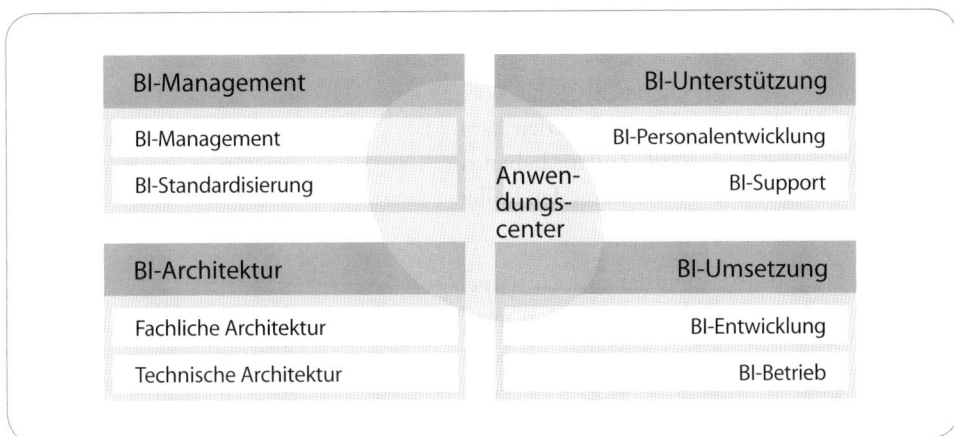

BI-Management		BI-Unterstützung	
BI-Management		BI-Personalentwicklung	
BI-Standardisierung	Anwendungscenter	BI-Support	
BI-Architektur		BI-Umsetzung	
Fachliche Architektur		BI-Entwicklung	
Technische Architektur		BI-Betrieb	

Abb. 59: Abdeckung von Funktionen durch ein BICC als Anwendungscenter

Das Anwendungscenter kann ebenfalls mit relativ wenigen Rollen besetzt sein, allerdings sind BICC-Leiter und Repräsentant der Fachseite obligatorisch. Alle sind jedoch primär unterstützend tätig. Insbesondere der Repräsentant der Fachseite nimmt die Support-Anfragen entgegen und führt durch seine tiefe Kenntnis der Unternehmensfachlichkeit Lösungen herbei. Eine gute Ergänzung bieten die folgenden Rollen:

> BI-Modellierer: Durch die besondere Kenntnis des Output Layer (und zum Teil des Frontend Layer) kann er spezielle Support-Anfragen bearbeiten.

> Datenqualitätsbeauftragter: Datenqualität ist eine andauernde Herausforderung. Auch etablierte Lösungen und Systeme zeigen immer wieder mangelnde Datenqualität, insofern finden sich unter Umständen auch zahlreiche Unterstützungsanfragen, deren eigentliche Ursache mangelnde Datenqualität ist.

Eine Herausforderung für das Anwendungscenter ist es, nicht nur für die etablierte BI-Landschaft Unterstützung zu leisten, sondern diese und die BI-Strategie in angemessenem Rahmen weiterzuentwickeln.

5 Planung und Einführung eines BICC

Nachdem im vorhergehenden Kapitel die grundlegenden Bausteine eines BICC vorgestellt wurden, widmet sich dieses Kapitel dem Aufbau eines BICC, der Planung und dem Entwurf, der Entwicklung und der Einführung. Die Anpassung einer Organisation für ein BICC erfordert Maßnahmen zur organisatorischen Veränderung. Die dazu nötigen Techniken und Methoden sind in der Literatur hinreichend beschrieben.[192] Insofern wird hier lediglich dargestellt, welche Teilaspekte der Organisationsentwicklung und des Change-Managements gerade bei einer BICC-Organisation zu beachten sind; bestimmte Techniken werden exemplarisch genannt. Die notwendigen Schritte der Organisationsanpassung werden durch einen spezifischen Rahmen der organisatorischen Veränderung von BICCs eingefasst, beschrieben in Abschnitt 5.1. Dessen Details werden in den Abschnitten

> 5.2 Planen und Entwerfen eines BICC,
> 5.3 Entwicklung eines BICC und
> 5.4 Einführung eines BICC

ausgeführt.

Da die organisatorische Veränderung für ein BICC unter Umständen in einen ganzheitlichen IT-Governance-Ansatz eingebettet ist, widmet sich der Abschnitt 5.5 dem Zusammenhang von BI-Strategie, BICC und IT-Governance.

5.1 Spezifischer Rahmen der organisatorischen Veränderung

Der spezifische Rahmen der organisatorischen Veränderung für ein BICC wird auf Basis eines allgemeinen Rahmens und unter Berücksichtigung von Komponenten des Organisationsmanagements konstruiert.

Ein **allgemeiner Rahmen** der organisatorischen Veränderung stellt die Transition einer Organisation vom Ausgangszustand über einen Übergangszustand durch den Aufbau von Strukturen und die Änderung von Prozessen zu einem zukünftigen Zustand dar.[193]

Ein methodisches Vorgehen für das Organisationsmanagement besteht nicht nur aus einem Modell, das die Transition vom Ist- zum Soll-Zustand darstellt. Vielmehr systematisiert ein methodisches Vorgehen auch die Art und Weise, wie die Transition durchzuführen ist. Ein entsprechender Vorschlag wird bei Schulte-Zurhausen unterbreitet.[194] Demnach sind die **Komponenten des Organisationsmanagements**

> die **Phasen der Organisationsplanung**, die durch entsprechende Techniken der Organisationsplanung gestützt sind,
> die Stufen der Organisationsgestaltung (unter anderem auch Planungsstufen) sowie
> die **Funktionen des Projektmanagements** (mit den entsprechenden Projektmanagementtechniken, die in Organisationsprojekten die Organisationsgestaltung unterstützen).

---

[192] Vgl. z. B. Doppler/Lauterburg 2008, Schulte-Zurhausen 2005.
[193] In Anlehnung an die drei Phasen von Lewin (Unfreezing, Moving, Refreezing). Vgl. Lewin 1958.
[194] Vgl. Schulte-Zurhausen 2005, S. 356.

Der spezifische Rahmen der organisatorischen Änderung greift diese Komponenten auf, wie in Abbildung 60 dargestellt:

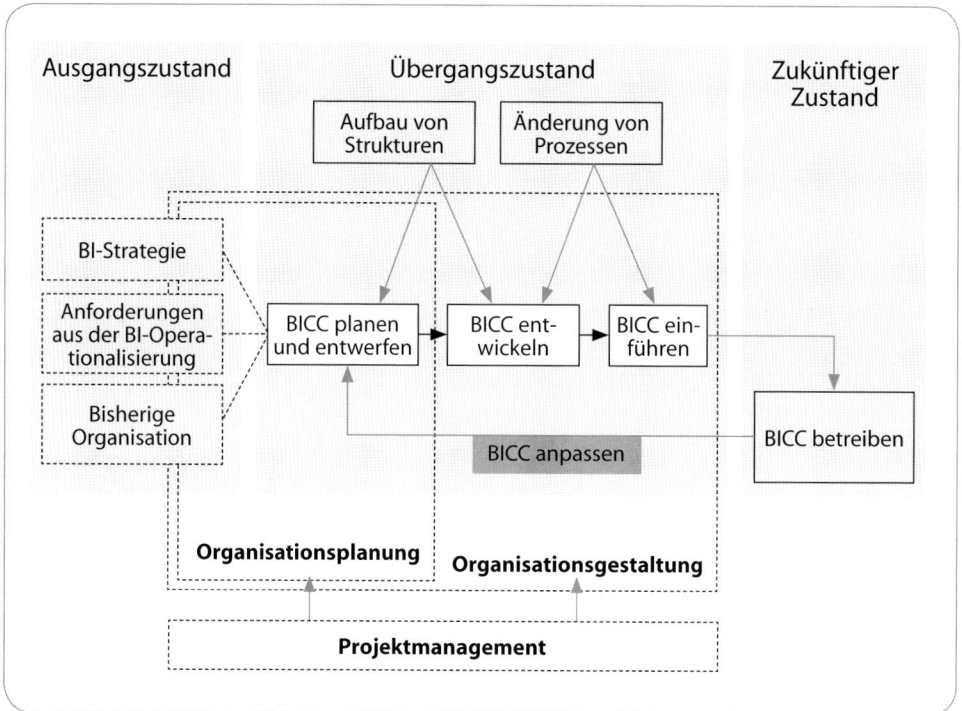

▲ Abb. 60: Spezifischer Rahmen der organisatorischen Änderungen für ein BICC

Der **Ausgangszustand** wird durch die **BI-Strategie**, die **Anforderungen aus der BI-Operationalisierung** und die **bisherige Organisation** (ggf. Organisationsprobleme im Hinblick auf BI) charakterisiert und stellt die Ausgangssituation dar. Mittels Organisationsplanung wird die Situation festgestellt, bewertet, Lösungen gesucht und Ziele formuliert (vgl. Abschnitt 5.2). Der Initiator der BICC-Einführung legt die Geschäftsgründe und die Motivation zur Einführung eines BICC fest. Diese basieren auf dem strategischen Rahmen, den Zielsetzungen und dem erwarteten operativen Nutzen der Existenz eines BICC innerhalb der Organisation, leitet sich also aus der BI-Strategie und den Anforderungen der BI-Operationalisierung ab. In Abschnitt 5.2 wird auch auf die entsprechende **Organisationsplanung** eingegangen.

Der **Übergangszustand** tritt ein, sobald erste Anzeichen der Veränderungen im Unternehmen offenbar werden. Zu dieser Zeit sind der größte Widerstand und damit verbunden die meisten Probleme und Ängste sowie Ungewissheit zu erwarten. Die Charakteristika des Übergangszustands sind hier nur kurz beschrieben.

> Die Ungewissheit und Instabilität, die durch einen anlaufenden Veränderungsprozess hervorgerufen werden, können die Leistung eines Unternehmens nachteilig beeinflussen, gerade wenn durch die Veränderung die Mitarbeiter bewusst loslassen und sich auf eine unsichere Zukunft einstellen müssen. Ungewissheit wird oft durch fehlende konkrete Information gefördert, besonders wenn die Mitarbeiter nur wenig in die stattfindende Veränderung einbezogen werden.

> Ein gut organisierter Veränderungsprozess kann die Ungewissheit verringern und eine positive Reaktion der Mitarbeiter während des Übergangszustandes auslösen. Dies erfordert eine angepasste Kommunikationsstrategie, damit die Mitarbeiter die neuen Möglichkeiten sowohl für die Organisation als auch für sich selbst begreifen und unterstützen.

> Veränderungsprozesse können die Machtverteilung in Unternehmen beeinflussen, beispielsweise die Konkurrenz um knappe Betriebsmittel forcieren oder eine verstärkte Einflussnahme und Kompetenzstreitigkeiten bei Führungskräften auslösen. Deren entsprechende Aktionen und Reaktionen müssen daher während des Übergangszustands antizipiert und verarbeitet werden.

Insgesamt ergibt sich daraus die Verantwortung, den Veränderungsprozess während des Übergangszustands proaktiv zu handhaben. In Abschnitt 5.4.1 werden die Aspekte des Change-Managements im Hinblick auf die Veränderung der Organisation zum BICC vertieft.

Beim **Aufbau von Strukturen** eines BICC und der Integration in bestehende BI-Prozesse der Organisation werden Managementfunktionen benötigt. Folgende Punkte sind hierbei zu berücksichtigen:[195]

> Die Veränderungen, die im Übergangsstadium der Einführung des BICC stattfinden, müssen analysiert und dokumentiert werden.

> Es muss sichergestellt werden, dass alle beschlossenen Änderungen an den Geschäftsprozessen und Systemen eingeführt werden.

> Die Qualität von Business-Intelligence-Systemen, der Datenverwaltung und der Datenintegrität muss während des Übergangszeitraums aufrechterhalten werden.

Der Aufbau von Strukturen in Form organisatorischer Änderungen wird in Abschnitt 5.3 thematisiert.

Die **Änderung von Prozessen**, welche die BICC-Strategie untermauern, muss proaktiv angegangen werden, selbst wenn die Schritte kompliziert und zeitraubend aussehen. Einige der zu betrachtenden Schritte sind:[196]

> **Führungsverhalten zeigen, um Unterstützung zu erhalten.** Die sichtbaren Taten der Führungskräfte sind zur Schaffung von Unterstützung in ihrer Organisation entscheidend. Hierbei ist wichtig, wie die Führungskräfte Belohnung und Bestrafung, wie sie Sprache und Symbole einsetzen und wie sie den Mehrwert der stattfindenden Veränderung darstellen.

> **Proaktiv mit Widerstand und Konflikten umgehen.** Führungskräfte sollen Techniken einsetzen können, die nützlich sind, um Widerstände abzuwehren bzw. Konflikte aufzulösen, welche die Veränderungen, die für das BICC notwendig sind, vermindern oder schädigen können. Hierbei sollte besonders auf diejenigen eingegangen werden, die direkt durch die Änderung betroffen sind.

Diese und weitere Herausforderungen aus der Änderung von Prozessen werden in Abschnitt 5.4 vertiefend dargestellt.

Um den **zukünftigen Zustand**, in dem das BICC etabliert und aktiv ist, zu erreichen, ist es wichtig, den Übergangszustand effektiv zu handhaben. Der Zeitpunkt, an dem der Übergangszustand beendet und der Zielzustand erreicht ist, muss festgehalten und kommuniziert

---

195 Vgl. Miller u. a. 2006, S. 111 f.
196 Vgl. hierzu und zum Folgenden: Miller u. a. 2006, S. 112 f.

werden. Dann wird das BICC offiziell eingeführt. Allerdings sollte die Wirksamkeit des BICC bezüglich der am Anfang des Projekts festgelegten Leistungskriterien und des ROI überprüft werden.[197]

Der zukünftige Zustand, die Überprüfung der Wirksamkeit und die kontinuierliche Verbesserung eines BICC werden in Kapitel 7 thematisiert, dort wird auf Details des Betriebs und der kontinuierlichen Verbesserung eines BICC eingegangen. Eventuell ergibt sich daraus jedoch eine umfassende organisatorische Anpassung, sodass erneut ein Übergangszustand eintritt.

Die Aspekte des eigentlichen **Projektmanagements** eines Organisationsprojekts werden hier nicht näher betrachtet.[198]

5.2 Planen und Entwerfen eines BICC

Im Folgenden wird dargestellt, wie anhand des Ausgangszustands durch Planung und Entwurf die BICC-Entwicklung und -Einführung vorbereitet werden kann.

5.2.1 Grundlagen der Planung

Die Planung eines BICC ist aus zwei Blickwinkeln zu betrachten: Zum einen besteht sie aus der Organisationsplanung, zum anderen aus einer Planung des Projekts, das die organisatorische Veränderung, im Folgenden auch als Veränderungsprozess oder Organisationsprozess bezeichnet, herbeiführen soll.

Teilaspekte der Planung

Miller u. a. stellen mit dem SAS Information Evolution Assessment eine Business-fokussierte Analyse und Planung für die Einführung eines BICC in acht Schritten vor.[199] Doppler/Lauterburg geben mit ihrer Charta des Managements von Veränderungen weitere allgemeine Planungsaspekte vor.[200]

Die wesentlichen Aspekte, die für die Planung eines BICC (und dessen Einführung) berücksichtigt werden müssen, und die daraus resultierenden Fragestellungen, die wiederum in die Ausarbeitung von Teilplänen münden, sind als Überblick in Tabelle 36 zusammengestellt:

Planungs-aspekt	Fragestellungen	Beispiele	Teilpläne
Beteiligte und Betroffene	Wer sind die betroffenen Key-Player und wer sind mittelbar betroffene Personen?	Key-Player: Leiter BICC, CIO Mittelbar betroffen: Leiter und Mitarbeiter von Fachabteilungen, die BI-Anforderungen stellen, z. B. im Controlling	Projektplanung (Ressourcen-planung) Organisations-planung (Veränderung der Aufbau- und Ablauf-organisation)
	Inwieweit sind sie und ihre Arbeit durch das neu einzuführende BICC betroffen?	Re-Definition des Aufgabengebiets, Machtgewinn/-verlust, Entlastung, Zusatzbelastung	

[197] Vgl. Miller u.a. 2006, S. 113 f. Bei dieser Vorgehensweise wird nicht zwischen Organisations- und Projektplanung differenziert, sondern beide Themen werden miteinander kombiniert.

[198] Projektmanagement für Organisationsprojekte ist in der Literatur hinreichend dargestellt, hinsichtlich BICC-Organisationsprojekten bestehen keine Besonderheiten. Vgl. z. B. Schulte-Zurhausen 2005, S. 431 ff.

[199] Vgl. hierzu und zum Folgenden: Miller u. a. 2006, S. 109 f.

[200] Vgl. Doppler/Lauterburg 2008, S. 168 ff.

Planungs-aspekt	Fragestellungen	Beispiele	Teilpläne
	Wer sind die Beteiligten, die an der Gestaltung und Einführung des BICC mitwirken?	IT-Leiter, Mitarbeiter aus IT und Fachbereichen (z. B. Controlling)	
	Wie können Betroffene evtl. zu Beteiligten werden?	Mitwirkung von Support-Mitarbeitern bei der Gestaltung von BI-Support-Prozessen Mitwirkung von Fachabteilungsmitarbeitern bei der Gestaltung von Anforderungsprozessen Mitwirkung von IT-Entwicklern bei der Gestaltung von Standardisierungsprozessen	
Budget und Ressourcen	In welchem Kostenrahmen kann das BICC-Einführungsprojekt realisiert werden?	Festes Budget, Kopplung von Budgetfreigaben an Meilensteinerreichung, Nachfinanzierung während des Betriebs	Projektplanung (Kosten, Zeit, Ressourcenplanung)
	Welche internen und externen Ressourcen stehen zur Projektdurchführung zur Verfügung?	Fachabteilungsmitarbeiter, IT-Mitarbeiter, externe Berater und Trainer, Mitarbeiter anderer Konzernteile	
Termine und Zeiträume	Zu welchen kritischen Terminen muss das BICC aktiv sein?	Terminvorgaben für Outsourcing, Termine aus Merger & Acquisitions, Termine aus anderen strategischen Initiativen (Einführung neues ERP, Einführung IT-Governance-Strukturen)	Projektplanung (Zeitplanung)
	Welche Zeiträume sind besonders für die BICC-Einführung geeignet?[201]	Saisonbedingte geringe BI-Nutzung (z. B. im Handel) Produktionsbedingte geringe BI-Nutzung (z. B. in den Werksferien) Zeiträume, in denen das Unternehmen keine anderen größeren Organisationsmaßnahmen durchführt, also Regelbetrieb stattfindet	
Ergebnis	Wie ist die erwartete Qualität der BICC-Einführung (Servicequalität nach der Einführung)?	Qualität der bearbeiteten Unterstützungsanfragen Qualität der Beratungsleistung Qualität der Inhaltsbereitstellung des BICC (z. B. Standardisierungsdokumentation, Vorgehensmodell)	Projektplanung (Qualitätsplanung)
	Wie wird der Erfolg bzw. Misserfolg gemessen und bewertet?	Feedback-Verfahren Messverfahren (Anzahl gelöste Support-Fälle, Leistungssteigerung im DWH, Antwortzeitverhalten von Ad-hoc-Analysen, Nutzungsgrad von BI-Lösungen)	

---

[201] Kriterien zur Zeitraumauswahl sind sowohl interne, und zwar BI-bezogen (BI-Nutzungsgrad pro Zeitraum, z.B. hoch zu Zeiten des Jahresabschlusses oder in Planungsphasen zu Geschäftsjahresanfang) oder BI-unabhängig (bedingt durch operative Prozesse oder z. B. Systemwechsel oder andere Organisationsprojekte, die die volle Aufmerksamkeit beanspruchen), als auch externe (z.B. Marktfaktoren, Saisongeschäft, Konjunktur, Krisen, Compliance-Anforderungen, geplanter Börsengang).

Planungs-aspekt	Fragestellungen	Beispiele	Teilpläne
Kommunikation	Wie werden die organisatorischen Anpassungen an die Betroffenen und Beteiligten kommuniziert?	Fortlaufende kleinteilige Kommunikation vs. punktuelle umfassende Kommunikation Bringschuld vs. Holschuld	Kommunikationsplanung
	Zu welchen Zeitpunkten und mittels welcher Medien soll die Kommunikation erfolgen?	Zyklisch, an festen Tagen E-Mail, Newsletter, Rundschreiben, Informationsveranstaltungen, Intranet, Webcasts	
	Welche Inhalte werden in welcher Form kommuniziert?	Pläne, Details, Werkstattbericht (Blick hinter die Kulissen) vs. freigegebene finale Inhalte Besonders kritisch: Personalentscheidungen	
	Wie werden unterschiedliche Adressaten im Unternehmen angesprochen?	Zielgruppenorientierung – nach Beziehung zum Unternehmen: Mitarbeiter, Management, Konzernmitarbeiter, Dienstleister, Unterauftragnehmer – nach Funktion: Einkauf, Produktion, Vertrieb, Finanz- u. Rechnungswesen	

▲ Tab. 36: Planung eines BICC

Planung und Projektziele

Die Planung kann weiter konkretisiert werden, indem die unterschiedlichen Teilpläne klar den kategorisierten Projektzielen zugeordnet werden. BICC-Projekte – wie auch andere Organisationsprojekte – verfolgen durchaus unterschiedliche Arten von Projektzielen:

> **Inhaltliche Ziele** sind zum einen ergebnisorientierte Ziele, z. B. die konkrete Ausgestaltung des BICC (Funktionen, Rollen, Prozesse), die Leistung des installierten BICC, die damit verbundenen laufenden Kosten, die anfallen. Zum anderen sind es prozessorientierte Ziele, z. B. die Ausgestaltung des organisatorischen Veränderungsprozesses in Form einer evolutionären bzw. sanften Veränderung oder durch radikale Neuordnung, die Art der Kommunikation, die Art und Weise des Coaching und der Einführungskontrolle.

> **Rahmenbedingungen** sind die formalen Ziele, die dem Projekt auferlegt werden (Budget, Ressourcen, Mitarbeiter, Endtermine). Üblicherweise sind die Rahmenbedingungen nicht durch die Organisationsgestaltung beeinflussbar und stehen ggf. sogar den inhaltlichen Zielen entgegen.

> **Methodische Ziele** sind Zielsetzungen aus Sicht des Projektmanagements, z. B. Termine, Meilensteine, Phasen, Budgetverbrauch pro Phase und weitere Ziele, die sich aus der Projektmanagement-Methodik ergeben. Methodische Ziele markieren Zwischenziele, die während des Organisationsprozesses eingehalten werden müssen. Nach Abschluss des Projekts haben diese Ziele nur noch geringe Bedeutung.

Um die inhaltlichen Ziele zu erreichen, wird eine Organisationsplanung durchgeführt. Zur Erreichung der methodischen Ziele ist die Projektplanung maßgeblich. Die Ziele, die sich aus den Rahmenbedingungen ergeben, werden teils durch Organisationsplanung, teils durch

Projektplanung erreicht. So könnte beispielsweise eine Schlüsselperson sowohl von der organisatorischen Änderung betroffen und zugleich Projektmitarbeiter sein, der Leiter eines BI-Teams der IT wird z. B. zukünftig der BICC-Leiter und arbeitet bis dahin daran mit, das BICC zu planen und einzuführen, ein Controlling-Mitarbeiter, der bisher BI-Lösungen in Eigenregie gestaltet hat, wird zukünftig „nur noch" Anforderer an das BICC sein, erarbeitet jetzt aber den Prozess zum Anforderungsmanagement.

Organisationsplanung

Die Organisationsplanung besteht üblicherweise aus mehreren Phasen. In Anlehnung an die Systemanalyse und -entwicklung sind vier Phasen[202] einschlägig:

> Im Rahmen der **Situationsanalyse** wird der aktuelle Zustand systematisch untersucht und dokumentiert; üblicherweise werden die aktuellen Defizite und auch der Sollzustand formuliert.
> Die **Zieldefinition** dient dazu, den Sollzustand in Form konkreter und umsetzbarer Ziele zu formulieren.
> Die **Lösungsfindung** dient dazu, Mittel und Wege aufzuzeigen, um den Sollzustand zu erreichen.
> Die **Bewertung** dient dazu, mögliche Lösungsalternativen zur Erreichung des Sollzustands zu bewerten.

Diese vier Phasen sind kaum trennscharf zu bewältigen, schon die Ist-Analyse bedingt eine vage Vorstellung des Soll-Zustands. Auch Ziele können nur formuliert werden, wenn in einer ersten groben Näherung mögliche Lösungen skizziert, untersucht und ggf. bewertet wurden. Insofern gibt es keine klare Abfolge dieser Phasen der Organisationsplanung, üblich ist ein iteratives Durchlaufen der Phasen, sodass zunächst eine grobe Situationsanalyse, Zieldefinition, Lösungsfindung und Bewertung stattfindet und dies dann mehrfach wiederholt wird, bis ein hinreichender Detaillierungsgrad erreicht ist (vgl. Abbildung 61). Dabei sind im Idealfall die Situationsanalyse und die Zieldefinition bereits im Rahmen der BI-Strategieentwicklung erarbeitet worden.

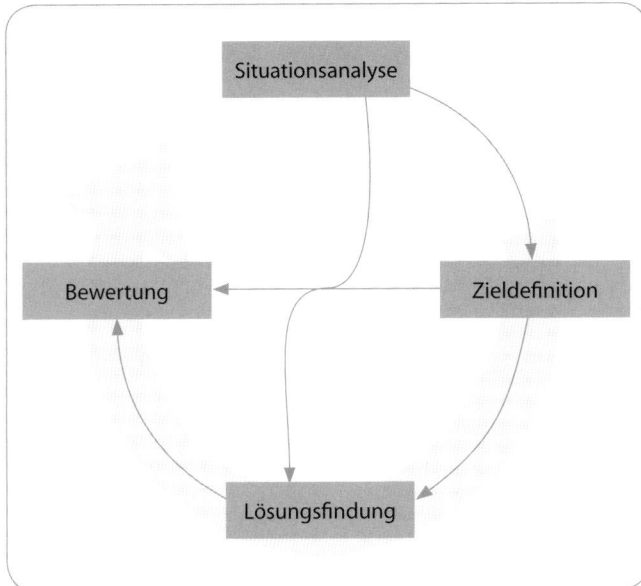

Abb. 61: Phasen der Organisationsplanung

202 Vgl. beispielsweise Heinrich 2007, S. 2 ff. und S. 13 ff., sowie Schulte-Zurhausen 2005, S. 369.

5.2.2   Organisationskonzept für ein BICC

Die weitere Planung und der Entwurf des BICC folgen der Struktur, wie sie in Abbildung 62 in fünf Schritten skizziert wird. In den folgenden Abschnitten werden diese Schritte im Einzelnen ausgeführt. Diese Gliederung kann auch als Muster für Teile eines BICC-Organisationskonzepts im Sinne der Situationsanalyse, Zieldefinition und Lösungsfindung in konkreten BICC-Projekten angewendet werden.

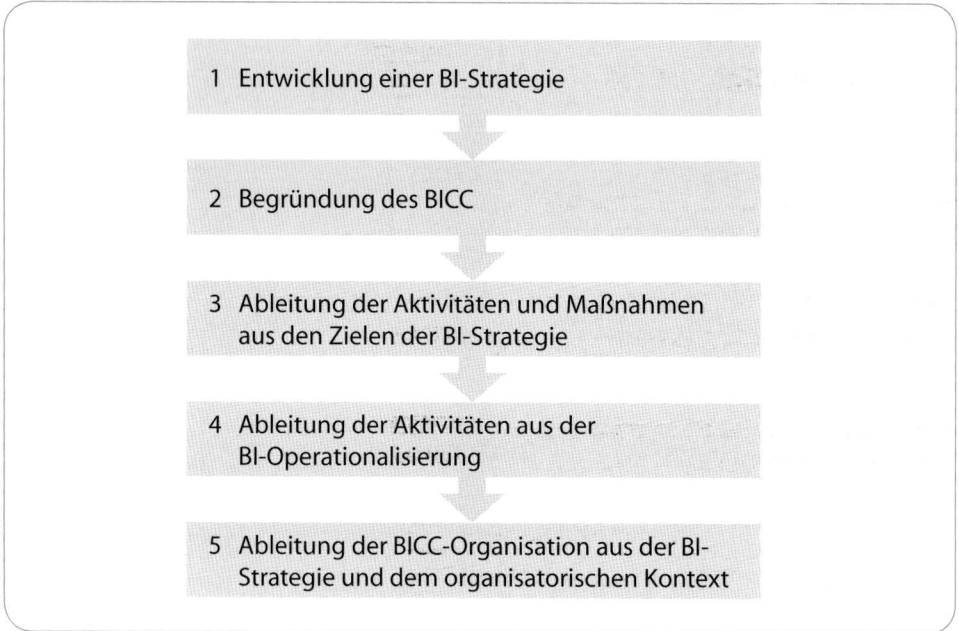

1   Entwicklung einer BI-Strategie

2   Begründung des BICC

3   Ableitung der Aktivitäten und Maßnahmen aus den Zielen der BI-Strategie

4   Ableitung der Aktivitäten aus der BI-Operationalisierung

5   Ableitung der BICC-Organisation aus der BI-Strategie und dem organisatorischen Kontext

Abb. 62: Grobgliederung für ein BICC-Organisationskonzept

Auf den ersten Schritt, die Entwicklung einer BI-Strategie, soll hier nicht mehr näher eingegangen werden (siehe Kapitel 3). Es sei jedoch noch einmal darauf verwiesen, dass die Entwicklung einer BI-Strategie auch für den Fall, dass „nur" ein BICC eingeführt werden soll, obligatorisch ist, da die BI-Organisation nicht unabhängig von den anderen BI-Strategie-Komponenten eingeführt werden kann. Daher ist davon auszugehen, dass die Organisationsplanung für ein BICC eben nicht mit der Situationsanalyse beginnt, sondern vielmehr die BI-Strategie durch ein Organisationsprojekt, wie bereits in der BI-Roadmap vorgesehen, konkretisiert.

In Abschnitt 3.2 wird ein ganzheitliches Vorgehensmodell vorgestellt, das u. a. auch die Organisation für BI analysiert, bewertet und Änderungen konzipiert. So wird schon mit der BI-Strategieentwicklung die Situationsanalyse für die BI-Organisation durchgeführt.[203] Als Resultat erhält man ein angemessenes Grundkonzept einer zukunftsorientierten BI-Organisation und ggf. ist in einer BI-Roadmap bereits ein Organisationsprojekt vorgesehen, das diese BI-Organisation einführt. Insofern wären dann auch die Ziele dieses Organisationsprojekts klar definiert. Somit wäre die erste Iteration der Organisationsplanung bereits im Rahmen der BI-Strategieentwicklung absolviert, und je nach Detaillierungsgrad sind weitere Iterationen nicht erforderlich.[204]

---

[203] Vgl. Abschnitt 3.2.1.
[204] Abbildung 22 bietet einen guten Überblick über diese Sachverhalte.

In einem BICC-Konzept sind im ersten Schritt (siehe Abbildung 63) daher folgende Teile abgedeckt:

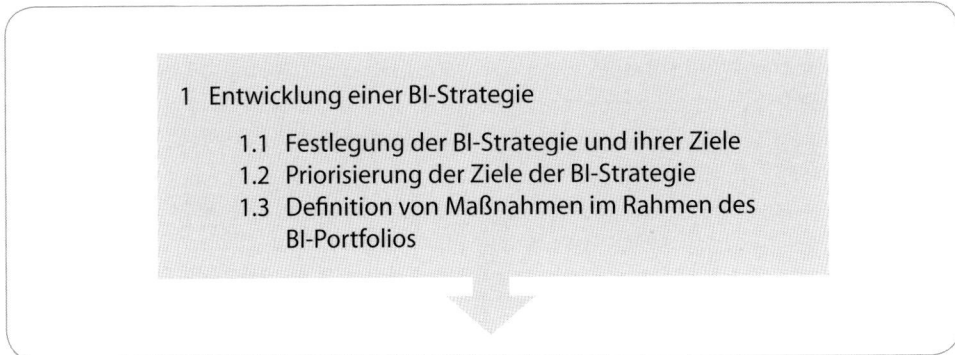

1 **Entwicklung einer BI-Strategie**

    1.1 **Festlegung der BI-Strategie und ihrer Ziele**
    1.2 **Priorisierung der Ziele der BI-Strategie**
    1.3 **Definition von Maßnahmen im Rahmen des**
        BI-Portfolios

Abb. 63: BICC-Organisationskonzept, Schritt 1

5.2.3 Begründung des BICC

Die erhebliche organisatorische Anpassung zur Einführung eines BICC benötigt eine nachvollziehbare Begründung. Ohne diese Begründung, die sich üblicherweise direkt in der Projektdefinition des Organisationsprojekts wiederfindet, ist damit zu rechnen, dass die betroffenen Mitarbeiter die Notwendigkeit der Maßnahme nicht verstehen und so nicht im erforderlichen Maß am Projekt mitwirken oder den Erfolg des Projekts anderweitig gefährden. Eine klare, nachvollziehbare Begründung – hinreichend kommuniziert – ist also unabdingbar.

Die Begründung des BICC leitet sich aus der BI-Strategie und somit mittelbar aus der Unternehmensstrategie ab. Eine hinreichende Begründung besteht darin, dass Defizite in der Organisation für BI festgestellt wurden und daher die Unternehmensstrategie nur unzureichend durch BI unterstützt werden kann. Diese Pauschalbegründung reicht jedoch nicht aus, um dem oben geschilderten Transparenzanspruch zu genügen und kritische Mitarbeiter von der Notwendigkeit eines BICC zu überzeugen. Vielmehr ist es erforderlich, die Ergebnisse der **Situationsanalyse** z. B. in Form einer Studie so aufzubereiten, dass daraus eine Projektbegründung für das BICC-Organisationsprojekt ableitbar ist.

Bei der Situationsanalyse sollte die Ist-Situation, sofern diese noch nicht im Rahmen der BI-Strategieentwicklung hinreichend analysiert und dokumentiert worden ist, mit Hilfe eines methodischen Vorgehens untersucht werden. Dafür eignen sich Verfahren und Werkzeuge, die sowohl Aufbau- als auch Ablauforganisation und IT in konsistenten Modellen abbilden können. Gängig ist z. B. die prozessorientierte Modellierung mittels erweiterter ereignisgesteuerter Prozessketten, auch das Enterprise-Architecture-Management bietet geeignete Verfahren (siehe Abschnitt 5.5.3). Weitere Detailwerkzeuge werden auch in den folgenden Unterabschnitten behandelt.

Wie in Kapitel 3 dargestellt, können vielfältige organisatorische Probleme durch Analysen aufgezeigt werden. Ein erster Ansatz besteht darin, zu prüfen, ob BI überhaupt organisatorisch verankert ist, welche Organisationseinheiten wofür zuständig sind, ob es ggf. Konkurrenzsituationen gibt, ob eine zentrale oder eine dezentrale Verantwortlichkeit gegeben ist. Sofern keine formale Organisationsstruktur vorhanden ist, sollte analysiert werden, welche Rollen, Personen oder Organisationseinheiten Verantwortlichkeiten für BI wahrnehmen. Dies ist unter Umständen problematisch, da anders als bei einer formalen Organisation die Verantwortlichkeiten nicht dokumentiert sind. Ein möglicher Ansatz, um überhaupt die Zuständigen herauszufinden und etwaige dezentrale Prozesse oder die gelebte Praxis zu analysieren, besteht darin, ein Resultat, z. B. einen Managementbericht, daraufhin zu untersuchen, wie dieser entstanden ist. Typische Fragestellungen zur Analyse einer vorhandenen (Nicht)-BI-Organisation zielen daher weniger auf die Rollen, Verantwortlichkeiten oder Aufgaben, sondern orientieren sich an den Inhalten von BI, so z. B. Kommunikationswegen und -frequenz, Kennzahlen und deren Definition, Daten in Quellsystemen und deren Qualität, BI-Anwendungen und deren Weiterentwicklung und Betrieb, Anwendern und deren Unterstützung.

Im Rahmen einer solchen Analyse ergibt sich dann mittelbar das Bild einer „Berichtsorganisation", und organisatorische Defizite zu einer echten BI-Organisation werden deutlich, z. B. dadurch, dass für bestimmte wiederkehrende Aufgaben die Zuständigkeiten nicht geregelt sind und diese Aufgaben fortwährend individuell vergeben werden, oder auch dadurch, dass bestimmte Aktivitäten von unterschiedlichen Organisationseinheiten unterschiedlich – sogar konkurrierend – gehandhabt werden. Im Ergebnis können dann Defizite im Bereich der BI auf die Organisation gespiegelt werden. Daraus lässt sich dann auch die Begründung für eine BI-spezifische Organisation zusammenfassen. Abbildung 64 stellt beispielhaft die Gliederung für den Aufbau einer Studie zur Situationsanalyse dar, welche die Begründung für ein BICC und BICC-Organisationsprojekt aus den bekannten Perspektiven einer BI-Strategie herleitet.

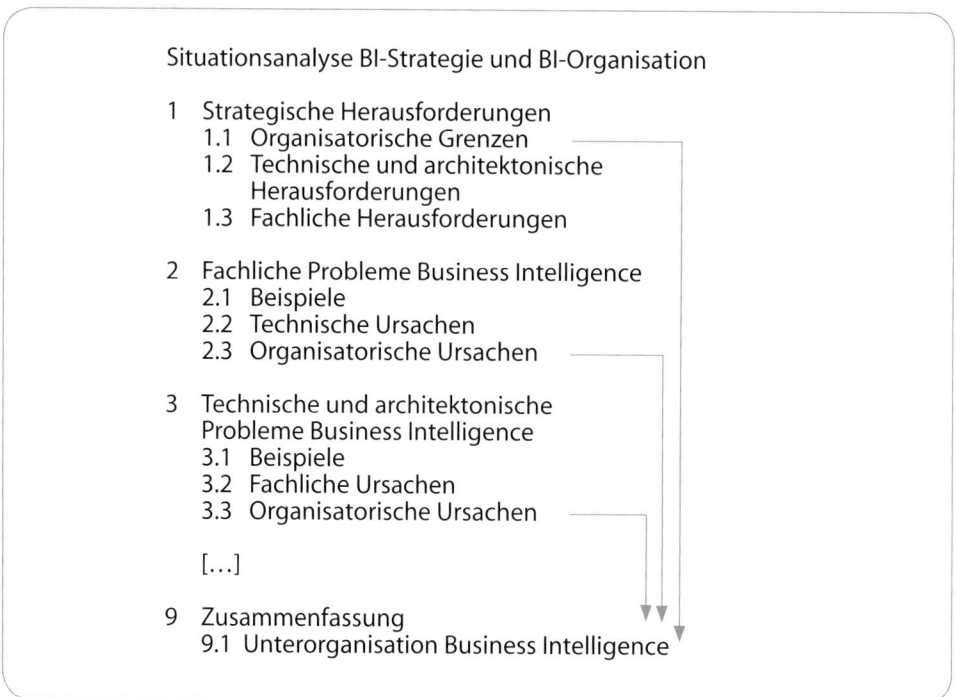

Situationsanalyse BI-Strategie und BI-Organisation

1   Strategische Herausforderungen
    1.1 Organisatorische Grenzen
    1.2 Technische und architektonische
         Herausforderungen
    1.3 Fachliche Herausforderungen

2   Fachliche Probleme Business Intelligence
    2.1 Beispiele
    2.2 Technische Ursachen
    2.3 Organisatorische Ursachen

3   Technische und architektonische
    Probleme Business Intelligence
    3.1 Beispiele
    3.2 Fachliche Ursachen
    3.3 Organisatorische Ursachen

    [...]

9   Zusammenfassung
    9.1 Unterorganisation Business Intelligence

Abb. 64: Beispiel für die Gliederung einer Situationsanalyse

Beispiele flankieren diese Begründung und tragen (später im BICC-Projekt) erheblich zum Verständnis unter den Mitarbeitern bei.

Eine derartige Situationsanalyse bildet also den Ausgangspunkt für den Aufbau einer fundierten Begründung, die den zweiten Schritt des Organisationskonzepts (siehe Abbildung 65) darstellt:

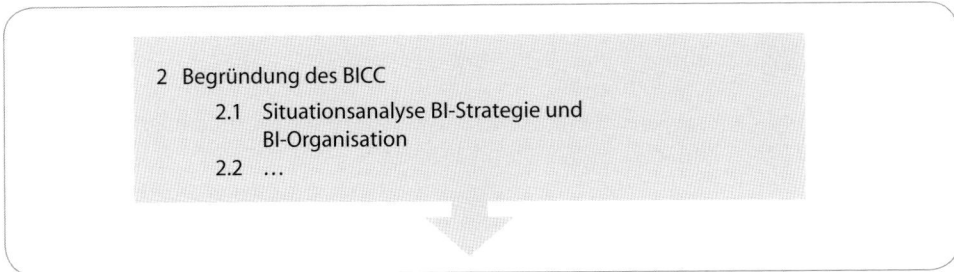

2 Begründung des BICC

    2.1   Situationsanalyse BI-Strategie und
           BI-Organisation

    2.2   …

Abb. 65: BICC-Organisationskonzept, Schritt 2

5.2.4   Ableitung der BICC-Gestaltung

Die konkrete Ableitung der möglichen Gestaltungselemente für ein BICC orientiert sich an den Zielen der BI-Strategie und an den operativen Anforderungen. Wie bereits in Kapitel 4 ausgeführt wurde, ergeben sich so sinnvolle Funktionen, Rollen und eine entsprechende Aufbauorganisation, sodass sich in der Summe der Gestaltungselemente ein individuell strukturiertes BICC herausbildet.

Ableitung aus den strategischen Zielen

Die grundsätzliche Feststellung,[205] dass alle Ziele der BI-Strategie in bestimmter Weise die BICC-Gestaltung beeinflussen, soll an dieser Stelle konkretisiert werden. In einer BI-Strategie existieren die folgenden Zielarten:[206]

> Fachliche Ziele
> Architektonische Ziele
> Technologische Ziele[207]
> Organisatorische Ziele

Der BICC-Entwurf hat nun die Aufgabe, darzustellen, welches dieser Ziele dazu führt, das BICC auf eine bestimmte Art und Weise zu gestalten. Während die Begründung lediglich die Frage beantwortet, warum ein BICC überhaupt notwendig ist, liefert der BICC-Entwurf die Ableitung des BICC-Aufbaus aus der BI-Strategie.

Ein sinnvolles Vorgehen zur Ableitung besteht darin, aus den Zielen die nötigen Maßnahmen in Form von **Aktivitäten** abzuleiten. Dabei kann zunächst zwischen Einzelmaßnahmen und dauerhaften Aktivitäten differenziert werden. Einzelmaßnahmen resultieren üblicherweise in weiteren Projekten der BI-Roadmap. Aktivitäten von dauerhaftem Charakter müssen organisatorisch verankert werden. Insofern muss der Ansatz aus Kapitel 4, der Funktionen und Personal eines BICC aus BI-Strategie und BI-Operationalisierung ermittelt,[208] dahingehend

---

205 Vgl. Abschnitt 4.2.
206 Vgl. Abschnitt 2.1.
207 Das Vorgehensmodell zur BI-Strategie (vgl. Kap. 3) kombiniert die Verfolgung der architektonischen und technologischen Ziele in einem Handlungsstrang.
208 Vgl. Abbildung 37 sowie die Abschnitte 4.2.1 und 4.2.2.

verfeinert werden, dass die Aktivitäten definiert werden, die zum Erreichen der BI-strategischen Ziele nötig sind (vgl. Abbildung 66).

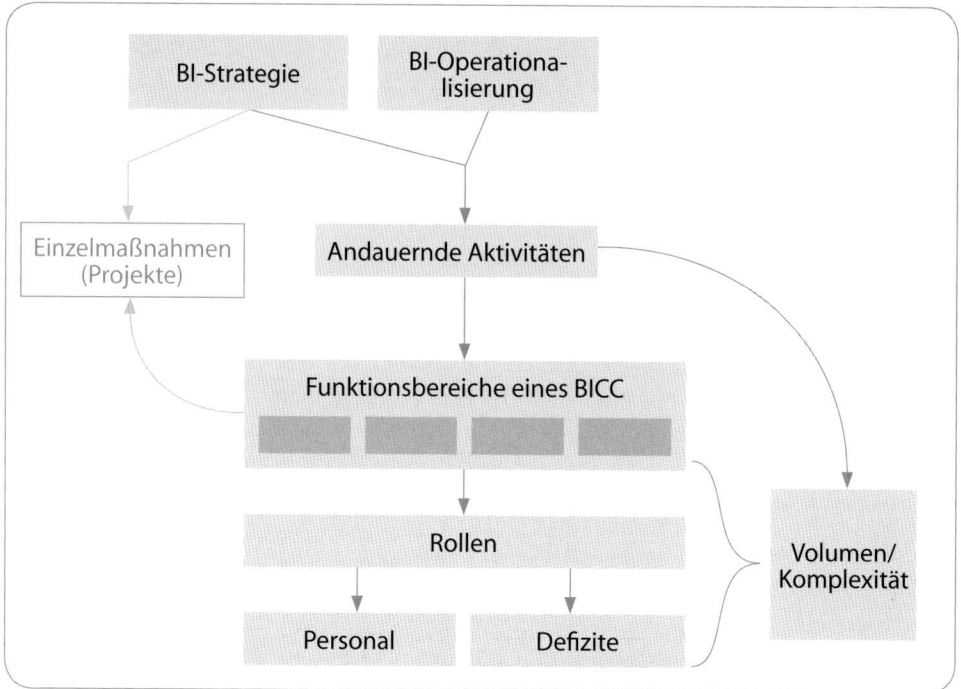

▲ Abb. 66: BICC-Gestaltung auf Basis der BI-Strategie und der BI-Operationalisierung[209]

Der Umfang (Volumen/Komplexität, z. B. in Form von Frequenz oder Aufwand der Einzelaktivitäten) der andauernden Aktivitäten bestimmt später die Zuordnung von Rollen zum BICC-Personal und ebenso den Zuschnitt der Rollen, um die BICC-Funktionen abzudecken.

Die **konkrete Bestimmung** der BICC-Funktionen anhand der BI-strategischen Ziele erfolgt somit in einem dritten Schritt (siehe Abbildung 67) und verfeinert die Grobgliederung:

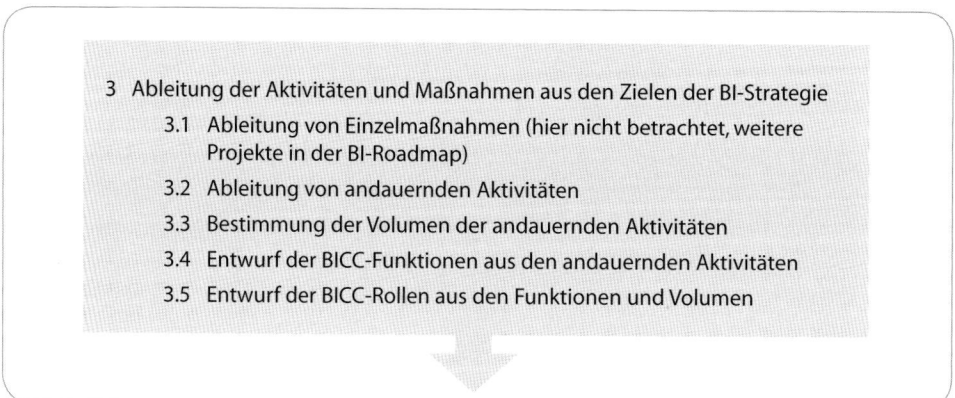

3 Ableitung der Aktivitäten und Maßnahmen aus den Zielen der BI-Strategie

    3.1 Ableitung von Einzelmaßnahmen (hier nicht betrachtet, weitere Projekte in der BI-Roadmap)

    3.2 Ableitung von andauernden Aktivitäten

    3.3 Bestimmung der Volumen der andauernden Aktivitäten

    3.4 Entwurf der BICC-Funktionen aus den andauernden Aktivitäten

    3.5 Entwurf der BICC-Rollen aus den Funktionen und Volumen

▲ Abb. 67: BICC-Organisationskonzept, Schritt 3

---

[209] Vgl. Abschnitt 4.4.1.

Eine entscheidende Frage hierbei ist die Relevanz, d. h. wie bedeutend ist eine andauernde Aktivität, damit eine BICC-Funktion gerechtfertigt erscheint?

Zwei Faktoren bestimmen, ob und in welcher Tiefe eine andauernde Aktivität im BICC funktional – und dann per Rolle – implementiert wird: Ein Faktor ist die Priorisierung der BI-strategischen Ziele. Üblicherweise sind die fachlichen, architektonischen, technologischen und organisatorischen Ziele der BI-Strategie nicht gleichrangig, sondern im Rahmen der BI-Strategieentwicklung fand eine Bewertung und Priorisierung statt, die u. a. auch den Aufbau der BI-Roadmap bestimmt hat. Diese Priorisierung fließt als ein Faktor in die Gestaltung des BICC ein. Die Verfolgung hoch priorisierter, wichtiger BI-Strategie-Ziele muss im BICC organisatorisch unterstützt werden. Der zweite Faktor ist das festgestellte Volumen, d. h. wie häufig und in welcher Komplexität eine andauernde Aktivität, die sich aus der BI-Strategie ergibt, ggf. durch ein BICC durchgeführt werden muss. Selbst bei mittlerer oder geringer Priorität des zugrunde liegenden BI-Strategie-Ziels kann es aus Effizienzgründen sehr sinnvoll sein, eine Aktivität, die andauernd oder mit relativ hohem Aufwand stattfinden muss, per BICC-Funktion organisatorisch zu unterstützen, also eine entsprechende Rolle auszuprägen. Das Beispiel auf S. 190 verdeutlicht das Vorgehen.

Ableitung aus den operativen Anforderungen

Nicht nur aus der BI-Strategie ergeben sich andauernde Aktivitäten. Vor allem die Anforderungen der BI-Operationalisierung verursachen einen stetig anfallenden Aufwand. Typischerweise müssen durch die BI-Operationalisierung – gemäß dem Lebenszyklus von BI-Lösungen – BI-Projekte konzipiert und entwickelt, ausgeliefert und betrieben werden. Der Großteil der Entwicklungsaktivitäten kann dabei als Einzelmaßnahme betrachtet werden und müsste demzufolge bei der BICC-Gestaltung nicht zwangsläufig Berücksichtigung finden. Andererseits gibt es auch im Rahmen der Entwicklung zum einen wiederkehrende Aktivitäten, die aus Effizienzgründen in einer zentralen Einheit gebündelt werden könnten, zum anderen können auch Einzelmaßnahmen, z. B. in Form von Projekten, durch zentrale Vorgaben und Verfahren unterstützt bzw. entlastet werden.[210] Die Anforderungen der BI-Operationalisierung können also in zweierlei Hinsicht die Gestaltung des BICC beeinflussen: zum einen durch Zentralisierung der BI-Operationalisierung, zum anderen durch Unterstützung der BI-Operationalisierung. So ergibt sich als vierter Schritt (siehe Abbildung 68):

> 4 Ableitung der Aktivitäten aus der BI-Operationalisierung
>   4.1 Aufnahme der Unterstützungsanforderungen der BI-Operationalisierung
>   4.2 Bestimmung des Volumens der BI-Operationalisierung selbst
>   4.3 Entwurf der BICC-Funktionen aus den andauernden Aktivitäten
>   4.4 Entwurf der BICC-Rollen aus den Funktionen und Volumen

Abb. 68: BICC-Organisationskonzept, Schritt 4

---

210 Vgl. hierzu S. 119.

Der wesentliche Faktor zur Berücksichtigung der Anforderungen der BI-Operationalisierung ist hierbei das **Volumen**, um aus Effizienzgründen den Lebenszyklus von BI-Projekten maßgeblich zentral abzubilden. Wie in Kapitel 4 dargestellt, ist es prinzipiell denkbar, möglichst wenige oder auch möglichst alle Aufgaben der BI-Operationalisierung durch BICC-Funktionen zu bewältigen. Daraus ergeben sich die maßgeblichen Unterschiede.[211] Das Beispiel auf S. 190 verdeutlicht die Ableitung der BICC-Gestaltung aus den Anforderungen der BI-Operationalisierung.

Ableitung der Organisation

Als weiterer Schritt im Stufenplan steht die Ableitung der Organisation an. Neben den fachlichen Anforderungen, wie z. B. BI-Strategie und BI-Projekte, bestimmt auch die bisherige Organisation die Gestaltung des BICC. Dabei müssen allerdings die mit der BICC-Einführung verbundenen Ziele berücksichtigt werden, d. h. die Aufbauorganisation für ein BICC folgt in der Regel nicht der Tradition der Kernorganisation des Unternehmens (z.B. Mehrliniensystem), sondern nimmt eher eine Sonderstellung ein. Die entscheidende Fragestellung, die im Rahmen des BICC-Entwurfs beantwortet werden muss, lautet: Welche Aufbauorganisation ist die passende für das BICC (vgl. Abschnitt 4.6)?

Das Verfahren zur Auswahl der passenden BICC-Organisation unterscheidet sich nicht von den entsprechenden Verfahren für die allgemeine Organisationsgestaltung.[212] Eine Möglichkeit zur Bewertung der organisatorischen Alternativen ist die Anwendung des Kriterienkatalogs, der in Kapitel 4 bereits zum Vergleich möglicher generischer BICC-Organisationen verwendet wurde (vgl. die Zusammenfassungen jeweils am Ende der Abschnitte 4.6.2, 4.6.3 und 4.6.4). Insofern stellt sich Schritt 5 folgendermaßen dar (siehe Abbildung 69):

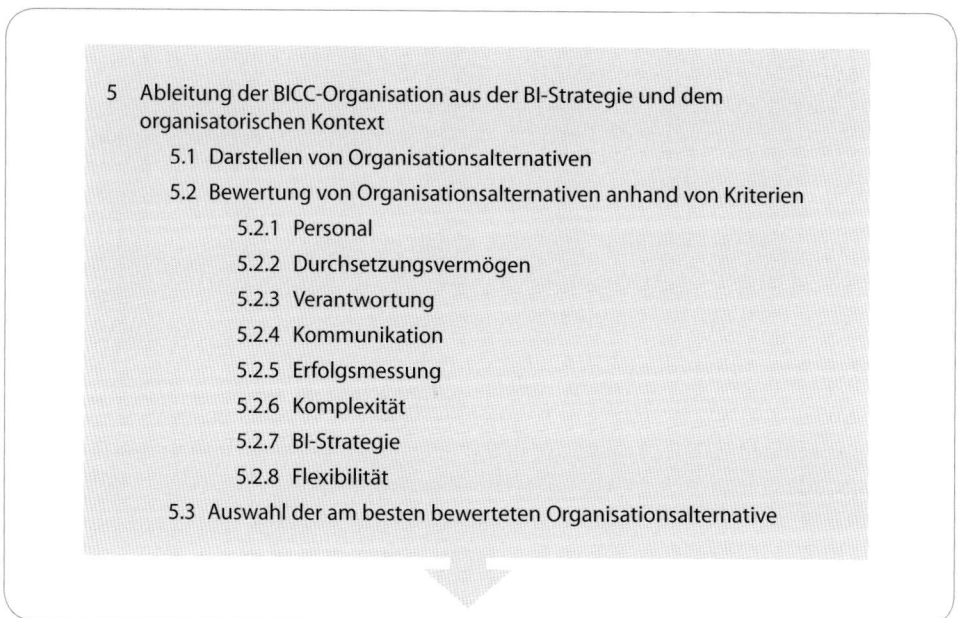

5 Ableitung der BICC-Organisation aus der BI-Strategie und dem organisatorischen Kontext
    5.1 Darstellen von Organisationsalternativen
    5.2 Bewertung von Organisationsalternativen anhand von Kriterien
        5.2.1 Personal
        5.2.2 Durchsetzungsvermögen
        5.2.3 Verantwortung
        5.2.4 Kommunikation
        5.2.5 Erfolgsmessung
        5.2.6 Komplexität
        5.2.7 BI-Strategie
        5.2.8 Flexibilität
    5.3 Auswahl der am besten bewerteten Organisationsalternative

Abb. 69: BICC-Organisationskonzept, Schritt 5

---

[211] Vgl. Abschnitt 4.7.

[212] Die Literatur zur Organisationslehre führt zahlreiche Verfahren zur allgemeinen Gestaltung der Aufbauorganisation auf (vgl. Kieser/Walgenbach 2007, S. 137 ff.).

Ableitungsmatrix

Zur Unterstützung der Ableitung der BICC-Gestaltung kann eine Tabelle, wie sie Abbildung 70 in vereinfachter Form darstellt, sinnvoll sein.

Mapping BI-Strategie und BI-Operationalisierung zur BICC-Gestaltung		Einzelmaß-nahmen	Andauernde Aktivitäten	Volumen der andauernden Aktivität		BICC-Gestaltung	
				Frequenz	Durchschnitt-licher Aufwand	BICC-Funktionen	BICC-Rollen
BI-Strategie-Ziele							
Zielart	**Zielpriori-sierung**						
Fachliche Ziele							
…							
…							
Architektonische Ziele							
…							
…							
Technologische Ziele							
…							
…							
Organisatorische Ziele							
…							
…							
BI-Operatio-nalisierung							
Unterstützungs-anforderungen							
…							
…							
BI-Projekte							
…							
…							

▲ Abb. 70: Matrix zur Ableitung der BICC-Gestaltung

In dieser Matrix werden sowohl die Ziele der BI-Strategie als auch die Anforderungen aus der BI-Operationalisierung katalogisiert. Zudem werden die Prioritäten, andauernde Aktivitäten und Volumen eingetragen. Darauf aufbauend können dann mögliche BICC-Funktionen und Rollen zugeordnet werden. Indem z. B. die Prioritäten der Ziele der BI-Strategie und Volumen als Faktoren verrechnet werden, ist rechnerisch zu ermitteln, welche Funktionen und welche Rollen im BICC notwendig sind. Dieses Verfahren lässt sich durch weitere Bewertungskriterien im Sinne einer Nutzwertanalyse erweitern. Ebenso können unterschiedliche Szenarien dargestellt und verglichen und der Einfluss der strategischen Ziele dargelegt werden. Eine solche analytisch-mathematische Modellierung kann allerdings eine Organisationsplanung und Modellierung, die eher qualitative denn quantitative Faktoren anspricht, nicht ersetzen. Sie dient eher zur Verifikation und Plausibilisierung und unter Umständen als Hilfsmittel zur Kommunikation.

Im Rahmen der BI-Strategieentwicklung wurden in einem Unternehmen die folgenden Ziele definiert und priorisiert:[213]

Fachliche Ziele

> Vereinheitlichung von Stammdaten

> Steigerung der Benutzerakzeptanz

Architektonische Ziele

> Standardisierung der BI-Systeme und Vereinheitlichung der Architektur

Aus dem fachlichen Ziel der Vereinheitlichung von Stammdaten resultiert zunächst eine Einzelmaßnahme in Form eines Master-Data-Management-Projekts, das in der BI-Roadmap entsprechend hoch priorisiert ist. Neben diesem Projekt lassen sich daraus allerdings auch andauernde Aktivitäten ableiten, denn es ist zu erwarten, dass nachfolgende BI-Projekte auf der entstehenden konsolidierten Stammdatenbasis aufsetzen müssen. So muss also zum einen ein Standard geschaffen und zum anderen dessen Beachtung fortwährend kontrolliert werden. Sowohl das Projektvorgehensmodell für BI-Projekte muss entsprechend adaptiert werden als auch die fachliche Architektur. Passende Funktionen im BICC sind BI-Management bzw. BI-Standardisierung und BI-Architektur bzw. BI-Facharchitektur. Mögliche passende Rollen sind der Datenqualitätsverantwortliche und der BI-Architekt.

Das fachliche Ziel der Steigerung der Benutzerakzeptanz verursacht ebenfalls unterschiedliche Aktivitäten. Da momentan die Benutzerakzeptanz subjektiv wahrgenommen schlecht ist, gilt es zunächst einmal einen Prozess zur Messung und Bewertung der Benutzerakzeptanz zu etablieren. Dafür kann ein entsprechendes Projekt als Einzelmaßnahme durchgeführt werden. Projektergebnis ist z. B. ein Feedback-Verfahren und ein Zufriedenheits-Reporting. Im fortlaufenden Betrieb aller BI-Lösungen muss dieses Verfahren jedoch gelebt werden, zudem müssen neu entstehende BI-Lösungen in das Verfahren eingegliedert werden. Insofern entstehen auch hier andauernde Aufgabenstellungen, die im BICC abgebildet werden können. Die betroffenen Funktionen sind z. B. BI-Management und BI-Betrieb, eine mögliche passende Rolle ist der Repräsentant der Fachseite, der sicherstellen soll, dass die BI-Lösungen die Fachlichkeit des Unternehmens optimal abbilden. Daher liegt die Akzeptanz der Lösungen in seinem Interesse.

Das Ziel der Standardisierung der BI-Systeme und der Vereinheitlichung der Architektur führt ebenfalls zu Einzelmaßnahmen und andauernden Aktivitäten. Wie auch bei anderen architektonischen Zielen setzt gerade die Vereinheitlichung, z. B. über Lösungen und Abteilungen, eine zentrale Koordination voraus, insofern ist sie auch Bestandteil der Begründung des BICC. Eine mögliche Einzelmaßnahme besteht darin, zunächst einmal einen Standard in Form eines Software-Portfolios und einer entsprechenden technischen und fachlichen Gesamtarchitektur zu bestimmen. Dies kann auch außerhalb des BICC in Fortführung des BI-Strategieprojekts erfolgen. Als fortwährende Aktivitäten stehen danach jedoch die Dokumentation und Kommunikation, ggf. Training, Beratung und Coaching des Standards für BI-Projekte an, zudem muss die Einhaltung des Standards überwacht werden. Passende unterstützende BICC-Funktionen sind BI-Management bzw. BI-Standardisierung und BI-Architektur. Typische Rollen für die entsprechenden Aktivitäten sind der BI-Architekt und der Repräsentant der Fachseite.

Das Beispiel verdeutlicht, dass unterschiedliche Ziele der BI-Strategie dazu geführt haben, dass hier insbesondere die Kernrollen eines BICC die andauernden Aufgaben erfüllen. Vermutlich würde ein BICC in Form einer Koordinierungsstelle[214] hier zunächst ausreichen. Erst die Anforderungen aus der BI-Operationalisierung könnten ein weitergehendes BICC notwendig machen, z. B. wenn in den kommenden Jahren mehrere größere BI-Projekte benötigt werden, die effizient durch ein zentrales Team entwickelt werden müssen.

---

[213] Um die Komplexität des Beispiels zu begrenzen, werden im Folgenden nur einige Ziele auszugsweise dargestellt.
[214] Vgl. Abschnitt 4.7.3.

5.3   Entwicklung eines BICC

Die Entwicklung eines BICC ist der Übergang vom Ist-Zustand ohne etabliertes BICC oder mit etabliertem BICC mit Anpassungsbedarf (BICC anpassen vgl. Abbildung 58) zum Soll-Zustand, in dem das BICC in der gewünschten Form (re-)etabliert und aktiv ist. Dabei gehen BICC-Entwicklung zur BICC-Einführung oft fließend ineinander über, da ein BICC nicht en bloc entwickelt und per Stichtag eingeführt werden kann.

5.3.1   Grundlagen der BICC-Entwicklung

Bei der Entwicklung eines BICC werden Strukturen aufgebaut, die bereits im Zuge der Organisationsplanung vorbereitet wurden, und durch entsprechende Dokumentation, z.B. Modellierung, und die Darstellung der Abhängigkeiten vollständig entsprechend dem Unternehmensstandard erfasst. Die Entwicklung beginnt mit der Veränderung von Prozessen, es wird also die Ablauforganisation in Form von Soll-Prozessen formuliert (Kapitel 6 widmet sich diesem Thema ausführlich in Form einer ITIL-Adaption). Diese Prozesse sind nicht nur Intra-BICC-Prozesse, insofern ist die Entwicklung der BICC-Ablauforganisation eigentlich die Weiterentwicklung und Verfeinerung der gesamten Unternehmensorganisation.[215] Die BICC-Entwicklung unterscheidet sich hier nicht von der Entwicklung anderer Organisationsformen, insofern werden in Abschnitt 5.3.2 nur einige Mittel des Organisationsmanagements skizziert.[216]

Hauptziele der Entwicklung eines BICC

Die systematische Gestaltung des Entwicklungsprozesses eines BICC unterliegt drei Hauptzielrichtungen:

> **Veränderung dokumentieren.** Die Entwicklung des BICC führt Veränderungen an der Aufbau- und Ablauforganisation durch. Diese Veränderungen passieren nicht plötzlich, sondern schrittweise. Das BICC-Organisationsprojekt hat daher die Aufgabe, den Status der Veränderung zu analysieren und zu dokumentieren, d. h. dass auch die Zwischenstadien vom Ist-Zustand bis zum Soll-Zustand mit den Mitteln des Organisationsmanagements geplant und festgehalten werden. Nur so ist es möglich, den Veränderungsprozess zu steuern.

> **Veränderungsprozess steuern.** Transparenz ist eine notwendige Voraussetzung zur Steuerung des Veränderungsprozesses: Durch Erkenntnisse darüber, in welchem Stadium sich der Veränderungsprozess befindet, kann sichergestellt werden, dass alle beschlossenen Änderungen an den Geschäftsprozessen und Systemen eingeführt werden. Denn erst die Transparenz über den jeweiligen Status lässt es zu, dass ggf. weitere bzw. alternative Maßnahmen eingeleitet werden, wenn die Planung der Änderungen nicht entsprechend eingehalten wird. Insofern geht hier das Projektmanagement für das Organisationsprojekt mit der Organisationsentwicklung einher: Das Projektmanagement plant und definiert die Zwischenschritte (z. B. in Form von Meilensteinen), das Organisationsmanagement liefert die Informationen zur Überprüfung der Zwischenzielerreichung.

---

[215] Die Verfahren weisen wenig BICC-spezifische Besonderheiten auf. Es sind insbesondere die Verfahren und Methoden zur Organisationsgestaltung anzuwenden, die dazu dienen, eine prozessorientierte Sekundärorganisation aufzubauen. Damit wird die Aufbauorganisation, in der Leitungs- und Führungsstruktur vorherrschen, durch eine prozessorientierte Ablauforganisation flankiert. Hinsichtlich der prozessorientierten Sekundärorganisation vgl. Schulte-Zurhausen 2005, S. 321.

[216] Vgl. zur Vertiefung z. B. Schulte-Zurhausen 2005, S. 489 ff.; Mangler 2006.

> **Servicequalität erhalten.** Auch vor Einführung eines BICC wurden im Unternehmen Analysen und Datenaufbereitungen durchgeführt und Berichte erstellt. Diese waren sogar essenziell notwendig, um das Geschäft zu unterstützen. Durch die Veränderung der Organisation besteht prinzipiell das Problem, dass bestehende Abläufe variiert und sogar gestört werden. Daher kann die bisherige Servicequalität unter Umständen nicht aufrechterhalten werden. Im Übergangszeitraum müssen daher unter Umständen redundante oder Interimsverfahren eingesetzt werden, um die Qualität von BI-Systemen, der Datenverwaltung und der Datenintegrität zu gewährleisten. Dies kann z. B. in Form externer Unterstützung oder durch Parallelentwicklungen erfolgen. Das Organisationsprojekt muss daher im Rahmen des Risikomanagements die Risiken ermitteln, die durch die Veränderung des Projekts selbst begünstigt werden, und entsprechende Gegenmaßnahmen vorsehen.

Diese Hauptziele werden mit Hilfe der Techniken des Projektmanagements und durch die Organisationsanalyse und -entwicklung verfolgt.

5.3.2 Organisationsanalyse und -entwicklung

Während die Organisationsplanung für ein BICC durch den Zusammenhang mit der BI-Strategie und BI-Operationalisierung durchaus Besonderheiten aufweist, ist die Organisationsanalyse und -entwicklung für die Einführung eines BICC im Wesentlichen analog der allgemeinen Organisationsentwicklung zu gestalten. Einige ausgewählte Techniken des Organisationsmanagements werden im Folgenden im Zusammenhang mit einer BICC-Einführung skizziert.

Dokumentationsanalyse

Bei der Analyse der Dokumentation wird der Versuch unternommen, bestehende Dokumente, welche die Aufbau- und Ablauforganisation beschreiben, so zu analysieren, dass über die Ist-Situation etwaige Defizite der BI-Organisation deutlich werden. Wie bereits geschildert, stellt sich dieser Ansatz als problematisch heraus, da wahrscheinlich die Aufgaben und Verfahren für BI nicht in den bestehenden Dokumentationen festgehalten sind. Dies wäre jedoch für eine Begründung der spezifischen BI-Organisation erforderlich. Tatsächlich ergeben sich Aufgaben und Verantwortlichkeiten in der gelebten Praxis. Die klassische Analyse von z. B. Stellenbeschreibungen bietet daher allenfalls Anhaltspunkte zur weiteren Erhebung. So ist beispielsweise im Aufgabengebiet des Leiters Rechnungswesen die monatliche Bereitstellung von Geschäftsberichten als eine Aufgabe formuliert.

Da die Dokumentationsanalyse nur die schriftlich fixierten Abläufe und Strukturen unter Einbezug der Perspektiven von Verfasser und Analyst berücksichtigen kann,[217] bieten sich Ansätze dahingehend, nicht (oder weniger) die existierenden Stellenpläne, Protokolle etc. – also die Aktenlage –, sondern vielmehr die automatisch entstehende Dokumentation zu analysieren: Gerade im Umfeld von IT-Systemen, so auch BI-Lösungen, entstehen zahlreiche automatisch zu generierende Dokumentationen, die sehr gut Aufschluss darüber geben, wer, wann und wie oft und mit welchem Aufwand BI-Aktivitäten durchführt. Zu beachten sind hierbei dann allerdings die Beschränkungen durch Datenschutzverfahren. Dennoch sind bei geschickter Auswertung Nutzungsprotokolle von ETL- oder BI-Systemen eine erste gute Quelle zur Analyse des Status quo.

---

[217] Vgl. Kieser/Walgenbach 2007, S. 181.

Persönliche Informationserhebung

Die persönliche Informationserhebung ist auch bei BICC-Organisationsprojekten eine gute Wahl: Entweder lässt sich durch freie oder strukturierte Interviews (Fragenkatalog, z. B. vorbereitet durch Analyse der automatisiert generierten Dokumentationen, s. o.) oder im Rahmen moderierter Workshops ermitteln, welche Personen und welche Rollen in welchen Unternehmens(fach)bereichen damit betraut sind, Daten zu sammeln, aufzubereiten und Berichte zu erstellen. Die entsprechenden Techniken sind daher geeignet, den tendenziell unklaren Ist-Zustand schnell und mit verhältnismäßig geringem Aufwand zu erheben. Je nach Form (Anonymität) lassen sich auch sensible oder problematische Sachverhalte aufdecken. Im Ergebnis sind aktuelle Prozesse, vor allem aber auch Schwächen im Ablauf ermittelbar. Moderierte Workshops sind zudem ein probates Mittel, um Mitarbeiter so einzubinden, dass die Gesamtmotivation zur Annahme einer BICC-Einführung erhöht wird.

Im Anhang sind Fragenkataloge mit beispielhaften Analysefragen aufgeführt, die als Interviewleitfaden für die persönliche Informationserhebung genutzt werden können.

Checklisten

Checklisten (vgl. Abbildung 71) bilden einen weiteren pragmatischen Ansatz im Rahmen der Organisationsanalyse und Gestaltung. Sie können zweifach eingesetzt werden:

> Im Rahmen der Analyse dienen Checklisten ähnlich einem strukturierten Interview dazu, Schwachpunkte innerhalb der Organisation aufzudecken und z. B. bisher unbekannte Ursache-Wirkungs-Zusammenhänge zu erkennen. Checklisten im Rahmen der Analyse basieren auf Vorerfahrungen, d. h. obwohl eine Checkliste immer situativ gestaltet werden muss, stammen die Fragen dennoch aus den Erfahrungen eines ähnlich gelagerten Falles, da gezielt typische Probleme und Herausforderungen überprüft werden. Im Falle der Analyse für ein BICC-Projekt werden typischerweise das Zusammenspiel von Fachbereich und IT oder andere typische Herausforderungen im BI-Umfeld überprüft.[218] Checklisten sind allerdings nur geeignet, Fakten zu erfassen. Personenbezogene Faktoren, wie Vorbehalte, Ängste, Widerstände, Einstellungen werden dadurch nicht offenbar, insofern sind andere Erhebungsmethoden wie Interviews und Workshops in der Praxis von Vorteil.

> Im Rahmen der Organisationsentwicklung können Checklisten auch dazu dienen, sicherzustellen, dass die organisatorischen Maßnahmen vollständig bearbeitet werden, d. h. alle Aspekte einer BI-Organisation bedacht wurden, beispielsweise alle Rollen und Funktionen wohldefiniert und zugeordnet sind. Die folgende Checkliste greift als Beispiel viele Facetten der Gestaltung eines BICC, wie diese in Kapitel 4 ausführlich vorgestellt wurde, auf und erlaubt es somit zu validieren, ob die wichtigsten Gestaltungsaufgaben bedacht wurden.[219]

---

218 Vgl. die Fallbeispiele in Kapitel 1.
219 Vergleichbare Checklisten in der alltäglichen Projektpraxis sind detaillierter, diese Grundstruktur ist analog aufgebaut. Sofern die Gestaltung eines BICC mit den Mustern dieses Buches durchgeführt wird, kann die hier vorgestellte Struktur die Grundlage der Checkliste bilden.

Nr.		Aspekt
1	☐	Die Organisationseinheit für ein BICC ist formal definiert. Die Organisation ist formal beschrieben (Stellen, Rollenplan, Organisationsdiagramm).
2	☐	Die Leitung des BICC ist festgelegt. Leiter des BICC ist _____ (Person). Die Leitung erfolgt in ☐ Vollzeit ☐ Teilzeit.
3	☐	Das BICC ist unterhalb der Organisationseinheit _____ angesiedelt. Die Leitung des BICC berichtet an _____ (Stelle), _____ (Rolle).
4	☐	Das Team des BICC besteht aus: _____ (Stelle), _____ (Rolle im BICC), ☐ Vollzeit, ☐ Teilzeit, _____ (Stelle), _____ (Rolle im BICC), ☐ Vollzeit, ☐ Teilzeit, _____ (Stelle), _____ (Rolle im BICC), ☐ Vollzeit, ☐ Teilzeit, _____ (Stelle), _____ (Rolle im BICC), ☐ Vollzeit, ☐ Teilzeit, _____ (Stelle), _____ (Rolle im BICC), ☐ Vollzeit, ☐ Teilzeit, (ggf. weitere). ☐ Detaillierung erfolgt in _____.
5	☐	Die Funktionen des BICC sind definiert. Das BICC soll die folgenden Funktionen enthalten: 1 **BI-Management** ☐ 1.1 Management ☐ 1.2 Standardisierung ☐ 2 **BI-Architektur** ☐ 2.1 Fachliche Architektur ☐ 2.2 Technische Architektur ☐ 3 **BI-Unterstützung** ☐ 3.1 Personalentwicklung ☐ 3.2 Support ☐ 4 **BI-Umsetzung** ☐ 4.1 Entwicklung ☐ 4.2 Betrieb ☐

Nr.		Aspekt

6	☐	Die Aufgabenteilung anhand der Funktionen und Rollen des BICC ist definiert.
		 Die Funktion _____
		      wird abgedeckt durch _____ (Rollen o. Stellen).
		 Die Funktion _____
		      wird abgedeckt durch _____ (Rollen o. Stellen).
		 Die Funktion _____
		      wird abgedeckt durch _____ (Rollen o. Stellen).
		 Die Funktion _____
		      wird abgedeckt durch _____ (Rollen o. Stellen).
		 (ggf. weitere).
		 ☐ Detaillierung erfolgt in _____.

7	☐	Die Weisungskompetenz des BICC ist definiert. Das BICC ☐ hat / ☐ hat nicht (durch die Rolle _____ / Stelle _____) Weisungsbefugnis an _____ (Stelle) _____ (Rolle) _____ (Organisationseinheit) hinsichtlich _____ (ggf. weitere). ☐ Detaillierung erfolgt in _____.
8	☐	Die Kommunikationswege vom/zum BICC sind definiert. Das BICC ☐ informiert / ☐ wird informiert durch _____ (Stelle) _____ (Rolle) _____ (Organisationseinheit) hinsichtlich _____ zum Zeitpunkt _____ (ggf. weitere). ☐ Detaillierung erfolgt in _____.
9	☐	Die Erfolgskriterien und die Erfolgsmessung sind definiert.
10	☐	Die Budgetierung/Finanzierung des BICC ist definiert.

▲ Abb. 71: Beispiel für eine Checkliste im Rahmen der Organisationsentwicklung

Dokumentation und Modellierung

Im Rahmen der Organisationsplanung und -entwicklung ist es erforderlich, sowohl den Ausgangszustand als auch den geplanten und entworfenen Ist-Zustand und etwaige Zwischenstufen in der Übergangszeit zu dokumentieren. Ein traditionelles Mittel zur Organisationsbeschreibung ist ein Organisationshandbuch, das die Aufbau- und Ablauforganisation primär verbal beschreibt. Eine solche verbale Beschreibung ist zum einen aufwendig in der Erstellung und Pflege und daher – sofern vorhanden – meistens nicht aktuell. Andererseits besteht die Gefahr, dass die vielseitigen komplexen Zusammenhänge einer vielschichtigen IT-Systemlandschaft und -Organisation so nicht erfasst werden können, da zu viele unterschiedliche Aspekte (Rollen, Stellen, Systeme, Prozesse etc.) konsistent dargestellt werden müssen. Insofern hat es sich als vorteilhaft erwiesen, die Dokumentation im Hinblick auf die Darstellung mit Beziehungsschaubildern und Ablaufdarstellungen durchzuführen. Typischerweise sind dies Organigramme, um die Kommunikations- und Unterstellungsbeziehungen innerhalb einer Organisation darzustellen, sowie Flussdiagramme, um die Abläufe und Prozesse eines Unternehmens detailliert wiederzugeben. Ist allein die Wahl der Form schon von Vorteil gegenüber einer verbalen Beschreibung, so bietet die systemgestützte Kombination der Medien ein noch besseres Werkzeug: Mittels umfassender System-, Prozess- und Architekturmodellierungstools kann ein konsistentes Bild der Organisation gezeichnet werden, dessen Inhalte zum einen exakt und redundanzfrei die Organisation darstellen, zum anderen aber auch für die pragmatische Pflege und das einfache Erfassen unter bestimmten Blickwinkeln (z. B. aus IT-Sicht, aus Personalsicht, aus Prozesssicht) geeignet sind. In Kapitel 8 wird ausführlich auf die möglichen Werkzeuge eingegangen. Der Einsatz dieser Werkzeuge in Organisationsprojekten, so auch in der Organisationsentwicklung für ein BICC, hat sich bewährt.

Ursache-Wirkungs-Diagramme

Eine Hauptaufgabe in einem Organisationsprojekt ist es, systematisch Problemursachen aufzudecken. Diese Ursachen sind selten eindimensional, vielmehr gilt es, komplexe Ursache-Wirkungs-Zusammenhänge aufzuspüren. Häufig sind die Ursachen von Problemen vielfältig, ggf. beeinflussen diese Ursachen sich auch wechselseitig. Eine Möglichkeit, diese Zusammenhänge, z. B. auch im Rahmen eines Workshops, aufzudecken und zu bewerten bietet sich in Form der Ursache-Wirkungs-Diagramme. Dies sind Netzwerkdiagramme, welche die wechselseitigen Einflüsse von Problemelementen darstellen. Hierbei ist es möglich, sowohl das Maß der Beeinflussung als auch die Beeinflussbarkeit der jeweiligen Elemente zu bewerten. So können einerseits die Hauptursachen ermittelt, andererseits auch die Bereiche festgestellt werden, in denen am ehesten, z. B. durch eine organisatorische Maßnahme, Verbesserungen erzielt werden können. In der Praxis werden die Ursache-Wirkungs-Zusammenhänge von unterschiedlichen Personenkreisen (z. B. Workshop-Teilnehmergruppen je nach Position oder Funktion, beispielsweise Controller vs. BI-Entwickler) in Unternehmen durchaus unterschiedlich dargestellt. Durch Zusammenfassung verschiedener Teilergebnisse (Ausschnittsdiagramme) ist es jedoch möglich, ein ganzheitliches Bild und Problemverständnis eines organisatorisch-technischen Gesamtsystems zu erhalten und so auch geeignete Verbesserungsmaßnahmen zu definieren.

Das Beispiel in Abbildung 72 stellt ein einfaches Ursache-Wirkungs-Diagramm dar, das die Kosten für BI im Verhältnis zur BI-Organisation untersucht. Die Wechselwirkungen sind hier lediglich im Hinblick auf die Wirkungsrichtung bewertet. In einer ersten Verfeinerung könnten diese Proportionen mit Faktoren belegt werden.[220] In einem weiteren Schritt könnten die einzelnen Problemelemente in Hinblick auf ihre Beeinflussbarkeit untersucht werden, um so auch Lösungsansätze in erster Näherung zu ermitteln.

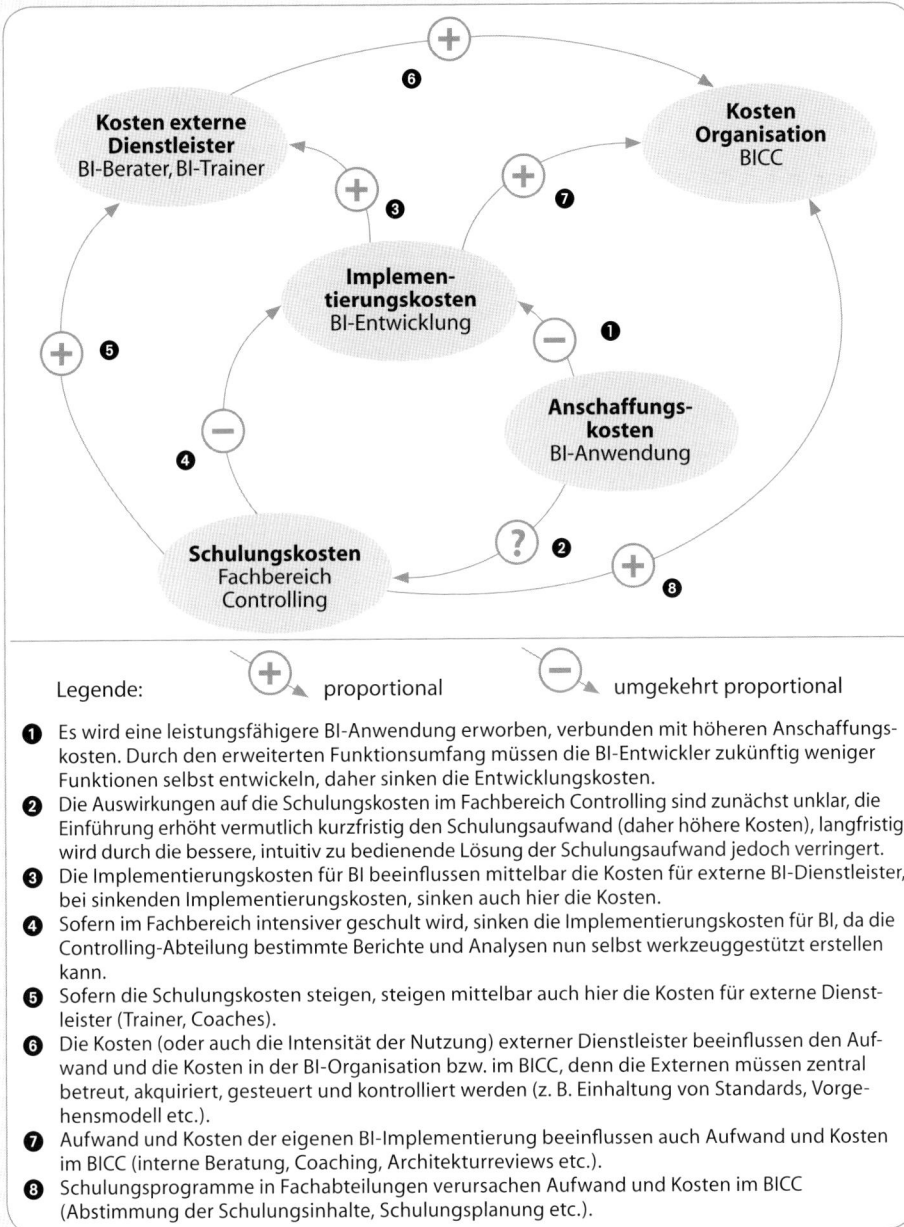

Legende: (+) proportional   (−) umgekehrt proportional

❶ Es wird eine leistungsfähigere BI-Anwendung erworben, verbunden mit höheren Anschaffungskosten. Durch den erweiterten Funktionsumfang müssen die BI-Entwickler zukünftig weniger Funktionen selbst entwickeln, daher sinken die Entwicklungskosten.

❷ Die Auswirkungen auf die Schulungskosten im Fachbereich Controlling sind zunächst unklar, die Einführung erhöht vermutlich kurzfristig den Schulungsaufwand (daher höhere Kosten), langfristig wird durch die bessere, intuitiv zu bedienende Lösung der Schulungsaufwand jedoch verringert.

❸ Die Implementierungskosten für BI beeinflussen mittelbar die Kosten für externe BI-Dienstleister, bei sinkenden Implementierungskosten, sinken auch hier die Kosten.

❹ Sofern im Fachbereich intensiver geschult wird, sinken die Implementierungskosten für BI, da die Controlling-Abteilung bestimmte Berichte und Analysen nun selbst werkzeuggestützt erstellen kann.

❺ Sofern die Schulungskosten steigen, steigen mittelbar auch hier die Kosten für externe Dienstleister (Trainer, Coaches).

❻ Die Kosten (oder auch die Intensität der Nutzung) externer Dienstleister beeinflussen den Aufwand und die Kosten in der BI-Organisation bzw. im BICC, denn die Externen müssen zentral betreut, akquiriert, gesteuert und kontrolliert werden (z. B. Einhaltung von Standards, Vorgehensmodell etc.).

❼ Aufwand und Kosten der eigenen BI-Implementierung beeinflussen auch Aufwand und Kosten im BICC (interne Beratung, Coaching, Architekturreviews etc.).

❽ Schulungsprogramme in Fachabteilungen verursachen Aufwand und Kosten im BICC (Abstimmung der Schulungsinhalte, Schulungsplanung etc.).

▲ Abb. 72: Beispiel Ursache-Wirkungs-Diagramm

---

[220] Es können durchaus auch nichtlineare Zusammenhänge (beispielsweise sprungfixe Kosten) gegeben sein.

Kreativtechniken

Um Lösungsalternativen, z. B. unterschiedliche Organisationsmodelle, Prozessvarianten oder Rollenkombinationen, in einem BICC zu entwickeln, kann der Einsatz sogenannter Kreativtechniken sinnvoll sein. Zwar liefern Modelle, wie die in diesem Buch vorgestellten, Anhaltspunkte, in der Praxis muss aber durch Kombination aus Modellelementen und individuellen Besonderheiten eines Unternehmens eine spezifische Lösungsvariante erarbeitet werden. In der Realität kann ein BICC nicht durch Übernahme eines Modells erstellt werden, vielmehr gilt es, sinnvolle und auf das Unternehmen abgestimmte Varianten bei Prozessgestaltung, Verantwortlichkeiten und Personalentscheidungen zu entwickeln. Ein Vorteil von Kreativtechniken besteht darin, dass nicht nur eine Initialidee, die eventuell sogar durch den Initiator eines BICC-Organisationsprojekts eingebracht wurde, weiterentwickelt wird, sondern eine Vielzahl möglicher Lösungsalternativen für Teilprobleme entdeckt und bewertet werden können. Kreativtechniken dienen dazu, die Ideenfindung dadurch zu beschleunigen, dass das schöpferische Gedankenspiel im Rahmen der Lösungssuche angeregt wird.

Gängige Kreativtechniken, die auch im Rahmen von Workshops von BICC-Organisationsprojekten eingesetzt werden können, sind das Brainstorming (und Varianten wie Brainwriting oder die Methode 365), die morphologische Analyse, Mind Maps und Kraftfeldanalyse. In der Literatur werden die Verfahren und Einsatzgebiete dargestellt, sodass hier auf eine tiefergehende Erläuterung verzichtet wird.[221]

Bestimmte Personengruppen begegnen typischen Workshop-Situationen (interner oder externer Berater als Moderator am Whiteboard) mit Vorbehalten: Gerade IT-Mitarbeiter, die stets mit modernen IT-Werkzeugen umgehen, verweigern sich in Workshops, in denen mit traditionellen Mitteln (z. B. Papier, Karten) gearbeitet wird. In einem solchen Teilnehmerkreis hat sich der Einsatz IT-gestützter Techniken (z. B. Mind-Mapping-Werkzeuge) bewährt. Manchmal kann sogar die geliebte BI-Software zum Einsatz gebracht werden, um beispielsweise die Resultate eines Workshops ad hoc zu visualisieren.[222]

Nutzwertanalyse

Die Nutzwertanalyse[223] wurde bereits in Abschnitt 3.4.7 zur Beurteilung alternativer Architekturszenarien herangezogen. Sie ist eine Analyse komplexer unterschiedlicher Handlungsalternativen und verfolgt das Ziel, diese Alternativen unter Berücksichtigung der Präferenzen eines Entscheiders (oder Entscheidergremiums) durch die Gewichtung von Kriterien und Bewertung der einzelnen Alternativen in eine Rangfolge zu bringen. Ergebnis ist ein Nutzwert pro Alternative. Diese grundlegende Technik zur Alternativenauswahl kann auch im Rahmen eines Organisationsprojekts herangezogen werden, sobald eine Auswahl aus mehreren Lösungsalternativen getroffen werden muss. Wie im Stufenplan in Abschnitt 5.2.4 angedeutet, besteht z. B. die Möglichkeit, die Alternativen zur Aufbauorganisation anhand der in Abschnitt 4.6 erläuterten Untersuchungskriterien zu bewerten. Das Beispiel in Abbildung 73 stellt dies exemplarisch vor: Alternative 3 hat die höchste gewichtete Bewertung, die BI-Strategie wird optimal durch diese Alternative unterstützt.

---

[221] Vgl. Grochla 1995, S. 389 f.
[222] Siehe Abschnitt 8.3 für Werkzeuge, die auch in diesem Zusammenhang genutzt werden können.
[223] Vgl. Zangemeister 1976.

◇	A	B	C	D	F	H
1					Bewertung	
2	Kategorie	Kriterien	Gewichtung	Alternative 1	Alternative 2	Alternative 3
3				(1-5)	(1-5)	(1-5)
4	Organisation	Personal	5%	1	2	1
5		Durchsetzungsvermögen	25%	3	3	3
6		Verantwortung	10%	4	2	1
7		Kommunikation	10%	2	2	2
8		Erfolgsmessung	5%	4	1	1
9		Komplexität	15%	2	3	4
10		BI-Strategie	25%	4	4	5
11		Flexibilität	5%	3	3	2
12		Summe	100%	3,05	2,90	3,10
13				Gewichtete Bewertungen (max. 5)		

Abb. 73: Einfache Nutzwertanalyse zur Bewertung von Organisationsalternativen

5.3.3   Evolution zum BICC

Ein BICC entsteht nicht auf der „grünen Wiese": Nur selten wird ein Unternehmen bei Unternehmensgründung die Größe und Notwendigkeit haben, sogleich ein BICC zu entwerfen und einzuführen. Vielmehr ist es so – die Praxis zeigt zahlreiche Beispiele –, dass BI schon lange vorher in Unternehmen gelebt wird, die Systeme und auch die Organisation historisch gewachsen und auch verwachsen sind. In den bisherigen Ausführungen, insbesondere auch bei der Vorstellung der Organisationsmodelle in Kapitel 4, wurde implizit davon ausgegangen, dass ein BICC als etwas Neues parallel zur bisherigen Organisation aufgebaut wird. Allein schon aufgrund der Tatsache, dass Personal aus dem bisherigen Unternehmen in ein vermeintlich neues BICC wechselt, ist dies in einigen Fällen ein eher evolutionärer Prozess.[224] Sobald nicht nur einzelne Personen im Unternehmen BICC-Rollen einnehmen bzw. in ein BICC überwechseln, sondern existierende Abteilungen zum BICC gewandelt oder erweitert werden, ist die Evolution ersichtlich. Die folgenden Abschnitte schildern einige der möglichen Evolutionsszenarien und ordnen die Gestaltungselemente für ein BICC entsprechend zu.

Evolution eines BICC aus der IT-Entwicklung

Ein typisches Szenario besteht darin, dass eine IT-Entwicklungsabteilung bzw. -team zum BICC weiterentwickelt wird. Insbesondere dann, wenn BI und BI-Strategie in der Verantwortung der IT liegen, ist diese Variante denkbar. Die Motivation, in diese evolutionäre Entwicklung einzutreten, kann sogar der IT selbst entstammen, wenn beispielsweise die Erkenntnis gewonnen wird, dass durch eine heterogene Entwicklung BI-strategische Aufgaben im Bereich der Architektur anstehen. Die IT benötigt also ein BICC, um die eigene Effektivität und Effizienz zu steigern. Je nach den Zielen der BI-Strategic hat eine IT-Entwicklungsabteilung unter Umständen sogar gute Voraussetzungen, z. B. dann, wenn technologische und architektonische Ziele im Vordergrund stehen. In der Übersicht in Tabelle 37 wird dargestellt, welche Funktionen und Rollen vermutlich abgedeckt werden können und welche ergänzt werden sollten. Dabei sind die Schwerpunkte hervorgehoben.

---

[224] Dabei ist es auch durchaus vorstellbar, dass ein BICC vollständig mit neuem Personal aufgebaut wird und die existierende Organisation unangetastet bleibt, lediglich von bestimmten Aufgaben entlastet wird. Die Koordinierungsstelle kann beispielsweise so eingeführt werden.

	BICC-Funktionen	BICC-Rollen
Vorhanden bzw. leicht abzudecken	*BI-Entwicklung*[225] Technische Architektur BI-Standardisierung BI-Support	*BI-Anwendungsentwickler*[226] BI-Projektleiter BI-Architekt BI-Modellierer
Zu ergänzen	Fachliche Architektur	Leiter BICC Repräsentant der Fachseite Datenqualitätsbeauftragter

Tab. 37: BICC-Funktionen und -Rollen im Rahmen des Ausbaus einer IT-Entwicklungsabteilung zum BICC

Gelingt die Ergänzung, kann sich entweder ein Anwendungscenter oder längerfristig ein Volldienstleister (ggf. exklusive des BI-Betriebs) evolutionär entwickeln. Eine Herausforderung dabei ist es, die entsprechende organisatorische Verankerung zu erreichen, damit ein hinreichendes Durchsetzungsvermögen besteht. Das bedeutet konkret: Den BI-Projektleiter eines IT-Teams zum Leiter BICC zu erheben ist nur dann sinnvoll, wenn das BICC mit ihm als Führungskraft nicht mehr innerhalb der ursprünglichen IT-Abteilung verankert ist, sondern z. B. als Stabsstelle beim IT-Vorstand. Auch müssen die internen Kunden die aus der IT-Entwicklung entstammende Führungskraft als echten Ansprechpartner auch für ihre vor allem fachlichen Themen auf Augenhöhe akzeptieren.

Evolution eines BICC aus dem IT-Betrieb

Ein weiteres denkbares Szenario besteht darin, dass sich ein BI-Betriebsteam zum BICC wandelt. Auch hier müssten BI und BI-Strategie IT-nah angesiedelt sein. Diese Weiterentwicklung ist ebenfalls eigenmotiviert, z. B. dadurch, dass die Betriebskosten durch die nachhaltige Implementierung einer BI-Strategie, die auf Konsolidierung der Systeme abzielt, gesenkt werden. Gerade bei intensiver Nutzung von BI-Lösungen kann dies sinnvoll sein, oder aber auch, um die Auslagerung des technischen BI-Betriebs vorzubereiten. Allerdings hat eine BI-Betriebsabteilung, gerade bei technischer Ausrichtung, nicht immer optimale Voraussetzungen; insbesondere fachliches Know-how (für die fachliche Architektur

	BICC-Funktionen	BICC-Rollen
Vorhanden bzw. leicht abzudecken	*BI-Betrieb*[227] BI-Support	Datenqualitätsverantwortlicher (unter Umständen keine!)
Zu ergänzen	BI-Management BI-Architektur	Leiter BICC BI-Architekt Repräsentant der Fachseite BI-Modellierer

Tab. 38: BICC-Funktionen und -Rollen im Rahmen der Weiterentwicklung einer IT-Betriebsabteilung zum BICC

---

[225] Diese Funktion ist in der Regel direkt vorhanden.
[226] Diese Rolle kann in der Regel sehr einfach besetzt werden.
[227] Diese Funktion ist in der Regel direkt vorhanden.

und die Unterstützung der Anwender) fehlt evtl. gänzlich. Das Schema in Tabelle 38 stellt wiederum die vorhandenen den zu ergänzenden Rollen und Funktionen gegenüber.

Im Hinblick auf die organisatorische Verankerung gilt das Gleiche wie bei der Evolution aus der IT-Entwicklung: Die Ansiedlung nahe dem Top-Management ist notwendig. Sofern die Ergänzung der Rollen und Funktionen gelingt, kann auf diese Weise zunächst ein Anwendungscenter entstehen, bei weiterem Ausbau ein Volldienstleister, dann sind allerdings weitere BICC-Funktionen nötig (u. a. BI-Entwicklung).

Evolution eines BICC aus einem Fachbereich

Die Evolution aus einem Fachbereich ist ebenfalls ein mögliches Szenario. Die Motivationslage ist hier allerdings eine andere: Es wird festgestellt, dass zahlreiche Anforderungen an BI nur suboptimal bedient werden und die Fachabteilung ständig gefordert ist, IT-nahe Aufgaben in Eigenregie zu bewältigen. Dies erfolgt zwar pragmatisch und effektiv, nicht aber unbedingt effizient und unterstützt daher die BI-Strategie ebenfalls nicht optimal. Überwiegen insbesondere fachliche Ziele in der BI-Strategie, so hat auch dieses Evolutionsszenario Erfolgschancen. Große Herausforderungen bestehen allerdings darin, die notwendigen IT-Funktionen abzubilden, insbesondere auch dann, wenn eine IT-Entwicklungs- oder -Betriebsabteilung vorhanden ist. In Tabelle 39 werden die vorhandenen den notwendigen Funktionen und Rollen für ein solches BICC gegenübergestellt:

	BICC-Funktionen	BICC-Rollen
Vorhanden bzw. leicht abzudecken	*Fachliche Architektur*[228] BI-Support	Repräsentant der Fachseite Datenqualitätsverantwortlicher
Zu ergänzen	BI-Management BI-Architektur	Leiter BICC BI-Architekt BI-Modellierer

Tab. 39: BICC-Funktionen und -Rollen im Rahmen der Weiterentwicklung einer Fachabteilung zum BICC

Auch hier ist eine passende organisatorische Verankerung erforderlich. Je nach Fachabteilung kann dies jedoch unproblematischer sein als in den zuvor geschilderten Fällen. So ist z. B. eine Abteilung „Controlling und Finanzen" mit hohem Bedarf an BI ggf. hinreichend eingeordnet, um abteilungsübergreifende BI-strategische Ziele zu verfolgen und durchzusetzen. Bei Ergänzung um die nötigen Funktionen und Rollen kann sich aus einer Fachabteilung im ersten Schritt ein BICC in Form einer Koordinierungsstelle entwickeln und darauf aufbauend eine interne Beratung anbieten.

Evolution eines BICC aus einer Organisationsabteilung

Ein weiteres Evolutionsszenario besteht darin, dass sich ein BICC aus einer Organisationsabteilung entwickelt, sofern der Fokus der BI-Strategie im Bereich der organisatorischen Ziele und Maßnahmen liegt. In diesem Fall ist die Evolution zum BICC tatsächlich fremdmotiviert: Die Abteilung selbst zieht nur wenig Vorteile aus der Evolution, erfüllt aber durch die

228 Diese Funktion ist in der Regel direkt vorhanden.

BICC-Einführung ihren Auftrag. Die Organisationsabteilung wird kaum IT-Entwicklungs- und -Betriebs-Kompetenz in ein BICC einbringen, stattdessen jedoch Durchsetzungsvermögen und Kenntnis über die Unternehmensgesamtorganisation, was durchaus von Vorteil für ein übergreifend angesiedeltes BICC ist. Die entsprechende Funktionen- und Rollengegenüberstellung ist in Tabelle 40 dargestellt.

	BICC-Funktionen	BICC-Rollen
Vorhanden bzw. leicht abzudecken	*BI-Management*[229]	Repräsentant der Fachseite Leiter BICC
Zu ergänzen	BI-Architektur	BI-Architekt BI-Modellierer Datenqualitätsverantwortlicher

▲ Tab. 40: BICC-Funktionen und -Rollen im Rahmen der Weiterentwicklung einer Organisationsabteilung zum BICC

Anders als bei den bisher angesprochenen Evolutionsszenarien ist die organisatorische Einordnung relativ unproblematisch, sofern die Abteilung Organisation – manchmal auch Organisation und Unternehmensentwicklung – ohnehin als Stabsfunktion auf Vorstandsebene angeordnet ist. Problematischer ist die funktionale Gestaltung des BICC, da sowohl fachliche Funktionen als auch IT-Rollen zunächst aufgebaut werden müssen. Gelingt dies, entsteht zunächst auch hier eine Koordinierungsstelle, die jedoch durch die Organisationsentwicklungskompetenz durchaus zu anderen BICC-Typen ausgebaut werden kann. Die Organisationsabteilung bildet hier also eine gut geeignete Keimzelle, um ein BICC zu etablieren und vor allem auch langfristig weiterzuentwickeln.

5.4   Einführung eines BICC

Wie bereits in Abschnitt 5.3 ausgeführt, verläuft die Einführung eines BICC fließend mit seiner Entwicklung: Die Organisationsgestaltung und die Veränderung der Aufbau- und Ablauforganisation vertiefen zunächst Entwicklungsaspekte, im fortschreitenden Organisationsprojekt werden die entwickelten Elemente jedoch bereits eingeführt. So werden z. B. neue Organisationseinheiten parallel zur existierenden Organisation implementiert, Aufgaben und Verantwortlichkeiten werden schrittweise übertragen, einzelne Prozesse werden geändert. Hinsichtlich der Prozesse werden bestimmte Vorgänge in der Übergangsphase nach altem Muster, andere nach neuem Verfahren gehandhabt. Die Übergangsphase endet erst dann, wenn alle Vorgänge, die nach altem Muster gestartet wurden, abgeschlossen sind oder die existierenden Vorgänge ins neue Verfahren migriert wurden. Es ist offensichtlich, dass gerade diese Übergangsphase mit Verunsicherung bei den betroffenen Mitarbeitern, mit Fehlern, da neue Prozesse noch nicht eingeübt sind, und Mehraufwand durch das Arbeiten in parallelen Welten verbunden ist. Insofern gibt es in der Phase der BICC-Einführung zwei Hauptaufgaben: Change-Management und Kommunikation.[230]

---

[229] Diese Funktion ist in der Regel direkt vorhanden.
[230] Dabei ist Kommunikation durchaus ein Teil des Change-Managements.

5.4.1   Change-Management

Die eigentliche Herausforderung in einem Organisationsprojekt ist nicht die Analyse organisatorischer Defizite oder die Erstellung eines entsprechenden Sollkonzepts, z. B. für Rollen, Stellen oder Prozesse. Durch Fleiß und methodisches Vorgehen lässt sich hier ein konsistentes Modell entwerfen. Die eigentliche Herausforderung besteht in der organisatorischen Umsetzung: In der Realität hat sich gezeigt, dass Organisationen ein ureigenes Beharrungsvermögen besitzen und die betroffenen Personen nur mit Mühe und auf lange Sicht eingeübte Verhaltensweisen ändern. Das Change-Management oder auf Deutsch „Veränderungsmanagement" begegnet genau dieser Herausforderung. Ziel ist es, das konzipierte BICC in der Organisation zum Leben zu erwecken.

Klare und überzeugende Diagnose

Die Analyse der Ist-Situation und die Aufbereitung der Ergebnisse zur Kommunikation sind unabdingbar für den Projekterfolg. Die betroffenen Mitarbeiter wie auch interne Auftraggeber werden im Laufe des Veränderungsprozesses Maßnahmen hinterfragen. Insofern ist es von Vorteil, wenn jede organisatorische Maßnahme auf eine sorgfältige Diagnose zurückgeführt werden kann.[231]

Beachtung sogenannter weicher Faktoren

Organisationsanalyse und -Entwicklung beschäftigen sich traditionell vor allem mit den greifbaren harten Faktoren, also Strukturen, Hierarchien, Prozesse, Führungssysteme. Dabei werden häufig unternehmenskulturelle intra- und interpersonelle Faktoren, wie Motivation, Identifikation mit dem Unternehmen (oder einem Unternehmensteil/-team/-abteilung), Kommunikationsstil und -verhalten, ungeschriebene Gesetze, Subventions- und Sanktionsprinzipien, also die sogenannte informelle Organisation vernachlässigt. Vielfach resultieren gerade hieraus Probleme in der Ist-Situation und Herausforderungen im Transformationsprozess. Insofern sollten die Maßnahmen zur Transformation diesen Faktoren Beachtung schenken. Idealerweise jedoch hat schon die Konzeption der Soll-Organisation diese Facetten berücksichtigt.

Betroffene zu Beteiligten machen

Dieser Grundsatz ist aus mehrfacher Hinsicht vorteilhaft: Zum einen können die Betroffenen durch Sachkenntnis dazu beitragen, im Rahmen der Analyse und Konzeption angemessene Lösungen zu finden. Im Change-Management ist es insbesondere jedoch von Vorteil, dass Beteiligung Motivation schaffen kann: Mitarbeiter identifizieren sich eher mit Lösungen, an deren Erstellung sie beteiligt waren. Im Einzelfall kann Beteiligung auch den schärfsten Kritiker zum aktiven Verfechter einer Organisationsmaßnahme wandeln. Je mehr Betroffene es gibt, desto aufwendiger ist die Beteiligung. Diese sollte in der Projektplanung berücksichtigt werden. Die Einbeziehung der Betroffenen kann z. B. den folgenden Nutzen bringen:

> Mitarbeiter empfinden Mehrwerte für die Arbeit innerhalb des Projekts. Dies wird durch Verständnis der Geschäftsstrategie, durch Schätzung des Wertes des BICC und im Erlernen neuer Kompetenzen ausgedrückt.

> Ein Prozess der Wissensteilung wird dadurch initiiert, dass Mitarbeiter in Wissen und im offenen Umgang damit eine Karrierechance sehen.

> Der Projektfortschritt wird gefördert, weil Projektkritikern, die das Projekt bremsen könnten, ein Weg für konstruktivere Mitwirkung bereitet wird.

---

231 Vgl. auch Abschnitt 5.2.3.

> Das spätere Ausrollen der neuen Organisationsstruktur wird dadurch vereinfacht, dass schon früh viele Personen nicht nur in Kenntnis gesetzt sind, sondern indirekt an der Verbreitung mitwirken.

Tabelle 41 listet beispielhaft Betroffene eines BICC-Projekts und deren Motivation im Projekt sowie Beteiligungsmöglichkeiten auf.

Betroffener	Motivation	Beteiligungsmöglichkeiten
Fachabteilungsleiter, z.B. Leiter Controlling	Einflussmöglichkeiten auf den Werkzeugeinsatz, genauer: die Umsetzung von Fachanforderungen bewahren	Einbindung bei Gestaltung des Anforderungsmanagementprozesses (Funktion BI-Entwicklung)
IT-Einkäufer	Einflussmöglichkeiten auf die Tool-Auswahl hinsichtlich kaufmännischer Vorteile bewahren	Einbindung bei der Gestaltung des Software-Portfolio-Management-Prozesses (Funktion BI-Standardisierung)
Projektleiter für BI-Projekte	Mehr Verantwortung, ggf. mehr Einfluss	Besetzung von Schlüsselrollen im neuen BICC (z. B. als BI-Architekt)
Fachabteilungsmitarbeiter mit hoher BI-Affinität („Excel-König")	Bewahren der bewährten Do-it-yourself-Lösung	Besetzung von Schlüsselrollen im neuen BICC (z. B. als Repräsentant der Fachseite)
Support-Mitarbeiter	Entlastung von unliebsamen fachlichen Support-Aufgaben	Einbindung bei der Gestaltung des technischen und fachlichen Support-Prozesses
Externer Dienstleister	Faire Weiterbeschäftigung (klare Verhältnisse), Entlastung von Moderationsaufgaben zwischen Unternehmensteilen	Mitwirkung bei der Erstellung von SLAs (BICC vs. Unternehmen, Unternehmen+BICC vs. externe Dienstleister)

▲ Tab. 41: Beispiele der Beteiligung Betroffener in einem BICC-Projekt

Auswahl und Einbindung von Schlüsselfiguren

Die Praxis zeigt, dass Prozesse durch Personen getragen werden und nicht durch Konzepte, Modelle und Systeme. Dies gilt insbesondere für Veränderungsprozesse, in denen im Prinzip Personen andere Personen vom Wert und der Sinnhaftigkeit der Veränderung überzeugen müssen. Insofern empfiehlt es sich, Schlüsselfiguren für einen Veränderungsprozess zu identifizieren und einzubinden. Schlüsselfiguren sind potenzielle Verbündete, z.B. Unternehmensmitarbeiter, die mittelbar Nutzen aus einer BICC-Einführung ziehen, aber auch informelle Meinungsführer, ohne deren Überzeugung eine BICC-Einführung zwangsläufig zum Scheitern verurteilt ist. Weitere Schlüsselfiguren können solche Mitarbeiter sein, die kraft ihrer Person (z. B. Aura, Charakter, Vorbildfunktion) in der Lage sind, ein BICC-Projekt zum Erfolg zu führen. Leider sind diese Mitarbeiter in der Regel schon durch andere Aufgaben sehr stark belastet.[232]

---

[232] Das weiterentwickelte Promotorenkonzept von Witte typisiert die Schlüsselfiguren in Innovationsprozessen: Machtpromotor, Fachpromotor, Prozesspromotor, Beziehungspromotor. Jeder dieser Typen kann wie geschildert als Schlüsselfigur bei der BICC-Einführung wirken. Vgl. Hauschildt/Gemünden 1999, S. 43.

Zur Integration von Schlüsselfiguren und der Gewinnung ihrer Unterstützung kann in einer kleinen Gruppe angefangen werden, welche die Änderungen bzw. die Einführung des BICC unterstützt. Sie zeigt zudem den allmählich spürbaren Mehrwert auf und integriert andere von der Änderung Betroffene stufenweise. Schließlich fördert sie deren Motivation zur Unterstützung, um somit die Etablierung im Unternehmen voranzutreiben.

Im nächsten Schritt muss Überzeugungsarbeit geleistet werden, um die Unterstützung der Mitarbeiter zu gewinnen. Sie können meist über ihre Firmenloyalität, ihr Pflichtgefühl oder den Glauben an den Mehrwert des Projekts gewonnen werden. Weitere Anreize können Karrieresprünge, neue Rollen und Verantwortlichkeiten oder der Erwerb neuer Kompetenzen sein.

Aktiver Umgang mit Widerstand und Konfliktsituationen

Wie bei jedem Projekt gibt es bei der Organisation eines BICC auch Kritiker. Nicht immer lassen sich Widerstände gegenüber organisatorischen Anpassungen oder Konflikte zwischen betroffenen Parteien durch logische und sachliche Begründungen bewältigen, insbesondere wenn auch weiche Faktoren ausschlaggebend sind. Ein typisches Szenario im BICC-Umfeld ist die Frontenbildung zwischen IT- und Fachbereich. Fatal wäre es jedoch, den Konflikt durch Anordnung von oben beizulegen, da dieser auch weiterhin schwelen und das BICC-Projekt belasten wird. Ebenso fatal ist es, den Konflikt zu ignorieren. Ein aktiver Umgang damit ist also erforderlich. Dabei können beispielsweise die Konfliktführer zusammengebracht und mit Hilfe eines neutralen Mediators ein Kompromiss erarbeitet werden. In der Praxis ist dabei nicht immer anzuraten, dass Mitglieder des BICC-Organisationsprojekts diese Schlichtung herbeiführen.

5.4.2   Kommunikation

Die Kommunikation ist eigentlich Bestandteil des Change-Managements. Im Rahmen eines BICC-Organisationsprojekts, das vermutlich sehr viele Personen und deren Arbeit im Unternehmen beeinflussen wird, kommt der Kommunikation allerdings besondere Bedeutung zu. Die Kommunikation muss die folgenden Anforderungen erfüllen:

> **Transparenz und Verständnis:** Wie bereits in Abschnitt 5.2.3 dargestellt, ist es erforderlich, dass über die Kommunikation nicht nur Entscheidungen übermittelt werden, sondern auch erläutert wird, wie Entscheidungen begründet sind und wo die Hintergründe und Zusammenhänge liegen. Verständnis trägt bei vielen Mitarbeitern dazu bei, auch unliebsame organisatorische Änderungen zu akzeptieren.

> **Verstehen:** Ein gängiges Problem in der Kommunikation besteht darin, dass die übermittelten Inhalte nicht verstanden werden. Zu oft wird die Kommunikation als Einbahnstraße missverstanden. Wird die Information dann auch noch in einer Sprache mitgeteilt, die vom Empfänger mangels Kontext- oder Fachwissen nicht verstanden oder akzeptiert wird, leidet die Kommunikation darunter. Daraus ergibt sich zum einen, dass Kommunikation sich am Empfänger orientieren muss, zum anderen, dass Kommunikation auch einen Rückkanal bieten muss. Dabei sind beispielsweise Foren gegenüber der klassischen Dienstanweisung im Umlauf oder „Freitags-E-Mail" von Vorteil. Hier können die Adressaten über entsprechende Rückkanäle Verständnisfragen stellen oder wertvolles Feedback geben.

> **Sach- und zeitgerecht:** Der aktuelle Unternehmensalltag ist eher durch eine Informationsflut bestimmt und nicht durch zu wenig Informationen. Dennoch lassen sich wichtige Informationen manchmal eher informell erfahren. Ursache ist häufig eine nicht sach- und zeitgerechte Kommunikation. Insofern müssen die relevanten Veränderungen im BICC-Organisationsprojekt rechtzeitig, inhaltlich ausführlich und ggf. mit Verweis auf Sekundärinformationen, z. B. Hinweisen zu vertiefender Dokumentation, Projektplänen, Methoden bis hin zu Kollateral- und Hintergrundinformationen, an die richtige Zielgruppe kommuniziert werden, bevor Gerüchte entstehen. Das bedeutet auch, dass für unterschiedliche Zielgruppen unterschiedliche Kommunikationsstrategien eingeschlagen werden müssen.

Der Kanon möglicher indirekter Kommunikationsmittel ist vielfältig. Neben traditionellen Verfahren wie Hauspost und Aushang haben sich heute die IT-gestützten Verfahren E-Mail, Newsletter, Foren, Web-Portale, Instant Messaging, Video-Konferenzsysteme oder Web-Casts etabliert. Die geeigneten Verfahren müssen anhand der jeweiligen Anforderungen ausgewählt werden. In der Praxis hat sich gezeigt, dass E-Mail nicht immer die beste Wahl ist. Unabhängig von den gewählten Medien ist vor- und nachbereitete direkte persönliche Kommunikation in vielen Fällen die beste Wahl.

Zusammenfassung

Die wesentlichen Aspekte des Managements der organisatorischen Veränderung werden in Abbildung 74 zusammengefasst.

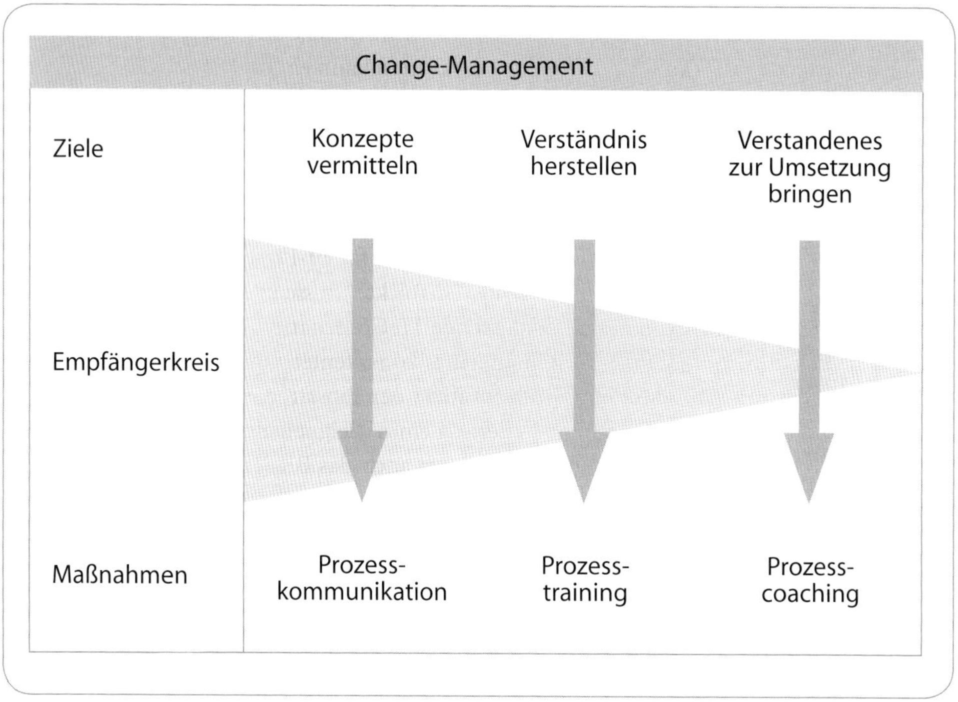

Abb. 74: Change-Management

> Durch Prozesskommunikation wird die erdachte, d. h. analysierte bzw. konzipierte, Aufbau- und Ablauforganisation für ein BICC gegenüber einer breiten Zielgruppe kommuniziert. Dies erfolgt mittels indirekter Kommunikation.

> Um sicherzustellen, dass die neuen Prozesse der Zielorganisation auch verstanden werden, werden die Prozesse trainiert. Die Adressatengruppe dieses Schritts ist vergleichsweise kleiner: Nur die direkt betroffenen Mitarbeiter nehmen an den Trainingsmaßnahmen teil. Somit sind die Trainingsmaßnahmen eine Form der direkten Kommunikation.

> Damit die geschulten Prozesse auch in der Praxis gelebt werden, wird vereinzelt bei Mitarbeitern ein Coaching durchgeführt. Dies erfolgt mittels direkter wechselseitiger Kommunikation.

5.5   BICC und IT-Governance

Die bisherigen Ausführungen haben die BI-Strategie und das BICC in den Fokus der Betrachtung gestellt. Gerade bei der Planung und Einführung eines BICC sind jedoch existierende IT-Governance-Strukturen bzw. Vorhaben zur Implementierung einer IT-Governance (ITG) zu beachten. Die Planung und Einführung des BICC kann nicht losgelöst davon erfolgen, sondern ist dann ein Teil der ITG-Einführung, die entstehende BI-Organisation ist somit ein Teil der entstehenden IT-Governance-Strukturen. Dennoch ist es durchaus auch möglich, die BI-Strategie zu definieren und deren Umsetzung u. a. durch eine passende BI-Organisation anzugehen, ohne zuvor eine umfassende ITG zu planen. Gerade die BI als fach- und technologieübergreifende Aufgabenstellung im Unternehmen ist sogar ein guter Einstiegspunkt, um eine umfassende ITG-Initiative zu beginnen. Insofern kann ein BICC auch der Einstiegspunkt sein: Das Erreichen einer umfassenden ITG und der Aufbau entsprechender Strukturen sind dann langfristige (unternehmensstrategische) Ziele, an die BI-Strategie und BICC geknüpft werden.

Eine Facette des ITG-Ansatzes ist ein effektives, unternehmensweites Projekt- bzw. Produktportfoliomanagement. Dieses ist dann ebenfalls nicht nur für BI-Projekte und -Organisation relevant, sondern auch alle weiteren Fach- und IT-Projekte müssen in das Portfoliomanagement einbezogen werden. Sofern eine umfassende IT-Governance dazu existiert, hat dies unmittelbar Auswirkungen auf die Verfolgung eines konsistenten strategischen Ansatzes im BI-Umfeld. Der zentrale Erfolgsfaktor ist dabei nicht der Einsatz modernster Technik oder Methoden, sondern ebenfalls die Implementierung eines geeigneten organisatorischen Rahmens. Dieser organisatorische Rahmen, an dem sich auch das BICC orientieren muss, darf jedoch nicht nur den Fokus der BI-Vorhaben im Auge haben, sondern muss sich einer ganzheitlichen IT-Sicht im Rahmen einer IT-Governance unterwerfen.

Der folgende Abschnitt gibt eine kurze Einführung in die IT-Governance, gefolgt von zwei methodischen Ansätzen, die die Verbindung von BI-Strategie, BICC und IT-Governance ermöglichen. Einige Beispiele runden diesen Exkurs zu ITG ab.

5.5.1 Einführung in die IT-Governance

Definition

Das IT Governance Institute definiert ITG so: „**IT-Governance** besteht aus Führung, Organisationsstrukturen und Prozessen, die sicherstellen, dass die IT die Unternehmensstrategie und -ziele unterstützt. Sie liegt in der Verantwortung des Vorstands und des Managements und ist somit ein wesentlicher Bestandteil der Unternehmensführung."[233]

Die Verantwortung zur Einführung einer IT-Governance liegt bei der Unternehmensführung, die darauf achten muss, dass alle Ebenen und Bereiche des Unternehmens die gleichen Zielsetzungen verfolgen und damit auch die gleiche Richtung einschlagen. Aus der engen Verbindung zwischen der IT und den Abnehmern ihrer Dienstleistungen folgt, dass nicht nur die IT-Mitarbeiter von den Veränderungen betroffen sind, vielmehr müssen IT- und Fachabteilungen Hand in Hand zusammenarbeiten.

Auslöser von IT-Governance

In fast allen Unternehmen hat die IT maßgeblichen Einfluss auf den Unternehmenserfolg. Je nach Zeitgeist, Blickwinkel, Geschäftsmodell und Unternehmenskultur wird der Wertbeitrag jedoch unterschiedlich eingeschätzt: Die IT wird bei der Einbindung in die strategische Ausrichtung des Unternehmens oft stiefmütterlich als reiner Lieferant und damit als rein ausführende Instanz behandelt, in anderen Fällen ist die IT wesentlicher Treiber des Geschäftsmodells und damit erfolgskritisch. Mehrere Trends zeigen auf, dass die IT tatsächlich eher als erfolgskritisch anzusehen ist:

> Zum einen sensibilisieren das Enterprise Architecture Management (EAM) sowie die Umsetzung von Geschäftsprozessen (BPM) durch die Einführung serviceorientierter Architekturen (SOA) für einen ganzheitlichen Blick auf das Unternehmen und damit auch für einen Blick in die IT, deren Infrastruktur und Prozesse.[234]

> Auf der anderen Seite führen Bestrebungen im Umfeld der Corporate Governance sowie die Umsetzung von gesetzlichen Anforderungen (z. B. Basel II,[235] SOX[236]) zu der Forderung, dass IT-Bereiche möglichst transparent und nachvollziehbar arbeiten sollen.

> Schließlich erfordert das Enterprise Performance Management (EPM),[237] also die regelkreisartige Planung und Steuerung des Unternehmenserfolgs auf strategischer und operativer Ebene, eine umfassende Sicht auf die IT- und die Geschäftsprozesse. IT macht den ganzheitlichen Managementansatz erst möglich[238] und erlaubt dabei sogar neuartige netzwerkorientierte Kooperationsformen und Geschäftsmodelle.

Unabhängig von den Zielsetzungen führen beide Strömungen dazu, dass Strategien und Prozesse der IT auf allen Ebenen zunehmend mit den übrigen Unternehmensbereichen koordiniert und nach außen kommuniziert werden müssen. Um diese Arbeit auch bei immer schneller wechselnden Anforderungen leisten zu können, wird innerhalb der IT ein Reglement benötigt, nach dem die IT sowohl ihre Struktur als auch ihre Prozesse ausrichtet.

---

[233] Vgl. Guldentops u. a. 2003, S. 11.
[234] Vgl. Stähler u. a. 2009.
[235] Eigenkapitalvorschriften des Basler Ausschusses für Bankenaufsicht, manifestiert in EU-Richtlinien und durch entsprechende Gesetze (u. a. Kreditwesengesetz) in Deutschland umgesetzt.
[236] SOX, Sarbanes-Oxley Act of 2002, ein US-Bundesgesetz, das als Reaktion auf diverse Bilanzskandale die Verlässlichkeit der Berichterstattung von Unternehmen verbessern soll, die am öffentlichen Kapitalmarkt der USA aktiv sind.
[237] Siehe dazu CPM-Verständnis in Abschnitt 1.2.3.
[238] In Buytendijk 2009a wird Enterprise Performance Management insbesondere im Hinblick auf erfolgreiche Unternehmensführung diskutiert.

Aufgabe dieses Reglements ist es, sicherzustellen, dass die Bereiche nicht nur effizient arbeiten, sondern auch effektiv und transparent die Unternehmensstrategie und -ziele verfolgen und dabei vorhandene regulatorische Vorgaben erfüllen. Darüber hinaus können aufgrund der steigenden Transparenz Risiken besser bewertet und idealerweise verringert werden. Insofern sind die Ziele einer umfassenden IT-Governance in Teilen deckungsgleich mit den Zielen einer BI-Strategie.

Ansatzpunkte für die BICC-Einbettung

Die fachlichen oder technischen Ansatzpunkte zur Einbindung einer BI-Strategie und eines BICC in eine IT-Governance unterscheiden sich nicht oder nur unerheblich von der allgemeinen Motivation einer BI-Strategie, d. h. alle Motive, die für eine BI-Strategie und die passende BI-Organisation sprechen (vgl. dazu Abschnitt 1.1), motivieren auch die Einbettung in die ITG, beispielsweise fehlendes Vertrauen der Endanwender in Daten, Akzeptanzprobleme, Konsolidierungsbedarf, fehlender Abgleich zwischen Fachprozessen und IT-Lösungen etc. Sofern also ein ITG-Ansatz im Unternehmen besteht, lässt sich eine BICC-Begründung dahingehend erweitern, dass auch zusätzlich ein ITG-Ansatz begründet wird, und die strategische Begründung für ITG ist in den Teilbereichen, die sich auf BI beziehen, auch als Begründung der BI-Strategie und für das BICC anwendbar.

In Randbereichen von BI finden sich weitere Ansatzpunkte, die die Einbettung in die ITG besonders sinnvoll erscheinen lassen. Damit wird begründet, warum eine BI-Strategie/ein BICC bei bestehender ITG-Initiative an dieser auszurichten und in diese einzuordnen sind:

Der **Abgleich operativer und dispositiver Prozesse und Lösungen** ist nur dann sinnvoll möglich, wenn mittels einer gemeinsamen organisatorischen Lösung und im Rahmen einer gemeinsamen Strategie sowohl die Fachlichkeit verstanden und dokumentiert wird als auch Lösungen, letztlich IT-Systeme, erstellt werden. So ist es z. B. für das Datenqualitätsmanagement essenziell erforderlich, dass Geschäftsobjekte in einem ERP-System semantisch genauso gefasst sind wie in dispositiven Systemen, denn ein unterschiedliches Verständnis eines Datums im operativen Quellsystem führt unter Umständen in der Aggregation in der dispositiven Systemwelt zu erheblichen Datenqualitätsproblemen. Erst durch ITG wird eine gemeinsame Sicht innerhalb der operativen und dispositiven Systemlandschaft und deren Prozessen und insofern der Abgleich möglich, das folgende Beispiel verdeutlicht dies.

Architektur-Board bei der Innovations-GmbH

In der Innovations-GmbH, einem Produktionsbetrieb von Konsumgütern, hat das Produktmarketing eine starke Position und die Produktpolitik ist bislang ein wesentlicher Erfolgsfaktor gewesen. Die Firma ist innovativ, verändert ständig die Produkte und bietet Varianten für Marktnischen an. Das Marketing nutzt die Möglichkeiten von BI intensiv.

Die wesentlichen Schwachstellen und Herausforderungen

Verbunden mit der intensiven Nutzung gibt es permanent Performance- und Stabilitätsprobleme mit den wesentlichen IT-Systemen. Dies führt zu einer steigenden Unruhe und Unzufriedenheit der Anwender.

▶

Organisatorische Ist-Situation

Die Entwicklung der operativen und dispositiven Komponenten liegt in getrennten Teams. Es findet ein je Bereich angemessenes Projektportfoliomanagement statt. Jede Einheit entwickelt und testet die Lösungen unabhängig und übergibt diese an den Betrieb.

Die Analyse der Situation ergibt einen recht augenscheinlichen Befund: Die operativen und dispositiven Systeme teilen sich gemeinsame Ressourcen. Es werden zwar punktuelle Tuning-Maßnahmen unternommen, die mal die operativen Komponenten und mal die BI-Systeme bevorzugen, bei wechselseitiger negativer Beeinflussung. Ferner liegt es in der Natur der eingesetzten BI-Lösungen, dass diese häufigen Release-Wechseln unterzogen werden. Dies führt stets zu Unruhe beim Betrieb.

Lösung

Als erste technische Maßnahme werden die Systeme auf unterschiedlichen Systemen bzw. Partitionen installiert, die ohne Auswirkungen auf das jeweils andere System betrieben werden können. Dies zieht organisatorische Anpassungen im Betrieb nach sich, da der Betrieb der Plattformen nicht nur technisch getrennt wird, sondern auch ein stetiger Abgleich der gegenseitigen (negativen) Beeinflussung im Rahmen der Systemadministration eingeführt wird (Verantwortung, Aufgabenvergabe, Berichtswesen). Gleichzeitig wird die Bildung eines „Architektur-Boards" im Sinne eines umfassenden IT-Governance-Ansatzes angeregt. Dieses wird aus Architekten beider Entwicklungsteams und den wesentlichen Fachbereichen gebildet. Diese Vorgehensweise bewährt sich recht schnell, da die operativen Komponenten zukünftig durch BI-Komponenten erweitert werden, die wiederum Kennzahlen zur Steuerung der operativen Prozesse liefern. Somit ist der Abstimmungsprozess unabdingbar.

Der **Abgleich des technologischen Portfolios** erfordert ebenfalls einen übergreifenden Ansatz: Durch die Konvergenz von IT-Systemen für operative und dispositive Lösungen ist es nicht mehr trennscharf möglich, losgelöste architektonische und technologische Entscheidungen zu fällen. Paradigmen wie SOA, aber auch die enge Verzahnung z. B. im Bereich des Business Activity Monitoring (BAM), der Near-Realtime-Verarbeitung oder bei Closed-Loop-Verfahren erfordern ein übergreifendes (Technologie-)Portfoliomanagement. Das folgende Praxisbeispiel verdeutlicht u. a. auch diese Aspekte.

Portfoliomanagement bei der Mittelstands-GmbH

Die Mittelstands-GmbH, ein Handelshaus, hat eine Erfolgskrise: Durch die wachsende Nachfrage und den Erfolg der Produkte auch im europäischen Ausland hat die IT große Probleme, rechtzeitig valide Kennzahlen für die Sortimentsplanung und das Finanz-Controlling zu liefern und gleichzeitig die Warenwirtschaftssysteme an die gesetzlichen Bedingungen im Ausland anzupassen.

Die wesentlichen Schwachstellen und Herausforderungen

> Lieferung valider Kennzahlen

> Anpassung der Warenwirtschaftssysteme

> Flexibilität der BI-Systeme

▶

Organisatorische Ist-Situation

Die Entwicklung der Warenwirtschaft und der dispositiven Systeme liegt in der Hand von zwei getrennten Organisationseinheiten mit jeweils eigenem Personal. Es ist keine übergreifende Institution für das Demand-Management vorhanden. Jede Einheit akquiriert ihre Projektaufträge und steuert die Nachfrage selbsttätig. Die IT-Mitarbeiter schaffen es nur durch massive Mehrarbeit, die Anforderungen umzusetzen. Der Kollaps durch die Expansion ist absehbar. Hinzu kommt die Nutzung unterschiedlicher BI- und Reporting-Werkzeuge, sodass ein „Austausch" von Ressourcen bei der Wartung schwierig ist.

Organisatorische Lösung

Es wird ein schlanker Prozess für ein ganzheitliches IT-Projektportfoliomanagement eingerichtet. Als Lenkungsausschuss sind die Budget-Owner aus den Fachbereichen, der IT-Leiter und das Topmanagement bei Eskalationen beteiligt. Dieser aus dem IT-Governance-Ansatz abgeleitete Prozess verbessert die Planung und Steuerung entscheidend. Ferner wird ein BICC implementiert, um das Produktportfolio der BI-Lösungen zu reduzieren, die BI-Vorhaben zu sichten und zu steuern, ein einheitliches Risiko- und Projektmanagement zu implementieren und als Berater für den Lenkungsausschuss bei BI-Themen zu fungieren.

Die Harmonisierung der eingesetzten BI-Werkzeuge führt zügig zu einer deutlichen Effizienzsteigerung. Das Portfoliomanagement mit Beteiligung der Fachbereiche vereinfacht die Projektaufträge, da die Anzahl der Berichte reduziert wird, und führt somit zu mehr Ressourcen, die für neue und effektive Themen freigesetzt werden.

5.5.2   ITG für die BI-Strategie und das BICC mittels COBIT

Im Laufe der letzten Jahre hat sich mit dem COBIT Framework (Control Objectives for Information and Related Technologies) ein Best-Practice-Ansatz für die Umsetzung einer IT-Governance etabliert.

Das COBIT-Framework ist ein Managementrahmenwerk, das den kompletten IT-Investitions-Lebenszyklus anspricht. Das Rahmenwerk unterstützt die Erfüllung von Geschäftszielen durch IT, gewährleistet die Ausrichtung von Business und IT und verbessert IT-Effizienz und -Effektivität. COBIT 4.1 basiert auf den praktischen Hinweisen von Managern weltweit, die das Rahmenwerk dazu verwenden, die IT-Governance in ihren Unternehmen zu verbessern, hat sich also in der Praxis bewährt und wurde validiert.[239]

COBIT gliedert sich in die vier Hauptdomänen Planung und Organisation, Beschaffung und Implementierung, Auslieferung und Support, Überwachung und Steuerung mit zahlreichen Unterprozessen.[240] Die entsprechenden Blaupausen müssen zum einen pro Unternehmen adaptiert werden, zudem ist es erforderlich, eine Spezialisierung für BI vorzunehmen. Das Rahmenwerk kann zum Beispiel dafür herangezogen werden, um die Abläufe in der BI-Organisation, also die betroffenen Fach- und IT-Prozesse, abzubilden. Dabei erweist es sich als Vorteil, dass diese Prozesse bereits im Sinne eines Best-Practice-Ansatzes vielfach erprobt sind und ein genereller Rahmen existiert, sodass nicht alle Prozesse der BI-Organisation von Grund auf neu entworfen werden müssen.[241]

---

[239] Vgl. IT Governance Institute 2007, S. 5.
[240] Vgl. IT Governance Institute 2007, S. 12 ff.
[241] Ein ähnlicher Ansatz wird in Kapitel 6 vorgestellt, dort wird das verbreitete ITIL-Framework zur Adaption für die BI-Organisation herangezogen.

Spezialisierung der IT-Governance für das BICC

Aus der Sicht des BICC ist die Spezialisierung und Implementierung spezifischer organisatorischer Strukturen, Prozesse sowie Change-Management-Initiativen im Rahmen der bestehenden IT-Governance-Vorhaben notwendig. Diese Spezialisierung soll den besonderen Interessen und Gegebenheiten von Projekten im BI-Umfeld Rechnung tragen. Es gilt folgende **Grundregel:** Das BICC sollte in die bestehenden IT-Governance-Strukturen eingebettet werden. Hierbei sind die spezifischen Belange des BICC zu berücksichtigen. Dies führt zu einer Spezialisierung der IT-Governance für die Problemstellungen des BICC.

Zur erfolgreichen Durchführung von IT-Vorhaben müssen sich BI-Vorhaben an den Unternehmenszielen ausrichten (Alignment). Dies führt zu einer Priorisierung der BI-Vorhaben gegenüber den internen Wettbewerbern. Die Lösung liegt in einem klaren, meist bereichsübergreifenden Abstimmungsprozess zur Festlegung eines optimalen Projektportfolios. Dies ist eine Kernaufgabe des Portfoliomanagements im Rahmen der IT-Governance.

5.5.3 Enterprise Architecture als Basis für das BICC

Ein weiterer methodischer Ansatz zur Unterstützung einer umfassenden IT-Governance ist das Enterprise Architecture Management (EAM).

Eine Enterprise Architecture (EA) ist durch die Beschreibung von IT-Strukturen, Standards und Schnittstellen als Rahmenwerk für Innovationen eines Unternehmens gekennzeichnet. Sie ermöglicht auf diese Weise den effizienten Einsatz neuer Informationstechnologie und dient der direkten Unterstützung der Geschäftsziele des Unternehmens, da sie als Bindeglied zwischen einer Geschäfts- und IT-Strategie und den einzelnen IT-Initiativen fungiert. Enterprise Architecture und entsprechende Frameworks bieten daher einen Baukasten, der im Rahmen einer ITG vielfältig herangezogen werden kann, z.B. zur Modellbildung im Unternehmen.

Der konzeptionelle Grundstein für Enterprise Architecture wurde vor einigen Jahren u.a. von John Zachman gelegt. In seinen Arbeiten beschreibt dieser die Relevanz der ganzheitlichen Betrachtung auf Unternehmensebene, allerdings aus unterschiedlichen Sichten. Das so entstandene sog. „Zachman Framework" war eines der ersten bekannten EA-Frameworks.[242] Ein stärker auf die Prozesse der Enterprise Architecture eingehender Ansatz ist beim „The Open Group Architecture Framework" (TOGAF)[243] zu finden.

Der Zweck einer Enterprise Architecture ist es, zu bestimmen, wie eine Organisation am effektivsten ihre aktuellen und zukünftigen Ziele erreichen kann. In der Regel wird sie durch die vier Bausteine Geschäfts-, Anwendungs-, Daten- und Technologiearchitektur beschrieben. So wird die EA zu einer umfassenden fachlichen Überblicksbeschreibung einer Organisation und bildet die Basis der informationstechnologischen Umsetzung der Organisation.

Stähler u. a.[244] greifen diese Gliederung auf und schildern die Sichten oder Domänen der EA, wie in Tabelle 42 zusammengefasst:

---

[242] Vgl. Zachman 2009.
[243] Vgl. Open Group 2009.
[244] Vgl. Stähler u. a. 2009.

Geschäftsarchitektur	Beschreibt die abstrakte Sicht auf die fachlichen betriebswirtschaftlichen Aktivitäten und Beziehungen.
Datenarchitektur	Beschreibt die im Rahmen der Geschäftstätigkeit anfallenden und daran beteiligten Geschäftsobjekte, Informationen und Daten.
Anwendungs-architektur	Zeigt auf, welche informationstechnische Unterstützung in Form von Anwendungen und Lösungen erforderlich ist, um die betriebswirt-schaftlichen Ziele zu erreichen.
Infrastrukturarchitektur	Beschreibt die erforderliche IT-Infrastruktur zum Betrieb der Anwen-dungsarchitektur, somit die IT-Basis einer Organisation.

⚠ Tab. 42: Domänen der Enterprise Architecture[245]

Diese Bereiche geben den Rahmen für viele Umsetzungsmöglichkeiten in der Praxis und auch für die Diskussionen der weiteren IT-Entwicklung eines Unternehmens vor.

Der Nutzen einer Enterprise Architecture entsteht durch die Verknüpfung des Wissens aus verschiedenen Unternehmensbereichen und deren unterschiedliche Sichtweisen. Typischer-weise werden Informationen über Geschäftsprozesse, Organisationsstrukturen, Anwendungs-landschaften und Infrastruktur in einer Enterprise Architecture verbunden. Damit können Redundanzen und Verbesserungspotenziale aufgedeckt und die Zusammenarbeit zwischen Business und IT gefördert werden. Das folgende Praxisbeispiel am Ende dieses Abschnitts verdeutlicht dies. Ebenso kann eine Enterprise Architecture genutzt werden, um Transparenz über die eigene IT-Landschaft herzustellen, diese schlanker und flexibler zu gestalten und deren Wertbeitrag zum Unternehmenserfolg zu erhöhen.

Analog zu COBIT (und ITIL, wie in Kapitel 6 beschrieben) ist auch beim Vorgehen im Rah-men der spezifischen Ausgestaltung der Enterprise Architecture für BI-Vorhaben eine Spe-zialisierung erforderlich. Ansätze dafür werden anhand der oben genannten vier Bereiche in Tabelle 43 skizziert:

EA-Domäne	Spezialisierung und Zusammenhang mit BI
Geschäftsarchitektur Beschreibung der Unternehmensziele, der Wertschöpfungsketten, der Orga-nisationsstruktur mit den entscheiden-den Rollen und der externen Partner. Die Geschäftsarchitektur stellt dar, was ein Unternehmen „produziert" und wie es die Kunden zufriedenstellt.	Beschreibung der Prozesse, die Informationen aus BI-Systemen benötigen. Hier entsteht die Verbindung zu den unterstützenden IT-Systemen. Über die Definition der Geschäftsprozesse Verbindung zur Datenarchitek-tur, in der die Beschreibung der Geschäftsobjekte und der Kennzahlen erfolgt.
Datenarchitektur Beschreibung der Geschäftsobjekte (Fachobjekte) und deren Regeln, Verfei-nerung der Regeln bezüglich der fach-lichen Darstellung für die IT-Systeme. Verbindung zur IT-Infrastruktur.	Beispielsweise Definition der Kennzahlen und deren Herleitung. Darstellung der benötigten Informationen und Regeln für die Datenintegration und -versorgung mittels ETL-Werkzeugen. ▶

---

245 In Anlehnung an Stähler u. a. 2009.

Anwendungsarchitektur	
Beschreibung der notwendigen IT-Lösungen (IT-Komponenten) und deren Zusammenspiel. Verbindung mit der IT-Infrastruktur.	IT-Komponenten: beispielsweise Berichte, Ad-hoc-Abfragesysteme, ETL-Werkzeuge oder Werkzeuge zur Datenqualitätssicherung.
Infrastrukturarchitektur	
Zusammenhängende Darstellung der physikalischen Infrastruktur inkl. der Netzwerke, Räumlichkeiten und Betriebssysteme.	Beispielsweise Bereitstellung großvolumiger Speichersysteme für ein DWH oder spezieller In-Memory-Komponenten für abfrage- und analyseorientierte Systeme.

▲ Tab. 43: Domänen der Enterprise Architecture in spezialisierter Ausprägung für BI

Auf der einen Seite kann das Enterprise-Architecture-Management die Grundlage für ein erfolgreiches BICC darstellen und die notwendige Datenbasis für die Verfolgung eines ganzheitlichen Ansatzes schaffen, denn EAM bietet zahlreiche Werkzeuge, die die Arbeit der unterschiedlichen BICC-Funktionen erleichtert. Insbesondere trifft dies auf die Teilfunktionen Fachliche und Technische Architektur zu.

Auf der anderen Seite ist die Implementierung eines BICC für die Verfolgung eines Enterprise-Architecture-Ansatzes notwendig, da stets abteilungsübergreifende Abstimmungen nötig sind, also ein geeigneter organisatorischer Rahmen benötigt wird, den erst ein BICC bietet.

Konzernweite Konsolidierung und Harmonisierung des Berichtswesens

Gegenstand dieses Projekts ist die umfangreiche Konsolidierung und Harmonisierung des Enterprise-Reporting in einem DAX-30-Unternehmen. Der Konzern ist ein weltweit tätiges Unternehmen mit einem breiten Angebot. Die Organisation ist sehr stark arbeitsteilig ausgerichtet, es gibt eigene Sparten für unterschiedliche disjunkte Produktlinien und die IT ist als eigene Gesellschaft ausgegliedert. Das momentane Berichtswesen ist an seine Grenzen gestoßen. Die Berichte liefern teilweise unterschiedliche Kennzahlen und die Einbindung neuer Kennzahlen ist sehr aufwendig.

Die wesentlichen Schwachstellen und Herausforderungen

> Änderungen sind extrem aufwendig

> Datenqualität wird schlechter und Vertrauen sinkt

> Fachliche Harmonisierung der Kennzahlen ist dringend nötig

Organisatorische Ist-Situation

Durch die starke Expansion in der Vergangenheit wurde das Berichtswesen schnellstmöglich, aber individuell unterschiedlich implementiert. Dieses Vorgehen stößt nun an seine Grenzen. Erschwerend kommt hinzu, dass eine Vielzahl von Merger&Acquisition-Projekten ansteht und sich binnen kurzer Zeit das Geschäftsmodell des Konzerns in Teilen grundlegend verändern wird.

▶

Lösung

Im Rahmen einer Beratung werden die Schwachstellen identifiziert und mögliche Lösungs-szenarien bewertet. In einer Methodendiskussion zum Projektbeginn ergibt sich, dass eine ent-scheidende Grundlage für den Projekterfolg die Steigerung der Transparenz der benötigten Informationen ist. Es wird ein übergreifendes Architekturteam definiert. Die erste Aufgabe dieses Teams liegt in der Bestandsaufnahme der im Einsatz befindlichen BI-Lösungen. Als Me-thode wird ein auf die Belange des BI zugeschnittenes Enterprise-Architecture-Management genutzt.

Abbildung 75 zeigt das Metadatenmodell aus diesem Enterprise-Architecture-Management-Projekt, das speziell für BI-Belange verfeinert wurde. Die Implementierung erfolgt mittels eines Analyse- und Modellierungswerkzeugs für Geschäftsprozesse und Unternehmensarchitek-turen:

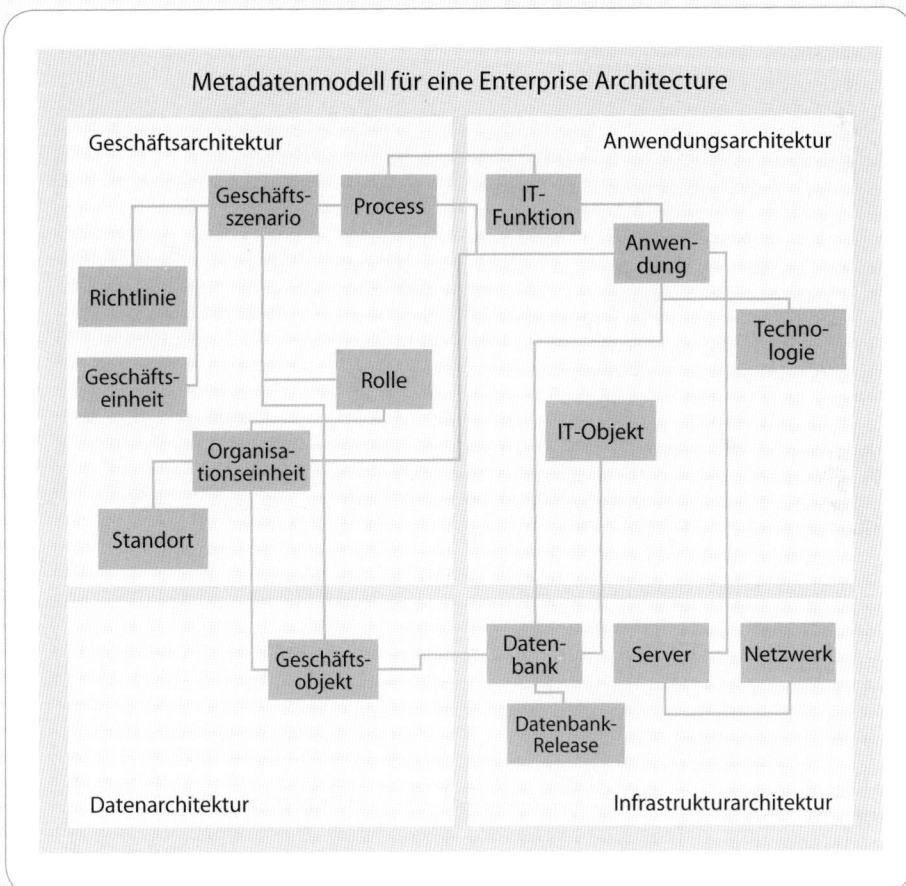

△ Abb. 75: Metamodell der Enterprise Architecture

Anschließend wird ein temporäres BICC definiert, mit der Aufgabe, Projektvorschläge zur Harmonisierung und Konsolidierung zu entwickeln. Abbildung 76 erläutert die spezifischen Ausprägungen der Enterprise Architecture für BI. Somit finden auch die relevanten Frage-stellungen eines BICC im Rahmen des Projekts Berücksichtigung. Durch die Nutzung eines

▶

Enterprise-Architecture-Ansatzes lassen sich diese Metadaten mit der Geschäftsarchitektur (Semantik, Fachglossare und Prozesse) und der „echten" Infrastruktur (System-Software, Hardware etc.) verbinden. Daraus ergibt sich ein ganzheitliches Bild der BI-Landschaft und ihrer Schnittstellen zu anderen Systemen. Auf dieser Basis werden Verbesserungsvorschläge diskutiert und budgetiert.

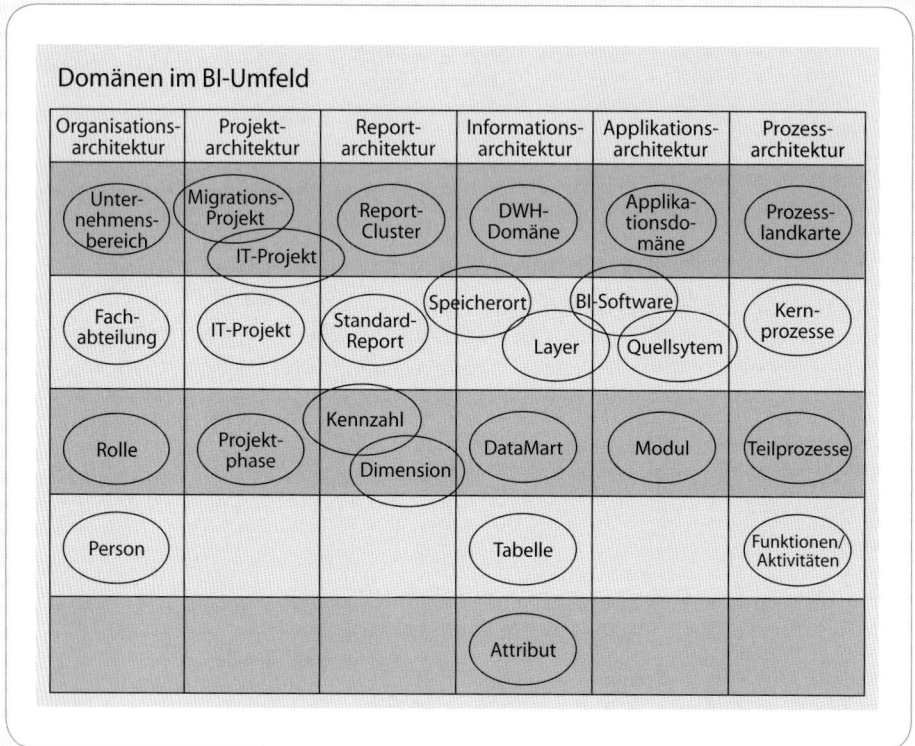

Abb. 76: Domänenlevelmatrix

Der Erfolg wird in diesem speziellen Projekt nur an der quantitativen Größe „Betriebskosten" gemessen, obwohl die wesentliche Verbesserung in der gestiegenen Qualität der Ergebnisse und dem gestiegenen Vertrauen in das Enterprise-Reporting liegt.

6 Definition und Einführung von BI-Prozessen

In den letzten beiden Kapiteln, die sich mit einem Modell für die Funktionen und Rollen eines BICC und dessen Adaption zur konkreten Durchführung des Einführungsprojekts befassten, wurde verschiedentlich die Ablauforganisation bewusst ausgeklammert, wobei im letzten Abschnitt von Kapitel 5 allerdings schon deutlich wurde, dass dafür bereits unterschiedliche Modelle und Rahmenwerke existieren, die in angepasster Form genutzt werden können, um so auch die Prozesse für BI-Projekte und Organisation im Unternehmen abzubilden. Anders ausgedrückt: Es ist nicht sinnvoll, das „Rad neu zu erfinden", vielmehr können übliche prozessorientierte Rahmenwerke genutzt werden. Dieses Vorgehen hat mehrere Vorteile:

> Das Rahmenwerk ist unter Umständen bereits im Unternehmen im Einsatz, d. h. bestimmte Abteilungen oder Unternehmensfunktionen haben ihre Prozesse entsprechend ausgerichtet. Die Einführung für das BICC wird so einfacher, da bereits Erfahrungen gemacht wurden und nicht alle betroffenen Prozesse reorganisiert werden müssen.

> Durch Anwendung von Standards finden sich Best Practices und Experten (Berater, Trainer) auch außerhalb des Unternehmens, dies erleichtert die Einführung und Umsetzung.

> Existierende Standards werden im Laufe der Zeit weiterentwickelt. Davon kann ein Unternehmen profitieren, wenn die Erweiterungen nachgezogen werden.

> Standards werden auch durch Software-Produkte unterstützt, die z. B. Muster oder Schablonen für standardisierte Abläufe bieten, die individuell auf die eigenen Prozesse angepasst werden können.

Ein international verbreiteter Standard ist die **IT Infrastructure Library** (**ITIL**), die ursprünglich in den 1980er-Jahren von der Central Computing and Telecommunications Agency (CCTA), jetzt Office of Government Commerce (OGC), in Großbritannien für den IT-Einsatz in der öffentlichen Verwaltung entwickelt wurde. Bei ITIL handelt es sich um eine Best-Practice-Sammlung, die in einer Reihe von sogenannten ITIL-Publikationen[246] die mögliche Umsetzung eines IT-Service-Managements beschreibt. Enthalten sind in diesen Publikationen Regelwerke und Definitionen für Aufbauorganisation und Prozesse, primär für den Betrieb einer IT-Infrastruktur. Allerdings werden auch die Ausrichtung und der Abgleich von IT und Business berücksichtigt, da ITIL die Planung, Erbringung, Unterstützung und Effizienzsteigerung von IT-Serviceleistungen unter Nutzenaspekten zur Erreichung der Geschäftsziele (und somit zur Unterstützung der Unternehmensstrategie) betrachtet. Dies ist komplementär mit einer BI-Strategie einzuordnen, insofern erscheint ITIL auch eine geeignete Grundlage für die Ablauforganisation mit BI-Fokus zu sein.[247]

6.1 ITIL als Orientierungsrahmen für die BI-Organisation

Das ITIL „Core Framework" zeigt die Hauptbereiche, die in den ITIL-Publikationen behandelt werden. Idealerweise geht die Entwicklung neuer IT-Services aus einer klar formulierten Servicestrategie hervor. Daran anschließend folgt eine strukturierte Konzeptions- und

---

246 Vgl. Taylor u. a. 2007a, Taylor u. a. 2007b, Taylor u. a. 2007c, Taylor u. a. 2007d sowie Taylor u. a. 2007e.
247 Aufgrund der Historie hat ITIL einen hohen IT-Fokus und offensichtlich kann ITIL die Basis z. B. für den BI-Betrieb und den BI-Support (BICC-Funktionen) bilden; eine entsprechende Adaption muss dann auch die fachlichen BI-Aspekte würdigen.

Implementierungsphase. Nach Über-
führung des neuen IT-Service in den
operativen Betrieb setzt ein Qualitätsmanagement auf, um den IT-Service
in seiner weiteren Lebensphase kontinuierlich zu verbessern.[248]

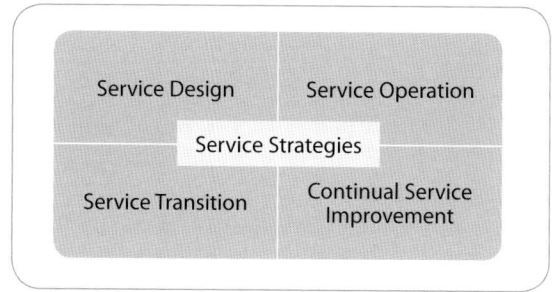

Service Design	Service Operation
	Service Strategies	
Service Transition	Continual Service Improvement

Abb. 77: ITIL V3 Core Framework

Es lassen sich die folgenden ITIL-Elemente unterscheiden (vgl. Abbildung 77):

> Das Modul „Service Strategies"[249] ordnet die IT-Services strategisch ein und zielt auf eine enge Verzahnung der Geschäftsstrategie mit der IT-Strategie ab. Das Service-Portfolio-Management sowie das Financial-Management sind für diesen Teil inhaltlich maßgebend.

> Beim Modul „Service Design"[250] liegen die Entwicklung von Servicelösungen und die Gestaltung von Servicemanagement-Prozessen im Fokus. Die dafür relevanten Prozesse sind darin zusammengefasst und definieren die inhaltlichen Schwerpunkte Servicekatalog-Management, Service-Level-Management, Capacity-Management, Availability-Management, Continuity-Management, Information-Security-Management sowie Supplier-Management.

> Das Modul „Service Transition"[251] behandelt die erforderlichen Prozesse und Methoden, die notwendig sind, um neue oder geänderte IT-Services planen und implementieren zu können. Dabei ist es das Ziel, eine möglichst geringe Beeinträchtigung des Geschäftsbetriebs sowie eine Minimierung von Risiken aufgrund der Veränderungen zu erreichen.

> Im Modul „Service Operation"[252] werden die Prozesse, die für ein effizientes und effektives operatives IT-Management von Bedeutung sind, betrachtet. Im Fokus steht dabei die Schnittstelle „Kunde – Nutzer". Kerninhalte dieser Publikation sind das Change-Management und das Configuration-Management.

> Im Modul „Continual Service Improvement"[253] wird die systematische Verbesserung der Servicequalität durch einen siebenstufigen Verbesserungsprozess behandelt. Dem liegen grundlegende Erkenntnisse aus dem Qualitäts- und Dienstleistungsmanagement zugrunde. Ergänzend sind Hinweise für die Durchführung von Prozessaudits in dieser Publikation enthalten.

6.1.1   ITIL-Servicestrategie als Teil der organisatorischen Perspektive einer BI-Strategie

ITIL V3 richtet sich im Vergleich zu den Vorgängerversionen noch stärker an den Anforderungen aus Geschäftssicht[254] aus, was auch durch die neue Publikation zur Servicestrategie deutlich wird.[255] Die Servicestrategie beschreibt Leitlinien für die langfristige Gestaltung,

---

[248] Vgl. hierzu und zum Folgenden: Witzkewitz 2009.
[249] Vgl. Taylor u. a. 2007c.
[250] Vgl. Taylor u. a. 2007e.
[251] Vgl. Taylor u. a. 2007d.
[252] Vgl. Taylor u. a. 2007a.
[253] Vgl. Taylor u. a. 2007b.
[254] Vgl. hierzu auch Strategic Alignment im Modell von Henderson, Venkrataman in Abschnitt 3.1.3.
[255] Vgl. Taylor u. a. 2007c sowie Buchsein u. a. 2008, S. 11 f.

Entwicklung und Implementierung des IT-Service-Managements. Da ITIL auf Prozesse, Organisation und Werkzeuge für den Betrieb einer IT-Infrastruktur fokussiert, stellt die ITIL-Servicestrategie eine Teilstrategie dieser Themen der organisatorischen Perspektive einer BI-Strategie dar. Allerdings fokussiert ITIL auf die Dienstleistungen, die den IT-Betrieb von BI-Systemen umfassen. In Erweiterung zu ITIL muss das Service-Portfolio eines BICC hier auch rein fachliche Dienstleistungen umfassen, wie z. B. die Definition und Abstimmung von Kennzahlen oder Berichten.

Durch das IT-Service-Portfolio-Management sollen für die Kunden passende Dienstleistungen identifiziert, entwickelt und angeboten werden. Dazu sollte in folgenden Phasen vorgegangen werden:

> Strategisches Service Assessment: Bewertung der Stärken und Schwächen der eigenen Services (auch gegenüber internen und externen Mitbewerbern).
> Definition der Servicestrategie: Formulierung der Strategie, abgeleitet aus Unternehmens- und IT-Strategie sowie den Anforderungen der Anwender unter kontinuierlicher Beachtung der Erzielung langfristiger Leistungsverbesserungen.
> (Weiter-)Entwicklung des Service-Portfolios: Lebenszyklus-Betrachtung neuer, bestehender oder außer Kraft gesetzter Dienstleistungen.

Angewandt auf BI Services bedeutet dies, dass die ersten beiden Phasen im Idealfall initial über die Entwicklung einer BI-Strategie abgedeckt werden.[256] Dem BICC obliegt die (Weiter-)Entwicklung des BI-Service-Portfolios. Abbildung 78 stellt eine Lebenszyklusbetrachtung über die Phasen eines Service-Portfolios dar. Das BICC muss zunächst Konzepte für die Dienstleistungen erarbeiten (Service Concepts), die für die Kunden passen könnten. Erscheinen die Konzepte vielversprechend bzw. zeigen die Kunden hieran Interesse, erfolgt danach die konkrete Gestaltung (Service Design) und die Vorbereitung für den Übergang in die Betriebsphase (Service Transition) der Dienstleistungen. Diese drei Phasen werden auch als Service-Pipeline bezeichnet. Der Servicekatalog des BICC enthält im Kern die für den Kunden angebotenen und vereinbarten Leistungen. Neben den aktuell angebotenen Dienstleitungen (Service Operation) enthält der Katalog auch die in Vorbereitung befindlichen sowie die auslaufenden Dienstleistungen (Retired Services). Auslaufende Services können z. B. für eine BI-Plattform erbracht werden, die aktuell abgelöst wird.

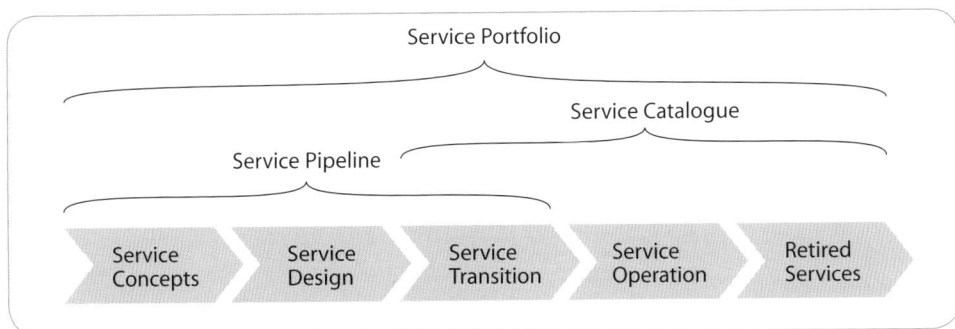

▲ Abb. 78: Lebenszyklusbetrachtung von Services nach ITIL[257]

---

[256] Je nach ITIL-Historie im Unternehmen es ist jedoch nicht unüblich, die IT-nahen Services in regelrechten ITIL-Einführungsprojekten zu gestalten und dann im Nachgang eine Einordnung in die Servicestrategie vorzunehmen.
[257] In Anlehnung an Taylor u. a. 2007c, S. 74.

Neben der Schaffung des strategischen Rahmens für das IT-Service-Portfolio-Management umfasst die ITIL-Servicestrategie weiterhin das IT-Financial-Management. Es dient dazu, die Voraussetzungen für die Budgetierung bzw. eine verursachungsgerechte Kosten- und Leistungsrechnung zu schaffen (vgl. Abschnitt 7.1.4).

6.1.2   ITIL-Prozesse aus dem Modul Service Design

Das Modul Service Design ist für die Konzeption von neuen IT-Services bzw. deren substanzielle Veränderung zuständig. Hierzu werden die folgenden Prozesse durchgeführt, die anschließend beschrieben werden:[258]

> Servicekatalog-Management
> Service-Level-Management
> Capacity-Management
> Availability-Management
> IT-Service-Continuity-Management
> Information-Security-Management
> Supplier-Management

Das **Servicekatalog-Management** dient der operativen Bereitstellung eines zentralen Leistungsverzeichnisses, das alle Leistungsmerkmale und Verrechnungsmodi enthalten sollte. Dies ist besonders bei vielen standardisierten BI-Services wichtig. Gerade für ein BICC ist es sinnvoll, einen Katalog mit allen Dienstleistungen eines BICC anzulegen, um dem Nutzer eine vollständige Übersicht der angebotenen Dienstleistungen zu geben. Hierdurch können Parallelentwicklungen aufgrund von Unkenntnis vorhandener Funktionalitäten vermindert werden. In Abschnitt 7.1.2 wird die Erstellung eines Leistungsverzeichnisses vertieft und durch Beispiele erläutert.

Aufgabe des **Service-Level-Managements** ist die Gestaltung der Kundenschnittstelle des BICC. Hier werden Kundenanforderungen entgegengenommen, Leistungsvereinbarungen (Service Level Agreements)[259] definiert und abgeschlossen sowie ein Service-Level-Reporting durchgeführt. Diese Kundenschnittstelle besitzt für das BICC eine Schlüsselfunktion, da hier eine Leistungsverbindlichkeit geschaffen und Leistungserwartungen der Nutzer kanalisiert werden können. Ziel ist es, die Kundenzufriedenheit und das Vertrauen in die Servicequalität zu erhöhen.

Das **Capacity-Management** dient der proaktiven Kapazitätsplanung der IT-Infrastruktur und erstreckt sich über den gesamten IT-Service-Lebenszyklus. Hauptaufgabe ist es hierbei, dass ausreichend Kapazitäten für BI-Anwendungen und die dafür notwendigen IT-Ressourcen zur Verfügung stehen. Im Mittelpunkt steht eine kostenoptimale Nutzung der IT-Ressourcen.

Die Sicherstellung der maximalen Verfügbarkeit der IT-Services im notwendigen Umfang ist die Aufgabe des **Availability-Managements**. Hierbei sollen vor allem reaktive und proaktive Maßnahmen abgeleitet werden. Dies bedeutet für das BICC, dass die angebotenen Funktionalitäten gemäß dem derzeitigen und zukünftigen Bedarf kosteneffizient zur Verfügung zu stellen sind, was beispielsweise im Bereich der Hardware nötig ist, um dem stets wachsenden Datenvolumen in einem DWH zu begegnen.

---

[258] Vgl. hierzu und zum Folgenden Taylor u. a. 2007e sowie Böttcher 2008, S. 29 ff.
[259] Vgl. Abschnitt 7.1.1.

Zur Vorbereitung auf den Katastrophenfall dient das **IT-Service-Continuity-Management**. Hier wird eine Strategie entwickelt, wie im Katastrophenfall die Verfügbarkeit einzelner Services sichergestellt werden kann. Gerade von einem BICC darf dies nicht vernachlässigt werden, da viele BI-Anwendungen immer mehr operative Prozesse unterstützen, sodass ein Ausfall dieser unternehmenskritisch sein könnte.

Die Sicherstellung eines IT-Grundschutzes, die Gewährleistung von Datenschutz und Informationssicherheit, ist Aufgabe des **Information-Security-Managements**. Hierbei geht es im Wesentlichen um die Definition eines Sicherheitskonzeptes, die Erstellung von Sicherheitsrichtlinien, die Durchführung der entsprechenden Kontrollen und die Reaktion auf Sicherheitsverletzungen. Gerade durch BI-Anwendungen werden übergreifende Sichten geschaffen, die so in den operativen Quellsystemen nicht bestehen. Dadurch werden ggf. Rückschlüsse z. B. auf das Kunden- oder Mitarbeiterverhalten möglich, das eventuell gesetzlichen oder auch internen Regelungen widerspricht. Das BICC muss hier Vorsorge treffen und möglichen Sicherheitskonflikten vorbeugen.

Das **Supplier-Management** dient zur Sicherstellung anforderungsadäquater Zulieferungen von externen IT-Lieferanten. Hierbei geht es um die komplette Ausgestaltung beim Outsourcing von Dienstleistungen. Die externe Vergabe von BI-Dienstleistungen ist in der Regel anspruchsvoller als im operativen Umfeld, denn anders als beispielsweise bei ERP-Systemen, in denen sich Aufgabenstellungen in der Regel auf ein Modul, also eine betriebswirtschaftliche Domäne, beziehen, ist bei BI eine breite Fach- und Prozesskenntnis erforderlich, um übergreifende Aufgabenstellungen zu bewältigen. Die jeweiligen BI-Prozesse sollten deshalb vorab genau untersucht werden, ob sie sich überhaupt für eine externe Vergabe eignen.

6.1.3   ITIL-Prozesse aus dem Modul Service Transition

Im Modul Service Transition steht die effektive und effiziente Einführung neuer oder geänderter IT-Services im Mittelpunkt. Dabei sollen selbst substanzielle Veränderungen so vorgenommen werden, dass der normale Betrieb weiterhin störungsfrei läuft. Hierzu lassen sich die folgenden Kernprozesse unterscheiden: [260]

> Transition Planning und Support
> Change-Management
> Service Asset and Configuration-Management
> Release-Management
> Service Validation and Testing
> Evaluation
> Knowledge-Management

Der Kernprozess **Transition Planning und Support** stellt die Vorausplanung von Veränderungsmaßnahmen in den Fokus. Es geht vor allem um die Berücksichtigung der Planungsanforderungen von Change- und Release-Projekten und die Implementierung der IT-Services. Dabei soll der normale Geschäftsbetrieb möglichst wenig beeinträchtigt werden. Für BI-Anwendungen bedeutet dies, dass sichergestellt werden muss, dass durch Prozessänderungen die abhängigen BI-Services nicht beeinträchtigt bzw. verschlechtert werden, zum Beispiel die Datenaktualität und -qualität nicht negativ beeinträchtigt wird, wenn neue Releases eingespielt werden.

---

260 Vgl. hierzu und zum Folgenden Taylor u. a. 2007d sowie Böttcher 2008, S. 81 ff.

Das **Change-Management** beinhaltet die Ablaufsteuerung bei Veränderungsmaßnahmen, d.h. die Ergänzung, Modifikation oder Entfernung von BI-Anwendungen bzw. -Systemen.

Die Erfassung und Dokumentation der IT-Service-Struktur ist Inhalt des **Service Asset and Configuration-Managements**. Hierbei geht es um die Identifizierung, Dokumentation, Verwaltung und Verifizierung aller IT-Vermögenswerte und IT-Konfigurationen. In dieser Hinsicht gibt es keine Besonderheiten beim BICC gegenüber dem operativen IT-Betrieb.

Das **Release-Management** beschäftigt sich mit der Implementierung zusammenhängender Software-Aktualisierungen. Gerade bei BI-Anwendungen muss eine dezidierte Planung der Releases sichergestellt werden, denn anders als bei operativen Systemen können häufigere Release-Wechsel hier an der Tagesordnung sein. So kann es beispielsweise im Frontend-Bereich kürzere Release-Zyklen geben, um geänderte Reporting-Anforderungen schnell umzusetzen, und im Back-End-Bereich, um Änderungen in Datenquellen Rechnung zu tragen.

Das **Service Validation and Testing** hat die Aufgabe, zu überprüfen, ob die Services auch die beabsichtigten Wirkungen erzielen. Hier gibt es einige Überschneidungen zum Release-Management.

Bei der **Evaluation** wird überprüft, ob die neuen bzw. veränderten IT-Services von Kunden und Nutzern akzeptiert werden. Hier kommt es zu Überlappungen mit dem Change-Management und dem Release-Management.

Inhalt des **Knowledge-Managements** ist es, die Erfahrungen aus der Erbringung von Services systematisch zu erfassen und allen Prozessbeteiligten zugänglich zu machen. Beispielsweise können wiederkehrende Anfragen von BI-Anwendern über den Inhalt bestimmter Kennzahlen dokumentiert werden und sind bei erneuten Anfragen direkt verfügbar. Problemlösungen, aber auch andere Informationen rund um die erbrachten Prozesse können somit als Basis für das kontinuierliche Verbesserungsmanagement dienen (siehe Abschnitt 7.3).

6.1.4   ITIL-Prozesse aus dem Modul Service Operation

Das Modul Service Operation beschreibt Lösungen für das Management des operativen IT-Betriebs. Hierbei geht es im Kern um eine Optimierung der Support- und Leistungserstellungsprozesse. Beim Service Operation werden eine Reihe von Funktionen und Prozesse einer einheitlichen Betrachtung unterzogen, die im Wesentlichen folgende Bereiche umfassen:[261]

> Event-Management
> Incident-Management
> Request Fulfilment
> Problem-Management
> Access-Management

Das **Event-Management** beinhaltet das Monitoring der Komponenten, die der IT-Infrastruktur zugrunde liegen. Weiterhin obliegt ihr die Identifizierung der Ursachen bei auftretenden Problemen und die Einleitung von Maßnahmen zu deren Behebung. Hierbei muss festgelegt werden, welche IT-Infrastruktur-Komponenten zu überwachen sind. Danach sind Regeln und Schwellenwerte für die Überwachung festzulegen. Beim Eintritt eines Problems muss

---

[261] Vgl. hierzu und zum Folgenden Taylor u. a. 2007a sowie Böttcher 2008, S. 121 ff.

eine Beurteilung erfolgen, woraus es resultiert. Schließlich werden die Maßnahmen festgelegt, die zur Problemlösung erforderlich sind.

Das **Incident-Management** hat das Ziel, einen möglichst störungsarmen IT-Betrieb zu gewährleisten. Übertragen auf BI ist es Ziel des Incident-Managements, die Störungen von BI-Systemen zu erfassen, zu dokumentieren, zu kategorisieren und zu priorisieren. Auf dieser Basis sind Störungen in der Regel kurzfristig zu beseitigen. Eine der Hauptaufgaben ist die Minimierung der negativen Auswirkungen von Störungen – unabhängig von ihrer Ursache. Dabei wird unter einer Störung (Incident) eine ungeplante Unterbrechung oder Beeinträchtigung von BI-Anwendungen bzw. -Systemen verstanden. Zielsetzung ist es hierbei nicht, proaktiv die Ursache der Störung zu finden, sondern eine aufgetretene Störung schnellstmöglich zu beseitigen. Hierzu werden oft Ticketsysteme verwendet, wie sie in Abschnitt 8.1.5 vorgestellt werden. Ein Beispiel hierzu befindet sich in Abschnitt 6.2.2.

Das **Request Fulfilment** (Auftragsmanagement) dient zur Annahme und Umsetzung von Serviceaufträgen von IT-Nutzern, so auch BI-Nutzern. Eine der wesentlichen Aktivitäten ist die Registrierung, Qualifizierung, Verifizierung und Bewilligung von Serviceaufträgen z. B. zur Anpassung von Reports und Kennzahlen oder der auftragsgesteuerten Bereitstellung von BI-Berichten. Nach Abarbeitung sorgt das Auftragsmanagement für den ordnungsgemäßen Abschluss eines Auftrags und die anschließende Abrechnung. Im Unterschied zu Incidents ist die Inanspruchnahme der auf Aufträgen basierenden Dienstleistungen vorher bekannt und damit strukturierbar und planbar. Beim Request Fulfilment stehen die Beratung und die Information der BI-Nutzer sowie die Bereitstellung standardisierter BI-Services im Vordergrund. Dies ist eine wesentliche Aufgabe eines BICC.

Das **Problemmanagement** dient der Ermittlung bisher unbekannter Ursachen für Incidents. Dabei geht es um die proaktive Identifizierung und systematische Behebung von Fehlern, die zu Incidents führen. Hierzu werden abgeschlossene Incidents analysiert und deren Ursachen ermittelt. Weiterhin werden die Fehlerursachen diagnostiziert und entsprechende Workarounds sowie die bekannten Fehler dokumentiert (siehe auch Knowledge-Management). Das Störungsvolumen soll so insgesamt reduziert und die Ursachen für die Störungen systematisch verringert werden.

Ziel des **Access-Managements** ist es, die Sicherung des autorisierten Zugriffs auf die BI-Inhalte und -Daten zu gewährleisten. Hierbei stehen das Rechtekonzept und die Identifizierung von Zugriffsverletzungen im Mittelpunkt.

6.1.5   ITIL-Prozesse aus dem Modul Continual Service Improvement

Im Modul Continual Service Improvement wird die systematische Identifizierung von Optimierungspotenzialen zur Verbesserung der Prozesseffizienz und der Wirtschaftlichkeit im Betrieb von IT-Systemen thematisiert.[262] Aufgabe des Continual Service Improvement ist nicht die Optimierung der laufenden BICC-Serviceprozesse, sondern lediglich die Identifizierung von Optimierungspotenzialen und deren Erschließung durch klar festgelegte Maßnahmen. Die eigentliche Umsetzung ist Aufgabe der Verbesserung und erfolgt in der Regel projektorientiert. Das Continual Service Improvement lässt sich sehr gut in den Rahmen des kontinuierlichen Verbesserungsmanagements eines BICC integrieren.

---

[262] Vgl. hierzu und zum Folgenden Taylor u. a. 2007b sowie Böttcher 2008, S. 153 ff.

Dieses Modul ist im Gegensatz zu den bereits vorgestellten Modulen (vgl. Abbildung 77) als kontinuierlicher Prozess zu verstehen, der wesentliche Erkenntnisse aus dem Qualitätsmanagement in die Prozessstruktur einbezieht. Dabei besteht der Verbesserungsprozess aus sieben Stufen:

> Bestimmung der Servicequalität
> Messung der Servicequalität
> Datenerhebung
> Aufbereitung der Daten
> Datenanalyse und Auswertung
> Aufbereitung der Analyseergebnisse
> Korrekturmaßnahmen

Der erste Schritt ist die **Bestimmung der Servicequalität.** Hierzu erfolgt ein Abgleich zwischen den Kundenanforderungen und den verfügbaren Leistungen des Servicekatalogs des BICC. Beim Gestaltungsprozess der BICC-Services ist festzulegen, von welchen Einflussfaktoren die Servicequalität abhängt. Die Einhaltung der Service-Levels ist gleichbedeutend mit der Bereitstellung der Servicequalität.

Zur **Messung der Servicequalität** ist es notwendig, die jeweiligen Bestimmungsfaktoren der Servicequalität zu identifizieren. Dabei ist darauf zu achten, dass diese spezifisch, messbar, akzeptiert, realistisch und terminiert (SMART-Prinzip) sein müssen. In der Regel kann an den Leistungsmerkmalen und den Service-Level-Definitionen und deren Messverfahren angesetzt werden. Hierbei ist darauf zu achten, dass nur Dinge vereinbart werden dürfen, die auch gemessen werden können.

Der dritte Schritt ist die **Datenerhebung.** Um eine permanente Verbesserung der Servicequalität zu erreichen, ist eine kontinuierliche Kontrolle der Servicebereitstellungsprozesse notwendig. Dazu sind entsprechende Messpunkte festzulegen, die definierte Prozessergebnisse oder Teilergebnisse abbilden. Dabei ist darauf zu achten, dass die Messpunkte möglichst so gewählt werden, dass eine durchgängige Beurteilung der Servicequalität des BICC möglich ist. Relativ einfach lässt sich eine solche Messstrecke auf Basis eines Ticketing-Systems realisieren, wo beispielsweise der Zeitraum zwischen Störungszeitpunkt, Störungsmeldung, erster Reaktion und Störungsbeseitigung berechnet werden kann. Schwieriger ist dies bei Services, die einen einmaligen Charakter haben und daher oftmals schlecht standardisiert erfassbar sind.

Mit der **Aufbereitung der Daten** werden die im vorangegangenen Schritt erhobenen Daten zu aussagekräftigen Kennzahlen transformiert. Diese dienen als Basis für Service-Level-Reports oder eine BI-Scorecard, wie in Kapitel 7, Tabelle 48, vorgestellt. Dem liegt der Ansatz zugrunde, dass Service-Level-Verletzungen ein Indiz für unzureichende Servicequalität sind und auf Prozessschwächen hindeuten.

Im Rahmen der **Datenanalyse und Auswertung** gilt es, die vorliegenden Informationen zu interpretieren. Hierdurch kann Transparenz im Hinblick auf die geleistete Servicequalität geschaffen werden. Teilweise finden darauf aufbauend tiefergehende Analysen statt, die Gewissheit über Trends und Ursachen verschaffen sollen.

Im Anschluss erfolgt die **Aufbereitung der Analyseergebnisse.** Hierbei ist es wichtig, dass sowohl Entscheider als auch Betroffene von der Notwendigkeit der Optimierungsansätze überzeugt werden. Dies stellt hohe Anforderungen an die Aufbereitung der Analyseergebnisse.

Abschließend werden **Korrekturmaßnahmen** implementiert, die den eigentlichen Nutzen der vorangegangenen Aktivitäten darstellen. Die Umsetzung der Maßnahmen sollte konkret nachgehalten werden, um den Erfolg des Vorgehens zu gewährleisten.

6.1.6   Prozesse für BI adaptieren

Im Folgenden werden die vorgestellten ITIL-Prozesse der Module Service Design, Service Transition und Service Operation (vgl. Abbildung 77) den BICC-Funktionen zugeordnet, die in Abschnitt 4.3 dargestellt wurden (vgl. Tabelle 44). Die Zuordnung gilt für die Ausprägung eines BICC als Volldienstleister. Für andere BICC-Typen gelten die Zuordnungen nur für die Funktionen, die auch tatsächlich im BICC implementiert sind.

		BI-Management		BI-Architektur		BI-Unterstützung		BI-Umsetzung	
		BI-Management	BI-Standardisierung	Fachliche Architektur	Technische Architektur	BI-Personalentwicklung	BI-Support	BI-Entwicklung	BI-Betrieb
Service Design	Servicekatalog-Management		+++	+			+		
	Service-Level-Management		+				+++	+	
	Capacity-Management	+			+				++
	Availability-Management								++
	IT-Service-Continuity-Management								++
	Information-Security-Management			+					+
	Supplier-Management	+							+
Service Transition	Transition Planning und Support						++	++	
	Change-Management						++	++	
	Service Asset und Configuration-Management			+					+
	Release-Management	+		+			+	++	+
	Service Validation and Testing			+			+	+	
	Evaluation				+		+	+	
	Knowledge-Management		+						
Service Operation	Event-Management								++
	Incident-Management								+++
	Request Fulfilment	++					++		
	Problem-Management				+		++	+	
	Access-Management						+		

Legende:
+++   Funktion wird zum großen Teil von ITIL-Prozess unterstützt
++   Funktion wird im Wesentlichen von ITIL-Prozess unterstützt
+   Funktion wird nur partiell von ITIL-Prozess unterstützt

Tab. 44: Zuordnung der ITIL-Prozesse zu den BICC-Funktionen

Es ist ersichtlich, dass bestimmte BICC-Funktionen sehr gut durch ITIL-Prozesse unterstützt werden können: BI-Support, BI-Betrieb und BI-Entwicklung. Die Erweiterungen in ITIL V3, die stärker das Business-IT-Alignment betreffen, tragen zudem dazu bei, dass auch bestimmte Managementaspekte unterstützt werden. Dennoch ist auffällig, dass bestimmte BICC-Funktionen kaum oder gar nicht von ITIL profitieren, also eine ITIL-Adaption allein nicht ausreichend ist, um ein BICC aufzubauen. Gerade im Bereich der Personalentwicklung und der Architektur für BI bestehen Lücken. Dennoch lohnt sich eine ITIL-Adaption, insbesondere auch dann, wenn andere Unternehmensprozesse bereits ITIL-konform ausgeprägt sind. Ein grundsätzliches Adaptionsverfahren wird im folgenden Abschnitt dargestellt.

Die ITIL-Publikationen beschreiben pro Prozess die Inhalte zwar strukturiert, jedoch auf relativ abstrakter, generischer Ebene und nicht homogen in allen Publikationen. Eine Verfeinerung und Anpassung für den konkreten Unternehmenseinsatz ist somit in jedem Fall notwendig, selbst wenn die ITIL-Prozesse lediglich für den IT-Betrieb umgesetzt werden sollen. Zudem sind die Erläuterung und Hinweise in den jeweiligen Prozessen zu generisch, als dass sie direkt für BICC- oder BI-Prozesse genutzt werden können, sodass neben der unternehmensspezifischen Konkretisierung immer auch eine Konkretisierung für BI erforderlich ist. Die folgende Übersicht gibt kurze Empfehlungen, wie die Inhalte der ITIL-Prozesse für BI adaptiert werden können. Sie ist als Lesehilfe gedacht, um die ITIL-Prozessbeschreibungen[263] unter BICC-Blickwinkel zu interpretieren:

Beschreibung ITIL-Publikation	Ziel und Zweck (Purpose/Goal/Objective)
Adaption BI	Die Beschreibung des Zwecks ist in der ITIL-Publikation zunächst nicht konkret, es wird also weder auf spezifische operative noch dispositive analytische Systeme oder Geschäftsprozesse eingegangen.
	Im Rahmen der Adaption für BI ist es erforderlich, Ziel und Zweck zu konkretisieren. Dies kann z.B. dahingehend erfolgen, dass das Ziel in die Zielhierarchie der BI-Strategie eingeordnet wird, also dargestellt wird, welche BI-Strategie-Ziele (vgl. Abschnitt 2.1) durch den adaptierten ITIL-Prozess unterstützt werden.

Beschreibung ITIL-Publikation	Bereich (Scope)
Adaption BI	In der abstrakten Beschreibung wird hier der Bereich beschrieben, über den sich ein ITIL-Prozess erstreckt.
	In der Adaption für BI sollte der Scope konkretisiert werden, z. B. in Form einer Abgrenzung, sofern BI-spezifische Prozesse anders verfahren als Prozesse, die sich beispielsweise auf operative Verfahren beziehen,[264] vor allem aber auch, um den Prozess gegenüber anderen BI-Prozessen abzugrenzen. Dies ist insbesondere bei einer differenziert gestalteten BI-Organisation der Fall, in der bestimmte Prozesse durch ein BICC, andere BI-Prozesse durch die IT oder durch Projektteams bewältigt werden. Die Bereichskonkretisierung beschreibt insofern sowohl die Schnittstellen zwischen Organisationseinheiten für BI als auch Prozessübergänge.

---

[263] Die folgende Kategorisierung orientiert sich an dem grundsätzlichen Aufbau der jeweiligen Kapitel zu den Prozessdarstellungen in den einzelnen ITIL-Publikationen (vgl. Taylor u. a. 2007a, S. 36 ff., Taylor u. a. 2007d, S. 35 ff., sowie Taylor u. a. 2007e, S. 60 ff.).
[264] Vgl. Abschnitt 6.2.1. Das Anforderungsmanagement erfolgt bei BI anders als bei operativen Systemen.

Beschreibung ITIL-Publikation	Geschäftlicher Nutzen (Value to Business)
Adaption BI	Der geschäftliche Nutzen ist entscheidend für den langfristigen Erfolg einer BI-Ablauforganisation.[265] Die generische Beschreibung der ITIL-Dokumentation ist im Rahmen der Adaption z.B. folgendermaßen zu konkretisieren:
	> **Allgemeine potenzielle Nutzenargumente** (Kostenersparnis, Reaktionszeiten, Qualitätsverbesserungen) in Richtung eines ITIL-Prozesses belegen: Die vorgeschlagenen Argumente können für das konkrete Feld BI und das Unternehmen dargestellt werden, z.B. in Form von Plankostenrechnungen, Vergleichsrechnungen.
	> Die geschäftliche Nutzung kann in eine **Zielhierarchie** oder andere Modellierung des Unternehmensgeschehens eingeordnet werden (z.B. auch durch eine Modellierung im Rahmen einer Scorecard).
	Die **Abhängigkeiten von Kernprozessen** des Unternehmensgeschehens von den für BI adaptierten ITIL-Prozessen können aufgezeigt werden, z.B. Antwortzeitverhalten im Customer Care Center, das vom Continual Service Improvement abhängt, oder Reaktionsfähigkeit auf geänderte Wirtschaftslage in Abhängigkeit von einem flexiblen Release-Management.

Beschreibung ITIL-Publikation	Grundkonzepte (Policies/Principles/Basic Concepts)
Adaption BI	Die dargestellten Grundkonzepte, oder eher Grundlagen, variieren pro ITIL-Prozess erheblich, insofern kann hier kein allgemeingültiges Verfahren zur Adaption formuliert werden.
	Die Grundlagen zeigen jedoch auf, welche Ansätze bereits existieren, sie vermitteln ein gutes Grundverständnis des Problemfeldes und bieten Lösungsansätze, die sich ebenfalls adaptieren lassen, z.B. in Form einer Nomenklatur, Klassifizierung oder Ordnung des betroffenen Bereichs. Im Rahmen der Adaption sind diese Grundlagen eine gute Ausgangsbasis zur Analyse des eigenen Unternehmens. Die generischen Lösungsvorschläge bedürfen aber der Konkretisierung. Auch hier ist es wieder angeraten, diese auf den Kontext Business Intelligence anzupassen. Allerdings passen nicht alle Vorschläge, sodass insbesondere im Bereich der Fachlichkeit die Vorschläge zu ergänzen sind.

---

[265] In Kapitel 7 wird dies tiefergehend thematisiert, vgl. Abschnitt 7.2.1.

Beschreibung ITIL-Publikation	Aktivitäten und Prozessfluss (Process Activities, Methods and Techniques) Auslöser und Prozessschnittstellen (Triggers, Input and Output/Interprocess Interfaces)
Adaption BI	Der eigentliche Musterablauf eines ITIL-Prozesses wird durch seinen Auslöser, seine Aktivitäten, seinen Prozessfluss und seine Schnittstellen beschrieben. Im Rahmen der Adaption muss hier der Bezug zum Unternehmen und zur BI-Organisation hergestellt werden, z.B. durch die Ergänzung der beteiligten und betroffenen Organisationseinheiten oder Rollen im Unternehmen im Prozessmodell. In den folgenden Beispielen erfolgt dies in Form sogenannter Swimlanes, um darzustellen, wann ein BICC, wann die Fachabteilung und wann die IT involviert ist. Dies ist eine relativ grobe Modellierung, daher ist in realen Projekten eine weitere Detaillierungsstufe nötig (z.B. durch Zuordnung von Aktivitäten zu Rollen). Diese Adaption kann nicht generisch erfolgen, denn je nach BICC-Typ[266] (funktionale Ausgestaltung und Rollenzuschnitt) wird eine Aktivität nicht zwingend durch ein BICC ausgeübt. Beispiel: Ein BICC vom Typ Volldienstleister deckt große Teile der Service Transition und Service Operation bezüglich BI ab, ein BICC vom Typ Koordinierungsstelle ohne BI-Support wird sich demgegenüber nur wenig in Prozesse der Service Operation einbringen.

Beschreibung ITIL-Publikation	Kennzahlen (Metrics)
Adaption BI	Die allgemeine Beschreibung von ITIL listet pro Prozess eine Vielzahl unterschiedlicher Maßzahlen und zum Teil auch Kennzahlen auf, z. B.: „Number of events by category" „Number of events by significance" beim Prozess Event-Management.[267] Für die zielführende Übertragung auf BI gilt es eine sinnvolle Auswahl zu treffen. Je nach Budgetierung und Controlling[268] eines BICC ist es erforderlich, die passenden Prozesskennzahlen zu erheben, insbesondere dann, wenn ein Prozess maßgeblich durch ein BICC ausgeführt wird. Sofern also das Erreichen der BI-strategischen Ziele oder der Erfolg eines BICC analysiert und das Ergebnis kommuniziert werden soll oder ein BICC eine Leistungsverrechnung durchführen muss, ist die Erhebung entsprechender Kennzahlen unabdingbar. Ggf. können die Kennzahlen sogar in eine Scorecard zur strategischen Steuerung der BI-Organisation einfließen.[269]

---

[266] Vgl. Abschnitt 4.7.
[267] Vgl. Taylor u. a. 2007d, S. 44.
[268] Vgl. Abschnitte 7.1.4 und 7.2.
[269] Vgl. Tabelle 48.

Beschreibung ITIL-Publikation	Herausforderungen, Erfolgsfaktoren, Risiken (Challenges, Critical Success Factors and Risks)
Adaption BI	Herausforderungen, Erfolgsfaktoren und Risiken sind ebenfalls allgemeingültig pro Prozess in den ITIL-Publikationen abgefasst.[270] Ein Beispiel für ein Risiko beim Incident-Management-Prozess ist der „Lack of adequate and/or timely information sources because of inadequate tools or lack of integration", also unzureichende oder nicht zeitnahe Information aufgrund unpassender Werkzeuge und/oder fehlender Integration.[271]
	Diese allgemeinen Hinweise sind im Rahmen der Adaption für BI wieder gute Anhaltspunkte sowohl für die Einführung (vgl. Kapitel 5) als auch den späteren Einsatz entsprechender BI-Prozesse. Sie dienen also im Wesentlichen dazu, entscheidende Aspekte zu berücksichtigen, und helfen so bei der Priorisierung. In der Praxis können diese Hinweise als Fragen verstanden werden, mit deren Hilfe eine konkrete modellierte oder auch eingeführte BI-Ablauforganisation validiert werden kann (also auch im Sinne der kontinuierlichen Verbesserung). Beispielsweise wird im Prozess Incident-Management die Fähigkeit, dass Endanwender Incidents schnell entdecken, als Herausforderung angesehen. Dieses Verhalten kann durchaus vor und nach Einführung eines Incident-Management-Prozesses ermittelt werden.

6.2   Beispiele für ausgewählte BI-Prozesse

Die ITIL-Publikationen der Version 3 enthalten ca. 30 Referenzprozesse. Eine umfassende Adaption dieser Prozesse ist nur für eine spezifische BI-Ablauforganisation sinnvoll. Im Folgenden wurden daher fünf Beispiele ausgewählt, die bereits in der Praxis in ähnlicher Form zum Einsatz kamen. Die Prozessadaption sieht je nach BICC-Typ durchaus unterschiedlich aus, insofern sind die Vorschläge in den folgenden Beispielen nicht auf einen der in Abschnitt 4.7 vorgestellten BICC-Typen bezogen. In der Praxis wird ein Incident-Management jedoch eher beim Volldienstleister zu finden sein als bei einer Koordinierungsstelle. Eine Verfeinerung hinsichtlich der BICC-Funktionen und -Rollen ist bei einer Prozessmodellierung in der Praxis erforderlich. In den folgenden Ausführungen wurde darauf verzichtet, da ansonsten jeweils immer nur ein Spezialfall (z.B. für einen speziellen BICC-Typ mit eben den nötigen Rollen) dargestellt werden könnte. Eine umfassende BI-Organisation in der Realität ergibt sich immer aus einer passenden Aufbau- und Ablauforganisation (Letztere in Form von BI-Prozessen), ist daher immer individuell. Insofern sind die folgenden Beispiele nur Auszüge und grobgranular modelliert. Als Notationsform wurde die erweiterte ereignisgesteuerte Prozesskette (eEPK)[272] gewählt, Abbildung 79 stellt die wichtigsten Symbole kurz dar.

Ereignis   Funktion   Oder-Verknüpfung   Und-Verknüpfung   Prozesspfad

▲ Abb. 79: Legende für die folgenden Prozessdiagramme

---

[270] Zum Teil sind die Risiken lediglich die Negation der Erfolgsfaktoren.
[271] Vgl. Taylor u. a. 2007a, S. 55.
[272] Vgl. Seidlmeier 2006, S. 76 ff.

6.2.1   Anforderungsprozess zur Deckung eines Informationsbedarfs

Einer der wesentlichen Services eines BICC ist der Anforderungsprozess zur Deckung von Informationsbedarfen. Nicht selten ist die Gestaltung des entsprechenden Prozesses eines der am intensivsten diskutierten Themen bei der Gründung eines BICC. Die Besonderheit, dass es neben dem etablierten Anforderungsprozess in der IT einen weiteren nur für BI geben soll, resultiert aus der Tatsache, dass sich in vielen Unternehmen der normale Anforderungsprozess als zu langsam und zu unflexibel für BI herausgestellt hat. Oftmals müssen neu auftretende Informationsbedarfe innerhalb kürzester Zeit gedeckt werden. Sind die hierfür notwendigen Daten nicht unmittelbar für den Anwender zugänglich, ist ein formularbasierter Anforderungsprozess hierauf nicht unbedingt die passende Antwort.

Hat ein Endanwender also eine neu auftretende Fragestellung, die er auf Basis des bestehenden Berichtswesens bzw. den Möglichkeiten der Ad-hoc-Analyse nicht selbst beantworten kann, wendet er sich im Normalfall an den ihm bekannten Key-User seines Fachbereichs. Sieht auch dieser keine Möglichkeit der Beantwortung, so sollte im nächsten Schritt das BICC kontaktiert werden. In manchen Unternehmen übernimmt das BICC auch die Rolle des Key-User, sodass es von Endanwendern auch direkt kontaktiert werden kann. In beiden Fällen sollte das BICC jedenfalls das zentrale Eingangstor für die Deckung neuer Informationsbedarfe sein, wie im bewusst einfach gehaltenen und nicht übermäßig stark formalisierten Beispiel in Abbildung 80 gezeigt wird.

Als ersten Schritt sollte das BICC zeitnah prüfen, ob die Anforderung überhaupt relevant für BI ist. Dies hängt von der im Unternehmen getroffenen Abgrenzung zwischen ERP-Reporting direkt auf Basis der operativen Systeme und den eigentlichen BI-Systemen ab. Informationsbedarfe, die nicht BI-relevant sind, sollten an den regulären Anforderungsprozess der IT bzw. an den ERP-Systemverantwortlichen übergeben werden. Wichtig ist aus Akzeptanzgründen, dass das BICC die nicht BI-relevanten Anfragen nicht einfach mit dem Hinweis der Nicht-Zuständigkeit an die Anwender zurückgibt, sondern sie aktiv weiterleitet und den Anwender hierüber informiert.

Anforderungen, die als BI-relevant klassifiziert werden, werden im nächsten Schritt auf ihre Umsetzbarkeit auf Basis der existierenden BI-Systeme geprüft. Sollten die Daten bereits in einer existierenden Anwendung enthalten und nur nicht für den Anwender zugänglich sein, können diese vom BICC kurzfristig durch eine neue oder geänderte Query bzw. einen Bericht zur Verfügung gestellt werden. Sollte dies nicht möglich sein, muss die Anforderung zunächst priorisiert und ggf. sogar ein Angebot erstellt werden (nicht in der Abbildung dargestellt). Anforderungen mit höchster Priorität müssen im gewählten Beispiel (vgl. Abbildung 80) sofort umgesetzt werden, wohingegen Anforderungen mit normaler Priorität in die existierende BI-Roadmap eingeordnet werden. In beiden Fällen wird der Informationsbedarf letztlich gedeckt. Sollte eine Anforderung keine Priorität erhalten, z. B. weil die Erhebung einer Kennzahl mangels Quellen gar nicht möglich ist, sollte diese in Abstimmung mit dem Informationsnachfrager nicht weiterverfolgt werden.

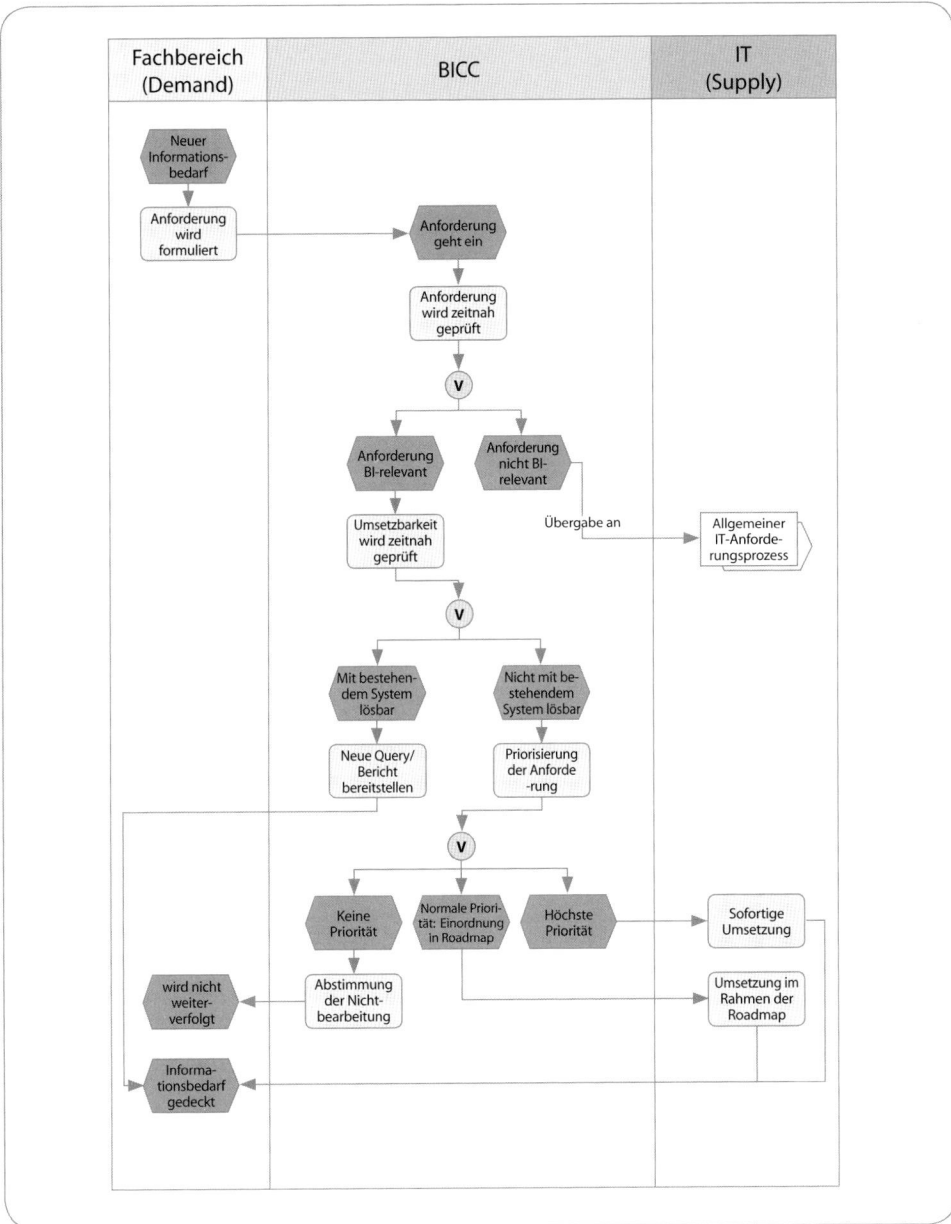

Abb. 80: Anforderungsprozess zur Deckung eines Informationsbedarfs

6.2.2   Management von BI-Incidents

Ein weiterer gängiger Prozess im Rahmen einer BI-Ablauforganisation ist ein spezifisches Incident-Management für BI. Die hier vorgestellte Blaupause ist in Anlehnung an den **Prozess Incident-Management** aus dem ITIL-**Modul Service Operation** formuliert. Eine aufgetretene Störung im Betrieb und der Nutzung einer BI-Lösung soll hierbei schnellstmöglich behoben werden. In der ITIL-Publikation wird dazu die Identifizierung, die Kategorisierung, die Analyse und Diagnose, Lösung und Dokumentation abstrakt formuliert. Eine Konkretisierung für BI bietet der hier vorgestellte Prozess, visualisiert in Abbildung 81.

Nach Eingang des Incidents, also der Störungsmeldung (über unterschiedlichste Medien oder Kanäle, hier nicht dargestellt), erfolgt eine **Eingangskategorisierung**. Hierbei wird zunächst ermittelt, ob der Incident überhaupt BI-relevant ist. Ist er es nicht, erfolgt die Weitergabe an andere Unternehmens- oder IT-Prozesse (Service Request, wenn es sich um eine Dienstleistung allgemeiner Art handelt, z.B. Passwort zurücksetzen; Anforderungsprozess, sofern es sich um eine Änderung handelt, z.B. Ergänzung eines Reports; IT-Incident-Prozess, sofern es sich um ein allgemeines IT-Problem handelt, z.B. nicht funktionierender Zugriff auf das Unternehmensportal).

Anschließend erfolgt die **Priorisierung**, wie auch in der ITIL-Publikation vorgeschlagen wird. Für BI-Incidents sind hier lediglich zwei Klassen vorgesehen, die eine unterschiedliche weitere Bearbeitung nach sich ziehen. Hier ist durchaus ein differenzierteres Vorgehen denkbar, das sich z.B. auch in Reaktions- und Lösungszeiten, etwa in SLAs, wiederfinden könnte. Ein als kritisch eingestufter BI-Incident wird mittels eines besonderen Teilprozesses weiterbearbeitet. Hier könnten z.B. besondere Rollen im BICC eingebunden werden, etwa ein BI-Architekt oder ein BICC-Leiter, sofern auch gesonderte Kommunikation oder Managementeskalation erforderlich ist. Die Einstufung kann anhand BI-relevanter Kriterien erfolgen: Kritisch ist ein Incident, wenn ein kritischer Geschäftsprozess ins Stocken gerät, z.B. ein Quartalsbericht für das externe Reporting nicht gefertigt werden kann, oder wenn sehr viele Anwender betroffen sind, weil z.B. eine Vertriebsauswertung nicht wie gewünscht Montagmorgen für alle Account-Manager zur Verfügung steht. Die Priorisierung und der Kriterienraum sind individuell pro Unternehmen auszuprägen.

Anschließend erfolgt eine weitere **Detailkategorisierung** und **Eingangsdiagnose**, um zu ermitteln, in welche Domäne der BI-Incident fällt. In dem Prozessvorschlag wird hier zunächst grob zwischen Berichts- und Datenproblem unterschieden, entsprechend der Einstufung sind dann wieder unterschiedliche Rollen im BICC in die weitere Bearbeitung involviert, auf Berichtsseite evtl. der BI-Modellierer, im Bereich der Daten der Datenqualitätsverantwortliche.

Es folgt die **Problemlösung**, deren Detailaktivitäten hier aus Gründen der Übersichtlichkeit nicht dargestellt werden. Bei Berichtsproblemen kann die Ursache durchaus auch in der Fehlbedienung seitens des Anwenders liegen. In diesem Fall wird zum Prozess BI-Coaching weitergeleitet, der im Beispiel nicht im BICC, sondern in der Fachabteilung, z.B. in Verantwortung von Power-Usern, angesiedelt ist. Datenprobleme werden differenziert nach Datenqualitätsproblemen, ETL-Problemen (hier ist der Architekt involviert) und Infrastrukturproblemen (Übergabe an die IT) gelöst.

Die Bearbeitung des Incidents wird durch Dokumentation und Kommunikation abgeschlossen.

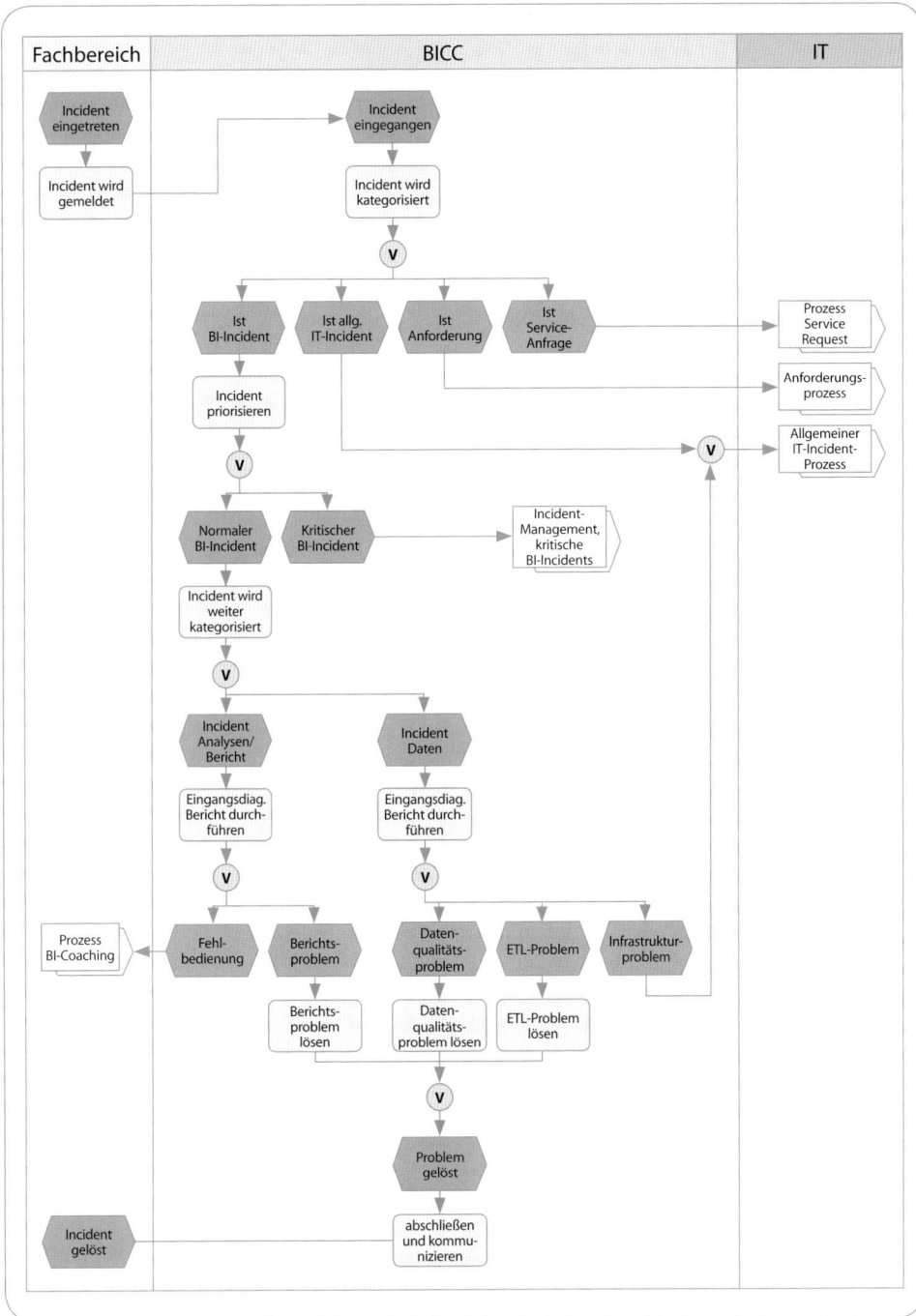

Abb. 81: Management von BI-Incidents

6.2.3 Datenbewirtschaftung

Die Datenbewirtschaftung beinhaltet weitere übliche BI-Prozesse. Diese können nicht direkt einzelnen ITIL-Prozessen zugeordnet werden, jedoch berühren sie sowohl die Prozesse Change-Management und Release-Management aus dem Modul Service Transition (vgl. Abschnitt 6.1.3) als auch die Prozesse Incident-Management und Request Fulfilment aus dem Modul Service Operation (vgl. Abschnitt 6.1.4).

Aus dem Bereich der Datenbewirtschaftung wird ein beispielhafter Prozess vorgestellt, der auf einem häufig vorkommenden Szenario basiert: Der Fachbereich stellt bei der Analyse fest, dass notwendige Daten im Ergebnis fehlen (vgl. Abbildung 83). Dieser Fehler wird zunächst an das BICC gemeldet. Hierbei ist gemäß ITIL der Prozess Request Fulfilment zu berücksichtigen.

Im BICC findet nach dem Eingang zunächst eine Fehleranalyse statt. Liegt ein Datenqualitätsproblem vor, z. B. aufgrund fehlerhafter Einträge in den angelieferten Daten, so muss dieses zuerst behoben werden. Auch könnte die Datenquelle nicht vorhanden sein. Danach muss eine Ursachenanalyse durchgeführt werden. Hierbei könnte z. B. das Problem im ETL-Prozess liegen, sodass deshalb die Daten nicht geladen wurden. Dann ist zunächst dieses ETL-Prozess-Problem zu lösen. Auch könnte die Datenquelle nicht bereitgestellt worden sein, was besonders bei manueller Bereitstellung passieren könnte. Dann ist dafür Sorge zu tragen, dass eine Bereitstellung erfolgt. Wenn die Datenquelle eine Datenbanktabelle ist und diese versehentlich gelöscht wurde, ist diese aus dem Backup wieder herzustellen. Es ist noch eine Vielzahl weiterer Ursachen denkbar, die hier aus Gründen der Übersichtlichkeit nicht weiter aufgeführt werden.

Die oben genannte Fehleranalyse könnte auch ergeben, dass sich die Verzeichnisstruktur oder Datei- oder Tabellennamen geändert haben. (Letzteres ist in Abbildung 82 aus Gründen der Übersichtlichkeit nicht dargestellt.) Dann ist zu prüfen, ob es sich um eine geplante und notwendige Änderung handelt. In diesem Fall sind die Berichte und die Transformationen auf dem Weg dorthin anzupassen. Sollte die Änderung ungeplant sein, sind die Verzeichnisstruktur bzw. die Datei- oder Tabellennamen wieder anzupassen, damit der ursprüngliche Zustand wiederhergestellt wird.

Bei der Behebung der Fehler ist abhängig vom Umfang des Fehlers auf das bei ITIL vorgeschlagene Vorgehen bezüglich des Change-Managements und bei größeren Anpassungen auch des Release-Managements zu achten.

Sobald der Fehler erkannt und behoben wurde, muss der ETL-Prozess, also der Ladevorgang des DWH, nochmals durchgeführt werden. Dies ist notwendig, da die möglichen Fehler additiv auftreten können, d.h. ein Fehler mehrere Ursachen haben kann. Nach der erneuten Durchführung des ETL-Prozesses muss überprüft werden, ob die Daten nun vorhanden sind. Ist dies nicht der Fall, muss eine erneute Fehleranalyse stattfinden. Ansonsten ist die Änderung abzuschließen und gegenüber der Fachabteilung zu kommunizieren, dass die Datenbewirtschaftung nun wieder funktioniert.

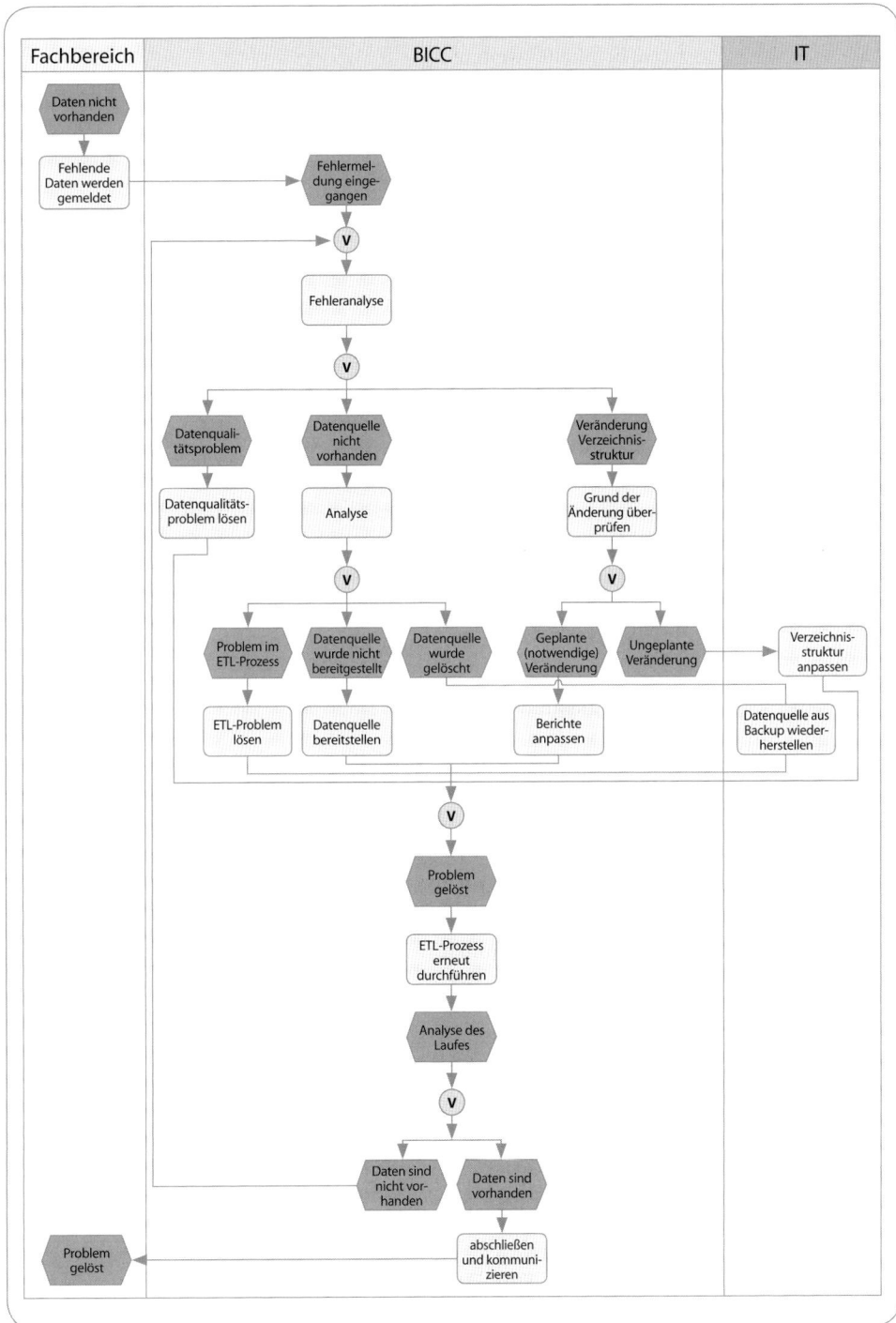

Abb. 82: Datenbewirtschaftungsprozess

Die hier beschriebene Vorgehensweise kann nach ITIL als ein Teil des Incident-Managements (vgl. Abbildung 81 in Abschnitt 6.2.2 Ereignis „ETL-Problem" und Funktion „ETL-Problem lösen") verstanden werden. Aufgrund der Bedeutung der Datenbewirtschaftung für den BI-Prozess und der Überschneidung mit weiteren ITIL-Prozessen wird dieser hier separat dargestellt. In der Praxis und bei umfassender Modellierung für ein BICC würde das Incident-Management in der Datenbewirtschaftung eine Detaillierung, also einen Teilprozess des allgemeinen Incident-Managements für BI darstellen und sich an entsprechender Stelle in Abbildung 81 im Prozessbild einfügen. Die Fehleranalyse und der Prozessabschluss würden dann integriert im BI-Incident-Management erfolgen.

6.2.4   Metadatenmanagement

Anders als beim Incident-Management gibt es in ITIL V3 keinen Prozessvorschlag, der unmittelbar herangezogen werden könnte, um damit das Metadatenmanagement für BI abzubilden, da es sich hierbei nicht um eine eigentliche Betriebsaufgabe handelt. Wie in Kapitel 2 im Kontext der DWH-Referenzarchitektur geschildert,[273] besteht der Bedarf, Kenntnis über die Metadaten und ihre Zusammenhänge zu erhalten, z.B. um Auswirkungs- oder Abhängigkeitsanalysen über alle Schichten der BI-Landschaft durchführen zu können. Leider ergeben sich die notwendigen Metadaten noch nicht vollständig automatisch, insofern sind Aktivitäten zum Aufbau und zur Pflege von Metadaten nötig. Diese Aktivitäten erstrecken sich über mehrere Prozesse, zum Beispiel Metadateninventur, Metadatenanpassung, Metadatenanalyse.

Anhand der unterschiedlichen Aktivitäten lässt sich auch ermitteln, welche ITIL-Prozesse sinnvoll genutzt oder adaptiert werden könnten, um aktives Metadatenmanagement zu betreiben. Metadaten sind – so die Definition – Daten über Daten. Dies liegt zudem im Auge des Betrachters, ist also kontextabhängig. In Bezug auf BI sind Metadaten fachliche und technische Kollateralinformationen, so z.B. die Definition einer Kennzahl, die organisatorische Verantwortung für die Datenqualität in einem Bericht, die Herkunft und Berechnungslogik für einen Wert in einer Analyse, die Aktualität einer Datenmenge, die Laufzeit eines ETL-Jobs etc. Einige dieser Metadaten lassen sich nicht automatisiert ermitteln – häufig aufgrund technischer Restriktion oder aus Kosten-Nutzen-Erwägungen –, hier ist aktives Metadatenmanagement gefordert.

Die Herkunft und der Umgang mit Metadaten geben Aufschluss darüber, in welchen anderen BI-Prozessen Metadaten entstehen und manipuliert werden, und insofern auch darüber, welche generischen ITIL-Prozesse ggf. als Basis für eine Adaption genutzt werden können. Eine Vielzahl an Metadaten entsteht beispielsweise im Rahmen der Entwicklung von BI-Lösungen, denn hier wird definiert, welche Datenquellen herangezogen werden, wie die Aggregationslogik ist, in welchen Berichten welche Ergebnisse wann und in welcher Form präsentiert werden. Metadaten ergeben sich auch aus der Dokumentation der BI-Entwicklung. Dies beginnt ggf. bereits mit der Anforderungsstellung durch einen Fachanwender, der durch Definition einer neuen Kennzahl seine Anforderung beschreibt. Aber auch im Rahmen der fortlaufenden Dokumentation (auch von Kennzahlen, die bereits im Einsatz sind) fallen Metadaten an. Schlüsselaktivitäten sind also Dokumentation und Kommunikation, typische Disziplinen von Knowledge-Management. Die unterschiedlichen Prozesse aus dem ITIL-

---

[273] Vgl. S. 54 ff.

Modul Service Transition, so z.B. Change-Management, Release-Management, Service Asset und Configuration-Management und insbesondere das Knowledge-Management mit dem Architekturvorschlag für ein Service-Knowledge-Management-System bieten Anhaltspunkte zur Gestaltung eines Metadatenmanagement-Prozesses, wie dieser in Abbildung 83 vereinfacht dargestellt wird.

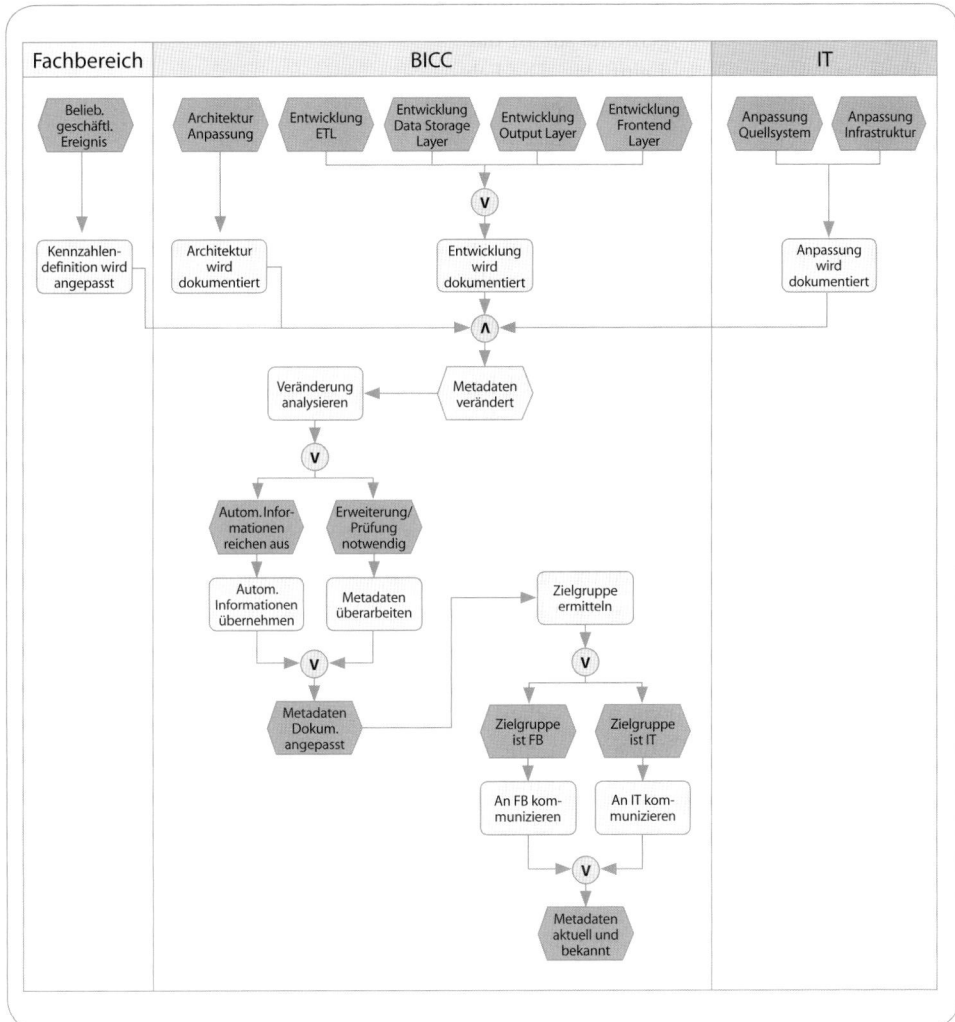

▲ Abb. 83: Metadatenmanagement-Prozess

Auslöser des Prozesses können unterschiedliche Ereignisse sein, die zur Änderung von Metadaten führen, z.B. durch Kennzahlendefinition, Architekturanpassung, Entwicklung und Anpassung der IT-Systeme. Diese Veränderungen werden dahingehend analysiert, ob die automatisch generierten Metadaten (z.B. aus Datenmodellen, Source-Code, Werkzeug-Repositories) ausreichend sind. Ist das nicht der Fall, müssen diese überarbeitet werden. Nachdem die Metadatendokumentation, z.B. in einem spezifischen Repository, abgeschlossen ist, muss die zielgruppengerechte Kommunikation vorgenommen werden. Diese ist hier nur verkürzt dargestellt. Hier können unterschiedliche Medien und Verfahren – aktiv oder passiv – zum Einsatz kommen, und ggf. wird in bestimmten Fällen auch ein Coaching-Prozess angestoßen.

6.2.5 Abstimmungsprozess für das übergreifende IT-Architekturmanagement

Das IT-Architekturmanagement hat die Aufgabe, die Architektur der betrieblichen Informationssysteme hinsichtlich der IT-Strategie auszurichten. Ein BICC kann die BI-Architektur in der Regel nicht ohne Abstimmung mit dem IT-Architekturmanagement, das die Gesamtarchitektur steuert, festlegen, sondern muss die gegenseitigen Beeinflussungen berücksichtigen. Ein üblicher Prozess in Unternehmen zur Sicherstellung der richtigen Ausrichtung neuer Projekte bzw. Initiativen ist die Definition sogenannter Quality Gates. Diese müssen im IT-Lebenszyklus von der Projektentstehung bis zur Realisierung und Übergabe in den Betrieb durchlaufen werden. In mindestens einem Quality Gate sollte die Architektur überprüft werden.

Der Abstimmungsprozess für das übergreifende Architekturmanagement wird im Beispiel in Abbildung 84 als bilateraler Prozess zwischen BICC und IT dargestellt. Fachbereiche haben im Normalfall keinen direkten Einfluss auf die IT-Architektur, sofern die typische Rollentrennung besteht. Das BICC definiert Projekte auf Basis der Anforderungen, die beispielsweise aus der kontinuierlichen Aktualisierung der BI-Strategie heraus offensichtlich werden. Innerhalb des BICC wird zunächst geprüft, ob das Projekt relevant für eine übergreifende Architekturprüfung ist. Kriterien hierfür können u.a. das geplante Projektvolumen oder die Veränderung oder der Neuaufbau von Systemen sein. In der Regel stellt das IT-Architekturmanagement hierfür Richtlinien bereit, die eine klare Bewertung der Projekte ermöglichen. Sollte das neue Projekt in diese Kategorie fallen, muss die Abstimmung entsprechend dem IT-Vorgehensmodell vorbereitet werden. Basis hierfür sind meist vorbereitete Templates oder Checklisten. Typische Fragen, die beantwortet werden müssen, sind z.B.:

> Wie fügt sich die neue Anwendung bzw. das neue System in die bestehende Landschaft ein?
> Gibt es funktionale oder inhaltliche Überlappungen zu bestehenden Anwendungen oder Systemen?
> Welches sind die wichtigsten Geschäftsdaten, die die Anwendung benötigt?
> Welche eingehenden bzw. ausgehenden Schnittstellen werden geschaffen?

Im nächsten Schritt wird das Projekt durch ein Steuerungsgremium geprüft, im Beispiel als Architekturboard bezeichnet. Wenn die Prüfung positiv ausfällt, kann das Projekt in die BI-Roadmap eingeordnet werden und nach der Reihenfolge in der Roadmap realisiert werden. Sollte die Prüfung negativ ausfallen, müssen Aspekte des Projekts neu überdacht werden.

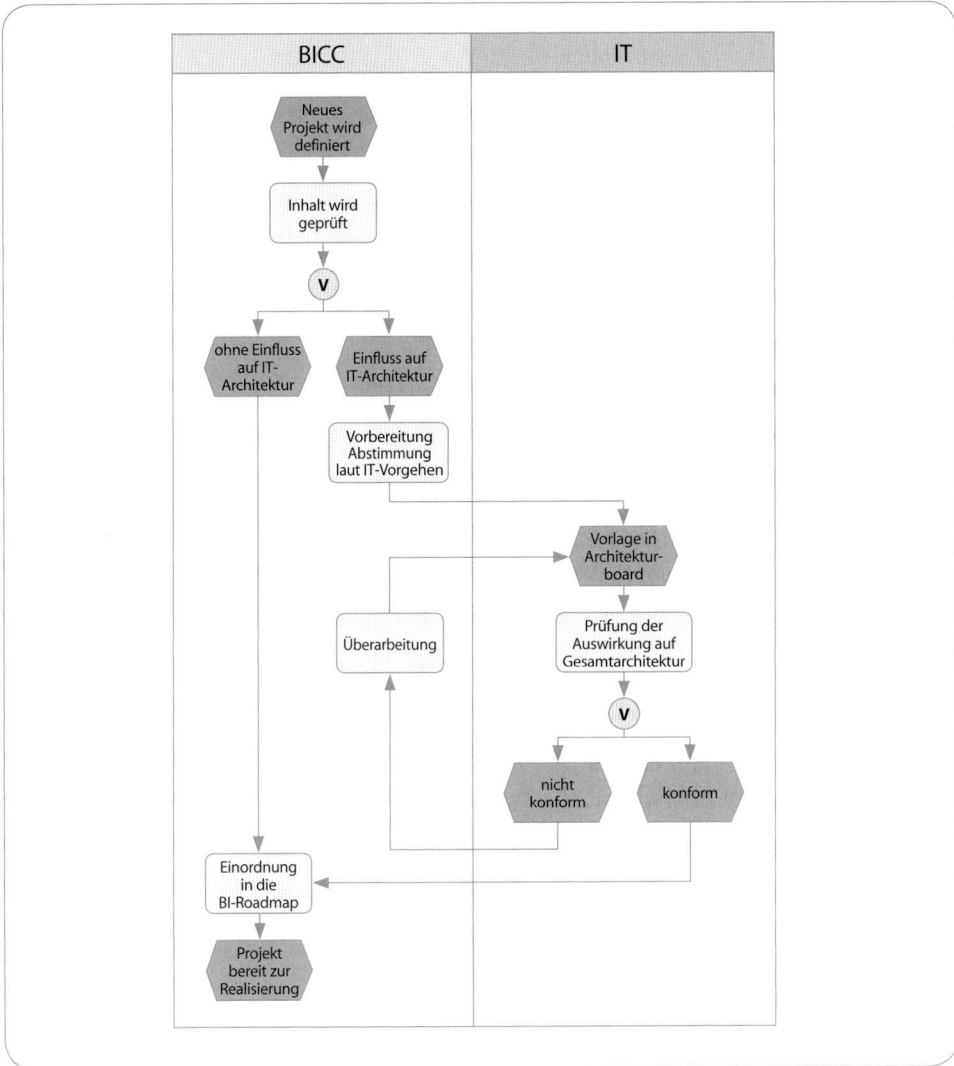

▲ Abb. 84: Abstimmungsprozess für das übergreifende Architekturmanagement

6.3   Anwendbarkeit der vorgestellten Prozesse

Schlecht genutzte BI-Anwendungen bzw. eine mangelnde Anwenderzufriedenheit mit BI resultieren nicht selten aus unpassend gestalteten BI-Prozessen. Eine strukturierte Gestaltung inklusive einer ausführlichen Dokumentation der BI-Prozesse ist eine wesentliche Arbeitsgrundlage für ein BICC. Selbst wenn die Prozesse nicht durch das BICC durchgeführt werden, ist die Definition und Abstimmung der Prozesse dennoch eine wichtige Aufgabe für ein BICC.

Es wurde aufgezeigt, dass sich ITIL grundsätzlich für die Gestaltung von BI-Prozessen eignet. Da sich ITIL allerdings auf Services rund um den Betrieb von IT-Lösungen fokussiert, wurden auch die Grenzen deutlich: Prozesse mit starkem Fachbezug bzw. Prozesse, die sich nicht unmittelbar auf den IT-Betrieb beziehen, sind nicht über ITIL herleitbar. Weiterhin ist das in dieser Publikation vorgestellte Rollenkonzept für ein BICC nicht hundertprozentig deckungsgleich mit den von ITIL vorgeschlagenen Rollen. Dennoch liefert ITIL eine gute Orientierung für betriebsnahe BI-Aufgaben.

Die vorgestellten Prozesse sind als Ideen für anwendende Unternehmen zu verstehen und können als Diskussionsbasis bzw. als Referenz genutzt werden. Sie müssen in der Regel allerdings für das jeweilige Anwendungsszenario angepasst werden.

7   Betrieb und Anpassung eines BICC

Nach der Darstellung eines Modells für die Organisation eines BICC und seiner Einführung zum Aufbau eines BICC sowie der Adaption von ITIL für die Ablauforganisation eines BICC und von BI-Prozessen im Allgemeinen stehen in diesem Kapitel der Betrieb eines BICC und die eventuell nötigen Anpassungen im Mittelpunkt, wodurch das in Kapitel 5 entwickelte Modell, der spezifische Rahmen der organisatorischen Änderungen für ein BICC,[274] abgerundet wird, wie in der Abbildung 85 ersichtlich.

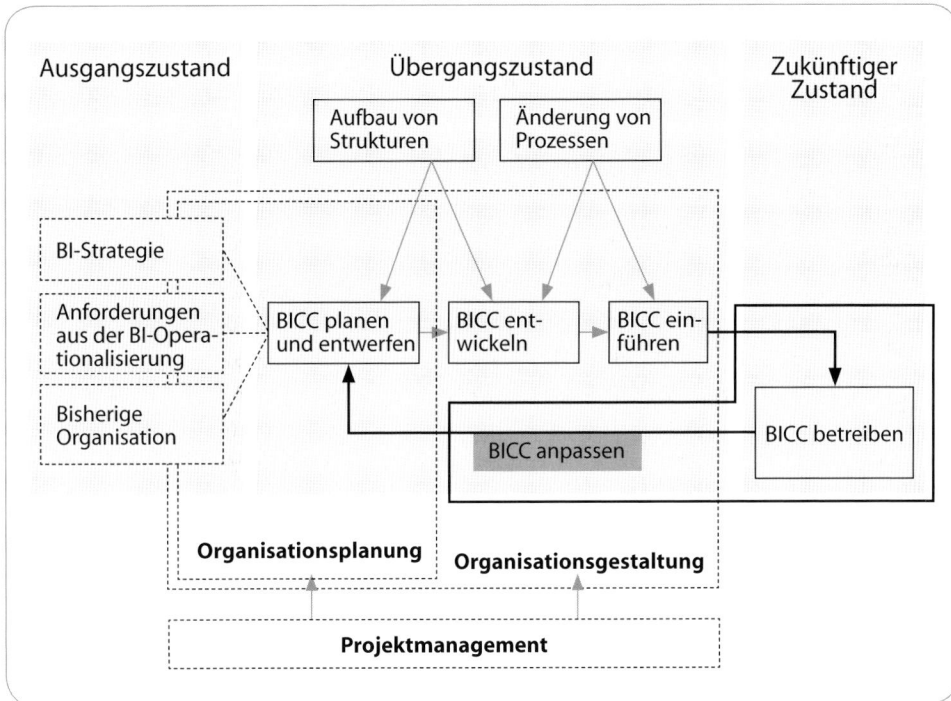

Abb. 85: Ein etabliertes BICC betreiben und ggf. anpassen

Die ersten beiden Kapitelabschnitte widmen sich dem Betrieb und den dafür notwendigen Vereinbarungen und Steuerungsinstrumenten. Der letzte Abschnitt vollendet das Organisationsmodell aus Kapitel 5, sodass sich dieses Kapitel wie folgt aufbaut:
> 7.1 Leistungsvereinbarungen und Leistungsverrechnung
> 7.2 Controlling
> 7.3 Anpassung

7.1   Leistungsvereinbarung und Leistungsverrechnung

Die Ausgestaltung einer BI-Organisation, z.B. in Form eines BICC mit entsprechender Aufbauorganisation und BI-Prozessen, definiert in großen Teilen, welche Arten von Leistungen durch ein BICC erbracht werden, ob ein BICC z.B. auch Betriebsaufgaben übernimmt oder

274 Vgl. Abbildung 60.

lediglich beratend tätig wird.[275] Dadurch ist jedoch eine Leistungsverpflichtung nur bedingt definiert.[276] Ein BICC agiert ja im Unternehmenskontext als Leistungserbringer, und für den Leistungsbezieher muss klar erkennbar sein, welche Leistungen in Form einzelner und andauernder Dienste in welcher Qualität erbracht werden sowie welche Kosten (in der Regel in Form einer Leistungsverrechnung) dafür mittelbar oder unmittelbar entstehen. Entsprechende Modelle und Verfahren für die Vereinbarung und Verrechnung von Leistungen sind in der IT bereits seit Jahren etabliert, wie auch entsprechende Untersuchungen zeigen. In vielen Unternehmen werden die IT-Kosten verrechnet.[277] So wurden 2002 etwa 50 % der Kosten über den Gemeinkostenschlüssel, gut ein Drittel über eine verursachungsgerechte Leistungsverrechnung, etwa ein Viertel über Leistungsvereinbarungen und fast ein Siebtel nach Anzahl der Geschäftsvorfälle abgerechnet (vgl. Abbildung 86).[278]

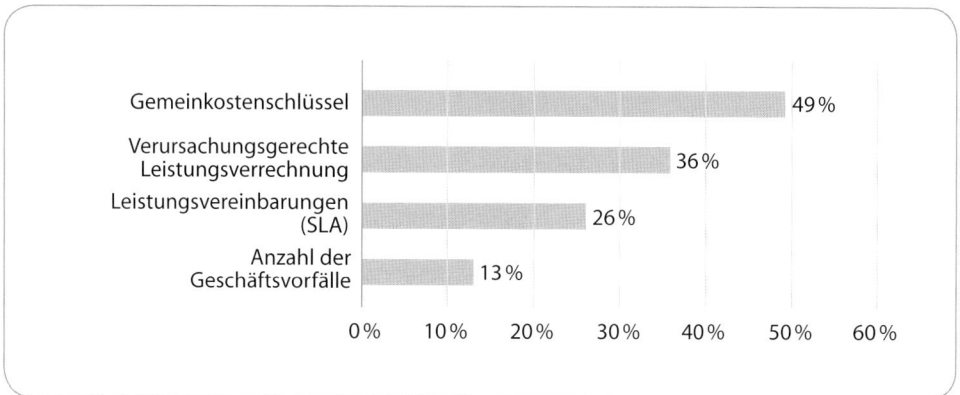

Abb. 86: Verrechnung von IT-Leistungen in Deutschland[279]

Es ist naheliegend, existierende Verrechnungsmodelle auch auf ein BICC zu übertragen, das bestimmte BI-Services erbringt. Anders als bei rein IT-bezogenen Ansätzen müssen die entsprechenden Leistungsvereinbarungen und -verrechnungen auch fachliche Aspekte jenseits der IT-Services berücksichtigen.

Sofern die Kosten und Leistungen eines BICC nicht systematisch erfasst werden, kann keine betriebswirtschaftliche Planung, Steuerung und Kontrolle stattfinden. Daher ist ein Zustand anzustreben, der eine Planung, Steuerung und Kontrolle über Bezugsgrößen erlaubt, u. a. auch um den strategischen Beitrag zu ermitteln, denn BICC und BI-Strategie sollen ja die Unternehmensstrategie unterstützen.

7.1.1   Leistungsvereinbarung durch Service Level Agreements

Basis für die Kostenbelastung und die kostenorientierte Steuerung eines BICC sind Leistungsvereinbarungen (Service Level Agreements, SLA).[280] Darunter versteht man die detaillierten Vereinbarungen über die termingerechte Erbringung von Leistungen in vereinbartem

---

[275] Vgl. Abschnitt 4.7.

[276] Wie in Abschnitt 5.2.4 verdeutlicht, beeinflusst das Arbeitspensum den Personalzuschnitt, insofern ergibt sich dadurch mittelbar das BICC-Leistungsvermögen und indirekt eine gewisse Leistungsverpflichtung.

[277] Vgl. Gadatsch/Mayer 2006, S. 153 f.

[278] O.V. 2002, S. 14.

[279] O.V. 2002, S. 14 sowie Gadatsch/Mayer 2006, S. 154.

[280] Vgl. Gadatsch/Mayer 2006, S. 154 f.

Umfang und vereinbarter Qualität zu festgelegten Kosten.[281] Zielsetzung ist es hierbei, das Verhältnis zwischen Auftragnehmern und Auftraggebern in einem bestimmten Rahmen zu definieren.

Abbildung 87 visualisiert in grafischer Form die Beziehungen hinsichtlich der Leistungsvereinbarungen. Externe SLAs regeln das Zusammenspiel zwischen Unternehmensbereichen oder Abteilungen und externen Auftragnehmern. Eine solche Konstellation ergibt sich, wenn eine Fachabteilung oder eine IT-Abteilung BI-Services extern vergibt, ebenso wenn ein BICC Leistungen extern bezieht. Je nach Typ kann ein BICC ja auch nur beratend tätig sein, es schließt in diesem Fall also selbst keine SLAs mit externen Auftragnehmern ab, sondern berät andere Abteilungen bei der Ausgestaltung ihrer SLAs. Auch die organisatorische Verankerung eines BICC bestimmt das Verhältnis zwischen Auftraggeber und Auftragnehmer und die Ausgestaltung von SLAs. Wie in Abschnitt 4.6.4 geschildert, ist es durchaus denkbar, ein BICC zu externalisieren oder konzernübergreifend anzusiedeln. Auch in diesen Fällen sind externe SLAs hilfreich, um die Verhältnisse klar zu definieren, insofern ist auch das sogenannte „Retained"-BICC[282] ein typischer Fall, in dem das BICC maßgeblich bei der SLA-Gestaltung berät.

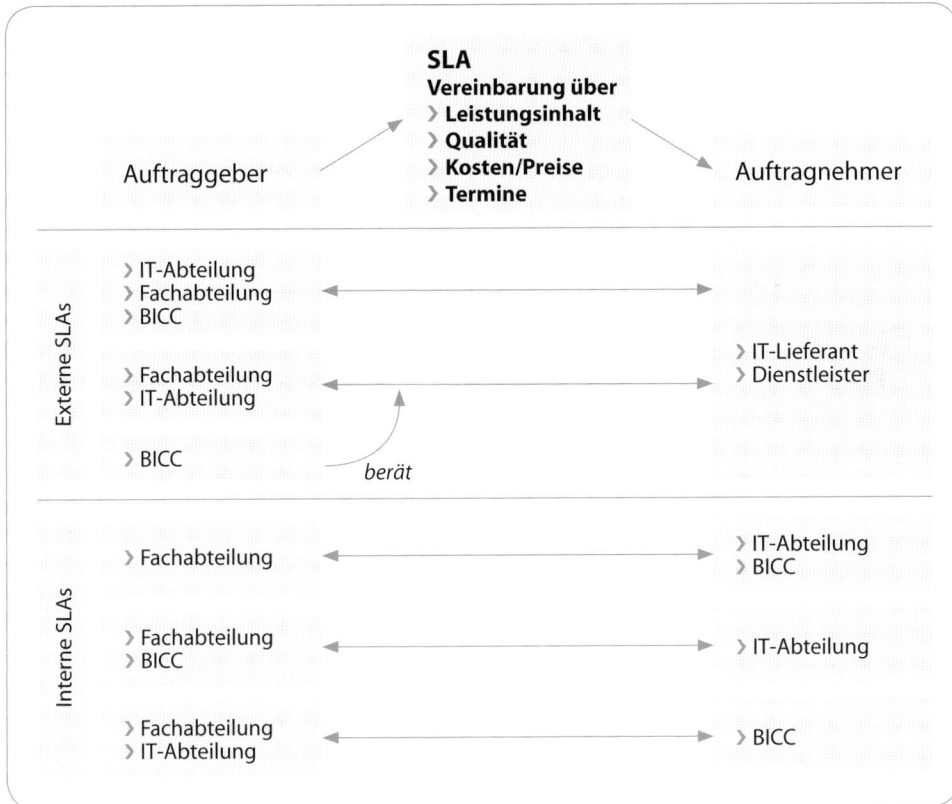

▲ Abb. 87: Konzept der Leistungsvereinbarungen[283]

---

[281] Gadatsch/Mayer 2006, S. 195.

[282] Unter der „Retained Organization" wird die im Unternehmen verbleibende Rest-Organisation nach einem Outsourcing verstanden. Dieser Rest nimmt in der Regel vor allem steuernde und koordinierende Aufgaben zwischen den unternehmensinternen Auftraggebern und den externen Dienstleistern wahr.

[283] In Anlehnung an Gadatsch/Mayer 2006, S. 195.

Bei internen Leistungsvereinbarungen wird das Verhältnis zwischen BICC und Fachabteilung sowie ggf. BICC und IT-Abteilung geregelt (das BICC kann auch Auftragnehmer der IT sein, z. B. wenn ein BICC bei IT-Projekten beratend zur Seite steht). Bei externen Leistungsvereinbarungen können BICC, der IT-Bereich oder die Fachabteilung als Auftraggeber agieren, die Auftragnehmer sind dann beispielsweise externe IT-Dienstleister.

IT-fokussierte Modelle für die Leistungsverrechnung unterscheiden zudem zwischen Service Level Agreements und Operational Level Agreements (OLAs), Absicherungen eines SLA, z. B. dahingehend, dass verschiedene IT-Bereiche dazu beitragen, ein SLA zu erfüllen. Dies wäre aus Sicht eines BICC dann der Fall, wenn ein BICC selbst mit einer Fachabteilung ein SLA abschließt, dieses jedoch durch entsprechende Vereinbarungen z. B. mit der IT-Betriebsabteilung absichert, um beispielsweise die Systemverfügbarkeit eines BI-Systems auch durch die Verfügbarkeit der dafür nötigen Infrastruktur zu gewährleisten.

7.1.2   Definition der Leistungen durch einen Leistungskatalog

Grundsätzlich kann ITIL (vgl. Kapitel 6) Anwendung im BI-Bereich finden. Hierfür ist wie in Abschnitt 6.1.6 eine entsprechende Prozessadaption erforderlich. So ist bei Änderungen an unternehmensweit einheitlichen Standardberichten oder am Datenmodell z. B. die Anwendung des Change-Management-Verfahrens als sinnvoll anzusehen. Der Selbstbedienungsgedanke sollte jedoch beim Ad-hoc-Reporting nicht durch organisatorischen Overhead behindert werden.

Für die Verrechnung der Leistungen eines BICC müssen entsprechende Voraussetzungen geschaffen werden. So müssen zur Leistungsverrechnung die „Produkte" definiert sein und Preise dafür ermittelt werden können. Hierin besteht der wesentliche Unterschied zwischen operativer IT und BI. Einerseits unterscheiden sich „BI-Produkte" wesentlich von denen der operativen Welt. So stehen hier Informationen im Mittelpunkt, die für Entscheidungsprozesse benötigt werden. Andererseits fällt es im mehrstufigen BI-Prozess schwer, die Kosten für eine Information zu bestimmen, ganz abgesehen von der nicht trivialen Nutzenbestimmung von Informationen. Auch werden für BI-Anwendungen Infrastruktur und Software meist bereichsübergreifend genutzt, sodass eine direkte Kostenzuordnung nicht möglich ist.[284]

Je nach Ausgestaltung eines BICC sind dessen Leistungen eher Beratungsprodukte oder andauernde Tätigkeiten, z. B. zum Betrieb einer BI-Infrastruktur, und entsprechend muss auch das Leistungsverzeichnis differenziert aufgebaut werden. Bestimmte andauernde Leistungen, die Bereitstellung der BI-Infrastruktur o. Ä., werden in der Regel anders verrechnet als beispielsweise sehr individuelle Coachings oder Projektbeteiligungen.[285] Zudem stellt sich bezüglich der Leistungen generell die Frage, für wen diese erbracht werden. In bestimmten Fällen (Projektbegleitung, Training, Coaching) sind die Leistungen zuzuordnen, in anderen Fällen (Performance-Überwachung, ETL-Monitoring, Architekturdefinition) ist dies nur mit erheblichem Aufwand oder gar nicht möglich. Ein entsprechender Leistungskatalog sollte dennoch alle Leistungen eines BICC aufführen, sowohl die Leistungen, die gemeinschaftlich in Anspruch genommen werden, als auch die Leistungen, die individuell bezogen werden.

---

[284]   Vgl. Klesse 2008, S. 232.
[285]   Mögliche Verrechnungsmodelle werden im folgenden Abschnitt dargestellt.

Letztlich stellt auch ein Leistungskatalog ein Binnenmarketinginstrument[286] dar, mit dem der Wert des BICC vermittelt werden kann. Je nach Art der Leistung erfolgt die Erbringung proaktiv durch das BICC oder reaktiv, wenn ein bestimmter Geschäftsvorfall eintritt.

ITIL als serviceorientiertes Rahmenwerk bietet ebenfalls einen Ansatz, Leistungen zu definieren und einen Leistungskatalog aufzubauen, und zwar mit dem Service Catalogue Management,[287] das entsprechende Verfahrensansätze zum Aufbau, zur Pflege und zur Kommunikation eines Leistungskatalogs beinhaltet. Eine geeignete Basis in diesem Ansatz ist zudem die Differenzierung zwischen eher technisch und eher fachlich orientierten Services. Die Berücksichtigung dieser Differenzierung ist gerade für ein BICC sinnvoll, das sowohl technische als auch fachliche Leistungen und zudem die Kombination aus beidem erbringt. In Summe ergibt sich eine Vielzahl unterschiedlicher Kriterien, nach denen ein entsprechender Leistungskatalog aufgebaut oder gegliedert werden kann, wie in Abbildung 88 dargestellt. Dazu kommen zahlreiche BI-spezifische Gliederungsmerkmale (z. B. eine architektonische Differenzierung Backend- vs. Frontend-Leistungen), die hier nicht im Detail dargestellt werden. Schließlich bietet auch die BICC-Organisation einen Ansatz zum Aufbau des Leistungskatalogs. Hier sind zum Beispiel die Funktionen eines BICC ein sinnvolles Gliederungskriterium.

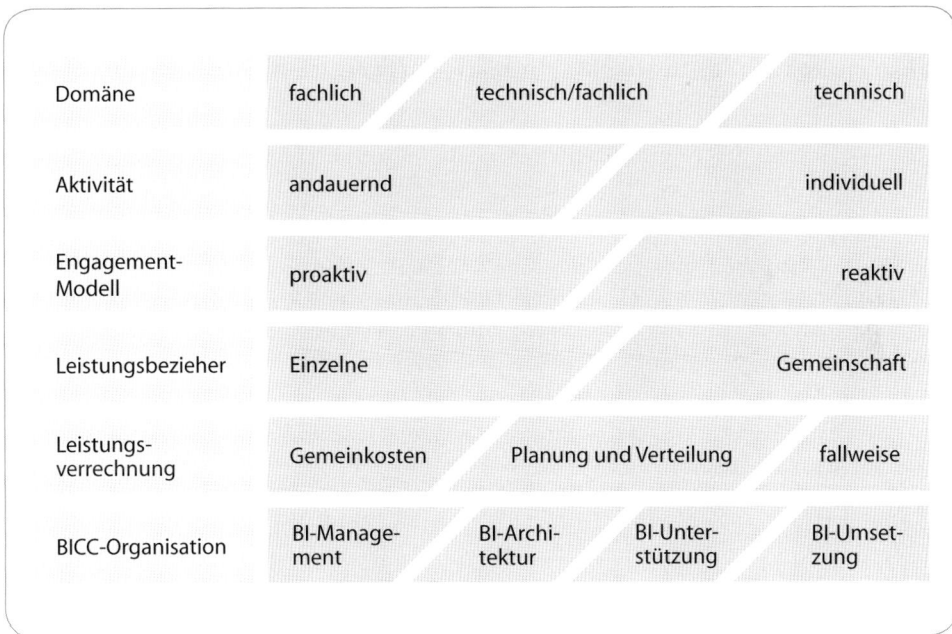

Domäne	fachlich	technisch/fachlich		technisch
Aktivität	andauernd			individuell
Engagement-Modell	proaktiv			reaktiv
Leistungsbezieher	Einzelne			Gemeinschaft
Leistungs-verrechnung	Gemeinkosten	Planung und Verteilung		fallweise
BICC-Organisation	BI-Manage-ment	BI-Archi-tektur	BI-Unter-stützung	BI-Umset-zung

▲ Abb. 88: Kontinuum der Gliederungsaspekte für einen Leistungskatalog

---

286 Evtl. ungewöhnlich, aber vorstellbar ist es, die üblichen Marketinginstrumente auch hier einzusetzen, z. B. Promotion, Preispolitik, um eine strategisch gewünschte Nutzung des BICC zu fördern.

287 Vgl. Abschnitt 6.1.2 und Taylor 2007b, S. 60 ff.

Das folgende Beispiel stellt die Gestaltung und Anwendung eines Leistungskatalogs auszugsweise dar.

Das BICC eines Industriekonzerns mit mehreren verteilten Standorten in Europa ist als Anwendungscenter[288] ausgeprägt. Allerdings werden in diesem Anwendungscenter auch vielfältige Betriebsaspekte bearbeitet, denn insbesondere die Sicherstellung der Datenversorgung des DWH obliegt nicht dem IT-Betrieb im Rechenzentrum. Unterschiedlichste BI-Anwendungen sind seit langem etabliert und die Weiterentwicklung erfolgt projektorientiert außerhalb des BICC durch interne und externe Entwicklungsteams. Die Kernaufgaben des BICC liegen daher im fachlichen und technischen Support und im Besonderen darin, die komplexe Datenversorgung für das DWH, auf dem zahlreiche (zum Teil auch operativ genutzte) BI-Anwendungen fußen, sicherzustellen. Dazu werden vielfältige proaktive und reaktive Services erbracht. Die Kostenverrechnung erfolgt nahezu vollständig durch Gemeinkostenverteilung, lediglich die Umsetzung von Change Requests wird explizit ausgewiesen und intern in Rechnung gestellt. Die Hauptgliederungsaspekte der Leistungen sind:

> **Aktivität** verbunden mit **Engagement-Modell:** Konkret wird zwischen „Continuous Services" und „Requested Services" unterschieden.

> **Leistungsbezieher:** Im Leistungskatalog wird aufgeführt, welche Leistungen für welche Teilorganisationseinheiten (Teams, Standorte) erbracht werden.

> **Domäne:** Die einzelnen Detailservices werden hier dargestellt, so z. B. Proactive ETL-Monitoring, Individual Load, Data Quality Reporting, Report Production, Report Publishing etc.

Als Medium zur Abbildung des Leistungskatalogs des Anwendungscenters wird ein Web-Portal genutzt. Das Portal stellt darüber hinaus auch Informationen über den Systemstatus und die erbrachten Leistungen zur Verfügung. Somit werden Leistungsvereinbarungen und tatsächlich erbrachte Leistungen direkt in einen Zusammenhang gebracht. Der BI-Anwender kann so aus dem Leistungsverzeichnis direkt zu einzelnen Sub-Systemen navigieren, beispielsweise zu den Datenqualitätsberichten, den Statistiken der ETL-Ladeläufe, zum Issuetracking etc.

7.1.3   Möglichkeiten der Leistungsverrechnung

Die Möglichkeiten einer Leistungsverrechnung beim BICC sind komplex, denn vielfältige Faktoren (z. B. Domäne, Aktivität, Leistungsempfänger, Engagementmodell) und letztlich auch der (interne) Aufwand zur Erbringung einer Leistung müssen bei der Gestaltung eines passenden, gerechten Leistungsverrechnungsmodells berücksichtigt werden. Um ein tragfähiges Modell zu konstruieren, empfiehlt sich daher ein methodisches Vorgehen: Eine bei Klesse 2007 dargestellte Methode lässt sich grob in folgende Phasen untergliedern, wobei teilweise auch in die vorherige Phase zurückgesprungen werden kann (vgl. Abbildung 89).[289]

Die einzelnen Phasen können hier nur grob umrissen werden:

In **Phase 1** werden zunächst grundsätzliche Entscheidungen für die Gestaltung der Leistungsverrechnung getroffen. Hier wird beispielsweise definiert, nach welchen Kriterien das Leistungsverzeichnis aufgebaut sein soll und welche Rahmenbedingungen zur Leistungsverrechnung gegeben sind, z. B. ob bereits Verrechnungsmodi existieren, die angepasst und genutzt werden können.

---

[288]   Vgl. Abschnitt 4.7.4.
[289]   Vgl. Klesse 1997, S. 243 ff., sowie Klesse 2008, S. 245 ff.

Phase 1: Vorgaben

Phase 2: Ist-Analyse

Phase 3: Definition der Produkte und sichtbarer
          Komponenten

Phase 4: Erstellung des internen Leistungs- und
          Kostenmodells

Phase 5: Planung und Kalkulation
          (kontinuierlich)

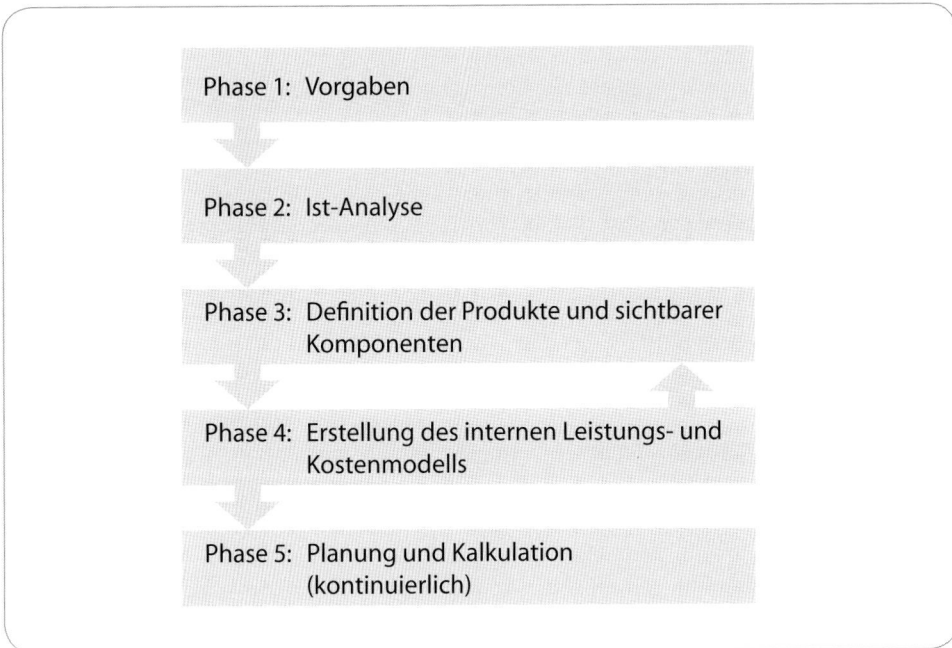

Abb. 89: Leistungsverrechnung nach Klesse[290]

In **Phase 2,** der Ist-Analyse, wird ein Überblick über die in der Leistungsverrechnung zu berücksichtigenden Elemente geschaffen. Wichtige Elemente aus Sicht des BICC sind sicher die eigenen Services und Produkte (Beratungspakete, Coaching-Programme o. Ä.), aber auch die Empfänger, also die Kunden des BICC. Nicht immer ist nämlich sofort offensichtlich, wer die (internen) Abnehmer sind. In dieser Phase sollte auch geklärt werden, welche Fremdleistungen zur Erbringung der eigenen Services erbracht und ggf. durch OLAs abgesichert werden müssen.

In **Phase 3** erfolgt die Definition der Kundenschnittstelle. Hierbei werden die Produkte und die Leistungsvereinbarungen definiert und die entsprechenden Preis- und Abrechnungsmodelle festgelegt. In dieser Phase beschreibt das BICC die eigenen Leistungen für die internen (ggf. sogar externen) Abnehmer in aussagekräftiger Form. Nicht alle Angebote müssen dabei sofort zur Verfügung stehen, aber die Angebote (Leistungen) sollten nach einem identischen Konzept formuliert sein.

Ziel der **Phase 4** ist die Erstellung eines internen Leistungs- und Kostenmodells, auf dessen Grundlage die Kostenermittlung der Produkte erfolgen kann. Damit ist das Konzept des Verrechnungssystems abgeschlossen. Das Kostenmodell im BICC sollte beispielsweise aufzeigen, welche Kostentreiber in die Kalkulation einfließen, welche Auswirkungen z. B. der Einsatz von Fremdleistungen auf die Kostenstruktur hat oder welche (Prozess-)Kennzahlen herangezogen werden, um das Kostenmodell mit tatsächlichen Basisdaten zu hinterlegen, damit mittelfristig auch das Kostenmodell, das im ersten Entwurf zunächst mit Annahmen (Schätzungen) formuliert wurde, angepasst werden kann.

290 Vgl. Klesse 2008, S. 46.

Für den Betrieb, wie in **Phase 5** (Planung und Kalkulation) dargestellt, sind entsprechende Prozesse notwendig, die eine Planung der Eigenschaften und Preise der Produkte erlauben. Hierzu gehört es auch, dass (anhand des in Phase 4 erstellten Kostenmodells) eine Messung und Bewertung der tatsächlichen Kosten im BICC erfolgt.[291]

7.1.4 Budgetierung des BICC

Am Ende von Abschnitt 4.6.5 wurde bereits kurz die Budgetierung eines BICC betrachtet und darauf eingegangen, ob ein BICC als Profit- oder als Cost Center gestaltet werden kann. Ein internes BICC wird in der Regel als Cost Center geführt, daher wird im Folgenden von einem Cost-Center-Gedanken ausgegangen.

Die Art der Kosten- und Leistungsrechnung für ein BICC als Cost Center hängt von unterschiedlichen Faktoren ab. Zunächst einmal gilt auch hier, gleich der allgemeinen Organisation eines BICC, dass möglichst keine Sonderwege beschritten werden sollten, sondern etablierte Verrechnungs- oder Budgetierungsverfahren auch für ein BICC genutzt werden sollten. Je nach BI-Strategie ist es jedoch vorstellbar, dass die Leistungen und Dienste eines BICC nicht unbedingt vorbehaltlos und freiwillig angenommen werden und insofern jedes Argument, so auch Kostenvermeidung, herangezogen wird, um die Inanspruchnahme interner Dienstleistungen zu vermeiden. Ein Finanzierungsmodell für ein BICC sollte dies berücksichtigen.

Verteilung über Gemeinkosten

Ein möglicher Ansatz, zentrale Abteilungen und deren Leistungen zu finanzieren, ist die Verteilung der Kosten in Form von Gemeinkosten. Ein BICC ist vom Ansatz her abteilungsübergreifend ausgelegt, die Finanzierung durch Verteilung auf die Allgemeinheit insofern naheliegend. Fraglich ist allerdings der Verteilungsschlüssel. Der Nutzen von BI wird sicherlich nicht gleich verteilt, z.B. berechnet auf die Mitarbeiteranzahl, in den unterschiedlichen Fachabteilungen anfallen. Abteilungen, die intensiv vom BICC profitieren, freuen sich über die Leistung zu „geringen" Kosten, Wenignutzer beklagen den aus ihrer Sicht ungerechtfertigt hohen Kostenblock.

Doch auch aus Sicht des BICC ist die Verteilung nicht nur vorteilhaft. Sofern die eigenen Dienste nicht klar beschrieben und bepreist sind, ist der Wert der individuellen Leistungsbausteine schwer ermittelbar, darüber hinaus auch nicht mit externen vergleichbar. Im Falle der Ausgliederung oder Weiterentwicklung zum externen BICC steht dann ein größeres Projekt an, das beispielsweise Leistungsvereinbarungen erarbeitet. Außerdem besteht die Gefahr der Kostensenkung im Zuge eines allgemeinen Sparprogramms, gerade bei Gemeinkosten, insbesondere dann, wenn der individuelle Leistungsbezug nicht direkt herzustellen ist. Ein ähnliches Problem ergibt sich, wenn ein interner Kunde, eine Abteilung oder Division, die bisher über Gemeinkosten belastet wurde, ausfällt, z.B. im Rahmen einer Umstrukturierung. Der ausfallende Gemeinkostenanteil ist leicht ermittelbar, schwierig ist es jedoch, festzustellen, welche detaillierten Leistungen durch das BICC nun nicht mehr erbracht werden müssen, welche Kosten in der Leistungserbringung entfallen. Insgesamt sind Kosten wie Nutzen nicht hinreichend transparent und die operative Steuerung wird erschwert.

---

291 Vgl. Klesse 2008, S. 246 ff.

Außerdem trägt der Gemeinkostenblock auch nicht zum Kostenbewusstsein bei Nutznießern des BICC bei, sodass unter Umständen Fachabteilungen dazu neigen könnten, Aufwände ins BICC zu verlagern. In der Praxis hat sich gezeigt, dass dann auch einfache Ad-hoc-Abfragen oder Reports, die Power-User eigentlich selbst erstellen könnten, aus „Zeitmangel" gerne mal vom BICC angefordert werden.

Die Subvention des BICC-Einsatzes beispielsweise für bestimmte Abteilungen ist bei der Gemeinkostenverteilung vergleichsweise unproblematisch; hier kann die Subvention in Form eines entsprechenden Faktors im Schlüssel berücksichtigt werden. In diesem Fall würde eine Abteilung, die aufgrund der BI-Strategie besonders intensiver BICC-Unterstützung bedarf, in Relation gesehen schwächer belastet als andere Abteilungen. Dies kann aber unter Umständen die negativen Effekte der Kosten- oder Aufwandsverlagerung verstärken.

Fallweise nutzungsabhängige Verrechnung

Die gegensätzliche Alternative ist die fallweise nutzungsabhängige Verrechnung. Bei diesem Modell werden die einzelnen angeforderten Leistungen des BICC detailliert intern verrechnet. Anders als bei der Gemeinkostenverteilung werden dadurch intensive Nutzer des BICC verursachungsgerecht stärker belastet als Gelegenheitsnutzer. Sinnvolle Verrechnungen basieren dann z. B. auf der eingesetzten Arbeitszeit eines BICC-Teammitglieds, auch eine wertbasierte Staffelung (einfache Support-Anfragen vs. komplexe Analysen und Entwicklungshilfe) ist hier denkbar. Je nach BI-Strategie und -Mission des BICC sind aber auch andere Leistungen zu verrechnen. Ein BI-Volldienstleister (vgl. Abschnitt 4.7.1) stellt auch Infrastruktur und Systeme zur Verfügung, die verursachungsgerecht verrechnet werden sollten. Hierbei können dann unterschiedliche Nutzungsmetriken zum Einsatz kommen, wie etwa Speichervolumen, Rechnerauslastung, Anzahl Reports etc. Herausforderung hierfür ist die automatisierte Verrechnung von Messwerten – etwa aus der Protokollierung der IT-Systeme – zu Nutzern und deren Kostenstellen. Gerade in komplexen Organisationsstrukturen kann dies ein schwieriges Unterfangen sein, weil ein einzelner Nutzer ja durchaus verschiedene Rollen im Unternehmen einnehmen kann und daher unterschiedliche Kostenstellen durch seine BI- und BICC-Nutzung belastet werden müssten. Unter Umständen können Metadaten in der BI-Architektur zur adäquaten Kostenverrechnung hilfreich sein.

Insgesamt sollte bei der verursachungsorientierten Verrechnung beachtet werden, dass die Verrechnung der BICC-Aufwände selbst nicht unangemessenen Aufwand verursacht. Ein weiterer wichtiger Aspekt ist, dass das Verrechnungsmodell flexibel auf organisatorische Änderungen reagieren kann und nicht zeitversetzt Fehlbelastungen von Kostenstellen entstehen. Insbesondere das Verhalten der Kostenstellenverantwortlichen, der Nutzer des BICC, sollte bei der Ausgestaltung eines Verrechnungsmodells in Betracht gezogen werden. In der Regel werden Kostenstellenverantwortliche zu Kostenbewusstsein angehalten, was möglicherweise sogar über Prämienvereinbarungen motiviert wird. Infolgedessen werden erforderliche Leistungen dann nicht abgerufen, wenn – z. B. zwecks kurzfristiger Prämienoptimierung – damit direkt Kosten verursacht werden. Stattdessen wird dann eine BI-Problemstellung nicht oder nur unzureichend mit eigenen Ressourcen (sprich: Excel- bzw. Access-geübten Fachabteilungsmitarbeitern, Studenten, in Eigenregie etc.) bewältigt. Gerade dies widerspricht jedoch den Zielen aus der BI-Strategie und denen des BICC. Die Kostenhürde sollte daher möglichst niedrig gehalten, Zielkonflikte vermieden werden.

Eine weitere Herausforderung der nutzungsabhängigen Verrechnung besteht dann, wenn der BICC-Einsatz für bestimmte Abteilungen subventioniert werden soll, um die strategischen Ziele der BI-Strategie besser oder schneller umzusetzen. Dazu wäre dann pro Nutzer, z. B. Abteilung oder Kostenstelle, eine gesonderte Abrechnung erforderlich, ggf. sogar Sponsoring, um sicherzustellen, dass die intensive BICC-Unterstützung auch angenommen wird. Ein Sponsoring kann z. B. in Form eines speziellen Budgettopfs erfolgen, der von IT oder Unternehmenscontrolling bereitgestellt wird.

Kostenverteilung anhand der voraussichtlichen Nutzung

Wie so oft gibt es einen Kompromiss in der Mitte zweier Extreme: in diesem Fall eine Kombination aus Verteilung über Gemeinkosten und nutzungsabhängiger Abrechnung. Entscheidend hierbei ist die Planung der Nutzung des BICC. Aus dem aus der BI-Strategie resultierenden Portfolio-Management ergibt sich ein langfristiger Umsetzungsplan für BI-Projekte. Daraus ist auch abzuleiten, welche (Fach-)Abteilungen davon betroffen sind bzw. begünstigt werden, letztlich bei welchen Kostenstellen intensive Unterstützung durch das BICC in welchem Zeitraum erforderlich sein wird. Daraus lässt sich dann auch ein passendes Verrechnungsmodell, z. B. auf Projektbasis, ermitteln, in dem der BICC-Einsatz für konkrete Projekte der BI-Roadmap eingeplant wird und den Projekten oder davon profitierenden Abteilungen gezielt die Kosten der BICC-Nutzung auferlegt werden.

Dieser Ansatz vereint mehrere Vorteile und vermeidet die Nachteile der anderen Modelle:
> Es besteht keine direkte Kostenhürde der BICC-Nutzung.
> Die geplante Verrechnung kann bei der Zielplanung der Abteilungskosten berücksichtigt werden und Zielkonflikte, wie etwa bei der Prämienoptimierung durch Vermeidung interner Kostenverrechnung, können somit vermieden werden.
> Die Intensität des BICC-Einsatzes wird berücksichtigt, die Kosten somit also gerecht verteilt.
> Die strategischen Planungsaspekte fließen ein, sodass Subvention und Forcierung von BI-Initiativen gezielt möglich sind.
> Die Planung der voraussichtlichen Nutzung erfordert eine Kalkulation der BICC-Leistungen und -Dienste, sodass Vergleichbarkeit und Kostentransparenz möglich sind.
> Die BICC-Nutzung wird geplant, insofern ein Rahmen geschaffen, der die Auslastungsoptimierung ermöglicht. Damit kann sowohl eine Überbelastung des BICC als auch eine Unterbeschäftigung erkannt und vermieden werden.
> Durch die Planung erhalten sowohl BICC als auch (Fach-)Abteilungen eine sichere Grundlage für die gemeinsame Arbeit und können die jeweiligen eigenen (internen) Abläufe darauf abstimmen.

Entscheidend für den Erfolg der BICC-Finanzierung ist nicht das verwendete Modell allein. Viele Faktoren beeinflussen den Erfolg, neben der Unternehmenskultur vor allem auch die Funktionen des BICC, wie sie in Abschnitt 4.3 vorgestellt werden. Ein BICC, das primär Unterstützungstätigkeiten ausübt (First-, Second-Level-Support o. Ä.) benötigt andere Verrechnungsmodelle als ein Entwicklungscenter oder ein BICC, das primär strategische Projekte, z. B. Gesamtkonsolidierung der BI-Landschaft, verfolgt. Auch die organisatorische Einordnung und die Erfolgsmessung beeinflussen das Finanzierungsmodell, schließlich die

Unternehmensdynamik und das Unternehmensumfeld. Ein zukünftiger Merger oder eine Ausgliederung erfordern schon im Vorfeld differenzierte Verrechnungsverfahren, in denen Kosten und Leistungen sehr transparent abgebildet sind.

7.2 Controlling

Das Controlling eines BICC kann, vergleichbar mit allgemeinem oder auch IT-Controlling, unter zwei Blickwinkeln betrachtet werden. Ein Ziel des **operativen Controllings** des BICC ist die Steigerung der BICC-Effizienz, also die Optimierung der Durchführung der BICC-Prozesse, die Optimierung der Leistungserbringung, z. B. zur Erzielung einer besseren Ergebnisqualität oder eines geringeren Aufwands zur Erbringung der Dienste. Insofern unterscheidet sich das operative Controlling für ein BICC nicht vom sonstigen operativen Controlling von Dienstleistungsbereichen. Der Zeitbezug (relativ kurzfristig, quartals- oder monatsweise), die Messgrößen (typische Aufwands- oder kostenbezogene Kennzahlen) und die Werkzeuge (Kostenverrechnung, Budgetierung, Kennzahlenermittlung und Reporting, Projektmanagement und -benchmarking, Prozessmanagement) sind analog anwendbar. Insofern werden diese Aspekte hier nicht vertieft, klar ist jedoch, dass je nach BICC-Typ unterschiedliche Werkzeuge zum Einsatz kommen müssen. Ein betriebsorientiertes BICC (z. B. Anwendungscenter mit Betriebsverantwortung, vgl. das Beispiel in Abschnitt 7.1.2) bedient sich hier eher der IT-Controlling-Werkzeuge, z. B. IT-Prozessmanagement mit ITIL-Prozessen, ein Volldienstleister, der auch die Entwicklung neuer BI-Lösungen vorantreibt, wird entsprechende Projektcontrollingverfahren nutzen (Ressourcen-, Fertigstellungsgrad-, Kosten-Reporting sowie Reviews, Audits, Benchmarks). Eine Koordinierungsstelle, die als Stabsstelle organisiert ist, muss unter Umständen Controlling nur in sehr geringem Maß durchführen, da kaum operative Leistungen erbracht werden. Eine Besonderheit stellt für ein BICC allerdings die Erfolgsbewertung dar, denn nicht in jedem Fall kann der Erfolg eines BICC konventionell z. B. anhand finanzieller Kennzahlen ermittelt werden. Gleichwohl ist es nötig, auch zur Legitimation, den Erfolg eines BICC nachzuweisen.

Das **strategische Controlling** des BICC orientiert sich ohne konkreten Periodenbezug an der Unternehmensstrategie und dient der Effektivitätssteigerung, um zukünftig die richtigen Maßnahmen durchzuführen und so den Beitrag der BI-Strategie und des BICC zum Unternehmenserfolg sicherzustellen. Die strategische Steuerung des BICC wird daher anders als das operative Controlling ausführlicher in Abschnitt 7.2.3 betrachtet.

7.2.1 Erfolgsbewertung

Die Erfolgsbewertung eines BICC ist äußerst anspruchsvoll und unterliegt ähnlichen Einschränkungen wie die Erfolgsbewertung der Anwendung von BI insgesamt. Bereits in Abschnitt 3.4.7 wurde darauf hingewiesen, dass die üblichen Erfolgsrechnungsmethoden für den Einsatz von BI in der Regel nicht angewendet werden können. So hält Buytendijk eine Berechnung des unmittelbaren Return on Investment (ROI) einer BI-Infrastruktur für sinnlos, weil es ohnehin keine Alternativen gibt.[292] Auch wird sich die Einführung eines DWH in aller Regel nicht unmittelbar lohnen, sondern erst, wenn es z. B. mehrere „Insellösungen" abgelöst hat oder dazu beiträgt, dass solche verhindert werden. Selbst wenn sich ein DWH

---

[292] Vgl. u. a. den Vergleich zwischen einem LAN und einer DWH-Infrastruktur in Buytendijk 2009b.

erst auf längere Sicht rechnet, ist es in den meisten Fällen unverzichtbar.[293] Wenngleich diese Betrachtung sich zunächst nur auf eine konsolidierte DWH-Infrastruktur bezieht, könnten ähnliche Fragen auch für eine Dienstleistungsorganisation aufgeworfen werden, die u. a. diese Infrastruktur betreibt und strategisch weiterentwickelt, wenngleich die Wirtschaftlichkeit dieser Dienstleistungsorganisation auch losgelöst von der genutzten Infrastruktur betrachtet werden kann. Die Berechnung eines unmittelbaren ROI ist allerdings auch für ein solches BICC nicht sinnvoll, da ein BICC per Definition in der Hauptsache (immaterielle) Dienstleistungen erbringt und in der Regel über kein gebundenes Kapital verfügt. Die charakteristischen Merkmale von Dienstleistungen[294] führen insofern dazu, dass das Controlling in einem BICC anders gestaltet werden muss als das für Produktion oder Absatz.

> Bei Dienstleistungen ist im Grunde **keine Lagerfähigkeit** gegeben. Vielmehr muss die Leistung permanent zur Verfügung stehen. Daraus ergeben sich zum einen hinsichtlich des Personals besondere Herausforderungen, um etwa einer schwankenden Nachfrage zu begegnen, zum anderen aber auch im Hinblick auf die Kostenzuordnung, denn auch die potenzielle Leistungsbereitschaft erzeugt nicht unerhebliche Fixkosten.

> Im Leistungserstellungsprozess ist der sogenannte **externe Faktor** zu berücksichtigen, im Falle des BICC sind dies die Leistungsempfänger, für die ein BICC-Service erbracht wird. Sie beeinflussen zum einen das Ergebnis, zum anderen werden dadurch besondere Anforderungen, z. B. Sozialkompetenz, an das BICC-Personal gestellt.

> Das Ergebnis der Leistungserbringung eines BICC ist in der Hauptsache **immateriell**.[295] Dies hat zur Folge, dass die Leistungsbeurteilung und der Vergleich von Leistungen nicht etwa anhand von Produktmerkmalen erfolgen können, sondern die Güte der Dienstleistung in Form der Servicequalität erhoben werden muss. Diese kann in der Regel nicht auf einfache Weise gemessen werden, sondern erfordert Ansätze des Qualitätsmanagements.

Es müssen also die für Dienstleistungsbereiche sinnvollen Controlling-Verfahren und -Methoden zur Erfolgsbewertung zur Anwendung kommen.

Zur Erfolgsbewertung eines BICC kann grundsätzlich zwischen quantitativem und qualitativem Erfolg unterschieden werden.

Quantitative Erfolgskriterien

Es ist üblich, den Erfolg durch das Erreichen quantitativer, häufig auch finanzieller Ziele nachzuweisen, daher folgen auch hier einige Beispiele, die zur Erfolgsbewertung eines BICC herangezogen werden können:

> **IT-Performance:** Ein häufig anzutreffendes Problem in gewachsenen BI-Landschaften ist die mangelhafte Performance (z. B. in Form des Antwortzeitverhaltens) von BI-Lösungen. Performance lässt sich messen und darstellen und ist daher ein gut geeignetes Kriterium.

> **Kosten für BI:** Kosten sind ebenfalls eine messbare und darstellbare Größe. Je nach Strategie ist mit der Einführung eines BICC auch die Verbesserung der Gesamtkostensituation für BI verbunden, insofern kann eine erfolgreiche Kostensenkung hier den Erfolg des BICC belegen (siehe auch Abschnitt 7.2.3).

---

[293] Vgl. Approach #3 in Buytendijk 2009b.
[294] Vgl. hierzu Bruhn/Stauss 2005, S. 5 f.
[295] Beispielsweise ist ein Papierbericht zwar durchaus materiell, stellt jedoch lediglich ein Trägermedium dar.

> **BI-Nutzung (Anwender, Intensität, Prozesse):** Sofern als qualitatives Kriterium die Verbesserung der geschäftlichen Entscheidungsfindung angesetzt wird, ist unter der Hypothese, dass BI diese unterstützt, zunächst einmal die gesteigerte Nutzung von BI im Unternehmen ein guter Indikator. Der Grad der Nutzung (wie viele Anwender BI-Lösungen in welcher Intensität nutzen) ist ermittelbar, insofern bietet sich hier ein weiterer quantitativer Ansatz. Die Dauer der Informationsbeschaffung zur Reduzierung der Gesamtdauer geschäftlicher Entscheidungsprozesse ist ein weiterer Indikator für die erfolgreiche BI-Nutzung.
> **Konkrete geschäftliche Vorteile aus Fachprojekten:** Es bietet sich an, den Erfolg von durch das BICC unterstützten Projekten partiell auf das BICC zurückzuführen. Fachprojekte unterliegen in der Regel einer Wirtschaftlichkeitsbetrachtung. Der erzielte Nutzen kann damit zumindest teilweise (oder im Falle eines BI-Volldienstleisters unter Umständen in Gänze) auf das BICC übertragen werden.

Die im Rahmen einer quantitativen Erfolgsbetrachtung erhobenen Kennzahlen und Werte können als Eingangsparameter in eine qualitative Erfolgsbewertung einfließen, um dort zum einen das von den Leistungsempfängern erhobene Qualitäts-Feedback zu ergänzen oder aber auch im Rahmen eines Feedback-Verfahrens vorab darzustellen, wie beispielsweise eine relative Verbesserung (quantitativ) erzielt wurde.

Qualitative Erfolgskriterien

Qualitative Erfolgskriterien für ein BICC sind häufig solche Kriterien, anhand derer erkennbar ist, dass strategische Initiativen umgesetzt und strategische Ziele erreicht werden. Je nach Definition der Kriterien liegt der Erfolg darin, ob zuvor festgelegte Erwartungen oder Anforderungen erfüllt werden. Daher zielen die qualitativen Erfolgskriterien für ein BICC auch darauf ab, eine Zielgruppe oder einen Anspruchsteller zu befriedigen. Einige Beispiele für qualitative Erfolgskriterien sind:

> **Generische Erfolgskriterien** für Dienstleistungen: Der Erfolg eines BICC lässt sich aus der Dienstleistungsqualität ableiten, so z.B. aus der Kundenzufriedenheit mit der Kompetenz der BICC-Mitarbeiter, anhand der Durchlaufzeiten von Serviceanfragen beim BICC, ggf. sogar anhand der Freundlichkeit oder des Auftretens des BICC-Personals gegenüber den Fachabteilungen.[296]
> **Datenqualität, Qualität von Analyseergebnissen:** Die Daten- oder Berichtsqualität kann zum Beispiel durch entsprechende DQ-Maßnahmen und Projekte durch ein BICC gesteigert werden, sofern dies im Rahmen der BI-Strategie so vorgesehen und durch eine entsprechende BICC-Organisation umgesetzt wird. Bei steigender Datenqualität wäre der Erfolg des BICC nachgewiesen.
> **Effizienz und Effektivität in der Umsetzung und der Nutzung von BI:** Entsprechend den Zielen einer BI-Strategie und der Mission eines BICC[297] soll die Umsetzung von BI-Projekten, Initiativen und Maßnahmen so wie der Einsatz von BI im Unternehmen verbessert werden. Ggf. sind entsprechende Qualitätsziele in einer BI-Roadmap formuliert. Diese eher wertorientierte Qualität muss ebenfalls subjektiv, z.B. durch das Strategische Management, beurteilt werden, wobei auch Anwenderbefragungen als Basis herangezogen werden können. Entsprechend der Einschätzung lässt sich so der Erfolg eines BICC ableiten.

---

[296] Eine Übersicht über unterschiedliche Verfahren zur qualitativen Messung von Dienstleistungsqualität gibt Früh 2006, S. 55 ff.
[297] Vgl. die Definitionen in den Abschnitten 1.2.4 und 1.2.5.

> **Zuverlässigkeit der Anwendungen:** Wenn die Zuverlässigkeit z. B. in Form mangelnder Verfügbarkeit ein Problem darstellt, lassen sich auch daraus Qualitätsziele ableiten, deren Erreichen durch BICC-Arbeit ein Nachweis für den BICC-Erfolg ist.

> **Mitarbeiterzufriedenheit und Akzeptanz:** Die Zufriedenheit der Anwender mit einer BI-Lösung stellt ein qualitatives Erfolgskriterium dar. Die Verbesserung einer Lösung (Performance, Bedienung, Ergonomie, Funktionalität etc.) durch ein BICC kann daher auch als Erfolgsnachweis dienen.

7.2.2   Total Cost of Ownership

Beim Konzept der Total Cost of Ownership (TCO) wird versucht, alle anfallenden Kosten von Investitionsgütern, wie z. B. Hard- und Software, zu erfassen und abzuschätzen.

Auch BI-Systeme verursachen nicht nur direkte, sondern auch indirekte Kosten, die sich häufig dem Einflussbereich des Managements entziehen. Direkte Kosten entstehen beispielsweise bei der Beschaffung und dem Betrieb der Hard- und Software für BI-Systeme sowie für Schulung, Wartung und Support. Diese lassen sich sehr genau quantifizieren und verursachungsgerecht zuordnen. Weiterhin fallen auch indirekte Kosten an, deren zielgerichtete Steuerung nicht ohne Weiteres möglich ist. Hierzu gehören z. B. mangelnde Produktivität von Mitarbeitern aufgrund unzureichender Schulung oder Ausfallzeiten aufgrund von Programmfehlern und unzureichender Wartung und Betreuung von BI-Lösungen. Auch sind hierunter Opportunitätskosten durch mangelhafte Datenqualität oder notwendige Mehraufwände aufgrund redundanter Datenbestände zu fassen.[298]

Die Grundidee des TCO-Konzepts ist, nicht nur die Anschaffungskosten, sondern alle Kosten der späteren Nutzung wie Energiekosten, Reparatur und Wartung, zu betrachten. Einige typische Kosten sind in Abbildung 90 dargestellt.

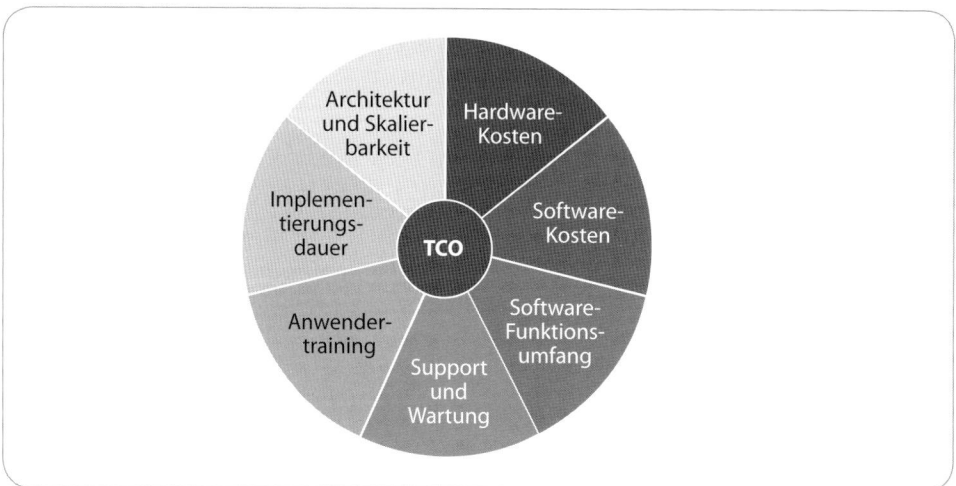

⏶   Abb. 90: Kostenkomponenten und Kostentreiber[299]

---

[298] Vgl. Gadatsch/Mayer 2006, S. 89 f. für eine Differenzierung direkter und indirekter Kosten in der IT.

[299] Das TCO-Konzept geht auf Bill Kirwin zurück, der es 1987 als Research Director von Gartner für das Desktop Computing entwarf. Inzwischen wurde das TCO-Konzept erheblich erweitert und auf weite Bereiche der IT ausgedehnt. Wild/Herges 2000 geben einen Überblick zu unterschiedlichen TCO-Modellen.

Mit dem Konzept des TCO sollen Kostentreiber und versteckte Kosten bei der Investitions-entscheidung berücksichtigt werden. Hierzu lassen sich diese Kosten grob unterteilen, wie in Tabelle 45 auszugsweise für den BI-Bereich dargestellt:

Direkte Kosten (im Rechnungswesen sichtbar)	Indirekte Kosten (im Rechnungswesen nicht sichtbar)
› Anschaffungs- bzw. Leasingkosten für Hardware › Lizenz- und Support-Kosten für Software › Infrastrukturkosten, wie z. B. Netzwerk › Entwicklung firmenspezifischer Add-ons, wie z. B. Customizing des BI-Frontends hinsichtlich zentraler Unternehmensvorgaben, Entwicklung eines Security-Plug-ins › Verwaltungs- und Wartungskosten, z.B. durch eigene Mitarbeiter oder Externe bei Outsourcing › Schulungskosten und Coaching-Dienstleistungen im Rahmen des Roll-out und bei fachlicher Erweiterung (z. B. neue Datamarts für Analyse)	› Versteckte Benutzerkosten wie z. B. Arbeitszeitverlust durch Kollegenschulung, Trial-and-Error-Schulung › Versteckte Benutzerkosten durch Mehrarbeit oder manuelle Aufwände, weil z. B. eine bestimmte Analysefunktion nicht gegeben ist oder bestimmte Daten manuell ins System eingegeben werden müssen › Produktivitäts- und Arbeitszeitverlust durch technische Probleme wie z. B. Netzwerkprobleme, mangelhaftes Antwortzeitverhalten eines Ad-hoc-Systems, Serverausfall, fehlende Daten durch abgebrochene ETL-Läufe

Tab. 45: Direkte und indirekte Kosten beim TCO[300]

Bei BI-Systemen lassen sich die anfallenden Kosten nach einmaligen und laufenden Kosten differenzieren. Die einmalig anfallenden Kosten sind den meisten Entscheidern und Anwendern präsent. Unterschätzt werden jedoch häufig die Höhe und Entwicklung der laufenden Kosten.

Die Struktur der Kostentreiber lässt sich anhand von Parametern wie Anzahl und Volumen ihrem Entstehungsort zuordnen. Diese Parameter spielen nicht nur im Initial-Projekt eine Rolle, sondern sind auch im Betrieb kostenbestimmend (vgl. Abbildung 91).

Endanwender
- Anzahl
- Know-how
- Heterogenität

Anwendung
- Performance
- Anzahl an Reports
- Umfang der Funktionalität

Infrastruktur
- Reifegrad der bestehenden Landschaft
- Anzahl der Schnittstellen
- BI-Werkzeuge

Daten
- Datenvolumen
- Heterogenität der Daten
- Datensicherheit
- Archivierung

Abb. 91: Struktur der typischen Kostentreiber bei BI-Systemen

---

300   In Anlehnung an Gadatsch/Mayer 2006, S. 92.

Nach der Ermittlung der anfallenden Kosten bei BI-Systemen ist es Aufgabe des BICC, Empfehlungen zur Reduzierung der Kosten zu erarbeiten. Dies sind im Allgemeinen technische Verbesserungen, Standardisierungen und organisatorische Veränderungen. Bei jeder Form der Berechnung des TCO sollte jedoch beachtet werden, dass es sich hierbei um einen sogenannten Best-Practice-Ansatz handelt. Im Gegensatz zu vielen anderen Kennzahlen ist dieser im Bereich der Betriebswirtschaft noch nicht als etabliert anerkannt.

Als vorteilhaft ist beim TCO-Konzept der Versuch der vollständigen Erfassung der Kosten anzusehen, da durch die erreichte Kostentransparenz eine Kostenreduzierung in Angriff genommen werden kann. Nachteilig ist allerdings, dass hierbei der Nutzen und die Erlöse außer Acht gelassen werden. Auch handelt es sich um eine statische Rechnung ohne Berücksichtigung der Zahlungszeitpunkte. Schließlich ist die Betrachtung sehr technikzentriert. Für den praktischen Einsatz empfiehlt es sich, das TCO-Konzept um eine Analyse der Ursachen-Wirkungs-Zusammenhänge zwischen Kosten und Nutzen zu ergänzen. Dies kann in der Praxis allerdings ein sehr komplexes Unterfangen sein.

7.2.3   Strategische Steuerung des BICC

Im Rahmen der strategischen Steuerung des BICC muss auch ein Controlling der Strategieumsetzung erfolgen. Diese sollte jedoch nicht auf das Projektcontrolling der Umsetzung der Roadmap beschränkt sein. Vielmehr sollte die gesamte BI-Landschaft einbezogen und die Auswirkung der Strategieumsetzung so umfassend betrachtet werden. Der Prozess der Umsetzung der Strategie kann aus mehreren Sichten gesteuert und kontrolliert werden, die im Folgenden als Vorschlag für eine BI-Scorecard dargestellt werden. Im Unterschied zum klassischen Balance-Scorecard-Ansatz wurde die Finanzsicht durch die Perspektive der Wirtschaftlichkeit ersetzt, da bisher kein valides Verfahren bekannt ist, um eine realistische und vollständige Erfolgsrechnung für BI aufzubauen. Wohl aber lässt sich der Nutzen qualitativ beschreiben und in Teilen quantifizieren. Grundsätzlich lässt sich das Problem der Nutzenquantifizierung auf den Wert einer Information zurückführen: Je operativer eine Information genutzt wird, z.B. im Zusammenhang eines operativen Geschäftsprozesses, desto besser lässt sich ein Wert ermitteln.[301] Der Nutzen einer Information für das Top-Management kann zwar als „wertvoll" angesehen werden, jedoch ist die Bestimmung eines tatsächlichen Werts in der Regel nicht möglich. Unter Berücksichtigung dieses Problems werden in der BI-Scorecard einige der quantitativen und qualitativen Erfolgskriterien aufgegriffen, die in Abschnitt 7.2.1 vorgestellt wurden.[302]

Die weiteren Sichten der BI-Scorecard folgen der üblichen Unterteilung einer Balanced Scorecard. Kunden sind in diesem Fall die Anwender, die von den BI-Anwendungen profitieren. Wichtigster Erfolgsmaßstab aus Anwendersicht sind Nutzen und Akzeptanz. Interne Prozesse und Organisation können im Schwerpunkt durch Effizienzgrößen der Aufbau- und Ablauforganisation sowie der Architektur beurteilt werden. Innovationen werden im Sinne einer BI-Strategie durch innovative Projekte erreicht. Das Know-how, also der Wissensstand der beteiligten Personen, kann indirekt über das Verhalten der Benutzer ermittelt werden. Schulungsmaßnahmen oder direktes Coaching können den Wissensstand verbessern. Abbildung 92 stellt diese BI-Scorecard konzeptuell dar. Eine beispielhafte Struktur und der Inhalt einer BI-Scorecard werden in Tabelle 46 dargestellt.

---

[301] Vgl. Totok 2006, S. 61.
[302] Vgl. Abschnitt 7.2.1.

Wirtschaftlichkeit	Kunden
Nutzen Qualifizierter, wenn möglich quantifizierter Nutzen der BI-Anwendungen aus Sicht des Unternehmens, z. B.: › Vollständigkeit der Informationsversorgung: höhere Fundierung von Entscheidungen durch ein vollständiges und detailliertes Informationsangebot › Integrationsgrad der Informationspyramide **Kosten** *Einmalige Kosten* › Lizenzen › Initiale Entwicklung, Test, Roll-out › Ausbildung *Periodische Kosten (Laufende Kosten)* › Betrieb › Weiterentwicklung › Support › Laufende Ausbildung und Coaching *Indirekte Kosten* › Manuelle Aufwände › Arbeitszeitverlust	**Anwendernutzen** (für den Benutzer individuell erkennbarer Vorteil) › Aufwand für Informationsaufbereitung bzw. Recherche: Reduzierung von manuellem Aufwand der Fachbereiche durch stärkere Automatisierung, Anwender können „höherwertige" Aufgaben wahrnehmen › Informationslatenz: Schnellere Entscheidungsfindung durch Verkürzung der Bereitstellungszeit **Anwenderakzeptanz:** Zufriedenheit mit › Antwortzeiten › Datenqualität › Benutzer-Support › Funktionalität, Flexibilität und Intuitivität von BI-Anwendungen › Entwicklungszeiten für Berichte und Analyseanforderungen **Nutzungsverhalten:** › Anteil kontinuierlich genutzter Berichte zu nicht genutzten Berichten › Anzahl Ad-hoc-Analysen › Anzahl tatsächlich am System arbeitender Benutzer vs. Anzahl registrierter Benutzer vs. Anzahl Entscheidungsträger › Anzahl manuell erstellter Berichte (z. B. Excel) vs. Anzahl automatisiert generierter Berichte **Nutzerentwicklung:** Anzahl und Art der Benutzer
Interne Prozesse und Organisation	Innovationen bzw. Know-how
Effizienz der BI-Organisation z. B. › Art, Anzahl und Durchlaufzeiten von Anforderungen › Auslastung der Mitarbeiter › Umfang und Art angebotener Treffen innerhalb der BI-Community eines Unternehmens **Support** › Art, Anzahl und Durchlaufzeiten von Anfragen › Anteil positiv erledigter Anfragen **Wartungsprojekte** › Fortschritt › Zeit › Ressourcenverbrauch **Systembetrieb** › Technisch gemessenes Antwortzeitverhalten › Verfügbarkeit › Anzahl Fehler, Fehlerklassen pro BI-System bzw. -Anwendung **Effizienz der BI-Architektur** › Anzahl inhaltlicher Überlappungen unterschiedlicher Systeme › Anzahl funktional ähnlicher BI-Werkzeuge bzw. -Plattformen › Anzahl Schnittstellen bzw. Verarbeitungsprozesse zwischen Insellösungen	**Innovative Projekte** (Projekte, die Bestandteil der BI Roadmap sind, Projekte, die entweder bestehende Anwendungen entscheidend verbessern oder zum Aufbau neuer Anwendungen dienen): › Fortschritt › Zeit › Ressourcenverbrauch **Wissensstand der Anwender** › Anzahl und Art von Schulungen, erfolgreiche Zertifizierungen › Analyse von Anfragen beim Helpdesk › Nutzungsverhalten

⚠ Tab. 46: Struktureller Aufbau und Inhalt einer BI-Scorecard

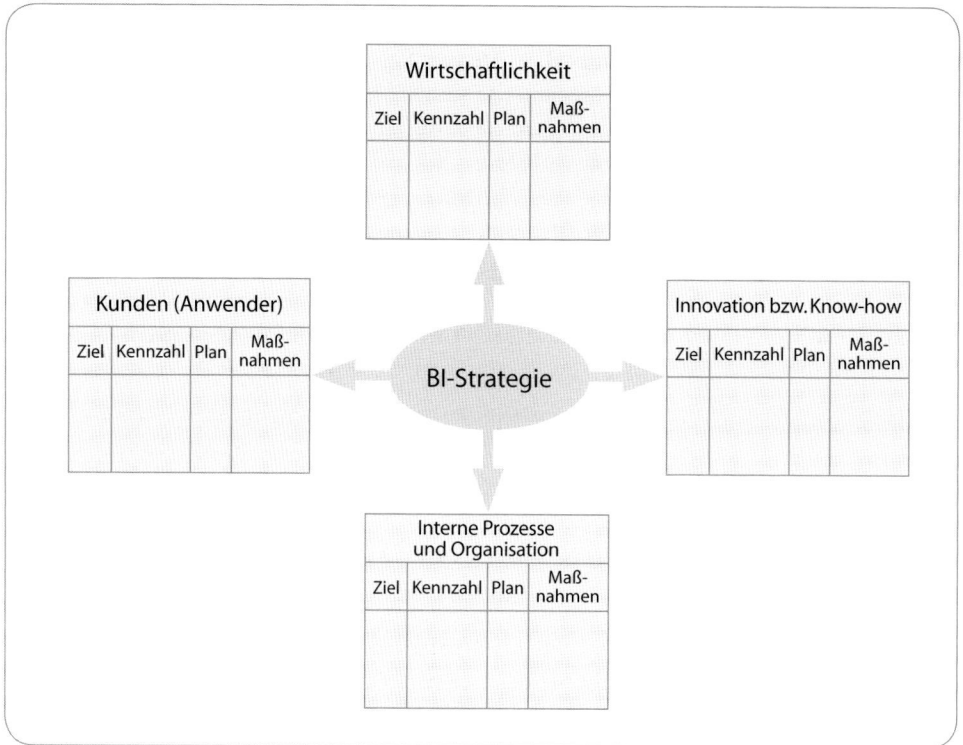

Abb. 92: Konzept der BI-Scorecard

Beispiele für innovative Projekte können aus Sicht einer BI-Strategie sein:

> Entwicklung einer BI-Anwendung zur Schließung einer strategischen Informationslücke
> Migration einer Insellösung in ein zentrales DWH
> Implementierung einer BI-Appliance zur Vereinfachung der Datenadministration und Performance-Verbesserung

Nicht alle Abschnitte der BI-Scorecard lassen sich durch bekannte Einheiten messbar machen. Für bestimmte Bereiche müssen stattdessen Skalierungen für Nutzen- oder Zufriedenheits-darstellungen vereinbart werden. Zwei Beispiele hierfür werden in Tabelle 47 dargestellt.

Zufriedenheit mit dem Antwortzeitverhalten	Nutzen einer BI-Anwendung
5 außerordentlich zufrieden	5 sehr hoch
4 sehr zufrieden	4 hoch
3 zufrieden	3 in Ordnung
2 unzufrieden	2 gering
1 völlig unzureichend	1 praktisch keiner

Tab. 47: Beispiele für quantifizierte Beurteilungen

Die Aktualisierung der Inhalte der BI-Scorecard erfolgt abschnittsweise in unterschiedlichen Intervallen. Da es sich um ein strategisch angelegtes Steuerungsinstrument handelt, ist der Monat das kleinste Aktualisierungsintervall, das sinnvoll ist. Natürlich können betriebsnahe Kennzahlen auch öfter berichtet werden – dann aber nicht im Rahmen der BI-Scorecard. Kennzahlen wie Anwenderzufriedenheit oder Effizienz der Architektur werden in der Regel jährlich erhoben. Die meisten Kenngrößen sind natürlich auch planbar bzw. werden sogar im Rahmen von Leistungsvereinbarungen geregelt. Das von den Anwendern erwartete durchschnittliche Antwortzeitverhalten kann z. B. für vorab festgelegte Standardabfragen auf Basis stabiler Datenstrukturen vereinbart werden und ist damit messbar. Ein Erfolgskriterium kann die objektiv messbare monatliche Einhaltung der durchschnittlichen Antwortzeit sein, ein zweites die jährlich abgefragte subjektiv empfundene Zufriedenheit der Anwender mit der Performance.

Zusätzlich zu den genannten Themen der BI-Scorecard muss eine Beurteilung der strategischen Maßnahmen erfolgen, sofern diese nicht als Projekt sowieso Bestandteil der Scorecard sind. Ein Beispiel wäre die Erarbeitung und Durchsetzung einer BI-Governance. Dieses Vorhaben könnte entweder als Projekt „BI-Governance" beurteilt werden oder – wahrscheinlich eher – als strategische Maßnahme definiert und in einem separaten Abschnitt dokumentiert werden.

Die BI-Scorecard dient als Grundlage zur Erfolgsbeurteilung des BICC, da die Umsetzung der BI-Strategie eine Kernaufgabe des BICC ist. Dem BICC dient das monatliche Reporting der BI-Scorecard zur operativen Steuerung vor allem der internen Prozesse und der innovativen Projekte. Werden Abweichungen von der Planung offensichtlich, muss der BICC-Verantwortliche die Ursachen erforschen und Gegenmaßnahmen einleiten. Die persönlichen Ziele des BICC-Leiters sollten mit dem Erreichen der Schlüsselgrößen aus der Scorecard verknüpft sein, um die Durchgängigkeit dieses Ansatzes sicherzustellen.

7.3   Anpassung eines etablierten BICC

Ein BICC muss auch nach der Einführung kontinuierlich weiterentwickelt und angepasst werden, wie aus Abbildung 85 ersichtlich wird. Eine Anpassung ist z. B. dann notwendig, wenn eine operative Tätigkeit nicht optimal ausgeführt oder die BI-Strategie nicht optimal verfolgt werden kann. Daraus wird ersichtlich, dass ganz unterschiedliche Ursachen und Auslöser die Anpassung erforderlich machen, und nicht immer sind diese Ursachen im BICC selbst oder im BI-Alltag zu finden. Typische externe Auslöser sind Umstrukturierungen oder allgemeine unternehmensstrategische Entscheidungen, die beispielsweise dazu führen, das BICC andersartig oder neu aufzusetzen. Ein Beispiel dafür wäre ein Outsourcing-Bestreben, in dessen Rahmen Teile eines BICC ausgelagert werden, oder der umgekehrte Fall, z. B. die Integration eines Unternehmens mit einer dezidierten BI-Entwicklungsabteilung, die nunmehr die Funktion BI-Entwicklung im existierenden BICC erfüllen kann. Derartige Veränderungen gehen weit über die Anpassung eines existierenden BICC hinaus und ziehen in der Regel ein neues BICC-Projekt nach sich.[303] Abbildung 93 stellt die Einflussfaktoren für die BICC-Gestaltung in einen Zusammenhang mit dem Anpassungsbedarf. Eine maßgebliche Veränderung aller Einflussfaktoren (außer den Anforderungen aus der BI-Operationalisierung) kann ein Re-Engineering nach sich ziehen.

---

303 Vgl. dazu im Allgemeinen Kapitel 5.

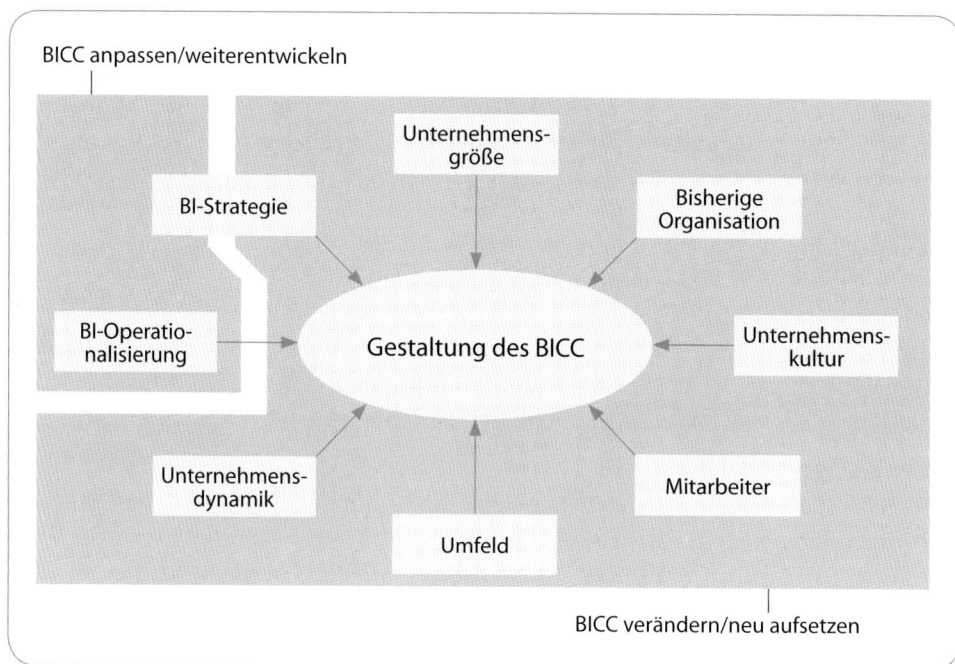

△ Abb. 93: Einflussfaktoren für die Ausgestaltung eines BICC und deren Anpassungswirkung[304]

7.3.1 Anpassung als Weiterentwicklung eines etablierten BICC

Die Anpassung im Sinne einer Weiterentwicklung des etablierten BICC ist erforderlich, wenn beispielsweise die BI-Strategie sich so verändert, dass die existierende BI-Organisation bzw. das existierende BICC diese BI-Strategie nicht mehr oder nur unzureichend umsetzen kann, weil etwa die nötigen Funktionen, Rollen oder Prozesse fehlen.

> Das existierende Anwendungscenter einer Geschäftsbank war bisher ideal ausgerichtet, um für die existierenden BI-Anwendungen Support zu leisten und kleinere Änderungen, die im Laufe der Zeit nötig waren, umzusetzen. Aufgrund geänderter und neuer Geschäftsmodelle, dadurch, dass die Bank nunmehr das Investmentgeschäft fokussiert und das Privatkundengeschäft an ein anderes Institut übergeben hat, ist eine umfassende Konsolidierung der BI-Landschaft und auch eine neue BI-Architektur erforderlich. Hierdurch soll der Wandel im Investmentgeschäft zukünftig flexibel nachvollzogen werden können. Das BICC war dafür nicht aufgestellt, wird daher entsprechend um die Funktion BI-Architektur erweitert, auch um zukünftig agil auf Änderungen des Geschäftsmodells und notwendige Architekturanpassungen reagieren zu können.

Weiterhin ist eine Anpassung nötig, wenn die Anforderungen aus der BI-Operationalisierung sich in Art und Umfang so verändern, dass die bisherigen Funktionen und Rollen nicht ausreichen, um die gestiegenen Anforderungen abzudecken. Typischerweise zieht dies eher Personalaufbau nach sich, um den Zusatzbedarf (z. B. im Support) zu decken, seltener sind strukturelle Veränderungen (z. B. Aufbau der Funktion BI-Entwicklung, um zahlreiche neue Entwicklungsprojekte effizient im BICC zu bewältigen).

---

[304] Vgl. Abbildung 36 in Kapitel 4.

Eine Detailanpassung ist erforderlich, wenn bestimmte definierte Aufgaben oder Prozesse eines BICC nicht optimal bewältigt werden. Hier gibt es keine konkreten Auslöser wie etwa eine geänderte BI-Strategie, sondern viele Mängel oder Defizite im Detail, beispielsweise dahingehend, dass im Rahmen des operativen Controllings Ineffizienzen in BI-Prozessen diagnostiziert wurden oder die Wirtschaftlichkeit verbessert werden soll. Die Kennzahlen einer BI-Scorecard[305] oder andere Metriken, etwa Prozesskennzahlen von BI-Prozessen einer ITIL-Adaption,[306] sind hier die Indikatoren für Verbesserungspotenziale.

7.3.2 Methodische Ansätze zur Anpassung und Weiterentwicklung

Sofern Anpassungs- oder Optimierungsbedarf erkannt wurde, ist es sinnvoll, die Anpassung kontrolliert methodisch durchzuführen, um den Erfolg der Maßnahme sicherzustellen und nachhalten zu können. Einige Ansätze dazu werden hier kurz vorgestellt.

Kontinuierlicher Verbesserungsprozess

Mit dem kontinuierlichen Verbesserungsprozess (KVP) wird die Einstellung aller Beteiligten beschrieben, eine stetige Verbesserung mit möglichst nachhaltiger Wirkung anzustreben. Der KVP bezieht sich auf alle Aktivitäten, die im Rahmen des BICC durchgeführt werden. Umgesetzt wird er durch stetige kleine Verbesserungsschritte in kontinuierlicher Teamarbeit. Ursprünglich ist KVP ein Grundprinzip im Qualitätsmanagement und in der DIN ISO 9001[307] enthalten.

Das Konzept des KVP lässt sich auch für ein BICC nutzen. Voraussetzung für einen erfolgreichen Einsatz des KVP ist der Wille des Leiters des BICC, die beim kontinuierlichen Verbesserungsprozess erzielten Ergebnisse unmittelbar umzusetzen sowie ggf. den einzelnen KVP-Teams die Möglichkeit der direkten Umsetzung ihrer Ideen zu geben und die dazu notwendigen Ressourcen zur Verfügung zu stellen. Notwendig dafür ist eine Unternehmenskultur, in der die Ideen der Mitarbeiter und auch die Teamarbeit ausdrücklich erwünscht sind.

Praktisch bedeutet dies, dass die einzelnen Mitarbeiter eines BICC[308] und der gesamten BI-Organisation in ihrem Arbeitsbereich KVP-Gruppen bilden und regelmäßig konkrete Verbesserungsvorschläge erarbeiten. In der Praxis lässt sich dies zum Beispiel dadurch umsetzen, dass BICC-Mitarbeiter, Mitarbeiter aus BI-Projekten und Mitarbeiter aus Fachabteilungen oder der IT zu bestimmten Themen (z. B. anhand von bestimmten Geschäftsprozessen, Systemen oder der Schichten einer BI-Architektur) Verbesserungsmöglichkeiten erfassen und regelmäßig diskutieren, um so eine Auswahl der besten Alternativen und Vorschläge im Change-Management-Verfahren der Umsetzung zuzuführen. Der KVP kann hier sehr gut mit entsprechenden Systemen und Prozessen verbunden werden, wenn z. B. ein Issue Tracker existiert, der auch Verbesserungen und Ideen festhalten kann.

Continual Service Improvement nach ITIL

Eine Ergänzung des KVP bietet das ITIL-Framework mit dem Continual Service Improvement, wie in Abschnitt 6.1.5 geschildert. Dieser Rahmen bietet eine gute Grundlage, um auch die in diesem Kapitel vorgestellten Konzepte zu nutzen. So können beispielsweise SLAs und

---

305 Vgl. Tabelle 48.
306 Vgl. Abschnitt 6.1.6.
307 Vgl. DIN ISO 9001:2000, S. 33 f.
308 Zu ihren Rollen vgl. Abschnitt 4.5.

der Leistungskatalog (vgl. Abschnitte 7.1.1 und 7.1.2) um Qualitätsziele erweitert werden, die Erfolgskriterien und die BI-Scorecard (vgl. Abschnitte 7.2.1 und 7.2.4) herangezogen werden, um das Erreichen der Qualitätsziele im Rahmen des Controllings zu überprüfen. Aus dem KVP können dann die Verfahren übernommen werden, die konkrete Verbesserungsvorschläge zur Erhöhung der Servicequalität hervorbringen.

Change-Management und Kommunikation

In Kapitel 5 wurde ausführlicher auf Maßnahmen des organisatorischen Change-Managements und der Kommunikation im Rahmen der BICC-Einführung eingegangen.[309] Viele der dort vorgestellten Ansätze sind auch sinnvoll, um die Anpassung eines BICC zu unterstützen. Ein weiteres Verfahren, um mit den Nutzern eines etablierten BICC in Dialog zu treten, ist das Qualitäts-Feedback-Verfahren: Dabei werden bestimmte Kenngrößen zur BICC-Qualität erhoben, also die Einschätzung z. B. von Nutzern von BI-Anwendungen und Nutznießern von BICC-Prozessen. Dies ist insbesondere dann sinnvoll, wenn die entsprechenden Kenngrößen nicht anderweitig ermittelt werden können (messen, zählen, …), oder etwa, um die gemessenen Werte zu untermauern. Wie in Abschnitt 7.2.1 geschildert, existiert eine Vielzahl qualitativer Erfolgskriterien, die primär durch ein Benutzer-Feedback erhoben werden können (wie z. B. Anwenderzufriedenheit). Ein entsprechender Fragebogen dient dann dazu, die subjektive Einschätzung in eine skalierte Bewertung (vgl. Tabelle 49) zu überführen. Mittels Statistik können dann Einzelbeurteilungen aggregiert und für das Qualitätsmanagement nutzbar gemacht werden.

In der Praxis hat sich die digitale Variante des Feedback-Fragebogens (z. B. mittels Online-Systemen) etabliert. Das Feedback ist dadurch direkt nach Datenerhebung nutzbar und steht im Idealfall unmittelbar im Kontext der BI-Metadaten und -Prozesse – der Aufbau eines entsprechenden Data Mart nebst Analyse-Frontend sollte ein BICC vor keine allzu großen Herausforderungen stellen. Um eine faire Beurteilung zu erreichen, kann es sinnvoll sein, die definierten Qualitätsziele (z. B. aus einem SLA) im Kontext des Feedbacks zu rekapitulieren. So werden die Nutzer in die Lage versetzt, ihr Urteil anhand der vereinbarten Ziele zu fällen. Ansonsten würden bestimmte Qualitätskriterien (z. B. Antwortzeitverhalten) immer mit der schlechtesten Bewertung beurteilt. Zudem sollte das gesamte Feedback-Verfahren so gestaltet sein, dass die befragten Nutzer nicht unnötig belastet werden (zeitlicher Rahmen maximal 30 Minuten), dass eine Unterbrechung möglich ist (z. B. durch Zwischenspeichern), dass die eigenen abgegebenen Ergebnisse jederzeit einsehbar sind und dass nach Abschluss der Erhebung die aggregierten Ergebnisse zur Verfügung gestellt werden. Unter Umständen ist es sinnvoll, die Erhebung zielgruppenorientiert (durch Clusterbildung) durchzuführen. Nicht jeder kann und will zu jedem Qualitätsaspekt sachkundig Feedback erteilen.

---

309 Vgl. Abschnitte 5.4.1 und 5.4.2.

8 Werkzeuge für den erfolgreichen Einsatz von BI

In den bisherigen Kapitel wurden ausführlich Methoden, Konzepte und Modelle vorgestellt, mit deren Hilfe eine BI-Strategie entwickelt und umgesetzt sowie eine BI-Organisation in Form eines BICC etabliert werden kann. Mehrfach wurde dabei darauf verwiesen, dass die vorgestellten Methoden und Verfahren idealerweise durch Software-Werkzeuge unterstützt werden sollten. Bereits in Abschnitt 3.4.5 wurde beschrieben, wie sich der Werkzeugbedarf in Form eines Software-Portfolios im Rahmen einer BI-Strategie ableiten lässt. Im Kern werden so die präferierten Werkzeuge für Planung, Berichtswesen, Analyse oder Datenintegration bestimmt. Darüber hinaus sind allerdings weitere Werkzeuge für die Tätigkeit eines BICC notwendig, wie z. B. für die Verwaltung von Metadaten oder die Modellierung und Dokumentation. Eine Auswahl der unterschiedlichen Werkzeuge wird nun in diesem Abschnitt vorgestellt. Dabei wird im Wesentlichen zwischen administrativen und BI-projektübergreifenden, zwischen Werkzeugen für Datenhaltung und -integration sowie Werkzeuge für BI-Anwendungen unterschieden.

8.1 Werkzeuge für die administrative und die BI-projektübergreifende Anwendung

Die in diesem Abschnitt vorgestellten Werkzeuge dienen dazu, die BI-Aufbau- und Ablauforganisation zu unterstützen sowie Maßnahmen umzusetzen, die nicht im Rahmen eines einmaligen Projekts realisiert werden, sondern Daueraufgaben sind, die durch die BI-Organisation bewältigt werden.

8.1.1 Modellierung und Dokumentation von Daten, Prozessen und Organisation

Für Konzeptions- und Dokumentationszwecke empfiehlt sich für ein BICC der durchgängige Einsatz eines Modellierungswerkzeugs, das über ein zentrales Repository verfügt. Dadurch wird die konzeptionelle Konsistenz über alle Schichten und Komponenten der BI-Architektur unterstützt. Vor allem die Modellierung des übergreifenden Datenmodells des Core Warehouse sowie das Design der multidimensionalen Sichten der Auswertungsschicht sollten mit einem einheitlichen Werkzeug durchgeführt werden. Änderungen bzw. Erweiterungen des Datenmodells können mit Hilfe eines durch das Werkzeug unterstützten Freigabeprozesses abgebildet werden. Damit wird organisatorisch sichergestellt, dass die Struktur des Datenmodells einer regulären Überprüfung durch das BICC unterliegt und so die Konsistenz gewahrt bleibt. Eine weitere wichtige Aufgabe eines Modellierungswerkzeugs ist die Dokumentation der durch das BICC gesteuerten bzw. betreuten Prozesse wie z. B. das BI-Anforderungsmanagement. Die vom BICC definierten und abgestimmten Prozesse sollten im Intranet des Unternehmens veröffentlicht werden, damit sich alle Interessengruppen jederzeit hierüber informieren können. Darüber hinaus ist es sinnvoll, die meist in grafischer Form erstellten Modelle als Grundlage der Diskussion und Kommunikation zwischen Vertretern der Fachbereiche und IT einzusetzen.

Einen anerkannten Rahmen für die Modellierung betrieblicher Informationssysteme hat Scheer mit der Architektur integrierter Informationssysteme (ARIS) gesetzt.[310] In der folgenden Aufzählung werden die heute für die Modellierung typischen ARIS-Sichten jeweils mit Beispielen für den Einsatz durch ein BICC dargestellt:

> **Datensicht:** Datenmodellierung des Core Warehouse, z.B. mit Hilfe des Entity Relationship Model, und der multidimensionalen Auswertungssichten, z.B. mit Hilfe von ADAPT.[311]
> **Organisationssicht:** Modellierung der Aufbauorganisation, z.B. der Hierarchie innerhalb eines BICC, von Stellenbeschreibungen, der Zuordnung von Rollen zu Stellen und Verankerung des BICC in der Gesamtunternehmensorganisation.
> **Prozesssicht:** Modellierung der Ablauforganisation, z.B. der typischen Prozesse eines BICC für den Anwender-Support.
> **Funktionssicht:** Beschreibung einer einzelnen Aufgabe oder Tätigkeit, z.B. die Prüfung, ob eine Anforderung des Fachbereichs einen Change Request darstellt oder nicht. Die Abfolge von durch Ereignisse voneinander abhängigen Funktionen ergibt einen Prozess.

Die genannten Beispiele pro Sicht gelten für die semantische Ebene der Modellierung. Zusätzlich können die logische Ebene (z.B. Datenbankschema) und die physische Ebene (z.B. Programmcode) der Modellierung unterschieden werden. Ein weiterer Ansatz zur Systematisierung der Modellierungssichten ist die Enterprise Architecture: Unterschieden wird zwischen Geschäfts-, Anwendungs-, Informations- und Infrastrukturarchitektursicht (siehe auch Abschnitt 5.5.3). Diese Gliederung der Modellierungssichten wird tendenziell eher von Werkzeugen unterstützt, die aus dem angloamerikanischen Umfeld stammen. Welcher Ansatz in einem Unternehmen zur Anwendung kommt, wird normalerweise von der Architekturabteilung innerhalb der IT vorgegeben. Unabhängig vom jeweils gewählten Modellierungsansatz lauten die funktionalen Kernanforderungen an das durch ein BICC einzusetzende Modellierungswerkzeug folgendermaßen:

> Unterstützung der genannten Sichten durch vordefinierte Methodensets
> Primär grafische Modellierung
> Zentrales Metadaten-Repository
> Unterstützung von Teamarbeit durch Check-in- bzw. Check-out-Mechanismus, der sicherstellt, dass nicht mehrere Personen gleichzeitig denselben Teil des Modells ändern
> Abgestufter Freigabeprozess bei Modelländerungen
> Abgestuftes Berechtigungskonzept
> Veröffentlichungsfunktion für die webbasierte Darstellung im Unternehmensintranet
> Exportmöglichkeiten (z.B. XML, BPEL, DDL)

Durch den Export der Modellierungsergebnisse ist eine automatisierte Weiterverarbeitung der Ergebnisse für die Implementierung möglich. So lassen sich z.B. aus ER-Diagrammen direkt Skripte in der Data Definition Language (DDL) erzeugen, die zur Generierung oder auch zur Aktualisierung entsprechender Datenbanktabellen genutzt werden können. Theoretisch kann diese Funktionalität die Kommunikation zwischen der Modellierungsabteilung, die im BICC angesiedelt sein könnte, und der Entwicklungsabteilung in der IT vereinfacht werden, da eine direkte Übernahme der grafischen Modelle in die Systeme möglich ist und Übertragungsfehler vermieden werden können. Auch die Agilität des Entwicklungsprozesses

---

[310] Vgl. Scheer 1996.
[311] ADAPT: Application Design for Analytical Processing Technologies, vgl. Totok/Jaworski 1998, S. 19 ff.

lässt sich durch ein solches Vorgehen steigern. Die praktische Anwendung dieses Szenarios hat sich allerdings noch nicht durchgesetzt. Nur für spezielle Anwendungen, wie z. B. die grafische Modellierung von Geschäftsregeln, die innerhalb kürzester Zeit in ausführbare Transformationsprozesse umgewandelt werden, liegen entsprechende Erfahrungsberichte aus dem BI-Bereich vor.[312]

Die im Folgenden in den Übersichten genannten Werkzeuge sind am Markt bekannt und werden exemplarisch als Vertreter ihrer Klasse aufgeführt.[313] Die Auswahl erhebt nicht den Anspruch, repräsentativ zu sein.

Werkzeuge, die mehrere Modellierungssichten unterstützen

Diese Werkzeuge haben keinen speziellen Schwerpunkt in einer Sicht, sondern sie unterstützen die Unternehmensmodellierung durch eine Vielzahl von Methoden. Der Methodenvorrat der Werkzeuge ist teilweise so umfangreich, dass selbst für eine Sicht wie z. B. die Datensicht mehrere Methoden- bzw. Vorlagensätze parallel angeboten werden. Um beim Einsatz derartiger Werkzeuge (vgl. Tabelle 48) eine konsistente Modellierung zu erreichen, sollte ein BICC zunächst Konventionen festlegen, welche Methoden überhaupt genutzt werden und wie eine Methode genau anzuwenden ist. Nicht genutzte Methoden oder Notationselemente sollten ggf. über ein Berechtigungskonzept bzw. durch ein Customizing ausgeblendet werden.

Name	Anbieter
ARIS-Toolset	IDS Scheer
Modelling Suite	Mega
Business Process Analysis Suite	Oracle
PowerDesigner	Sybase

⬆ Tab. 48: Werkzeuge, die mehrere Modellierungssichten unterstützen

Werkzeuge für das Enterprise Architecture Management

Diese Werkzeuge sind eng verwandt mit der vorherigen Kategorie und legen ebenfalls keinen spezifischen Schwerpunkt auf eine Sicht. Der Übergang zwischen den beiden Kategorien ist fließend. Auch sie unterstützen eine ganzheitliche Unternehmensmodellierung, dabei werden methodisch im Besonderen Frameworks und Methoden des Enterprise Architecture Management unterstützt. Grundsätzlich können auch die generischen Modellierungswerkzeuge (siehe Tabelle 48) für die EA-Modellierung eingesetzt werden.

Die Funktionalitäten von EAM-Werkzeugen adressieren allerdings im Besonderen die Spezifika von EAM. Zum einen dienen sie der Modellierung der typischen Objekte einer EA: Geschäftsprozesse und -objekte, Systeme und deren Verteilung (organisatorisch, regional), Organisation, Beziehungen zwischen diesen Objekten. Zum anderen widmen sich EAM-Tools auch einer Hauptaufgabe von EAM, dem Business-IT-Alignment, und bieten daher zum Beispiel auch Funktionen für IT-Landscaping, Anforderungsmanagement, Projektportfolio-Management, Strategie- und Ziel-Management, IT-Infrastrukturmanagement, IT-Architekturmanagement.

---

312 Schröer 2006, o. S.
313 Für eine aktuelle Marktübersicht über Modellierungswerkzeuge vgl. Eggert/Meier 2009, S. 56 ff.

Einige Anbieter und deren Werkzeuge werden in Tabelle 49 aufgeführt.[314]

Name	Anbieter
Rational System Architect	IBM
Corporate Modeler Suite	Casewise
ARIS IT Architect (ARIS Plattform)	IDS Scheer
planningIT	alfabet AG
Enterprise Architecture Manager	Adaptive Inc.

⏶ Tab. 49: Werkzeuge für die EA-Modellierung

Werkzeuge mit Schwerpunkt Datenmodellierung

Diese Werkzeuge besitzen meist die längste Entwicklungshistorie und sind weitgehend ausgereift. Neben der klassischen Datenmodellierung im ER-Modell unterstützen sie oft auch Funktions- und Prozesssichten sowie die objektorientierte Modellierung. Weiterhin bieten sie spezielle Unterstützung für die Modellierung von Data-Warehouse-Systemen und besitzen zentrale Repositories. Somit unterstützen auch diese Werkzeuge die verschiedenen Modellierungssichten. Der Übergang zur erstgenannten Klasse ist fließend.

Name	Anbieter
ERwin	CA
Case/4/0	microTOOL

⏶ Tab. 50: Werkzeuge mit Schwerpunkt Datenmodellierung

Viele der Werkzeuge mit Schwerpunkt Datenmodellierung bieten heute auch Funktionen zum sogenannten Reverse Engineering. Das bedeutet, dass die Metadaten bestehender Datenbanken ausgelesen, ausgewertet und grafisch aufbereitet werden können. Auch lassen sich so toolgestützt die Metadaten unterschiedlicher Datenbanken vergleichen und Deltas ermitteln. Diese Funktionalität ist zur Unterstützung der Arbeit eines BICC besonders dann hilfreich, wenn in der Vergangenheit schlecht bzw. gar nicht dokumentiert wurde. Die Unterstützung der Werkzeuge geht so weit, dass Änderungen der Datenmodelle sogar als Deltabeschreibung an das Datenbanksystem übergeben werden können, sodass die betreffende Datenbank automatisiert aktualisiert werden kann.

Werkzeuge mit Schwerpunkt Geschäftsprozessmodellierung bzw. Prozessmodellierung

Eine klassische Methode zur Modellierung von Geschäftsprozessen ist die ereignisgesteuerte Prozesskette (EPK). Sie ist ein zentraler Bestandteil der Architektur integrierter Informationssysteme (ARIS). Eine neuere Notation, die Anfang der 2000er-Jahre von Stephen White von IBM erarbeitet wurde und inzwischen von der Object Management Group (OMG) gepflegt wird, ist die Business Process Modeling Notation (BPMN). Sie gilt als sehr implementierungsnah, sodass sie als Ausgangsbasis für die Implementierung von Workflow-Systemen genutzt wird.

---

[314] Die Studie von Matthes u. a. 2008 vergleicht aktuelle EAM-Werkzeuge.

Werkzeuge für die Prozessmodellierung bieten heute nicht nur die Möglichkeit zur Darstellung von Abläufen, sondern darüber hinaus auch Funktionalität zu deren Bewertung und Optimierung. So ist es in ARIS z.B. möglich, Funktionen innerhalb von Prozessen mit Kosten-, Aufwand- oder Zeitinformationen zu versehen. Das Werkzeug ist so in der Lage, Gesamtkosten oder Durchlaufzeiten pro Prozess zu berechnen. Diese Funktionalität kann für ein BICC für die Optimierung von Prozessen sehr hilfreich sein. Da der eigentliche Modellierungsschwerpunkt für ein BICC allerdings in der Datenmodellierung liegt, muss im Einzelfall überprüft werden, ob Werkzeuge mit Schwerpunkt Geschäftsprozessmodellierung (vgl. Tabelle 51) hierfür genügend Funktionalität bieten.

Name	Anbieter
Flowcharter	iGrafx
Business Studio	Tibco

▲ Tab. 51: Werkzeuge mit Schwerpunkt Geschäftsprozessmodellierung bzw. Prozessmodellierung

Rein grafische Werkzeuge

Rein grafische Werkzeuge verfügen weder über ein zentrales Metadaten-Repository noch über ein Freigabe- oder Berechtigungskonzept, sodass diese für die in der Einleitung formulierte Empfehlung für die Verwendung durch ein BICC weniger geeignet erscheinen. Da diese Werkzeuge dennoch weit verbreitet sind und entsprechend häufig angewendet werden, sollen hier abschließend DIA und Visio vorgestellt werden.

Name	Anbieter
DIA	Open Source
Visio	Microsoft

▲ Tab. 52: Rein grafische Werkzeuge

Abbildung 94 zeigt ein Modellierungsbeispiel für die Definition eines Star-Schemas mit der Oracle Business Process Analysis Suite. Auf der linken Seite sieht man eine Bauansicht der verschiedenen Strukturelemente des Gesamtdatenmodells. Unterhalb der Baumstruktur sind die dem ausgewählten Modell zugrunde liegenden Metadaten aufgeführt. Hierzu zählen u.a. Informationen zum Verfasser oder dem letzten Bearbeiter. Auf der rechten Seite wird das Modell der zentralen Faktentabelle mit ihrer Verbindung zu den umliegenden Dimensionstabellen dargestellt. Jedes Modellelement ist eindeutig und verfügt über eigene Eigenschaften, die im zentralen Metadaten-Repository abgelegt sind.

Bewusst nicht in der Auswahl berücksichtigt wurden rein objektorientierte Modellierungswerkzeuge.[315] Dies lässt sich dadurch begründen, dass diese Werkzeuge vor allem auf die Implementierung operativer Anwendungen abzielen. Es gibt zwar eine Reihe von wissenschaftlichen Veröffentlichungen, die sich mit der objektorientierten Modellierung von Data-Warehouse-Systemen mittels UML[316] beschäftigen,[317] die praktische Anwendung ist jedoch eher selten.

---

[315] Für eine Übersicht objektorientierter Modellierungswerkzeuge vgl. http://www.oose.de/service/uml-werkzeuge.html.
[316] UML: Unified Modelling Language: Standardnotation für die objektorientierte Modellierung.
[317] Vgl. Priebe/Pernul 2001; Herden 2002; Abelló u.a. 2002.

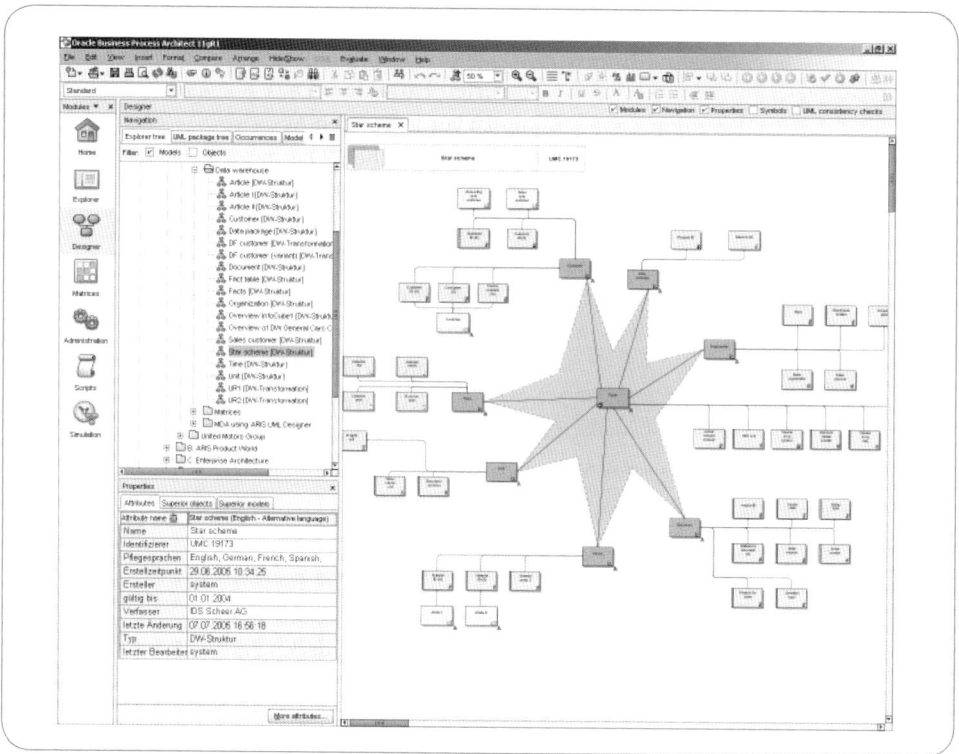

▲ Abb. 94: Modellierungsbeispiel für ein Star-Schema[318]

In der Übersicht weiterhin nicht aufgeführt wurden Modellierungswerkzeuge, die integraler Bestandteil eines Datenbank-, Reporting- oder Analysesystems sind, da diese Werkzeuge meist nur die eigene Plattform unterstützen. Wie bereits beschrieben, kommen in der IT-Landschaft von Unternehmen in der Regel BI-Komponenten unterschiedlicher Anbieter zum Einsatz, sodass mit dem Einsatz eines plattformspezifischen Werkzeugs die übergreifende Modellierung erschwert würde oder nicht möglich wäre. Weiterhin sind diese Werkzeuge oft sehr implementierungsnah, sodass sich die grafischen Notationen meist nicht für die Diskussion mit Vertretern von Fachbereichen eignen.

Exkurs: Nutzung vordefinierter Datenmodelle

Mit zunehmendem Reifegrad der Data-Warehouse-Entwicklung gibt es auch immer mehr Erfahrung mit der am besten geeigneten Modellierung. Diese Best Practices werden inzwischen von Software-Anbietern oder Dienstleistern als vordefinierte Datenmodelle für die inhaltliche Gestaltung des Core Layer und des multidimensionalen Output Layer von DWH-Systemen angeboten. Grundsätzlich kann hierbei zwischen zwei Angeboten unterschieden werden:

> branchenspezifische – sogenannte horizontale Inhalte, z. B. für Banken, Versicherungen oder Telekommunikation, und

> funktionsspezifische – sogenannte vertikale Inhalte, z. B. für das Kundenbeziehungsmanagement, Rechnungswesen und Controlling oder das Personalmanagement.

---

318 Die Bildschirmkopie stellt die Oracle Business Process Analysis Suite dar.

Die Datenmodelle werden oftmals allerdings nicht als einzeln kaufbares Produkt angeboten, sondern als Bestandteil eines Software- oder Dienstleistungsangebots. So bieten z. B. mehrere Software-Anbieter Inhalte, die von vordefinierten Extraktoren aus gängigen Quellsystemen, über Datenbewirtschaftungsprozesse bis hin zu vordefinierten Auswertungsstrukturen sowie Kennzahlen und Berichten auf Basis ihrer Produkte reichen. Die angebotenen Datenmodelle haben oft einen sehr breiten Ansatz und decken eine Vielzahl von Anforderungen ab, sodass häufig gar nicht alle Details benötigt werden. Auf der anderen Seite kann es natürlich Anforderungen geben, die vom Modell nicht berücksichtigt werden. Ob sich der Einsatz eines vordefinierten Datenmodells lohnt, sollte daher durch eine GAP-Analyse geklärt werden. Diese wird von Anbietern meist standardmäßig angeboten. Auf Basis der fachlichen bzw. inhaltlichen Anforderungen des nachfragenden Unternehmens wird überprüft, zu wie viel Prozent diese durch den vordefinierten Inhalt abgedeckt werden kann. Als absolut vorteilhaft erscheint ein Abdeckungsgrad von mehr als 70 %. Zwischen 50 % und 70 % Abdeckungsgrad sollte ein BICC fallweise über den Einsatz entscheiden. Bei weniger als 50 % sollte auf den Einsatz verzichtet werden. Tabelle 53 gibt eine Übersicht über Vor- und Nachteile des Einsatzes vordefinierter Datenmodelle.

Vorteile	Nachteile
› Einkauf von nicht im Unternehmen vorhandenem Know-how › Nutzung von Best Practices › Verringerung des Projektrisikos › Verkürzung der Implementierungszeit	› Strukturen decken Spezifika des eigenen Geschäftsmodells nicht ausreichend ab › Anpassungen ggf. aufwendig und Verlust der Release-Fähigkeit › Verlust von Differenzierungsmerkmalen zum Wettbewerb › Langfristige Abhängigkeit zum Anbieter, falls das Datenmodell nur im Paket mit Software oder Dienstleistungen verfügbar ist

Tab. 53: Vor- und Nachteile vordefinierter Datenmodelle

Vordefinierte Datenmodelle werden in verschiedener Ausprägung, z. B. von IBM, SAP, SAS oder Teradata, angeboten. Die Datenmodelle werden teilweise auf Basis bestimmter Modellierungswerkzeuge wie z. B. ERwin oder als bereits in der Zielplattform befindliche Strukturen wie z. B. in SAP BW ausgeliefert.

8.1.2   Metadatenmanagement

Im Rahmen der Integration von Systemen und im Sinne eines Business-IT-Alignment[319] ist es notwendig, den Überblick über die Metadaten der eingesetzten Systemkomponenten und Prozesse zu behalten. Metadaten sind Daten über Daten. Im Kontext von BI sind dies zum Beispiel Datenmodelle, Prozessbeschreibungen, Definitionen von Kennzahlen, organisatorische Aspekte (Verantwortung für Datenqualität), aber auch ablauforientierte Daten, die z. B. beim DWH-Betrieb anfallen, so etwa ETL-Ladelauf-Statusinformationen. Die Vielfalt der Systemkomponenten bedingt, dass unterschiedlichste Metadaten konsolidiert werden müssen, um ein umfassendes ganzheitliches Bild zu erlangen. ETL-Statusinformationen stellt ein ETL-Werkzeug zur Verfügung, fachliche Definitionen stammen unter Umständen aus einem Prozessmodellierungswerkzeug, finden sich evtl. aber auch in Form von Kennzahlen-

---

319 Vgl. dazu auch die Ansätze der IT-Governance, Abschnitt 5.5.1.

definitionen in der semantischen Schicht eines BI-Systems. Leider hat sich bisher noch kein allgemeiner Metadatenstandard durchgesetzt, sodass die Formate äußerst unterschiedlich sein können. Ein ganzheitliches Bild über die unterschiedlichen Quellen ist in der Praxis oft nur mit erheblichem manuellem Aufwand herstellbar. Hier setzen Werkzeuge für Metadatenmanagement an, die zum Ziel haben, die relevanten Metadaten aus unterschiedlichen Quellen zusammenzuführen und eine Gesamtsicht zu erzeugen. Diese Gesamtsicht kann beispielsweise in einem zentralen Metadaten-Repository hergestellt werden.

Kernfunktionen

Die Kernfunktionen von Metadatenmanagement-Werkzeugen sind folgende:

> **Integration und Normierung:** Unterschiedliche Quellen für Metadaten werden integriert. Die ggf. proprietären Datenformate und Modelle werden in eine einheitliche plattformübergreifende Form gebracht. Dies ist ausgesprochen anspruchsvoll, da ggf. nicht alle individuellen Formate in eine gemeinsame Semantik überführt werden können.

> **Dokumentation:** Die Metadaten, z.B. bzgl. der IT-Landschaft, zu Fachprozessen, Datenmodellen oder Organisationsmodellen, werden verschmolzen und können damit als Basis für eine automatisiert erzeugte Dokumentation dienen.

> **Analyse und Auswertung:** Die Gesamtheit der Metadaten wird für Auswertungen und Analysen zur Verfügung gestellt. Damit können beispielsweise Abhängigkeiten zwischen Daten sichtbar gemacht und im Sinne einer Herkunfts- oder Verwendungsanalyse (Lineage-, Impact-Analyse) verwendet werden. Aber auch Abhängigkeiten zwischen IT, Fachlichkeit und Organisation werden so deutlich.

> **Information und Publikation:** Interessierte Anwender werden mit konsistenten Informationen versorgt. Das Metadaten-Repository stellt hier die einzige gemeinsame Informationsquelle für Metadaten dar.

Beispiele

Werkzeuge für Metadatenmanagement sind in zwei Varianten verfügbar, zum einen in Form von speziellen Metadatenmanagement-Werkzeugen, die in der Regel ein Repository, Integrationsschnittstellen und Analysefunktionen für das Repository bieten, zum anderen in Komponenten, die beispielsweise Bestandteil einer BI- oder EAI-Plattform sind. Hierbei handelt es sich vor allem um technisch orientierte Metadaten, die von der Datenquelle bis zum Ergebnis im Output Layer anfallen. Im Plattform-Ansatz ist das Metadatenmanagement eine wichtige Querschnittsfunktionalität und eines der Hauptargumente der BI-Plattformanbieter (bzw. BI-Suite-Anbieter), um sich von einem Best-of-Breed-Ansatz abzuheben (siehe Abschnitt 3.4.5). Tabelle 54 listet einige Anbieter und deren Werkzeuge auf, Abbildung 95 stellt die Impact-Analyse am Beispiel des SAP BO Data Integrator dar.

Art	Name	Anbieter
Spezialisiertes Werkzeug	Rochade	ASG Software Solutions
Plattformkomponente	InfoSphere Metadata Workbench	IBM
Plattformkomponente	Metadata Server	SAS
Plattformkomponente	Metadata Management	SAP Business Objects

▲ Tab. 54: Werkzeuge für Metadatenmanagement

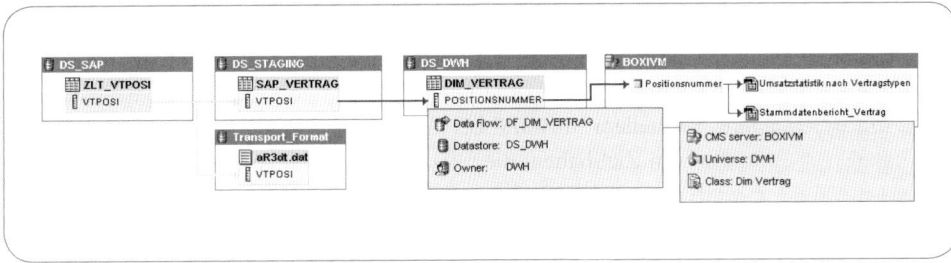

▲ Abb. 95: Impact-Analyse technischer Metadaten[320]

Metadatenmanagement für BI im BICC

Aufgrund der Vielfalt der möglichen Metadatenquellen und der geringen Standardisierung der Datenformate und -modelle ist es zudem in der Praxis üblich, ein spezifisches Metadaten-Repository durch eine individuelle Implementierung zu erstellen. Dazu werden beispielsweise die Grundkomponenten einer DWH-Architektur verwendet, um Metadatenmanagement als Fachanwendung zu implementieren. Das DWH-Datenbanksystem dient dann zugleich als Speicher des Metadaten-Repository, das ETL-Werkzeug als Integrationswerkzeug, um Metadaten unterschiedlichster Quellen einzubinden, die BI-Frontends dienen zur Analyse und Auswertung des Metadaten-Repository. Vorteilhaft bei einem solchen individuellen Ansatz ist es, dass auch die unternehmensspezifische Fachlichkeit Berücksichtigung finden kann, d. h. beispielsweise auch die Definition der wichtigen Geschäftsobjekte eines Unternehmens berücksichtigt werden kann.

Wenngleich Standards für Metadatenmanagement rar sind, soll an dieser Stelle ein Standard kurz erwähnt werden: das Common Warehouse Metamodel (CWM). Das CWM ist ein standardisiertes Metamodell der Object Management Group (OMG),[321] das in die Model-Driven Architecture der OMG eingebettet ist. Das CWM fokussiert vor allem technische Metadaten im Data Warehouse[322] und bietet daher zwar einerseits eine gute Basis, genau diese Facetten in ein umfassendes Metadatenmanagement einzubinden, es hat aber auch Grenzen, wenn fachliche oder organisatorische Aspekte in der Metadatenmodellierung berücksichtigt werden sollen.

Abbildung 96 stellt abschließend die Herausforderung des Metadatenmanagements in der BICC-Praxis noch einmal dar. Technische DWH-Metadaten sind beispielsweise auf Basis eines Standards wie CWM aus dem ETL-Werkzeug, das auch Datenbankinformationen bereitstellt, oder aus dem BI-Frontend heraus abrufbar. Jedoch erst durch eine individuelle Lösung kann ein BICC diese um fachliche und aufbau- und ablauforganisatorische Aspekte ergänzen, ggf. auch unter Nutzung von Enterprise-Architecture-Ansätzen.[323]

---

[320] Die Bildschirmkopie wurde mit dem SAP Business Objects Data Integrator angefertigt.
[321] Spezifikation in OMG 2003.
[322] Eine kritische Würdigung des CWM findet sich z. B. bei Melchert u. a. 2003, S. 254 ff.
[323] Vgl. dazu das Beispiel auf S. 214.

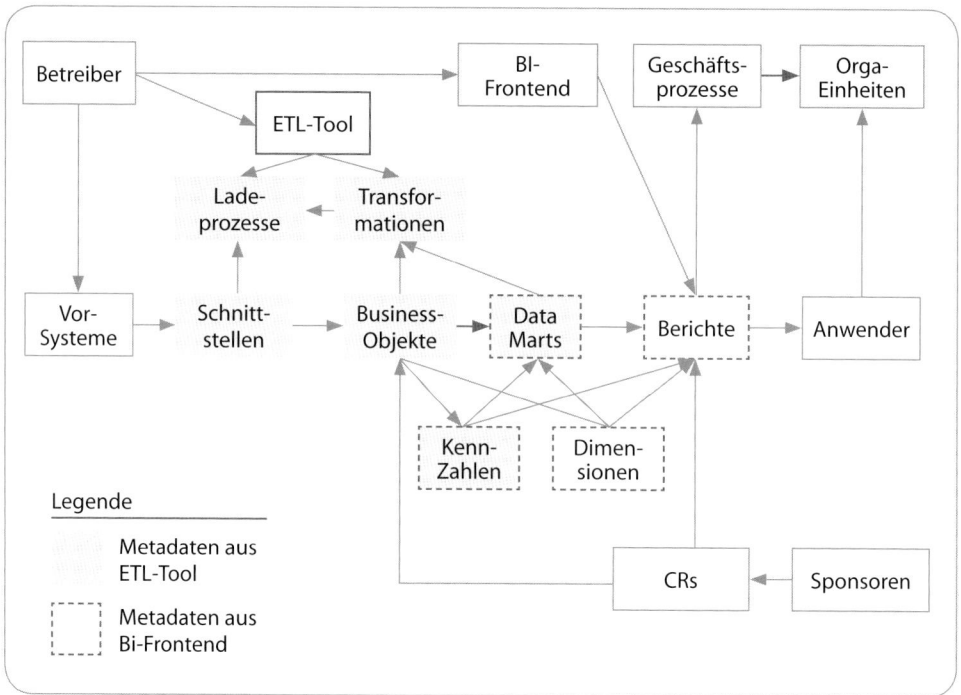

Abb. 96: Technische Metadaten im Kontext von ETL- und BI-Frontend-Werkzeug

8.1.3 Stammdatenmanagement

Das Thema Stammdatenmanagement bzw. Master Data Management (MDM) ist vom Inhalt her eigentlich den operativen Anwendungen und Prozessen zuzuordnen. Es sollte dennoch nicht verwundern, dass MDM hier thematisiert wird, da die Schaffung von einheitlichen Stammdaten eine wichtige Ausgangsbasis für BI ist. Oftmals werden Stammdaten in den Unternehmen mehrfach in unterschiedlichen Systemen parallel gepflegt. Im Extremfall wissen die mit der Pflege beschäftigten Personen gar nicht, wo dieselben Stammdaten noch überall im Unternehmen verwendet werden. Problematisch wird dies, wenn übergreifende BI-Anwendungen aufgebaut werden sollen und die Stammdatenprobleme offensichtlich werden. Die mangelnde Qualität von Stammdaten hat schon so manches BI-Projekt verzögert oder blockiert. Insofern kann das Thema ein wichtiges Aufgabengebiet für ein BICC werden. Zuallererst sollte festgehalten werden, dass Stammdatenmanagement vor allem eine fachlich-organisatorische Aufgabe ist und nicht etwa ein technisches Thema. Werkzeuge können daher auch nur den Prozess der Vereinheitlichung von Stammdaten unterstützen, aber keinesfalls von sich aus lösen.

Für die Harmonisierung von Stammdaten sollte ähnlich wie beim Data-Warehouse-Konzept eine Quelle der Wahrheit (Single Point of Truth) geschaffen werden. Je nachdem wie eng gekoppelt das Stammdatenmanagement betrieben werden soll, sind hierfür zwei Extremszenarien möglich:

> **Lose Kopplung:** Jedes stammdatenführende System bleibt weiterhin autark hinsichtlich der Datenpflege. Neue Stammdaten werden periodisch an ein zentrales MDM-System übermittelt, das versucht, über Abbildungsregeln oder mit speziellen Algorithmen gleiche

Daten zu ermitteln und diese zu verknüpfen. Nicht auflösbare Konflikte werden protokolliert und an die entsprechenden Verantwortlichen übermittelt, die Daten ggf. nachträglich in den stammdatenführenden Systemen korrigieren müssen. Dieses Feedback-Szenario gewährleistet die maximale Autonomie der unterschiedlichen Systeme, löst jedoch die typischen Probleme wie Inkonsistenzen, Redundanzen etc. nicht wirklich, sondern lindert sie nur.

> **Enge Kopplung:** Stammdaten können grundsätzlich nur in synchroner Kommunikation mit einem zentralen Stammdaten-Hub angelegt werden. Der Versuch, ein schon vorhandenes Stammdatum noch einmal anzulegen, wird durch das MDM-System erkannt und direkt der Verweis auf den bereits vorhandenen Stammdatensatz hergestellt. Bestimmte Elemente wie z. B. eine eindeutige Produkt- oder Kundennummer können generell nur vom zentralen Stammdaten-Hub generiert werden.

In der Praxis gibt es weit mehr unterschiedlich ausgeprägte Architekturszenarien für das Stammdatenmanagement. So ist auch eine Kombination aus eng gekoppelten Stammdaten, z. B. für Produkt- oder Kundenstamm, und lose gekoppelten Stammdaten, z. B. für geografische Zuordnungen oder das Mapping von lokalen Kontenplänen auf einen einheitlichen Konzernkontenplan, möglich. Wichtig ist, dass die Organisation der Pflege und Verteilung von Stammdaten (zentral vs. dezentral, synchron vs. asynchron) pro Domäne inhaltlich abgestimmt und definiert ist.

Werkzeuge zur Unterstützung des Stammdatenmanagements können inzwischen als ausgereift angesehen werden. Folgende Funktionalitäten bieten aktuelle MDM-Werkzeuge:

> **Datenmodell:** Das meist vordefinierte generische Datenmodell lässt sich an die spezifischen Anforderungen des jeweiligen Unternehmens anpassen.

> **Benutzerschnittstelle:** Anwender können Stammdaten, Hierarchien, Geschäftsregeln etc. über eine (webbasierte) Oberfläche pflegen.

> **Workflows:** Mehrstufige Prozessschritte, wie z. B. die Freigabe einer neuen Kundennummer im Vier-Augen-Prinzip, lassen sich über Workflows abbilden.

> **Synchrone/asynchrone Kommunikation:** MDM-Werkzeuge unterstützen sowohl die nachrichtenbasierte Kommunikation in Echtzeit als auch die blockweise Verarbeitung von Stammdatenanfragen im Batch-Betrieb.

> **Schnittstellen:** Es wird eine Vielzahl von Schnittstellen, wie z. B. für SAP ERP, angeboten. Die meisten Funktionen sind auch als Webservice zugänglich. Spezielle Schnittstellen werden teilweise auch zu DQM-Werkzeugen (siehe Abschnitt 8.1.4) angeboten, um z. B. Data Cleansing als Prozessschritt in die Bearbeitung von Stammdaten zu integrieren.

> **Automatisierung:** Die Neuanlage von Stammdaten, z. B. die Erzeugung eindeutiger Identifier oder der regelbasierte Abgleich zu bestehenden Stammdaten, lässt sich automatisieren.

> **Zugriffsberechtigungen:** Wie bei jedem Anwendungssystem lassen sich Berechtigungen auf Dateninhalte und Funktionen rollenbasiert definieren.

> **Versionierung:** Änderungen an Stammdaten werden versioniert, sodass ein Data Warehouse auch mit Versionen von Stammdaten beliefert werden kann.

> **Nachvollziehbarkeit:** Änderungen an Stammdaten werden protokolliert und lassen sich nachvollziehen.

> **Reporting:** MDM-Werkzeuge bieten meist auch Reporting-Funktionalität bzw. eine Reporting-Schnittstelle zu BI-Werkzeugen, um Stammdaten auswerten zu können.

> **Vordefinierter Content:** Für branchenunabhängige Aufgabenstellungen wie z. B. die Pflege von Kundenstammdaten besitzen die Werkzeuge vordefinierte Inhalte, wie Pflegedialoge oder Geschäftsregeln, z. B. um Fehler bei der Eingabe zu vermeiden und die übergreifende Konsistenz sicherzustellen.

Tabelle 55 gibt eine Übersicht über ausgewählte MDM-Werkzeuge:

Name	Anbieter
Master Data Management	Teradata
Master Data Management Suite	Oracle
Master Data Services	Microsoft
MDM (Netweaver)	SAP
MDM Server (InfoSphere)	IBM
qMDM	SAS DataFlux

⏶ Tab. 55: Ausgewählte Werkzeuge zur Unterstützung des Stammdatenmanagements

Der Einsatz eines separaten MDM-Werkzeugs ist nicht in jedem Fall notwendig. Stattdessen können auch bereits vorhandene Werkzeuge zur Stammdatensynchronisation genutzt werden. Folgende Szenarien sind hier u. a. möglich:

> **Führendes operatives System:** Ein operatives System wird zum führenden System erklärt, z. B. die Debitorenbuchhaltung des ERP-Systems der Konzernzentrale für die Kundenstammdaten. Alle weiteren operativen Systeme, die Kundendaten führen, müssen diese synchron zur führenden Debitorenbuchhaltung halten. Das operative System wird ggf. durch Customizing um fehlende Funktionen angereichert.

> **Einsatz ETL-Werkzeug:** Das ggf. bereits im Einsatz befindliche ETL-Werkzeug wird oftmals sowieso schon für die nachträgliche Harmonisierung von Stammdaten eingesetzt. Diese Funktion wird ausgebaut, sodass das ETL-Werkzeug zum (asynchronen) Stammdaten-Hub wird.

> **Einsatz EAI-Werkzeug:** Das ggf. bereits im Einsatz befindliche Werkzeug für Enterprise Application Integration (EAI) kann auch für den nachrichtenbasierten synchronen Austausch von Stammdaten eingesetzt werden. Die typische Funktionalität von EAI-Werkzeugen bietet eine gute Basis für die Abbildung der Anforderungen an die Stammdatenverarbeitung.

8.1.4   Datenqualität

Für den Erfolg eines DWH-Systems ist die Qualität der darin verwalteten Daten von entscheidender Bedeutung. Analysen dieser Daten beeinflussen die strategischen Geschäftsentscheidungen. Eine fehlerhafte Entscheidung, die aus einer schlechten Datenqualität resultiert, vermindert das Vertrauen der Nutzer in die Zuverlässigkeit des Systems und verhindert seinen weitreichenden Einsatz. Daher ist es mit die Aufgabe eines BICC, ein kontinuierliches Datenqualitätsmanagement sicherzustellen. Entweder wird die fachliche und technische Qualitätssicherung vom jeweils verantwortlichen Data Steward für einen Datenbereich bzw. eine -quelle durchgeführt, oder das BICC nimmt die jeweilige Aufgabe als Dienstleister wahr. Für die hiermit verbundenen Tätigkeiten gibt es eine Reihe von Werkzeugen mit unterschiedlichen Schwerpunkten, die den Prozess der Qualitätssicherung strukturieren oder sogar Teile automatisieren. Die folgenden Funktionen werden heute von Datenqualitätswerkzeugen unterstützt:

> **Data Profiling:** Die vom Inhalt her ggf. noch unbekannten Daten einer Datenquelle können inhaltlich in ihrer ursprünglichen Form analysiert werden. Mit wenigen Schritten kann man sich einen Überblick über die inhaltlichen Ausprägungen der Daten verschaffen, z. B. wie viele unterschiedliche inhaltliche Ausprägungen ein Datenfeld hat, ob es sich tatsächlich nur um natürliche Zahlen handelt oder ob auch Textdaten enthalten sind, oder ob es evtl. unterschiedliche Schreibweisen für einen bestimmten Inhalt (z. B. Bezeichnung eines Produkts) gibt. Diese und ähnliche Fragestellungen können auch als Regeln zur automatisierten Validierung hinterlegt werden, sodass bei Regelverletzungen Warnmeldungen generiert werden oder eine Fehlerbehandlung eingeleitet wird. Die Regeln können sich dabei auf einzelne Attribute, einzelne Datensätze oder gesamte Tabellen beziehen. Unterschieden werden kann zwischen Standardverfahren, die formale Fehler in den Daten entdecken, und Geschäftsregeln, die sich auf die Inhalte im Unternehmenskontext beziehen.

> **Data Cleansing:** Inhaltliche Datendefizite werden automatisiert auf Basis hinterlegter Regelwerke oder Verfahren wie Fuzzy Logic bereinigt. Die umfangreichsten Möglichkeiten werden für die Bereinigung von Kunden- bzw. Adressdaten angeboten. Hierzu haben die Werkzeuganbieter landesspezifische Begebenheiten wie unterschiedliche Schreibweisen von Vor- und Nachnamen, Abkürzungen oder komplette geografische Register in ihren Werkzeugen hinterlegt. Die Werkzeuge unterstützen so bei der Vereinheitlichung von Schreibweisen, bei der Ergänzung fehlender Adressbestandteile, bei der Korrektur falscher Daten oder beim Auffinden von Dubletten.

Für die folgende Tabelle (vgl. Tabelle 56) wurden nur Werkzeuge ausgewählt, die sowohl Data Profiling als auch Data Cleansing unterstützen.

Name	Anbieter
Co>Operating System	Ab Initio
Customer Data Quality Platform	Group 1 Software
Data Profiler	Pervasive
Data Services	SAP Business Objects
dfPower Studio	DataFlux (SAS)
i/Lytics Enterprise Data Quality Suite	Innovative Systems
InfoZoom	HumanIT
SQL Server Integration Services	Microsoft
Trillium Software System	Harte-Hanks Trillium
Warehouse Builder	Oracle

⬛ Tab. 56: Ausgewählte Datenqualitätswerkzeuge

8.1.5   Vorfallmanagement

Werkzeuge für das Vorfallmanagement dienen dazu, im Betrieb und in der Entwicklung Vorfälle entgegenzunehmen, zu bestätigen, zu klassifizieren und zu priorisieren sowie einer kontrollierten Abarbeitung zuzuführen. Im Kontext von ITIL wird das Vorfallmanagement sehr differenziert betrachtet,[324] eine Variante, das Incident-Management, wurde in Abschnitt 6.2.2 vertiefend für BI dargestellt.

---

[324] Vgl. Taylor u. a. 2007a.

Typischerweise werden die Vorfälle über eine Kundenschnittstelle erfasst, beispielsweise durch formalisierte E-Mails, maschinenlesbare Formulare und vor allem mittels entsprechender Online-Schnittstellen. In der Klasse der Vorfallmanagement-Werkzeuge gibt es unterschiedlichste Ausprägungen, je nach Schwerpunkt des Werkzeugs. Insofern sind auch die Synonyme vielfältig, und die Einordnung gibt nicht immer Aufschluss darüber, inwieweit ein konkretes Werkzeug bestimmte Funktionalitäten anbietet. Zu den Vorfallmanagement-Systemen zählen u. a. sogenannte Issue-Tracking-Systeme, Help-Desk-Systeme, (Service-)Ticketing-Systeme, zum Teil auch Task- oder Workflow-Management-Systeme.

Die Kernfunktionen von Vorfallmanagement-Systemen werden im Folgenden kurz dargestellt:

> **Vorfallerfassung:** Bei der Vorfallerfassung wird eine Meldung (ein Incident, ein Ticket) strukturiert erfasst. Dies kann durch Mitarbeiter einer Serviceabteilung erfolgen, die den Vorfall beispielsweise telefonisch entgegennehmen, oder aber auch durch Mitarbeiter einer Fachabteilung, sofern die Erfassung für diese Zielgruppe geeignet ist (also insbesondere IT- und IT-Prozess-bezogene Details birgt). Bei der Erfassung wird der Vorfall möglichst neutral dargestellt. Neben einer Beschreibung des Vorkommnisses erfolgt zudem eine initiale Klassifikation durch den Erfasser, dahingehend, dass die Dringlichkeit (z. B. geschäftskritischer Fehler, Produktionsstillstand vs. kleinere Unschönheit) definiert und eine Einordnung des Anliegens (Fehler, Problem, Anfrage, Änderungsersuchen etc.) vorgenommen werden. Zudem wird in der Regel der Kontext eingegrenzt, also beispielsweise definiert, in welchem Anwendungssystem oder im Rahmen welches Geschäftsvorfalls das Problem auftritt.

> **Zuordnung:** Nach der Erfassung erfolgt die Zuordnung auf einen Bearbeiter, der den Vorfall weiterbearbeiten und einer Lösung zuführen soll. Je nach System kann dies im ersten Schritt automatisiert erfolgen. Danach wird ein zum Problemkreis passender und verfügbarer Mitarbeiter durch das System ausgewählt.

> **Ablaufsteuerung:** Die Ablaufsteuerung sorgt dafür, dass die Vorfallbearbeitung einem vorher definierten Arbeitsfluss folgt, d. h. dass für Vorfälle immer nach dem gleichen Schema eine Lösung erarbeitet wird. Häufig wird dieser Ablauf via Status eines Vorfalls gesteuert. Während des Ablaufs wechselt der Status (z. B. gemeldet, entgegengenommen, in Bearbeitung, Rückfrage, zurückgestellt, gelöst, geschlossen). Dabei besteht in komplexeren Vorfallmanagement-Systemen die Option, für unterschiedliche Fallkategorien unterschiedliche Abläufe zu hinterlegen, d. h. kritische Fehler anders zu bearbeiten als Änderungsanfragen. Im Idealfall sind die Workflows der Ablaufsteuerung, also Schritte, Statuswechsel, Berechtigungen zur Änderung von Ticketdaten und Status etc., frei konfigurierbar.

> **Auswertung:** Vorfallmanagement-Systeme stellen Transparenz nicht nur für einzelne Vorfälle her, indem der jeweilige Status für Betroffene und Beteiligte ersichtlich ist, vielmehr wird auch die Gesamtheit aller gemeldeten Vorfälle ausgewertet. Dies erfolgt beispielsweise kontextorientiert, um z. B. alle Vorfälle zu einem System oder einem bestimmten Prozess aggregiert darzustellen, zeitorientiert, um alle Vorfälle einer bestimmten Periode zu analysieren, oder statusorientiert, um beispielsweise alle kritischen Vorfälle zu einem Gesamtstatus zu aggregieren. Die beantworteten Fragen in der Auswertung sind vielfältig und letztlich sind viele analytische Fragestellungen zum Vorfallmanagement denkbar. Komplexere Vorfallmanagement-Systeme bieten hier umfassende Dashboards, Reports und sogar Ad-hoc-Analyse-Möglichkeiten.

> **Kommunikation:** Eine weitere Funktionalität des Vorfallmanagements ist die Kommunikation anhand eines Vorfalls. Hierbei kommunizieren zum einen der Ersteller/Erfasser, zum anderen die an der Lösung beteiligten Personen. Die Kommunikation erfolgt in der Regel asynchron in einer Art Logbuch. Dabei werden aber durchaus auch andere Kommunikationskanäle genutzt, typischerweise per E-Mail, um beispielsweise Statuswechsel mitzuteilen oder Rückfragen zu stellen.

> **Dokumentation:** Neben der Kommunikation dient ein Bearbeitungs-Logbuch auch dazu, die Lösung des Vorfalls zu dokumentieren. Sofern die Vorgänge recherchierbar sind, entsteht so im Laufe der Zeit eine Dokumentation von Best Practices. Umfassende Vorfallmanagement-Systeme erlauben es zudem, ergänzende Dokumentation (Notizen, Release Notes, Dokumente jeglicher Art) kontextbezogen, aber unabhängig von Vorgängen abzulegen. Aktuelle Vorfallmanagement-Systeme überlassen diese Disziplin allerdings eher Content-Management-Systemen und bieten eine entsprechende Schnittstelle.

> **Arbeitsplanung und -Steuerung:** Sofern sehr viele unterschiedliche Vorfälle bearbeitet werden müssen und eine entsprechende Anzahl von Vorfallbearbeitern involviert werden muss, bieten Vorfallmanagement-Systeme die Möglichkeit zur Arbeitsplanung und -steuerung. Zum einen können Aufgaben delegiert werden, im einfachsten Fall durch Zuweisung des Vorfalls an einen Bearbeiter, zum anderen können Vorfälle auch priorisiert und die Bearbeitung terminlich geplant werden. Dazu werden Funktionen für Projekt- und Aufgabenplanung angeboten, die beispielsweise nur einem Service-Desk-Leiter zur Verfügung stehen (in komplexeren Systemen und Serviceorganisationen wird hierfür auch eine Organisationshierarchie unterstützt). Aus Sicht eines Vorfallbearbeiters stellen sich die Aufgaben und Termine in der Regel in Form einer sogenannten Task-Liste dar, die nach Priorität oder anderen Statusinformationen eines Vorfalls geordnet ist. Komplexere Systeme bieten einen Task-Pool, aus dem sich dann Mitglieder einer Bearbeitungsgruppe einzelne Tasks herausgreifen können.

Tabelle 57 gibt eine kleine Auswahl an Herstellern und Software-Produkten, die für das Vorfallmanagement eingesetzt werden können. Die Auswahl der am Markt befindlichen Werkzeuge ist jedoch sehr reichhaltig, mit zum Teil sehr unterschiedlichem Funktionsumfang.

Name	Anbieter
Bugzilla	Open Source (Mozilla Foundation)
Jira	Atlassian
IBM Rational ClearQuest	IBM (Rational Software)
Remedy Action Request System	BMC Software
Mantis Bug Tracker	Open Source

▲ Tab. 57: Werkzeuge für das Vorfallmanagement

Abbildung 97 stellt ein Beispiel für ein Vorfallmanagement-System auf Basis von Jira von Atlassian dar. Jira besitzt eine breite Standardfunktionalität, wie frei anpassbare Workflows, Recherche, Such- und Dashboard-Funktionen und eine ergonomische GUI. Weiterhin lässt es sich in eine Gesamtinfrastruktur einfügen, so kann es z. B. mit Subversion als Versionsverwaltung und mit Confluence als Enterprise-Wiki integriert werden.

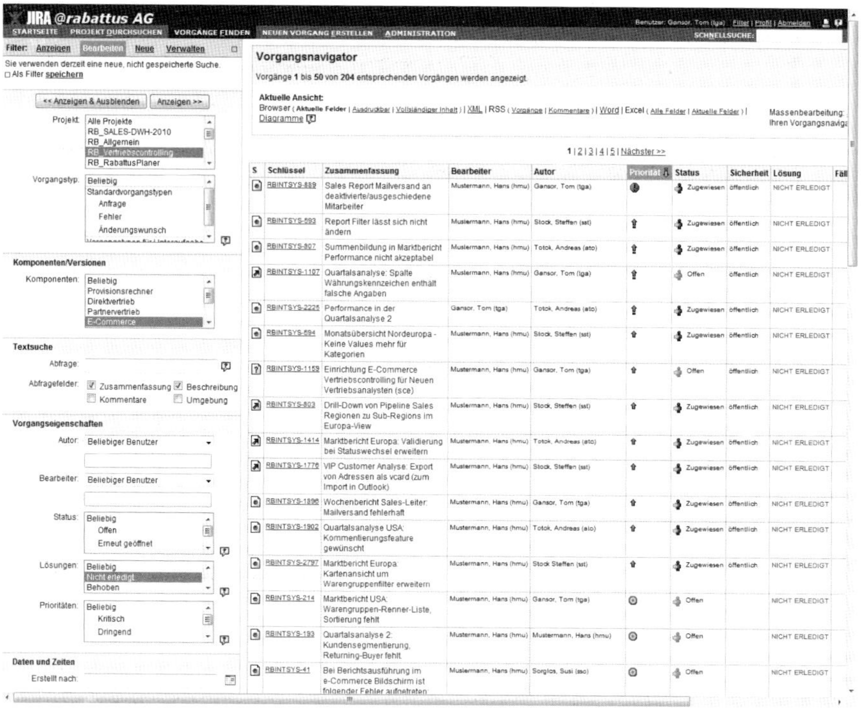

▲　Abb. 97: Beispielübersicht für ein Vorfallmanagement[325]

Vorfallmanagement für BI und im BICC

In diesem Buch wurde bereits mehrfach darauf hingewiesen, dass für ein Vorfallmanagement, das im BICC angesiedelt ist, eine Werkzeugunterstützung hilfreich ist. Das BICC, sofern es fachliche und technische Support-Funktionen bietet oder (Weiter-)Entwicklungsaufgaben übernimmt, benötigt eine klare Schnittstelle zu den Leistungsbeziehern, so insbesondere zu Fachabteilungen. Gerade im Rahmen einer ITIL-Adaption (vgl. Kapitel 6) und insbesondere bei Umsetzung eines Incident-Managements (vgl. Abschnitt 6.2.2) ist der Werkzeugeinsatz anzuraten. Eine Herausforderung ist hierbei, ein Werkzeug für das Vorfallmanagement so zu implementieren, dass zum einen BI-Spezifika berücksichtigt werden (beispielsweise Integration zu Metadaten-Repositorys der BI-Infrastruktur), zum anderen auch die fachliche Seite von BI zum Ausdruck kommt, da die Werkzeuge in der Regel eher einen technischen Ansatz verfolgen. Für ein BICC besteht die Chance, die Daten aus dem Vorfallmanagement (Ticket-Anzahl, Prozessbearbeitungsdauer etc.) mit Hilfe von BI-Ansätzen zu nutzen, um die operative und strategische Steuerung zu unterstützen (vgl. Abschnitt 7.2).

325　Die Bildschirmkopie stellt Atlassian Jira dar.

8.2   Werkzeuge für Datenhaltung und -integration

Werkzeuge für die Datenhaltung und -integration werden dem Bereich des Backend und damit dem für den Anwender nicht direkt sichtbaren Teil von BI-Systemen zugeordnet. Mit ihrer Hilfe werden die Daten der Quellsysteme extrahiert, integriert, gespeichert, für die Anwendung aufbereitet und ggf. für nachgelagerte Systeme exportiert oder im Sinne eines Closed-Loop-Ansatzes in operative Systeme retrahiert.[326]

8.2.1   Datenhaltung

Auch über zwanzig Jahre nach der Entstehung des Begriffs Data Warehouse[327] ist die zentrale Herausforderung der Datenhaltung weiterhin die Handhabung großer Datenmengen und deren performante Abfrage, Speicherung und Veränderung. Eine solche Veränderung kann auch struktureller Natur sein, beispielsweise das Hinzufügen eines neuen Attributs an eine Tabelle, die produktiv ist und bereits eine große Datenmenge enthält. Die folgenden drei Kategorien spiegeln die aktuelle Situation der Datenhaltung wider, indem zwischen der klassisch relationalen und der multidimensionalen/hauptspeicherbasierten Datenhaltung sowie Datenbank-Appliances unterschieden wird. Nicht berücksichtigt wurden aus Platzgründen spezielle Speicherungskonzepte, wie z. B. spaltenbasierte Systeme.

Klassisch relationale Datenbanksysteme

Die Mehrzahl von Data-Warehouse-Systemen basiert heute im Staging- und Storage Layer auf den relationalen Datenbanksystemen der großen Software-Anbieter. Relationale Datenbanken haben einen hohen Reifegrad der Entwicklung erreicht und bilden die Basis der Datenhaltung fast jeder betriebswirtschaftlichen Anwendungs-Software. Die bekannten Datenbanken haben auch in der Verwendung für DWH große Fortschritte erzielt und unterstützen diese heute durch eine Reihe spezieller Funktionen, wie z. B. die Operatoren Rollup und Cube des Standards SQL:1999. Dennoch erreichen klassisch installierte relationale Datenbanken aus architektonischen Gründen selbst bei optimaler Konfiguration nicht die Performance von hauptspeicherbasierten Datenbanksystemen bzw. von Datenbank-Appliances, sodass diese als Datenhaltungsalternative für den Output Layer eines DWH eher genutzt werden.

Name	Anbieter
Database	Oracle
DB2	IBM
MySQL	Open Source (Oracle)
SQL Server	Microsoft

Tab. 58: Ausgewählte relationale Datenbanksysteme

Multidimensionale/hauptspeicherbasierte Datenbanksysteme

Multidimensionale und hauptspeicherbasierte Datenbanksysteme werden hier zu einer Kategorie zusammengefasst, obwohl sich die Konzepte im Detail unterscheiden können. Trotzdem verhalten sich die Werkzeuge beider Unterkategorien sehr ähnlich, sodass die Zusammenfassung hier sinnvoll erscheint. Multidimensionale Datenbanksysteme kommen in Data-Warehouse-

---

[326] Retraktion bzw. retrahieren ist das Zurückschreiben von Daten aus einem BI-System in ein operatives System, z. B. von Plandaten.

[327] Vgl. Devlin/Murphy 1988, S. 50 ff.

Architekturen in der Regel ausschließlich im Output Layer zum Einsatz, da sie von ihrer Funktionalität sehr anwendungsnah ausgelegt und technologisch auf höchste Performance optimiert sind. Vom Speichervolumen eignen sich multidimensionale Datenbanksysteme meist für die Haltung von Data Marts bzw. Cubes, da das Datenvolumen entweder durch den verfügbaren Hauptspeicher oder die intern verwendeten Speicherungs- und Zugriffsmethoden limitiert ist. Die maximal mögliche Größe der Cubes wächst ständig mit der Verfügbarkeit von günstigem Hauptspeicher bzw. der allgemeinen technologischen Weiterentwicklung der Hardware. Das Speicherformat und auch die Zugriffswege sind teilweise proprietär, sodass oft nur mit den herstellereigenen Anwendungswerkzeugen darauf zugegriffen werden kann. Selbst wenn offene Standards wie OLE DB und MDX unterstützt werden, kann regelmäßig beobachtet werden, dass der Zugriff mit Werkzeugen anderer Hersteller zu technischen Problemen führt. Hier sind die klassischen relationalen Datenbanksysteme im Vergleich deutlich offener gestaltet.

Multidimensionale Datenbanksysteme (vgl. Tabelle 59) sind bei den Fachanwendern sehr beliebt, da sie meist einfach bedienbar sind und in der Regel schnelle Abfrageergebnisse liefern. Weiterhin sind sie oftmals sehr einfach durch Power-User anpassbar, sodass Änderungen an Datenmodell, Datenbewirtschaftung oder Kennzahlenberechnungen auch ohne die IT durchgeführt werden können. Hierin liegt allerdings auch eine Gefahr, weil so leicht Insellösungen entstehen können, die nicht im Einklang mit der BI-Strategie stehen. Dieser Gefahr sollte ein BICC durch Konventionen und kontinuierliches Review des Einsatzes entgegenwirken.

Name	Anbieter
Analysis Services	Microsoft
Essbase	Oracle Hyperion
OLAP-Server	SAS
Palo	Jedox
PM (ehemals MIS Alea)	Infor
QlikView	QlikTech
TM1	IBM Cognos

▲ Tab. 59: Ausgewählte multidimensionale/hauptspeicherbasierte Datenbanksysteme

Datenbank-Appliances

Appliances sind vom Anbieter vorkonfigurierte Soft- und Hardware-Kombinationen, die ein Unternehmen quasi „schlüsselfertig" kaufen kann. Datenbank-Appliances sind von der Theorie her auf die Verarbeitung, Speicherung und Analyse großer Datenmengen optimiert und sollen bei jeder Operation kurze Antwortzeiten garantieren. Technisch realisiert wird dies hardwareseitig hauptsächlich durch massive Parallelisierung, spezialisierte Hardware-Komponenten und abgestimmte Betriebssystem- und Datenbank-Software. Die Anbieter haben dabei im Detail unterschiedliche Realisierungskonzepte. Einige bieten speziell entwickelte Hardware-Komponenten, andere setzen auf Standardkomponenten und erreichen die Performance-Vorteile hauptsächlich softwareseitig. Appliances werden meist als Server-Schrank (Rack) ausgeliefert und können durch Einschübe (Blades) skaliert werden. Nach außen verhält sich eine Appliance in der Regel wie ein klassisches relationales Datenbanksystem. Für Unternehmen stellt sich eine Appliance im Idealfall daher als Blackbox dar, die hohe Performance gewährleistet, aber kein spezielles Know-how erfordert.

Die Anbieterlandschaft (vgl. Tabelle 60) stellt sich zurzeit uneinheitlich dar. Einige Anbieter wie z.B. Teradata sind schon sehr lange präsent, andere sind erst seit kurzer Zeit sichtbar. Positiv ist, dass mit den neuen Anbietern Bewegung in den Markt kommt und aus einer ehemals vergleichsweise teuren Spezialdisziplin immer mehr eine allgemein einsetzbare Innovation wird. Es ist zu erwarten, dass sich Appliances in den nächsten Jahren auf breiter Front als technologische Basis zumindest für die Datenhaltung im Output Layer, wenn nicht sogar in allen Schichten des DWH durchsetzen werden.

Name	Anbieter
BW Accelerator	SAP
DATAllegro	Microsoft
Exadata	Oracle
Exasol	Exasol
Performance Server	Netezza
Teradata	Teradata

▲ Tab. 60: Ausgewählte Datenbank-Appliances

8.2.2   Datenintegration

Aus früheren Werkzeugen zu Extraktion, Transformation und Laden (ETL) für DWH-Systeme sind inzwischen Werkzeuge für die Datenintegration der gesamten Systemlandschaft geworden. Daten werden heute nicht mehr nur für dispositive Zwecke integriert, sondern zunehmend auch für operative Zwecke. Als Empfänger der Integration dient dabei nicht mehr in jedem Fall ein Data Warehouse, sondern ggf. ein operativer Information Hub bzw. eine Information Factory oder sogar wieder ein operatives System. Die ehemaligen ETL-Werkzeuge sind daher auch mit ihren Aufgaben gewachsen und verfügen heute über eine Vielzahl von produktspezifischen Konnektoren zum Anschluss an operative Systeme, die sowohl lesen (Extraktion) als auch schreiben (Retraktion) können. Einige Werkzeuge besitzen sogar über Konnektoren hinausgehenden Content, der vordefinierte Inhalte für den Aufbau von BI-Anwendungen mitbringt, wie z.B. das Modul Rapid Marts im Data Integrator von SAP Business Objects.

Eine technologische Weiterentwicklung von Datenintegrationswerkzeugen stellt die vollständige Verlagerung komplexer Verarbeitungsprozesse in den Hauptspeicher des Integrationsservers dar. Analog der hauptspeicherbasierten Datenhaltung bei Datenbanksystemen wird dadurch eine deutliche Verbesserung der Verarbeitungszeit erreicht, insbesondere durch die Reduzierung von vergleichsweise langsamen Festplattenzugriffen. Als eine der wichtigen Architekturfragen der kommenden Jahre steht die Klärung des Nebeneinanders von Werkzeugen zur Datenintegration und derer zur Applikationsintegration an.[328] Schon jetzt sind die Übergänge zwischen beiden Werkzeugklassen fließend, sodass es zukünftig zu einer Verschmelzung von beiden kommen könnte.

Tabelle 61 gibt eine Übersicht über ausgewählte Werkzeuge. Die mit einem Stern gekennzeichneten Werkzeuge werden als Bestandteil einer Datenbank angeboten, bei den restlichen handelt es sich um eigenständige Produkte bzw. Module von BI-Suiten.

---

328 Auch bekannt als Enterprise Application Integration (EAI).

Name	Anbieter
Co>Operating System	Ab Initio
Data Integration (Kettle)	Open Source (Pentaho)
Data Integrator	SAP Business Objects
Data Integrator, Warehouse Builder*	Oracle
DataStage (InfoSphere)	IBM
Enterprise Data Integration Server	SAS
Integration Services* (SQL Server)	Microsoft
PowerCenter	Informatica

▲ Tab. 61: Ausgewählte Werkzeuge für die Datenintegration

In der praktischen Anwendung der Datenintegration ist erstaunlicherweise zu beobachten, dass selbst in großen Unternehmen heute noch aus Kostengründen auf den Einsatz von Datenintegrationswerkzeugen verzichtet wird. Und das, wo diese – mindestens als Basisversion – inzwischen als Datenbankmodul quasi kostenlos mitgeliefert werden (z. B. von Microsoft oder Oracle). Da diese Unternehmen allerdings über viele Jahre in selbstgeschriebene Programme investiert haben, ist es durchaus möglich, dass sich eine Migration evtl. nicht rechnet, sodass selbst neue Anforderungen weiterhin als im Batch auszuführende Cobol-Programme oder als Stored Procedures in der Datenbank realisiert werden. Ein BICC sollte in solchen Fällen als Promoter tätig werden und die Vorteile moderner Datenintegrationswerkzeuge herausstellen. Insbesondere wird durch die grafische Modellierungsoberfläche eine deutlich bessere Modularisierung und Übersichtlichkeit der Verarbeitungsprozesse erreicht. Im Gegensatz dazu sind programmierte Prozesse oft unübersichtlich und in der Praxis wenig dokumentiert, sodass die Flexibilität leidet und Änderungen im Zeitablauf immer teurer werden.

8.2.3   Ablaufsteuerung und -monitoring

Anders als Werkzeuge zur Ablaufsteuerung von Geschäftsprozessen oder im Vorfallmanagement, die Fallbearbeiter oder Anwender involvieren, ist im Rahmen der Datenintegration eine technische Ablaufsteuerung erforderlich. Zur Steuerung der Datenintegration und -bewirtschaftung einer komplexen und ggf. auch verteilten BI- und DWH-Landschaft kann es unter Umständen notwendig werden, die in ETL- oder Berichtswerkzeuge integrierte Prozesssteuerung um eine übergreifende Komponente zu erweitern. Insbesondere im Rahmen der Datenintegration kann dies erforderlich werden, wenn die Ablaufsteuerung eines ETL-Werkzeugs nur über eingeschränkte Mechanismen verfügt (z. B. „nur" datenbankinterne Prozesse steuert). Andererseits kann grundsätzlich die Anforderung bestehen, die Teilprozesse eines ETL-Verfahrens in eine übergreifende Ablaufsteuerung und ein übergreifendes Monitoring eines IT-Betriebs zu integrieren. Für die Ablaufsteuerung größerer IT-Umgebungen werden in der Regel spezialisierte Werkzeuge eingesetzt, auch Job-Scheduler genannt.

Die Kernfunktionen von Job-Schedulern sind:
> **Workflow-Erstellung:** Mittels einer GUI oder einer Beschreibungssprache werden Workflows und Abhängigkeiten von Jobs definiert.
> **Automatische Auftragserteilung:** Jobs werden automatisch zeitgesteuert oder in Abhängigkeit eines Workflow-Status gestartet.

> **Ablauf-Monitoring:** Der Erfolg der Job-Ausführung wird überwacht und protokolliert. Mittels einer GUI oder einer Shell-Anwendung können jederzeit Status, Erfolg oder Misserfolg sowie Details zu einer Job-Ausführung analysiert werden.
> **Priorisierung:** Jobs, die autark ablaufen können, aber dennoch mit anderen gleichartigen Jobs um Betriebsmittel konkurrieren, können prioritätsgesteuert gestartet werden. Dazu wird häufig ein Queueing-Mechanismus eingesetzt.
> **Schnittstellen zur Job-Ansteuerung:** Jobs können unterschiedlichste technische Abläufe sein, beispielsweise Datenbankprozeduren, Batch-Programme auf Betriebssystemebene, Java- oder C-Programme, Services von BI-Anwendungen etc., Web-Services. Eine komplexe Job-Steuerung bietet daher zahlreiche spezifische und generische Schnittstellen, um unterschiedlichste Job-Arten ansteuern zu können.

Erweiterte Funktionen von Job-Schedulern sind Re-Start- und Recovery-Fähigkeiten im Fehlerfall, Kommunikation (z. B. Warnmeldungen für Betriebspersonal), die Erstellung von Incident-Berichten und Schnittstellen zu anderen Systemen, wie beispielsweise Vorfallmanagement-Systeme.

Tabelle 62 bietet eine kleine Auswahl aus dem vielfältigen Angebot an Werkzeugen für Ablaufsteuerung und Monitoring.

Name	Anbieter
CONTROL-M	Open Source (Mozilla Foundation)
Cronacle	Redwood
UC 4 Workload Automation Suite	UC4 Software GmbH
Tivoli Workload Schedular	IBM

⬥ Tab. 62: Werkzeuge für Ablaufsteuerung und -Monitoring

8.3   Werkzeuge für BI-Anwendungen

Es fällt zunehmend schwerer, die Werkzeuge für BI-Anwendungen eindeutigen Kategorien zuzuordnen. Die großen Software-Anbieter haben ihr Produkt-Portfolio durch Zukäufe, aber auch durch Eigenentwicklungen nahezu komplettiert. Gleichzeitig steigt der Integrationsgrad innerhalb des BI-Produkt-Portfolios der jeweiligen Anbieter, da diese einheitliche Suiten bzw. Plattformen anbieten. Die Grenzen der Werkzeuge für den Aufbau von Cockpits, Reporting und Analyse sind heute oft fließend.

8.3.1   Cockpits/Dashboards

Durch Cockpits bzw. Dashboards sollen wesentliche Steuerungsinformationen in übersichtlicher Form dargestellt werden. Ein Ausschnitt der grundlegenden Anforderungen an Cockpit-Werkzeuge wurde bereits in Tabelle 7 aufgezeigt. Eine wesentliche Funktionalität von Cockpit-Werkzeugen sind vielfältige grafische Visualisierungsdarstellungen wie Ampel, Tachometer, Füllstand oder Mikrografiken (z. B. Sparklines). Aufgrund der zunehmenden Komplexität der Darstellungsformen und zur Verbesserung der Optik gehen die Anbieter (vgl. Tabelle 63) inzwischen dazu über, ihre Cockpit-Module basierend auf Flex-Technologie von Adobe anzubieten. Auf Flex basierende Anwendungen können sowohl im Internet-Browser angezeigt als auch in HTML-E-Mails eingebunden und sogar eigenständig gestartet werden. Damit kann sogar eine eingeschränkte Offline-Funktionalität realisiert werden, wobei die Datenmenge limitiert ist, da sonst die zugrunde liegenden Anwendungsdateien zu umfangreich werden. Als alternative Technologien mit ähnlicher Funktionalität sind Silverlight von Microsoft oder AJAX zu nennen, die voraussichtlich an Bedeutung zunehmen werden.

Name	Anbieter
Dashboard Designer	Microsoft
Dynamic Enterprise Dashboards	MicroStrategy
Enterprise	arcplan
Go! Dashboard	IBM Cognos
QlikView	QlikTech
Toolkit	Board
Xcelsius	SAP Business Objects

⬧ Tab. 63: Ausgewählte Cockpit-/Dashboard-Werkzeuge

Eine eng mit Cockpits und Dashboards verwandte Werkzeugklasse sind Scorecards (vgl. Tabelle 64). Die Balanced Scorecard ist ein Instrument zur strategischen Unternehmenssteuerung, sodass hierfür weitere Visualisierungsformen wie z. B. Strategy Maps oder Markt- bzw. Wettbewerbs-Portfolios benötigt werden. Darüber hinaus spielen textuelle Informationen wie z. B. Kommentare eine größere Rolle, die auch übersichtlich dargestellt werden müssen.

Name	Anbieter
Metrics Studio	IBM Cognos
Performance Scorecard	Oracle Hyperion
PerformanceSoft	Actuate
ScoreCard	QPR
Strategy Management	SAP Business Objects

⬧ Tab. 64: Ausgewählte Scorecard-Werkzeuge

8.3.2 Reporting

Die Unterstützung des Berichtswesens dürfte in vielen Unternehmen noch die dominierende Anwendung von BI sein. Gestaltungsparameter des Berichtswesens sind der Berichtsinhalt, die optische Gestaltung, der Empfängerkreis und die Zeitpunkte bzw. Intervalle der Berichtsdistribution.

Standard-Reporting

Die Gestaltung von Standardberichten ist genau vorgegeben und bleibt über einen längeren Zeitraum konstant. Ebenso sind der Empfängerkreis und die Zeitpunkte der Berichtsverteilung langfristig fixiert. Da Standardberichte weiterhin von vielen Empfängern ausgedruckt werden, kommt der Formatierung und der Druckfähigkeit großes Gewicht zu. In die Gestaltung des Layouts wird oft sehr viel Aufwand investiert und die Gestaltung ist meist über Jahre gewachsen. Das Seitenformat ist teilweise millimetergenau abgestimmt, inkl. Lochrand, Überschriften und Fußzeile. Berichte sind heute in der Regel über ein webbasiertes Inhaltsverzeichnis abrufbar und im PDF-Format druck- und speicherbar. Da das Standard-Reporting in vielen Unternehmen die Basis der gesamten Steuerung darstellt, müssen die Werkzeuge in der Lage sein, weltweite Verteilungsszenarien mit abgestuftem Berechtigungskonzept und Mehrsprachigkeit zu unterstützen. Die Implementierung des Standard-Reportings obliegt oftmals der IT, sodass die Werkzeuge auch programmiersprachliche Erweiterungen zulassen. Das BICC oder die IT stellt durch einen definierten Qualitätssicherungsprozess in Zusammenarbeit mit der fachlich verantwortlichen Stelle die inhaltliche Richtigkeit sicher.

Viele Werkzeuge für das Standard-Reporting (vgl. Tabelle 65) verfügen über eine mehrjährige Entwicklungshistorie und können als ausgereift beurteilt werden. Unterschiede bestehen vor allem zwischen Werkzeugen, die Modul einer BI-Suite sind, und solchen, die weitgehend eigenständig konzipiert wurden. Die Integration in eine BI-Suite hat den Vorteil, dass in diesem Fall eine gemeinsame Metadatenbasis auch für die Analyse genutzt wird. Damit wird die inhaltliche Konsistenz zwischen Analyse und Berichtswesen unterstützt.

Name	Anbieter
BI Publisher	Oracle
Crystal Reports	SAP Business Objects
JasperReports	Jaspersoft
Report Services	MicroStrategy
Report Studio	IBM Cognos
Reporting Services	Microsoft

▲ Tab. 65: Ausgewählte Werkzeuge für das Standard-Reporting

Ad-hoc-Reporting

Den Übergang zwischen Standardberichtswesen und Analyse bildet das Ad-hoc-Reporting. Motivation hierfür sind spontan auftretende Fragestellungen, die von fachlicher Seite ohne IT-Unterstützung beantwortet werden sollen. Im Unterschied zur völlig freien Analyse bilden die aus dem Standardberichtswesen bekannten Strukturelemente den Rahmen für die Ad-hoc-Analyse. Standardberichte können auch die Ausgangsbasis für das Ad-hoc-Reporting sein. Die Anwender können z. B. die vorgefertigten Filter durch eigene Elemente ersetzen oder Dimensionen oder Kennzahlen austauschen. Das Ergebnis kann dann wiederum als Bericht für andere Benutzer zur Verfügung gestellt werden. Tabelle 66 nennt einige Werkzeuge für das Ad-hoc-Reporting.

Name	Anbieter
Answers	Oracle
Enterprise	arcplan
MicroStrategy	MicroStrategy
Query Studio	IBM Cognos
Web Reporting Studio	SAS
WebFocus	Information Builders
WebIntelligence	SAP Business Objects

⬧ Tab. 66: Ausgewählte Werkzeuge für das Ad-hoc-Reporting

8.3.3   Analyse

Analysewerkzeuge unterstützen die Anwender bei der Untersuchung von Daten und deren Interpretation. Eine Standardanwendung im Rahmen der Unternehmenssteuerung ist die Analyse von Plan-Ist-Abweichungen. Tiefgehende Analysen auf Basis aller Sichten eines Data Warehouse werden meist von erfahrenen Anwendern bzw. Power-Usern aufgesetzt, da hierfür ein umfassendes Verständnis des zugrunde liegenden Datenmodells nötig ist. Einfachere Analysen, die nur einen Ausschnitt eines Data Warehouse erfordern, also auf Data Marts bzw. Cubes erfolgen, können hingegen auch von normalen Endanwendern durchgeführt werden. Analysewerkzeuge wurden in der Vergangenheit oftmals auch als OLAP-Systeme bezeichnet.[329] Die unter OLAP adressierten Verfahren wie das Herunterbrechen (Drill-down), das schichtenweise Isolieren (Slice) oder der flexible Wechsel von Zeilen und Spalten bzw. das Rotieren des Würfels (Dice) sind heutzutage Standard in jedem Analysewerkzeug. Die Werkzeuganbieter suchen daher neue Differenzierungsmerkmale und bieten innovative Methoden für die Analyse an. Hierzu zählen z. B. Analysemethoden, die die vordefinierten Analysepfade der klassischen multidimensionalen Modelle oder die automatische Ursachenanalyse von Abweichungen überflüssig machen. Die Werkzeuge werden dabei immer intuitiver bedienbar, sodass immer mehr Endanwender auch komplexere Analysen durchführen können.

Analysewerkzeuge lassen sich grob in zwei Klassen unterscheiden: Analysewerkzeuge, die sich als Add-in in Excel integrieren, und solche Werkzeuge, die eine eigenständige Benutzeroberfläche besitzen.

Excel als Analyseoberfläche

Diese Werkzeuge (vgl. Tabelle 67) integrieren sich in die Menüstruktur von Excel und bieten dem Anwender damit die gewohnte Arbeitsumgebung. Im Hintergrund (Backend) arbeiten für den Anwender transparent meist serverbasierte, multidimensionale Datenbanken, die kurze Antwortzeiten gewährleisten. Der Schulungsaufwand für neue Benutzer ist vergleichsweise gering und in Analystenumfragen erreichen die Werkzeuge dieser Klasse regelmäßig sehr gute Beurteilungen in der Zufriedenheit. Für anspruchsvollere Berechnungen verfügen die Werkzeuge meist über eigene Formelsprachen, mit denen sich beispielsweise eine maschinelle Hochrechnung oder eine interne Leistungsverrechnung realisieren lassen. Die Analysemöglichkeiten sind meist auf die Tabellenstruktur von Excel festgelegt, sodass hiermit in der Regel keine innovativeren Analysemethoden möglich sind. Der Hauptvorteil gegenüber einer Analyse nur mit

---

[329] Vgl. Codd u. a. 1993.

Excel-Bordmitteln ist, dass die Daten im Server gespeichert werden und damit die typischen, in der lokalen Speicherung von Excel-Dateien begründeten Nachteile vermieden werden.

Name	Anbieter
Analysis Services	Microsoft
BEx Analyzer	SAP Business Objects
Essbase	Oracle Hyperion
Financial Management	SAS
Palo	Jedox
PM (ehemals MIS Alea)	Infor
TM1	IBM Cognos

Tab. 67: Ausgewählte Analysewerkzeuge mit Excel als Benutzeroberfläche

Eigenständige Analyseoberfläche

Werkzeuge mit eigenständiger Analyseoberfläche sind entweder als Webapplikation oder als lokal zu installierender Client verfügbar. Sie ermöglichen tendenziell innovativere Analyseformen als auf Basis von Excel. Die Anbieter (vgl. Tabelle 68) haben in den letzten Jahren eine Reihe neuer Funktionen auf den Markt gebracht, die dem Endanwender auch komplexe Analysen gestatten. So werden die Anwender beispielsweise durch vordefinierte Assistenten bei der Analyse geführt oder die Werkzeuge machen sogar auf Basis statistischer Verfahren selbstständig Vorschläge für den nächsten sinnvollen Analyseschritt. Sollte die Analyse einmal in die falsche Richtung gehen, bieten aktuelle Werkzeuge auch die aus Office-Werkzeugen bekannte Möglichkeit, einen oder mehrere Schritte rückgängig zu machen. Früher mussten Analysen in solchen Fällen teilweise komplett neu begonnen werden.

Name	Anbieter
DeltaMaster	Bissantz
Enterprise Guide	SAS
ProClarity	Microsoft
QlikView	QlikTech
PowerPlay	IBM Cognos
Toolkit	Board

Tab. 68: Ausgewählte Analysewerkzeuge mit eigener Benutzeroberfläche

Über die genannten Werkzeuge hinaus gibt es eine Reihe spezieller Analyseanwendungen, die nicht unbedingt in direktem Zusammenhang mit der Unternehmenssteuerung stehen. Hierzu zählen u. a.:

> Geografische bzw. Umwelt-Anwendungen: spezielle – ggf. branchenspezifische – regionale Zuschnitte (z. B. Nanobrick), Verkehrswege, Bevölkerungsentwicklung, Klimaveränderung, Erdbebenvorhersagen, Ölvorkommen
> Medizinische Anwendungen: Entschlüsselung Genom, Krankheitsbilder, Assoziativenfindung, Häufigkeitsverteilungen
> Kriminalistik: Betrugsaufdeckung, Rasterfahndung, Profilierung, Gefahrenerkennung

Diese Analyseanwendungen sind meist so besonders, dass Standard-BI-Werkzeuge hierfür nicht ausreichen, sondern weitgehend angepasst werden müssen. Meist bieten spezialisierte Anbieter genau für den Zweck abgestimmte Werkzeuge an. Der Übergang von Analyse- zu Statistikwerkzeugen (siehe Abschnitt 8.3.5) sind von der Anwendung her oft fließend.

8.3.4   Planung

Im Gegensatz zu den bisher genannten Werkzeugkategorien für BI, deren Daten größtenteils aus operativen Systemen stammen, werden mit Planungswerkzeugen neue Daten von den Anwendern erzeugt. Die Breite der Anwendung reicht dabei von der mittelfristigen, meist dreijährigen Planung, der operativen, meist jährlichen Planung über die unterjährige Hochrechnung bis hin zur unregelmäßig durchgeführten Simulation. Die meisten der in Abschnitt 8.3.3 bereits genannten Analysewerkzeuge mit Excel als Analyseoberfläche können auch für Planungszwecke eingesetzt werden, da die darunter liegenden Datenbankserver dies standardmäßig unterstützen. Dies entspricht auch dem Wunsch vieler Anwender und der Praxis, die Planung Excel-basiert durchzuführen. In der folgenden Übersicht (vgl. Tabelle 69) werden daher nur Werkzeuge berücksichtigt, die über eine eigenständige Benutzeroberfläche verfügen. Berücksichtigt wurden dabei auf der einen Seite Werkzeuge, die über vordefinierte Planungsprozesse und -inhalte verfügen und stark auf mittelständische Unternehmen abzielen. Auf der anderen Seite werden generische Werkzeuge aufgeführt, die komplett auf die jeweilige Situation angepasst werden müssen.

Name	Anbieter
Corporate Planner	CP Corporate Planning
Planning	Oracle Hyperion
Planning	Thinking Networks
Enterprise Planning	IBM Cognos
Planning and Consolidation	SAP Business Objects
Professional Planner	Winterheller

▲ Tab. 69: Ausgewählte Planungswerkzeuge mit eigenständiger Benutzeroberfläche

Nicht berücksichtigt wurden in diesem Abschnitt Werkzeuge für die strategische Unternehmensplanung, da diese in der Praxis noch vergleichsweise selten eingesetzt werden.[330]

8.3.5   Statistische Werkzeuge und Werkzeuge für das Data Mining

Der Übergang von „einfachen" Analysewerkzeugen hin zu „anspruchsvollen" Statistikwerkzeugen gestaltet sich heute fließend. Manche Software-Anbieter (vgl. Tabelle 70) differenzieren aktuell nicht mehr zwischen beiden Anwendungsklassen. Es werden sogar Aussagen getroffen, dass die Werkzeuge so einfach sind, dass kein spezielles statistisches Know-how mehr erforderlich ist. Das Data Mining – also die Erkennung von Mustern – sollte allerdings immer noch von Fachleuten begleitet werden, da die Ergebnisse weiterhin interpretiert werden müssen. Dennoch ist es für Experten einfacher geworden, statistische Methoden vorzudefinieren und diese für „einfache" Analysewerkzeuge bereitzustellen, wo

---

330   Für eine Übersicht von Werkzeugen zur Unterstützung der strategischen Unternehmensplanung vgl. Navrade/Totok 2008.

diese dann von den Endanwendern nur noch ausgewählt werden müssen. So kann ein Spezialist beispielsweise ein Modell für das Kündigungsverhalten von Kunden erstellen und trainieren. Danach stellt er das fertige Modell zentral zur Verfügung. Die Vertriebsmitarbeiter benutzen dieses dann in ihrem Analysewerkzeug, um wechselwillige Kunden in ihrem Bestand zu identifizieren.

Name	Anbieter
Clementine	IBM SPSS
Data Mining (integriert in Oracle-Datenbank)	Oracle
Data Mining (integriert in SQL Server)	Microsoft
Discoverer	Prudsys
Enterprise Miner	SAS

Tab. 70: Ausgewählte Werkzeuge für das Data Mining

8.3.6 Legale Konsolidierung

Wie schon in Kapitel 2 beschrieben wurde, stellen Konsolidierungswerkzeuge oftmals architektonische Insellösungen innerhalb von BI-Architekturen dar. Der Hauptgrund hierfür ist, dass die Anforderungen an die legale Konsolidierung als Teil der Konzernrechnungslegung so speziell sind, dass die Werkzeuge innerhalb von Unternehmen nur von relativ kleinen Expertenteams aus dem Rechnungswesen eingesetzt werden. Entsprechend spezialisiert haben sich in der Vergangenheit auch die Anbieter von Konsolidierungswerkzeugen, sodass diese fast vollkommen eigenständig parallel zu BI-Werkzeugen entstanden sind. Erst auf zunehmenden Druck seitens der Kunden haben die klassischen BI-Anbieter ihre Suiten um Konsolidierungswerkzeuge (vgl. Tabelle 71) ergänzt, die aber selbst heute meist noch architektonische Inseln innerhalb der Plattformen darstellen. Weiterhin gibt es eine Reihe von Anbietern, die bis heute selbstständig am Markt agieren. Bedingt durch die Entwicklungsgeschichte verfügen Konsolidierungswerkzeuge heute oftmals auch über eigenständige Berichts- und Analysemodule sowie über eine eigene Datenhaltung. Darüber hinaus bieten die meisten Werkzeuge auch Möglichkeiten der Datenerfassung durch die Anwender, die von Unternehmen teilweise auch für die Planzahlenerfassung genutzt werden. Die besondere Chance der Integration von Konsolidierungswerkzeugen in die BI-Landschaft besteht in der Harmonisierung von internem und externem Rechnungswesen, sodass Analysen und Berichte „aus einem Guss" sind. Die besondere Herausforderung für ein BICC liegt in der architektonischen Integration der zugrunde liegenden Technologie.

Name	Anbieter
Controller	IBM Cognos
Financial Consolidation	SAP Business Objects
Financial Intelligence Suite	Lucanet
Financial Management	Oracle Hyperion
Konsis	IDL
Tagetik	Tagetik

Tab. 71: Ausgewählte Werkzeuge für die legale Konsolidierung

Fragenkataloge

Die im Folgenden aufgeführten Fragenkataloge sind aus der praktischen Tätigkeit in den Unternehmen der Autoren entstanden. Sie stellen nur Auszüge dar und haben daher keinen Anspruch auf Vollständigkeit, bieten aber eine erweiterbare Ausgangsbasis für die Analyse des Unternehmens bei der BI-Strategieentwicklung. Die Inhalte sind stark auf die Anwendung von BI für die übergeordnete Unternehmenssteuerung ausgelegt, da aus Platzgründen bewusst auf eine Detaillierung bestimmter Funktionen oder Prozesse (z. B. Forschung/Entwicklung, Einkauf oder Logistik) verzichtet wurde.

Unternehmenssteuerung und -organisation

1	Liegt die Unternehmensstrategie in aktueller und ausformulierter Form vor?
	> Welches sind die Top-Ziele des Unternehmens?
	> Welche Vision hat das Unternehmen?
2	Wie ist das Unternehmen aufgebaut?
	> Wenn eine Konzernstruktur vorliegt, welche Form kommt dem Unternehmen am nächsten: Operative, Management oder Finanzholding?
	> Wie weit greift die Unternehmensführung in die operative Führung von Teilkonzernen, Gesellschaften, Segmenten oder Business Units ein?
3	Wie viele Geschäftsmodelle verfolgt das Unternehmen und welche?
4	Wie ist die Steuerungssystematik des Unternehmens ausgeprägt?
	> Welche Instrumente werden eingesetzt (z. B. wertorientierte Konzepte, Balanced Scorecard)?
	> Aus welchen Informationsquellen versorgt sich die Unternehmensführung?
	> Sind Steuerungs- und Anreizsystem aufeinander abgestimmt (stimmen die Kennzahlen für die Zielvereinbarung der variablen Vergütung der Manager mit denen der Unternehmenssteuerung überein)?
5	Wie arbeitet der CFO-Bereich?
	> Gibt es einen einheitlichen Konzernkontenplan?
	> Wenn nicht, gibt es einen einheitlichen Konzernkontenrahmen? Wenn ja, bis zu welcher Ebene?
	> In welcher Form sind internes und externes Rechnungswesen harmonisiert?
	> Wird nach Umsatz-, Gesamtkosten- oder nach beiden Verfahren berichtet?
	> Wie weit sind die nicht für ein Geschäftsmodell spezifischen operativen Prozesse im Unternehmen harmonisiert (z. B. Rechnungswesen, Vertrieb)?
	> Gibt es Shared oder Regional Service Center, die Dienstleistungen für mehrere Unternehmenseinheiten erbringen?
6	Mergers & Acquisitions
	> Welche Rolle spielen Zu- und Verkäufe von Unternehmensteilen bzw. Gesellschaften?
	> Gibt es einen Rollout-Master für neu gekaufte Unternehmen?
	> Welche Informationen zur Unternehmenssteuerung werden von neuen Unternehmen sofort und welche erst später benötigt?

Organisatorischer Rahmen für Business Intelligence

1	Existiert eine übergreifende organisatorische Verantwortung für BI?
	› Wenn ja: Wo ist diese angesiedelt bzw. in der Organisation verankert?
	› Wenn nein: Welche anderen und wie viele Organisationseinheiten nehmen die Verantwortung wahr?
2	Existiert eine BI Governance?
	› Wer achtet auf die unternehmensweite Einhaltung der BI Governance?
	› Wer achtet fachlich auf die Harmonisierung der Prozesse?
	› Wer achtet auf die Einhaltung des festgelegten Software-Portfolios?
3	Wie werden neue BI-Anforderungen priorisiert?
	› Kommunizieren die Verantwortlichen auf einer regelmäßigen Basis bzgl. übergreifender Themenstellungen?
	› Gibt es einen eigenen Lenkungsausschuss für BI-Projekte bzw. wie werden diese gesteuert?
	› Wer steuert die Umsetzungsprojekte der BI-Strategie?
4	Wer stellt sicher, dass Geschäftsentscheidungen auf Basis korrekter Informationen getroffen werden?
5	Gibt es eine zentrale Verantwortung für die Definition von übergreifenden Kennzahlen oder Stammdaten bzw. gibt es hierzu Abstimmungsprozesse?
6	Wie werden die BI-Anwender unterstützt?
	› Gibt es einen Helpdesk für Planungs-, Reporting-, Analyseanwendungen?
	› Wie schnell und kompetent wird auf Anfragen bzw. Probleme der Anwender reagiert?
	› Gibt es ein reguläres Schulungsangebot für neue Anwender bzw. Aufbauschulungen für Power-User?
	› Sind die Anwender mit den angebotenen Dienstleistungen zufrieden?
7	Werden die Systeme professionell entwickelt und betrieben?
	› Wer entwickelt, wer betreibt BI-Anwendungen fachlich/technisch?
	› Gibt es BI-Anwendungen, die rein vom Fachbereich entwickelt und betrieben werden?
	› Gibt es Vorgehensmodelle, Richtlinien, Templates für Entwicklung und Betrieb?
	› Wird ausreichend dokumentiert?
	› Werden die notwendigen Qualitätssicherungsmaßnahmen eingehalten?
	› Gibt es ein Ebenen- und Transportkonzept?
	› Wie schnell wird vom BI-Betreiber auf (kleine, mittelgroße, große) Änderungswünsche reagiert?

Berichterstattung und Ad-hoc-Analyse

	Inhalt der Berichterstattung
1	Welche Inhalte werden berichtet?
	Ergebnisrechnung, Kostenstellen, Investitionsprojekte, Personalstände, Bilanz/Liquidität u. a.
2	Nennen Sie die für Ihren Bereich wichtigsten Berichte.
3	Sind Sie zufrieden mit den bisherigen Inhalten der Berichterstattung?
4	Welche Schnittstellen (Vorsysteme/Fachbereiche) gibt es für die Berichterstattung?
5	Entsprechen die Berichte einem allgemeinen Aufbau / Corporate Design?

	Organisation der Berichterstattung
1	Gibt es definierte Verantwortlichkeiten für die Erstellung des Berichtswesens?
2	Welche Arten der Berichterstattung gibt es?
3	Wer sind die Berichtsempfänger?
3	Wie häufig wird Bericht erstattet?
5	Gibt es neben der Berichterstattung auf der genannten Basis weitere wichtige Berichtssysteme?
6	Wie und von wem werden Queries und Berichte erstellt?
7	Wird für Queries und Berichte ein Transportwesen benutzt?
8	Wer übernimmt die Qualitätssicherung für Queries und Berichte?
9	Welche Berichte werden wie veröffentlicht? ❯ Per lokal installiertem BI-Client, ❯ per Webbrowser, ❯ per Excel-Datei (E-Mail, Filesystem, Portal), ❯ ausgedruckt auf Paper.
10	Werden Benachrichtigungen über neue Berichte per E-Mail verschickt?

	Ad-hoc-Analyse
1	Wie wird funktional zwischen Berichtswesen und Ad-hoc-Analyse getrennt? Umfangreich parametrisierte Berichte mit vielen Selektionsmöglichkeiten bzw. freien Merkmalen heben die klassische Grenze zwischen Berichtswesen und Ad-hoc-Analyse auf.
2	Inwieweit unterscheiden sich die Inhalte von Berichtswesen und Ad-hoc-Analyse?
3	Welche Benutzer dürfen bei Ihnen Ad-hoc-Analysen durchführen?
4	Dürfen/sollten Benutzer aus den Fachbereichen auch Queries anlegen?

	Detaillierungsgrad
1	Wie fein muss die Detaillierung der Daten sein? Hierdurch wird bestimmt, wie weit der Aufriss von Daten möglich ist.
2	Müssen Sie die Informationen bis auf Belegebene einsehen können?
3	Gibt es Reports/Analysen zum Plausibilitäts- bzw. Vollständigkeitscheck?

	Historisierung
1	Welche historische Sichtweise soll wiedergegeben werden? ❯ Berechnungen zum Zeitpunkt der Transaktion? (Historische Wahrheit) ❯ Berechnungen zum Zeitpunkt der Datenanforderungen? (Ist) ❯ Berechnungen zum Stichtag? (zeitabhängig) ❯ Vergleichbarkeit?

Kennzahlen

	Inhalt
1	Welche Kennzahlen bilden die kritischen Erfolgsfaktoren des Unternehmensbereiches zuverlässig und adäquat ab?
2	Liegen Abhängigkeiten zwischen Ihren wichtigsten Kennzahlen vor?
3	Benötigen Sie die Kennzahl für eine konzernweite Berichterstattung?

4	Welchen Nutzen hat die Kennzahl für
	〉 Ihren Unternehmensbereich?
	〉 den Konzern?
6	Wird Ihre Kennzahl auch in anderen Unternehmensbereichen verwendet?
7	Wie werden die Kennzahlen von welchen anderen Maßnahmen (eventuell auch anderer Hierarchiestufen) beeinflusst?

	Organisation
1	〉 Gibt es Verantwortliche für die Definition von Kennzahlen?
	〉 Unterscheiden sich diese ggf. von den Verantwortlichen für das Berichtswesen?
2	Wer definiert Kennzahlen im Berichtssystem?

	Funktion
1	Dient die Kennzahl der Operationalisierung von Zielen?
2	Dient die Kennzahl der Erkennung von Auffälligkeiten oder Veränderungen?
3	Stellt die Kennzahl einen Vorgabewert dar?
4	Benötigen Sie die Kennzahl zur Vereinfachung von Steuerungsprozessen?
5	Benötigen Sie die Kennzahl zur Erkennung von Soll-Ist-Abweichungen?

	Qualität
1	Könnten Sie auf die Kennzahl verzichten, ohne dass die Qualität Ihrer Entscheidung negativ beeinflusst würde?
2	Reagieren die Kennzahlen schnell genug auf Anpassungen von Steuerungsmaßnahmen?
3	Sind die Kennzahlen verständlich?
4	Wie viele Kennzahlen controllen Sie täglich?
5	Wäre Ihrer Meinung nach eine andere Kennzahl für die Analyse hilfreicher?
6	Besitzen Sie in Ihrem Unternehmensbereich ein Kennzahlenraster oder eine Kennzahlen-hierarchie?
7	Wurde die Kennzahl in der Vergangenheit durch Falscheingaben im Quellsystem verfälscht?

	Berechnung
1	Wie wird die Kennzahl berechnet?
2	Wo wird die Kennzahl berechnet?
	〉 Quellsystem
	〉 Cube
	〉 Query
3	Würden Sie die Kennzahl häufiger abfragen, wenn die Abfrage performanter wäre?
4	Sind die Kennzahlen einfach zu ermitteln?
5	Welche Aggregationsverfahren werden angewandt?
	〉 Standardaggregation (Summation, Minimalwert, Maximalwert),
	〉 Ausnahmeaggregation.

Merkmale

1	Nennen Sie die wichtigsten Merkmale[332] für Berichtswesen und Ad-hoc-Analyse.
2	In welchem Anwendungsbereich benötigen Sie das Merkmal?
3	Ist das Merkmal unternehmensbereichs- oder konzernbereichsspezifisch?
4	Welche Kennzahlen werden durch das Merkmal beschrieben?
5	Welche Attribute sollen zur Navigation verwendet werden?
6	Benötigen Sie eine bestimmte Hierarchie bei der Berichterstattung über dieses Merkmal?
7	Wie häufig erfolgt ein Aufriss nach diesem Merkmal?
8	Ist quellsystemabhängig eine Umschlüsselung der Merkmale erforderlich?
9	Verändern sich die Hierarchien im Zeitverlauf?
10	Werden bestimmte Kombinationen von Merkmalausprägungen häufig abgefragt?

Architektur

	Frage
1	❭ Wie ist die IT-Architektur in Ihrem Unternehmen grundsätzlich aufgebaut? ❭ Welches sind Ihre operativen Kernsysteme?
2	❭ Welche Strategie für Ihre IT-Architektur verfolgen Sie? ❭ Verfolgen Sie eine konzernweit integrierende IT-Architektur (abhängig von Typ und Aufbau des Konzerns) oder eine nur lockere Kopplung? ❭ Sind bestimmte IT-Systeme für Sie ein Differenzierungsmerkmal zu Ihren Wettbewerbern?
3	Wie differenzieren Sie operative und dispositive IT-Systeme?
4	❭ Verfolgen Sie einen Enterprise-Data-Warehouse-Ansatz? ❭ Wie viele Systeme haben Sie, die Sie als Data Warehouse bezeichnen würden? ❭ Wie viele Systeme haben Sie, die Sie als Insellösungen für Planung, Analyse und Berichtswesen betrachten?
5	Beschreiben Sie die wichtigsten BI-Systeme: Pro System: ❭ Wie viele Schichten hat das Data Warehouse? ❭ Existiert eine Trennung zwischen Basis- und Auswertungsschicht? ❭ Trennen Sie zwischen Entwicklungs-, Integrations- und Produktivebene? ❭ Gibt es ein Transportkonzept? ❭ Setzen Sie auf rein relationale Datenbanken oder lassen Sie auch den Einsatz multidimensionaler Datenbanken zu? ❭ Wie ist die Aufgabentrennung zwischen IT und Anwendern? ❭ Wie viel Freiheiten lassen Sie für Power-User zu? Wie ist das Zusammenspiel zwischen den unterschiedlichen BI-Systemen?
6	Sind die Anwender zufrieden mit den IT-Dienstleistungen im Bereich BI? ❭ Anwenderfreundlichkeit ❭ Funktionalität ❭ Datenqualität
7	Verfolgen Sie eine bestimmte Herstellerstrategie?

---

[332] Merkmale (betriebswirtschaftlich auch Entscheidungsobjekte) sind z. B. Vertriebsorganisation, Produktstruktur oder Absatzmärkte. Merkmale lassen sich zu Dimensionen kombinieren.

Literaturverzeichnis

Abelló u.a. 2002 Abelló, Alberto; Samos, José; Saltor, Fèlix: YAM2 (Yet Another Multidimensional Model): An Extension of UML. In: Nascimento, Mario (Hrsg.): Proceedings of the International Database Engineering and Applications Symposium (IDEAS'02), Los Alamitos u.a. 2002, S. 172–181.

Anandarajan u.a. 2004 Anandarajan, Murugan; Anandarajan, Asokan; Srinivasan, Cadambi: Business Intelligence Techniques. A Perspective from Accounting and Finance. Berlin u.a. 2004.

Apel u.a. 2009 Apel, Detlef; Behme, Wolfgang; Eberlein, Rüdiger; Merighi, Christian: Datenqualität erfolgreich steuern – Praxislösungen für Business-Intelligence-Projekte. München/Wien 2009.

Arbeitskreis Hax 1970 Arbeitskreis Hax der Schmalenbach-Gesellschaft: Investitions- und Finanzierungsentscheidungen im Rahmen langfristiger Unternehmenspolitik. In: ZfbF Schmalenbachs Zeitschrift für betriebswirtschaftliche Forschung, 22. Jg., 1970, S. 741–770.

Baars u.a. 2009 Baars, Henning; Zimmer, Michael; Kemper, Hans-Georg: The Business Intelligence Competence Centre as an Interface between IT and User Departments in Maintenance and Release Development. In: 17th European Conference on Information Systems (ECIS) [Internet]. Abgerufen am 1. Dezember 2009. http://www.ecis2009.it/papers/ecis2009-0526.pdf.

Bange 2008 Bange, Carsten: Der Weg zu einer erfolgreichen Organisation: Business Intelligence Competence Center. Vortrag 2, TDWI Konferenz 3.6.2008, BARC T1.

Bauer/Günzel 2009a Bauer, Andreas; Günzel, Holger: Einordnung und Abgrenzung von Business Intelligence. In: Bauer, Andreas; Günzel, Holger (Hrsg.): Data-Warehouse-Systeme – Architektur, Entwicklung, Anwendung. 3. Aufl., Heidelberg 2009, S. 13–14.

Bauer/Günzel 2009b Bauer, Andreas; Günzel, Holger (Hrsg.): Data-Warehouse-Systeme – Architektur, Entwicklung, Anwendung. 3. Aufl., Heidelberg 2009.

Bauer u.a. 2009 Bauer, Andreas; Günzel, Holger; Vaduva, Anca; Zeh, Thomas: Aspekte einer Referenzarchitektur. In: Bauer, Andreas; Günzel, Holger (Hrsg.): Data-Warehouse-Systeme – Architektur, Entwicklung, Anwendung. 3. Aufl., Heidelberg 2009, S. 33–38.

Becker u.a. 1994 Becker, Jörg; Priemer, Jürgen; Wild, Raoul: Modellierung und Speicherung aggregierter Daten. In: Wirtschaftsinformatik, 36. Jg., Heft 5, 1994, S. 422–433.

Bergmann/Garret 2008 Bergmann, Rainer; Garret, Martin: Organisation und Projektmanagement. Heidelberg 2008.

Bloom 2008 Bloom, David: Reinventing Your BI Program. In: Business Intelligence Journal, 13. Jg., Heft 3, 2008, S. 8–19.

Borchers 2000 Borchers, Stefan: Beteiligungscontrolling in der Management-Holding. Wiesbaden 2000.

Böttcher 2008 Böttcher, Roland: IT-Servicemanagement mit ITIL V3. Einführung, Zusammenfassung und Übersicht der elementaren Empfehlungen. Hannover 2008.

Bruhn/Stauss 2005 Bruhn, Manfred; Stauss, Bernd: Dienstleistungscontrolling – Einführung in die theoretischen und praktischen Problemstellungen. In: Bruhn, Manfred; Stauss, Bernd (Hrsg.): Dienstleistungscontrolling. Wiesbaden 2005, S. 3-30.

Buchsein u.a. 2008 Buchsein, Ralf; Victor, Frank; Günther, Holger; Machmeier, Volker: IT-Management mit ITIL V3. 2. Aufl., Wiesbaden 2008.

Buytendijk 2009a Buytendijk, Frank: Performance Leadership. New York u.a. 2009.

Buytendijk 2009b Buytendijk, Frank: The ROI of the Data Warehouse [Internet]. Abgerufen am 1. Dezember 2009. http://blogs.oracle.com/frankbuytendijk/2009/03/the_roi_of_the_data_warehouse.html.

Chamoni/Gluchowski 2004 Chamoni, Peter; Gluchowski, Peter: Integrationstrends bei Business-Intelligence-Systemen. Empirische Untersuchung auf Basis des Business Intelligence Maturity Model In: Wirtschaftsinformatik, 46. Jg., Heft 2, 2004, S. 119–128.

Chamoni/Gluchowski 2006 Chamoni, Peter; Gluchowski, Peter: Analytische Informationssysteme – Einordnung und Überblick. In: Chamoni, Peter; Gluchowski, Peter (Hrsg.): Analytische Informationssysteme. Business Intelligence-Technologien und -Anwendungen. 3. Aufl., Berlin u. a. 2006.

Chaves-Sanz/Al-Awamy 2008 Chaves-Sanz, Alex; Al-Awamy, Ihsan: BI Solutions Strategy: Business Suite or Best-of-Breed? In: Business Intelligence Journal, 13. Jg., Heft 2, S. 15–22.

Codd u. a. 1993 Codd, Edgar F.; Codd, Sharon B.; Salley, Clynch T.: Providing OLAP (On-Line Analytical Processing) to User-Analysts: An IT Mandate [Internet]. Abgerufen am 4. Februar 1998. http://www.arborsoft.com/essbase/wht_ppr/coddTOC.html (nicht mehr verfügbar).

Davis u. a. 2006 Davis, Jim; Miller, Gloria J.; Russell, Allan: Information Evolution – Using the Information Evolution Model to Grow Your Business. New York 2006.

Devlin/Murphy 1988 Devlin, Berry A.; Murphy, Paul T.: An architecture for a business and information system. In: IBM Systems Journal, 27. Jg., Heft 1, 1988, S. 50–80.

DIN ISO 9001:2000 Deutsches Institut für Normung (DIN) e. V.: DIN ISO 9001:2000, Berlin 2000.

Dinter/Winter 2008 Dinter, Barbara; Winter; Robert: Strategie der Informationslogistik. In: Dinter, Barbara; Winter, Robert (Hrsg.): Integrierte Informationslogistik. Berlin/Heidelberg 2008, S. 63–82.

Dippold u. a. 2001 Dippold, Rolf; Meier, Andreas; Ringgenberg, André; Schnider, Walter; Schwinn, Klaus: Unternehmensweites Datenmanagement. 3. Aufl., Wiesbaden 2001.

Doppler/Lauterburg 2008 Doppler, Klaus; Lauterburg, Christoph: Change Management. 12. Aufl., Frankfurt am Main 2008.

Dresner u. a. 2002 Dresner, Howard J.; Buytendijk, Frank; Linden, Alexander; Friedman, Ted; Strange, Kevin H.; Knox, Mary; Camm, Mark: The Business Intelligence Competency Center: An Essential Business Strategy. In: Gartner Research, ID Number: R-15-2248.

Eckerson 2004a Eckerson, Wayne: Gauge Your Data Warehousing Maturity. In: What Works – Best Practices in Business Intelligence and Data Warehousing, 18. Jg., 2004, S. 2–5.

Eckerson 2004b Eckerson, Wayne: In Search of a Single Version of Truth: Strategies for Consolidating Analytic Silos. In: TDWI report series, August 2004, S. 2–32.

Eckerson 2007 Eckerson, Wayne: Beyond the Basics: Accelerating BI Maturity. TDWI Monograph Series, 2007.

Eggert/Meier 2009 Eggert, Sandy; Meier, Juliane: Aktuelle Marktübersicht zum Funktionsumfang von Modellierungswerkzeugen. In: ERP Management, Heft 5, 2009, S. 56–63.

Friedrich/Bange 2007 Friedrich, Dirk; Bange, Carsten: Business Intelligence im Mittelstand – Eine Studie über den Status quo von Business-Intelligence-Software in mittelständischen Unternehmen im deutschsprachigen Raum. Würzburg 2007.

Fröhlich/Glasner 2007 Fröhlich, Martin; Glasner, Kurt (Hrsg.): IT Governance – Leitfaden für eine praxisgerechte Implementierung. Wiesbaden 2007.

Früh 2006 Früh, Christiane: Qualitätswahrnehmung von Dienstleistungsprozessen: Verstehen – Messen – Lenken. Saarbrücken 2006.

Füting 2000 Füting, Ulrich C.: Projektmanagement und -controlling von Data Warehouse-Projekten. In: Mucksch, Harry; Behme, Wolfgang (Hrsg.): Das Data-Warehouse-Konzept. 4. Aufl., Wiesbaden 2000, S. 269–289.

Gadatsch/Mayer 2006 Gadatsch, Andreas; Mayer, Elmar: Masterkurs IT-Controlling. 3. Aufl., Wiesbaden 2006.

Gansor 2008 Gansor, Tom: Konvergenz von Informationssystemen für Business Intelligence und Enterprise Content Management. In: Hannig, Uwe (Hrsg.): Vom Data Warehouse zum Corporate Performance Management. Ludwigshafen 2008, S. 114–126.

Gluchowski 2001 Gluchowski, Peter: Business Intelligence. Konzepte, Technologien und Einsatzbereiche. In: HMD – Praxis der Wirtschaftsinformatik, 38. Jg., Heft 222, 2001, S. 5–15.

Gluchowski/Chamoni 2006 Gluchowski, Peter; Chamoni, Peter: Entwicklungslinien und Architekturkonzepte des Online Analytical Processing. In: Chamoni, Peter; Gluchowski, Peter (Hrsg.): Analytische Informationssysteme. Business Intelligence-Technologien und -Anwendungen. 3. Aufl., Berlin u.a. 2006, S. 141–176.

Gluchowski/Kemper 2006 Gluchowski, Peter; Kemper, Hans-Georg: Quo Vadis Business Intelligence? In: BI-Spektrum. Heft 1, 2006, S. 12–19.

Gluchowski u.a. 2008 Gluchowski, Peter; Gabriel, Roland; Dittmar, Carsten: Management Support Systeme und Business Intelligence. Computergestützte Informationssysteme für Fach- und Führungskräfte. 2. Aufl., Berlin/Heidelberg 2008.

Grochla 1995 Grochla, Erwin: Grundlagen der organisatorischen Gestaltung. Stuttgart 1995.

Guldentops u.a. 2003 Guldentops, Erik; De Haes, Steven; Hardy, Gary; Ormsby, Jacqueline; Ramos, Daniel F.; Singleton, Jon; Williams, Paul A.: IT Governance für Geschäftsführer und Vorstände. 2. Aufl. [Internet]. Abgerufen am 1. Dezember 2009. http://www.itgi.org/Template_ITGI.cfm?Section=About_ IT_Governance1&Template=/ContentManagement/ContentDisplay.cfm&ContentID=14529.

Hahn/Hungenberg 2001 Hahn, Dietger; Hungenberg, Harald: PuK, Wertorientierte Controllingkonzepte. 6. Aufl., Wiesbaden 2001.

Hauschildt/Gemünden 1999 Hauschildt, Jürgen; Gemünden, Hans Georg (Hrsg.): Promotoren – Champions der Innovation. 2. Aufl., Wiesbaden 1999.

Heinrich 2007 Heinrich, Gert: Allgemeine Systemanalyse. München 2007.

Heinrich/Lehner 2005 Heinrich, Lutz J.; Lehner, Franz: Informationsmanagement – Planung, Überwachung und Steuerung der Informationsinfrastruktur. 8. Aufl., München/Wien 2005.

Henderson/Venkrataman 1993 Henderson, J. C.; Venkrataman, N.: Strategic alignment: Leveraging information technology for transforming organizations. In: IBM Systems Journal, 32. Jg., Heft 1, 1993, S. 472–484.

Herden 2002 Herden, Olaf: Eine Entwurfsmethodik für Data Warehouses. Dissertation, Oldenburg 2002.

Hoffmann 2004 Hoffmann, Olaf: Performance Management – Systeme und Implementierungsansätze. 3. Aufl., Bern u.a. 2004.

Holthuis 1999 Holthuis, Jan: Der Aufbau von Data-Warehouse-Systemen. Konzeption – Datenmodellierung – Vorgehen. 2. Aufl., Wiesbaden 1999.

Holthuis u.a. 1995 Holthuis, Jan; Mucksch, Harry; Reiser, Marcus: Das Data Warehouse Konzept – ein Ansatz zur Informationsbereitstellung von Managementunterstützungssystemen. Arbeitsberichte des Lehrstuhls für Informationsmanagement und Datenbanken, European Business School, Oestrich-Winkel 1995.

Horváth 2008 Horváth, Péter: Controlling. 11. Aufl., München 2008.

Hostmann 2008 Hostmann, Bill: BICC: Shifting the Focus from Technology to Core Business Competency. Vortrag, Business Intelligence Summit 2008, RAI Convention Center, Amsterdam 2008.

Huch u.a. 1997 Huch, Burkhard; Behme, Wolfgang; Ohlendorf, Thomas: Rechnungswesen-orientiertes Controlling. 3. Aufl., Heidelberg 1997.

Hungenberg 2004 Hungenberg, Harald: Strategisches Management in Unternehmen. 3. Aufl., Wiesbaden 2004.

Inmon 1993 Inmon, William H.: Building the Data Warehouse. New York u.a. 1993.

Inmon 1999 Inmon, William H.: Building the Operational Data Store. 2. Aufl., New York u.a. 1999.

Schröer 2006 Schröer, Eckart J.: Komplexität, Agilität und trotzdem Time-to-Market – Erfahrungen mit einem neuen Organisations- und Vorgehensmodell zur Entwicklung von BI-Anwendungen. Vortrag, 3. Europäische TDWI-Konferenz, München 2006.

Schulte-Zurhausen 2005 Schulte-Zurhausen, Manfred: Organisation. 4. Aufl., München 2005.

Schulze u. a. 2009 Schulze, Klaus-Dieter; Besbak, Ursula; Dinter, Barbara u. a.: Business Intelligence-Studie 2009 (biMA 2009). Hamburg 2009.

Seidlmeier 2006 Seidlmeier, Heinrich: Prozessmodellierung mit ARIS. Eine beispielorientierte Einführung für Studium und Praxis. Wiesbaden 2006.

Stähler u. a. 2009 Stähler, Dirk; Meier, Ingo; Scheuch, Rolf; Schmülling, Christian; Somssich, Daniel: Enterprise Architecture, BPM und SOA für Business-Analysten – Leitfaden für die Praxis. München 2009.

Strange/Hostmann 2003 Strange, Kevin H.; Hostmann, Bill: BI Competency Center Is Core to BI Success. In: Gartner Research, ID Number: AV-20-5294 [Internet]. Abgerufen am 1. Dezember 2009. www.gartner.com/resources/116400/116413/116413.pdf.

Strauch/Winter 2002 Strauch, Bernhard; Winter, Robert: Vorgehensmodell für die Informationsbedarfsanalyse im Data Warehousing. In: Maur, Eitel; Winter, Robert (Hrsg.): Vom Data Warehouse zum Corporate Knowledge Center. Heidelberg 2002, S. 359–378.

Taylor u. a. 2007a Taylor, Sharon; Cannon, David; Wheeldon, David: Service Operation. Published for the Office of Government Commerce (OGC), TSO (The Stationery Office), Norwich 2007.

Taylor u. a. 2007b Taylor, Sharon; Case, Gary; Spalding, George: Continual Service Improvement. Published for the Office of Government Commerce (OGC), TSO (The Stationery Office), Norwich 2007.

Taylor u. a. 2007c Taylor, Sharon; Iqbal, Majid; Nieves, Michael: Service Strategy. Published for the Office of Government Commerce (OGC), TSO (The Stationery Office), Norwich 2007.

Taylor u. a. 2007d Taylor, Sharon; Lacy, Shirley; MacFarlane, Ivor: Service Transition. Published for the Office of Government Commerce (OGC), TSO (The Stationery Office), Norwich 2007.

Taylor u. a. 2007e Taylor, Sharon; Lloyd, Vernon; Rudd, Colin: Service Design. Published for the Office of Government Commerce (OGC), TSO (The Stationery Office), Norwich 2007.

Totok 2000 Totok, Andreas: Multidimensionale Modellierung von OLAP- und Data-Warehouse-Systemen. Dissertation, Wiesbaden 2000.

Totok 2006 Totok, Andreas: Entwicklung einer Business Intelligence Strategie. In: Chamoni, Peter; Gluchowski, Peter (Hrsg.): Analytische Informationssysteme – Business Intelligence-Technologien und -Anwendungen. 3. Aufl., Berlin/Heidelberg 2006, S. 51–70.

Totok/Jaworski 1998 Totok, Andreas; Jaworski, Ramon: Modellierung von multidimensionalen Datenstrukturen mit ADAPT. Arbeitsbericht Nr. 98/11, Institut für Wirtschaftswissenschaften, Technische Universität Braunschweig. Braunschweig 1998.

Trost/Zirkel 2006 Trost, Uwe; Zirkel, Martin: BI-Strategie – Wege aus dem Informationschaos. In: BI-Spektrum, Heft 3, 2006, S. 16–19.

Unger/Kemper 2008 Unger, Carsten; Kemper, Hans-Georg: Organisatorische Rahmenbedingungen der Entwicklung und des Betriebs von Business Intelligence – Ergebnisse einer empirischen Studie. In: Bichler, Martin; Hess, Thomas; Krcmar, Helmut; Lechner, Ulrike; Matthes, Florian; Picot, Arnold; Speitkamp, Benjamin; Wolf, Petra (Hrsg.): Multikonferenz Wirtschaftsinformatik 2008. Berlin 2008.

Vierkorn 2008 Vierkorn, Steffen: BI-Strategie – Facetten und Herausforderungen. Vortrag, 5. Europäische TDWI-Konferenz. München 2008.

Vierkorn/Friedrich 2008 Vierkorn, Steffen; Friedrich, Dirk: Organization of Business Intelligence. Würzburg 2008.

Watson u.a. 2004 Watson, Hugh J.; Abraham, Dorothea L.; Chen, Daniel; Preston, David; Thomas, Dominic: Data Warehousing ROI: Justifying and Assessing a Data Warehouse. In: Business Intelligence Journal, Spring 2004, S. 6–17.

Weber/Schäffer 2008 Weber, Jürgen; Schäffer, Utz: Einführung in das Controlling. 12. Aufl., Stuttgart 2008.

Weber u.a. 2004 Weber, Jürgen; Bramsemann, Urs; Heineke, Carsten; Hirsch, Bernhard: Wertorientierte Unternehmenssteuerung: Konzepte – Implementierung – Praxisstatements. Wiesbaden 2004.

Wegmann/Winklbauer 2006 Wegmann, Christoph; Winklbauer, Holger: Projektmanagement für Unternehmensberatungen. Wiesbaden 2006.

Weide 2009 Weide, Gonn: Management Reporting – Bedeutung, aktuelle Herausforderungen und Optimierungsmöglichkeiten. In: Controlling, 21. Jg., Heft 3, 2009, S. 5–12.

Weiss u.a. 2004 Weiss, Sholom M.; Indurkhya, Nitin; Zhang, T.: Text Mining: Predictive Methods for Analyzing Unstructured Information. Berlin 2004.

White 2004 White, Colin: Developing a BI Strategy for CRM/ERP Data. In: TDWI report series, October 2004, S. 2–31.

Wieczorrek/Mertens 2008 Wieczorrek, Hans W.; Mertens, Peter: Management von IT-Projekten – Von der Planung zur Realisierung. 3. Aufl., Berlin/Heidelberg 2008.

Wieken 1999 Wieken, John-Harry: Der Weg zum Data Warehouse. München u.a. 1999.

Wild/Herges 2004 Wild, Martin; Herges, Sascha: Total Cost of Ownership (TCO) – Ein Überblick. Johannes Gutenberg-Universität Mainz, Lehrstuhl für Allg. BWL und Wirtschaftsinformatik. Arbeitspapiere WI, Nr. 1/2000. [Internet]. Abgerufen am 1. Dezember 2009. http://geb.uni-giessen.de/geb/volltexte/2004/1577.

Winter u.a. 2008 Winter, Robert; Schmaltz, Moritz; Dinter, Barbara; Bucher, Tobias: Das St. Galler Konzept der Informationslogistik. In: Dinter, Barbara; Winter, Robert (Hrsg.): Integrierte Informationslogistik. Berlin/Heidelberg 2008, S. 1–16.

Witzkewitz 2009 Witzkewitz, Kim: BI-Betriebsorganisation. Adaption von Best Practices für Business Intelligence am Beispiel von ITIL. Whitepaper, OPITZ CONSULTING Gummersbach GmbH, Gummersbach 2009.

Wöhe 1993 Wöhe, Günter: Einführung in die allgemeine Betriebswirtschaftslehre. 18. Aufl., München 1993.

Wolff 2008 Wolff, Tanja: BI: Fachbereiche machen auf Eigenbrötler [Internet]. Abgerufen am 1. Dezember 2009. http://www.cio.de/knowledgecenter/bi/850402/index.html.

Zachman 2009 Zachman, John O.: The Zachman Framework Evolution [Internet]. Abgerufen am 1. Dezember 2009. http://zachmaninternational.com/index.php/ea-articles/100#maincol.

Zangemeister 1976 Zangemeister, Christof: Nutzwertanalyse in der Systemtechnik: Eine Methodik zur multidimensionalen Bewertung und Auswahl von Projektalternativen. 4. Aufl., München 1976.

Zarnekow u.a. 2005 Zarnekow, Rüdiger; Brenner, Walter; Pilgram, Uwe: Integriertes Informationsmanagement – Strategien und Lösungen für das Management von IT-Dienstleistungen. Berlin u.a. 2005.

Zeh 2003 Zeh, Thomas: Data Warehousing als Organisationskonzept des Datenmanagements – Eine kritische Betrachtung der Data-Warehouse-Definition von Inmon. In: Informatik – Forschung und Entwicklung, Bd. 18, Heft 1, 2003, S. 32–38.

Zerdick u.a. 2001 Zerdick, Axel; Picot, Arnold; Schrape, Klaus; Artopé, Alexander; Goldhammer, Klaus; Heger, Dominik; Lange, Ulrich; Vierkant, Eckart; López-Escobar, Esteban; Silverstone, Roger: Die Internet-Ökonomie. 3. Aufl., Berlin u.a. 2001.

Die Autoren

› Tom Gansor

ist als Direktor für Strategie & Innovation bei der OPITZ CONSULTING GmbH unter anderem für die Weiterentwicklung des Business-Intelligence-Portfolios verantwortlich. Darüber hinaus berät er Klienten zur strategischen Umsetzung innovativer IT-Lösungen, so auch BI- und ECM-Systemen.

Tom Gansor arbeitet seit mehr als 10 Jahren im IT-Consulting, zuvor u. a. bei ORACLE, war intensiv in IT- und BI-Projekten in unterschiedlichsten Branchen als Lösungsarchitekt und Projektleiter erfolgreich. Neben seiner Management-Tätigkeit liegt sein fachlicher Schwerpunkt aktuell im Bereich der BI-Organisation und -Strategie. Dazu engagiert er sich in der BI-Community im Rahmen von Fachkonferenzen, Fachpublikationen und als Vorsitzender des regelmäßig durchgeführten TDWI-Roundtable Hamburg.

› Dr. Andreas Totok

ist Geschäftsbereichsleiter Business Intelligence Strategy bei der cundus AG. In dieser Funktion verantwortet er BI-Strategieprojekte für international agierende Unternehmen. Seine Schwerpunkte liegen in der Fachkonzeption sowie der Architektur- und Organisationsberatung.

Andreas Totok beschäftigt sich seit 1996 mit dem Thema Business Intelligence. Nach seiner Promotion über die Modellierung von OLAP- und Data-Warehouse-Systemen war er mehrere Jahre bei einem internationalen Touristik-Konzern für das Management-Informationssystem und die konzernweite BI-Strategie verantwortlich. Er ist Autor von Fachartikeln und häufiger Referent auf Fachveranstaltungen.

› Dr. Steffen Stock

ist als Berater bei der OPITZ CONSULTING Gummersbach GmbH im Bereich Business Intelligence tätig. Er berät Kunden zur Umsetzung von BI-Systemen und führt diese auch durch. Weiterhin ist er Lehrbeauftragter an der Mercator School of Management – Fachbereich Betriebswirtschaft der Universität Duisburg-Essen, Standort Duisburg.

Dr. Steffen Stock beschäftigt sich seit fast 15 Jahren mit dem Thema Business Intelligence. Seit mehr als zwei Jahren ist er im IT-Consulting tätig. Zuvor war er wissenschaftlicher Assistent und wissenschaftlicher Mitarbeiter bei Prof. Dr. Peter Chamoni am Lehrstuhl für Wirtschaftsinformatik und Operations Research der Mercator School of Management – Fachbereich Betriebswirtschaft der Universität Duisburg-Essen, Standort Duisburg. Dort promovierte er 2000 über die „Modellierung zeitbezogener Daten im Data Warehouse".

Der Schwerpunkt seiner Beratungstätigkeit liegt im Bereich Data-Warehouse-Systeme, Datenqualität und Business Intelligence. Zudem befasst er sich mit innovativen Themen in diesen Bereichen als Autor in Fachzeitschriften und Fachbüchern.

Register